PSYCHOLOGUES
Les grandes idées tout simplement

PSYCHOLOGUES

Les grandes idées tout simplement

DK

DK | Penguin Random House

DK LONDON

PROJECT ART EDITOR
Amy Orsborne

SENIOR EDITORS
Sam Atkinson et Sarah Tomley

EDITORS
Cecile Landau, Scarlett O'Hara

MANAGING ART EDITOR
Karen Self

MANAGING EDITORS
Esther Ripley, Camilla Hallinan

ART DIRECTOR
Philip Ormerod

ASSOCIATE PUBLISHING DIRECTOR
Liz Wheeler

PUBLISHING DIRECTOR
Jonathan Metcalf

ILLUSTRATIONS
James Graham

PICTURE RESEARCH
Myriam Megharbi

PRODUCTION EDITOR
Tony Phipps

PRODUCTION CONTROLLER
Angela Graef

conception originale

STUDIO8 DESIGN

POUR L'ÉDITION FRANÇAISE

SUPERVISION
Sara Sanchez

COORDINATION ÉDITORIALE
Mathilde Demaison

SUIVI DE FABRICATION
Megan Harvey

FSC www.fsc.org MIXTE Papier issu de sources responsables FSC™ C018179

Ce livre a été fabriqué avec du papier certifié Forest Stewardship Council™ : un petit pas dans l'engagement de DK pour un avenir durable. Pour plus d'informations, rendez-vous sur www.dk.com/our-green-pledge

Publié pour la première fois
au Royaume-Uni en 2012
par Dorling Kindersley Limited
DK, One Embassy Gardens,
8 Viaduct Gardens, London, SW11 7BW

A Penguin Random House Company

Titre original : *The Psychology Book*

Édition compacte 2021
Édition originale publiée en 2012

Titre original : *Psychologues, les grandes idées tout simplement*

Réalisation de l'édition 2012 : Zone Libre
Mise à jour de l'édition 2023 : deleatur, s.l.
Couverture : Marguerite
Traduction : Sylvie Deraime, François-Xavier Durandy et Marie-Ange Phalente
Mise en pages : Autarcie Prod.
Correction : Alice Dozance

Dépôt légal : juin 2021
ISBN : 978-2-8104-3161-8

Imprimé et relié en Chine

Pour les esprits curieux
www.dk.com

CONTRIBUTEURS

CATHERINE COLLIN

Psychologue clinicienne, Catherine Collin est professeur agrégé (maître de conférences en thérapies psychologiques) à l'université de Plymouth. Elle s'intéresse aux premiers soins à offrir aux patients et aux thérapies cognitivo-comportementales.

NIGEL BENSON

Professeur de philosophie et de psychologie, Nigel Benson a écrit plusieurs livres à succès sur le thème de la psychologie, dont *Psychology for Beginners* et *Introducing Psychiatry*.

JOANNAH GINSBURG

Psychologue clinicienne et journaliste, Joannah Ginsburg travaille dans des centres de traitement communautaires à New York, Boston, Philadelphie et Dallas. Elle contribue régulièrement à des publications sur la psychologie et a co-écrit *This Book has Issues : Adventures in Popular Psychology*.

VOULA GRAND

Voula Grand intervient comme psychologue d'entreprise sur le leadership et le rendement des cadres dans des sociétés internationales. Son premier roman, *Honor's Shadow* (2011), traite de la psychologie des secrets, de la trahison et de la vengeance. Elle écrit actuellement la suite, *Honor's Ghost*.

MERRIN LAZYAN

Écrivain, éditeur et chanteuse classique, Merrin Lazyan a étudié la psychologie à l'université Harvard et a publié divers ouvrages de fiction et non-fiction, couvrant un large éventail de sujets.

MARCUS WEEKS

Écrivain et musicien, Marcus Weeks a étudié la philosophie, qu'il a enseignée avant de se lancer dans une carrière d'auteur. Il collabore à de nombreux livres dans le domaine des arts et des sciences.

SOMMAIRE

LES RACINES PHILOSOPHIQUES
LES PRÉMICES DE LA PSYCHOLOGIE

LE BÉHAVIORISME
UNE RÉPONSE À L'ENVIRONNEMENT

LA PSYCHOTHÉRAPIE
L'INCONSCIENT DÉTERMINE LE COMPORTEMENT

LA PSYCHOLOGIE COGNITIVE
L'ORDINATEUR CÉRÉBRAL

LA PSYCHOLOGIE SOCIALE

PARTAGER LE MONDE DES AUTRES

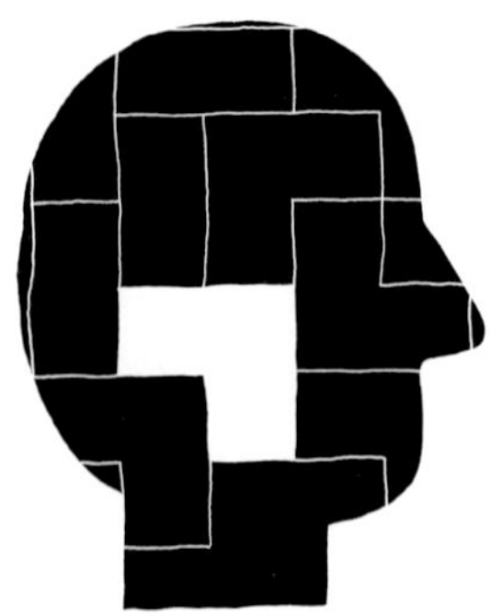

LA PSYCHOLOGIE DU DÉVELOPPEMENT
DE L'ENFANT À L'ADULTE

LA PSYCHOLOGIE DIFFÉRENTIELLE
PERSONNALITÉ ET INTELLIGENCE

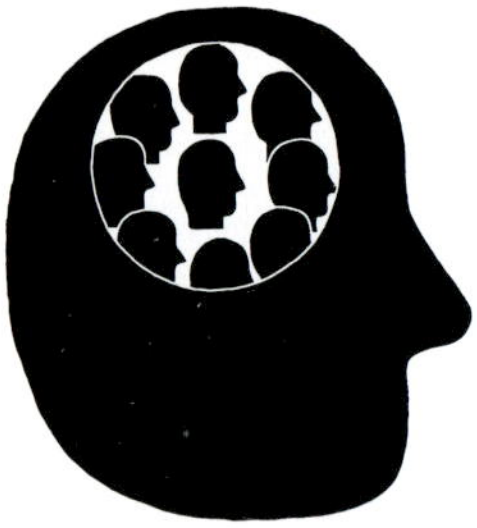

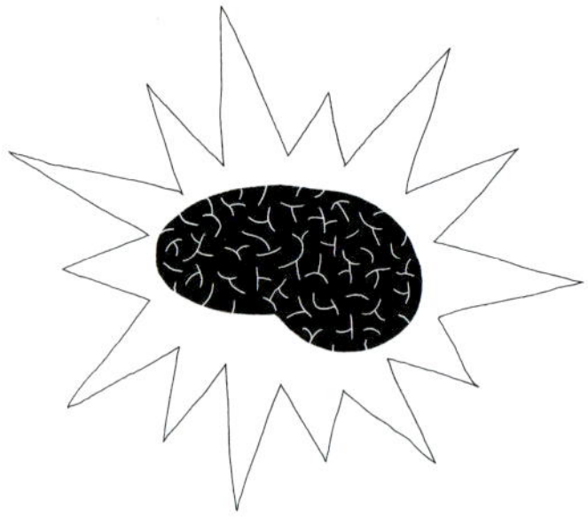

La psychologie est, pour le grand public, la plus mystérieuse des sciences et celle qui engendre le plus d'idées fausses. Même si son vocabulaire et ses principes sont passés dans notre quotidien culturel, la plupart des gens n'ont qu'une vague idée de ce qu'est cette discipline et ignorent ce que font concrètement les psychologues. Pour certains, la psychologie évoque des gens en blouse blanche, travaillant dans un institut spécialisé sur les troubles mentaux ou menant dans un laboratoire des expériences sur des rats. Pour d'autres, elle évoque un psychanalyste doté d'un fort accent d'Europe centrale et cherchant à exercer sur son patient, d'après le scénario de nombreux films, une forme de contrôle mental.

Malgré leur caractère excessif, ces stéréotypes recèlent une part de vérité. C'est sans doute la vaste gamme de disciplines et d'activités relevant de la psychologie – il suffit de voir le nombre de mots commençant par le préfixe « psy » – qui crée la confusion, et les psychologues eux-mêmes ne sont pas près de s'accorder sur une définition unique du terme. Forgé à partir du grec *psukhê*, qui signifie « âme », et *logos*, qui signifie « étude », le mot « psychologie » désigne plus précisément la science de l'esprit et du comportement.

Une science très récente

La psychologie peut aussi être vue comme un pont entre la philosophie et la physiologie : la physiologie décrit la constitution physique de notre cerveau et de notre système nerveux, tandis que la psychologie étudie les processus mentaux qui s'y déroulent et la manière dont ils se manifestent dans nos pensées, nos paroles et notre comportement ; la psychologie nous renseigne sur le fonctionnement de notre esprit, dont l'expression – nos pensées et leur sens – est l'objet de la philosophie.

Toutes les sciences découlent de la philosophie et s'appliquèrent dès l'origine pour résoudre les problèmes philosophiques, mais le caractère immatériel de sujets tels que la conscience, la perception ou la mémoire explique que la psychologie tarda à passer de la spéculation philosophique à la pratique scientifique. Dans les universités américaines, les départements de psychologie apparurent comme des ramifications des départements de philosophie, alors qu'en Allemagne, par exemple, ils naquirent au sein même des facultés de sciences. Mais il fallut attendre la fin du XIXe siècle pour que la psychologie soit reconnue comme une discipline scientifique à part entière.

> La psychologie a un long passé, mais seulement une courte histoire.
> **Hermann Ebbinghaus**

C'est en 1879, avec la fondation par Wilhelm Wundt du premier laboratoire de psychologie expérimentale à l'université de Leipzig, que la psychologie fut reconnue comme une science – et une pionnière dans des domaines encore inexplorés de la recherche. Dans le courant du XXe siècle, la psychologie explosa, donnant naissance à diverses branches et mouvements qui évoluèrent considérablement. Son histoire, comme celle des autres sciences, s'est construite au fil des générations, et nombre de théories anciennes restent pertinentes pour les psychologues contemporains. Soumis à des interprétations

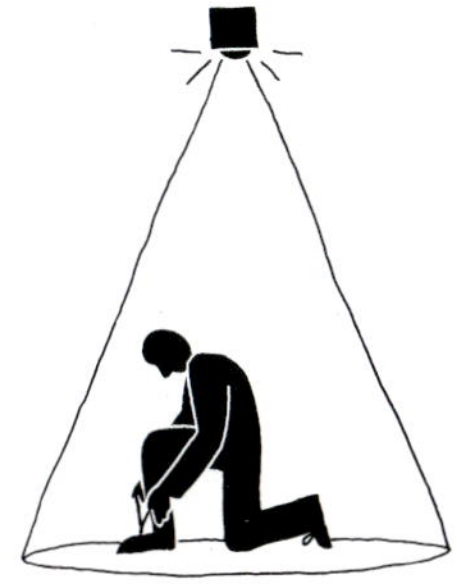

différentes selon les courants de pensée, certains domaines sont étudiés depuis les débuts de la psychologie, tandis que d'autres sont passés de mode après avoir, pour la plupart, engendré de nouveaux champs d'exploration.

La plus simple façon d'aborder le vaste domaine de la psychologie est de passer en revue ses principaux mouvements en respectant peu ou prou l'ordre chronologique, depuis ses origines philosophiques jusqu'à la psychologie différentielle, en passant par le béhaviorisme, la psychothérapie, la psychologie cognitive, la psychologie sociale et la psychologie du développement.

Deux approches distinctes

Dès sa naissance, la psychologie fut abordée de deux manières différentes. Aux États-Unis, où on l'estime enracinée dans la philosophie, on adopta une approche spéculative et théorique en traitant de concepts tels que la conscience et le moi. En Europe, où son étude est ancrée dans les sciences, on privilégia l'examen en laboratoire de processus mentaux tels que la perception sensorielle et la mémoire. Cependant, les psychologues qui se lancèrent dans cette dernière voie furent très vite limités par la nature introspective de leurs méthodes : en effet, les pionniers tels qu'Hermann Ebbinghaus s'interdirent d'aller au-delà de ce qu'ils pouvaient observer sur eux-mêmes et devinrent les sujets de leurs propres recherches. Malgré l'intérêt de leurs investigations, qui jetèrent les bases d'une nouvelle science, nombre de psychologues de la génération suivante trouvèrent cette méthode trop subjective et en cherchèrent une plus objective.

Dans les années 1890, le physiologiste russe Ivan Pavlov mena des expériences qui se révélèrent cruciales pour le développement de la psychologie en Europe et aux États-Unis. Il montra que les animaux pouvaient acquérir des réflexes conditionnels, une découverte qui se développa dans un mouvement connu sous le nom de béhaviorisme. Les béhavioristes estimaient qu'il est impossible d'étudier objectivement les processus mentaux, mais qu'il est relativement facile d'évaluer comment ils se manifestent dans le comportement. Ils conçurent des expériences réalisables de manière contrôlée, d'abord sur les animaux, puis sur les humains.

Les béhavioristes concentrèrent leurs recherches sur les interactions entre le comportement et l'environnement, et les travaux de John Watson mirent en lumière le schéma « stimulus-réponse ». Et les nouvelles théories sur l'apprentissage qui apparurent en Europe et aux États-Unis suscitèrent l'intérêt du grand public.

À l'époque où le béhaviorisme émergeait aux États-Unis, un jeune neurologue viennois commençait à développer une théorie qui allait révolutionner la pensée contemporaine en empruntant une approche très différente. Basée non plus sur des expériences de laboratoire mais sur l'observation et le vécu des patients, la théorie psychanalytique de Sigmund Freud marque le retour à l'expérimentation subjective. Intéressé par les souvenirs,

> La chose primordiale pour nous, psychologues, c'est que la conscience va et ne cesse d'avancer.
> **William James**

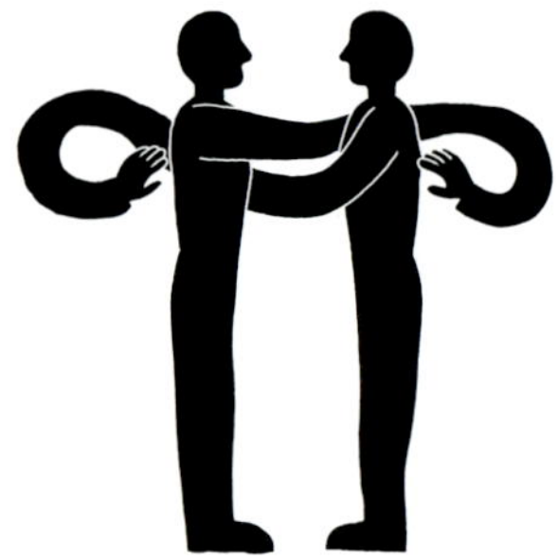

l'enfance et les relations interpersonnelles des patients, il souligna l'importance de l'inconscient dans la détermination du comportement. Bien que ses idées aient semblé choquantes à l'époque, elles furent rapidement adoptées, et la pratique de la *talking cure* – « cure par la parole » – se poursuit aujourd'hui au sein des diverses formes de psychothérapie.

De nouveaux champs d'investigation

Au milieu du XXe siècle, le béhaviorisme et la psychanalyse tombèrent en disgrâce et on revint à l'étude scientifique des processus mentaux. Ce fut la naissance de la psychologie cognitive, un mouvement qui s'enracine dans l'approche holistique des gestaltistes, qui privilégiaient l'étude de la perception. Leurs travaux émergèrent aux États-Unis après la Seconde Guerre mondiale et, à la fin des années 1950, la psychologie cognitive prédominait. Le spectaculaire essor des communications et de l'informatique offrit aux psychologues une analogie utile ; ils utilisèrent les modèles de traitement de l'information pour développer des théories sur des sujets comme l'attention, la perception, la mémoire, l'oubli, l'acquisition de la langue, la résolution des problèmes, la prise de décisions, la motivation, etc.

Même la psychothérapie, qui proliférait sous de multiples formes à partir de la *talking cure*, fut influencée par l'approche cognitiviste. La thérapie cognitive et la thérapie cognitivo-comportementale apparurent comme des alternatives à la psychanalyse, conduisant à des mouvements tels que la psychologie humaniste, centrée sur les qualités uniques de la vie humaine. Les thérapeutes se détournaient de la guérison des malades pour guider les personnes en bonne santé vers des vies plus significatives.

Alors qu'à ses débuts la psychologie privilégiait la pensée et le comportement des individus, on s'intéressait désormais davantage aux interactions entre les individus, leur environnement et les autres, ce qui ouvrit le champ à la psychologie sociale. Comme la psychologie cognitive, celle-ci doit beaucoup aux gestaltistes, notamment à Kurt Lewin, qui émigra aux États-Unis dans les années 1930. La psychologie sociale s'accéléra durant la seconde moitié du XXe siècle, avec la découverte de données fascinantes sur nos attitudes et nos préjugés, nos tendances à l'obéissance et à la conformité, notre agressivité ou notre altruisme – données très pertinentes dans un monde où l'urbanisation et les communications ne cessent de se développer.

L'influence freudienne se poursuivit principalement dans le nouveau champ de la psychologie du développement. Consacrées initialement à l'enfance, les recherches dans ce domaine s'élargirent à la vie tout entière, de l'enfance à la vieillesse. On définit des méthodes d'apprentissage social, culturel et moral, ainsi que la manière dont se forment les attachements. La psychologie du développement influença d'abord l'éducation et la formation, mais elle alimenta aussi notre réflexion sur la

> Si le XIXe siècle fut l'âge du fauteuil éditorial, le nôtre [le XXe siècle] est celui du divan.
> **Marshall McLuhan**

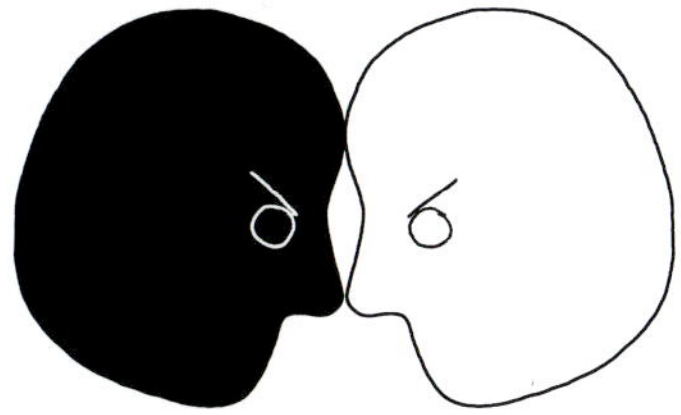

relation entre le développement de l'enfant et les attitudes envers la race et le sexe.

Si la question de l'unicité de l'homme fut abordée par presque toutes les écoles de psychologie, ce n'est qu'à la fin du XXe siècle qu'on lui consacra un domaine à part entière avec la psychologie différentielle. De même qu'on cherche à identifier les traits de la personnalité et à évaluer les composants de l'intelligence, les psychologues travaillant dans ce domaine en plein essor tentent de définir et mesurer le normal et l'anormal, en évaluant le poids de notre environnement et de notre héritage génétique sur chacune de nos différences individuelles.

Une science très influente

Les branches de la psychologie couvrent aujourd'hui tout le spectre du psychisme et du comportement humain et animal. Leur portée s'est étendue jusqu'à chevaucher d'autres disciplines, telles que la médecine, la physiologie, la neurologie, l'éducation, l'informatique, la sociologie, l'anthropologie, mais aussi la politique, l'économie et le droit. La psychologie est sans doute la plus variée de toutes les sciences.

Elle continue d'influencer et d'être influencée par d'autres sciences, notamment par les neurosciences et la génétique. Abordé dans les années 1870 par Francis Galton, le débat entre l'inné et l'acquis se poursuit aujourd'hui ; il fut relancé avec la psychologie évolutionniste, qui considère les traits psychologiques comme des caractères biologiques soumis aux lois de la génétique et de la sélection naturelle.

La psychologie est un vaste sujet et ses conclusions nous concernent tous. Elle influence en effet les décisions prises dans de multiples domaines, de la politique aux affaires et à l'industrie, en passant par la publicité et les médias. Touchant autant les groupes que les individus, elle intervient dans le débat public sur le fonctionnement de nos sociétés comme elle le ferait sur le traitement des troubles mentaux.

> L'objet de la psychologie est de donner une idée tout autre des choses que nous connaissons le mieux.
> **Paul Valéry**

Les théories avancées par les psychologues font partie intégrante de notre quotidien culturel à tel point que nombre de leurs conclusions sur le comportement et les processus mentaux sont considérées comme relevant du simple « bon sens ». Mais si certaines idées émises par les psychologues ne font que confirmer ce que nous pensons instinctivement, d'autres nous remettent en question, et leurs conclusions ont parfois scandalisé en ébranlant de vieux tabous.

Dans sa courte histoire, la psychologie a modifié nos façons de penser et nous a aidés à mieux nous comprendre – nous, mais aussi les gens et le monde qui nous entourent. Elle a remis en question des convictions profondément ancrées, exhumé des vérités troublantes, proposé de surprenantes informations et résolu des questions complexes. La popularité croissante de la psychologie dans les cursus universitaires témoigne de la pertinence de cette science dans le monde moderne, mais aussi du plaisir et de la stimulation que l'on trouve à explorer la richesse et la diversité du monde mystérieux de l'esprit humain. ■

LES RACI PHILOSO

LES PRÉMICES DE LA PSYCHOLOGIE

NES
PHIQUES

1649
René Descartes publie *Les Passions de l'âme*, dans lequel il affirme que **l'âme et le corps sont des substances distinctes**.

1816
Johann Friedrich Herbart décrit dans son *Manuel de psychologie* un esprit dynamique animé par un **conscient** et un **inconscient**.

1819
L'abbé Faria détaille sa méthode d'**hypnose** dans son livre *De la cause du sommeil lucide*.

1849
La parution du *Traité du désespoir* de Søren Kierkegaard marque le début de l'**existentialisme**.

1859
Charles Darwin suggère dans son livre, *De l'origine des espèces*, que nous héritons de tous nos traits.

1861
Le neurochirurgien **Pierre Paul Broca** découvre que les hémisphères droit et gauche du cerveau ont des fonctions distinctes.

1869
Dans *Hereditary Genius*, Francis Galton s'efforce de montrer que, chez les savants, **l'inné est plus important que l'acquis**.

1874
Carl Wernicke montre que la lésion d'une zone spécifique du cerveau provoque une perte de compétences spécifiques.

Nombre des sujets sur lesquels se penche la psychologie moderne ont fait l'objet de débats philosophiques bien avant le développement de la science telle que nous la connaissons. Les tout premiers penseurs de la Grèce antique ont cherché à répondre aux questions soulevées par le monde qui nous entoure et nos façons de penser et d'agir. Depuis, nous n'avons cessé de débattre des concepts de la conscience et du soi, de l'esprit et du corps, de la connaissance et de la perception, de l'organisation de la société et du «bien vivre».

Les diverses branches de la science se sont graduellement émancipées de la philosophie, avec une accélération à partir du XVIe siècle et l'avènement de la «révolution scientifique», qui déboucha sur le siècle des Lumières (XVIIIe siècle). Si les avancées de la connaissance scientifique répondaient à nombre de questions sur le monde dans lequel nous vivons, elles achoppaient encore sur l'explication du fonctionnement de notre esprit. La science et la technologie offrirent finalement des modèles à partir desquels les bonnes questions purent enfin être posées, et le recueil de données pertinentes nous permit de mettre les nouvelles théories à l'épreuve.

Séparer le corps et l'esprit

L'une des grandes figures de la révolution scientifique du XVIIe siècle fut le philosophe et mathématicien René Descartes. La distinction qu'il fit entre le corps et l'esprit joua un rôle essentiel dans le développement futur de la psychologie. Descartes posa le principe du dualisme de l'existence humaine, partagée entre un corps «machine» et une âme immatérielle ou «substance pensante». Les philosophes qui le suivirent, Johann Friedrich Herbart notamment, étendirent l'analogie de la machine pour y inclure le cerveau et assimilèrent les processus de la pensée au fonctionnement de la machine cérébrale.

Le degré de séparation entre le corps et l'esprit devint matière à débat. Les scientifiques se demandèrent dans quelle mesure l'esprit était façonné par des facteurs physiques ou par l'environnement. Le débat autour de l'inné et de l'acquis, entretenu par la théorie de l'évolution du naturaliste britannique Charles Darwin puis repris par Francis Galton, fit émerger des thèmes comme le libre arbitre, la personnalité, le développement et l'apprentissage. Ces domaines, que la philosophie n'avait pas entièrement défrichés, étaient désormais mûrs

1877
Jean-Martin Charcot publie ses *Leçons sur les maladies du système nerveux*.

1879
Wilhelm Wundt crée le **premier laboratoire de psychologie expérimentale** en Allemagne à Leipzig.

1883
Emil Kraepelin publie son *Traité de psychiatrie*.

1885
Hermann Ebbinghaus explicite sa méthode d'apprentissage à partir de syllabes sans signification dans son livre *La Mémoire*.

1887
G. Stanley Hall publie la première édition de l'*American Journal of Psychology*.

1889
Pierre Janet suggère que l'**hystérie** implique une dissociation et un dédoublement de la personnalité.

1890
Considéré en Amérique comme le père de la psychologie, **William James** publie *Principes de psychologie*.

1895
Alfred Binet ouvre le premier laboratoire de **psychométrie**.

pour l'étude scientifique. Dans le même temps, la nature mystérieuse de l'esprit était popularisée par la découverte de l'hypnose, qui poussa les scientifiques à considérer que la vie mentale ne pouvait se réduire aux seules pensées conscientes et immédiatement apparentes. Ces savants entreprirent d'examiner la nature de l'« inconscient » et son influence sur nos pensées et nos comportements.

La naissance de la psychologie

C'est dans ce contexte que naquit la psychologie en tant que science moderne. En 1879, Wilhelm Wundt fonda le premier laboratoire de psychologie expérimentale à l'université de Leipzig. Des départements de psychologie se mirent à éclore dans d'autres universités à travers l'Europe et les États-Unis. À l'instar de la philosophie, qui avait emprunté des voies diverses selon les pays, la psychologie se développa différemment en Allemagne, où des psychologues tels que Wundt, Hermann Ebbinghaus et Emil Kraepelin adoptèrent une démarche purement scientifique et expérimentale, et aux États-Unis, où William James et ses adeptes à Harvard restaient confinés à la théorie et la philosophie. Une école de pensée influente se développait aussi à Paris autour des travaux du neurologue Jean-Martin Charcot, qui utilisait l'hypnose pour traiter l'hystérie. Cette école attira des psychologues tels que Pierre Janet, dont les travaux sur l'inconscient ouvrirent la voie à la théorie freudienne de la psychanalyse.

Les vingt dernières années du XIXe siècle virent un développement fulgurant de l'importance de cette science nouvelle ainsi que l'apparition d'une méthode scientifique pour l'étude de l'esprit sur le modèle de la physiologie et des disciplines connexes dans l'étude du corps. Pour la première fois, une méthode scientifique était appliquée à des questions concernant la perception, la conscience, la mémoire, l'apprentissage et l'intelligence. Observations et expérimentations débouchèrent sur un grand nombre de théories nouvelles.

Si ces idées venaient souvent de l'étude introspective de l'esprit par le chercheur ou des récits éminemment subjectifs faits par le sujet, elles n'en posèrent pas moins les fondations grâce auxquelles la génération suivante de psychologues allait développer l'étude réellement objective de l'esprit et du comportement et appliquer ses propres théories au traitement des maladies mentales. ■

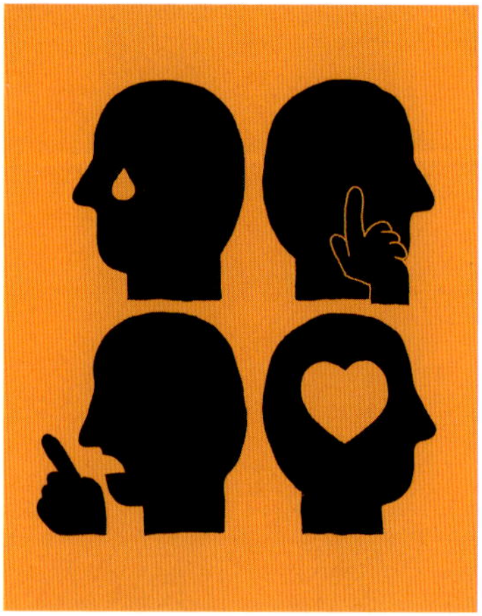

LES QUATRE TEMPÉRAMENTS DE LA PERSONNALITÉ

GALIEN (v. 129-v. 201)

CONTEXTE

APPROCHE
Théorie des humeurs

AVANT
v. 400 AV. J.-C. Le médecin grec Hippocrate affirme que les qualités des quatre éléments se reflètent dans les quatre fluides corporels.

v. 325 AV. J.-C. Le philosophe grec Aristote ajoute à la théorie des éléments la notion de « qualités élémentales » mises en relation avec les sens.

APRÈS
1543 Dans *De humani corporis fabrica*, l'anatomiste flamand André Vésale corrige les erreurs de Galien.

1879 Wilhelm Wundt reprend les tempéraments de Galien, et les enrichit de deux variables émotionnelles : la « versatilité » et l'« intensité ».

1947 Dans *Dimensions of Personality*, Hans Eysenck associe trois dimensions fondamentales à la personnalité.

Toute chose est une combinaison des **quatre éléments fondamentaux** : terre, air, feu et eau.

↓

Les qualités de ces éléments se retrouvent dans **quatre humeurs correspondantes** (fluides) qui affectent le fonctionnement de notre corps.

↓

Ces humeurs affectent également nos émotions et nos comportements – nos **« tempéraments »**.

↓

Les problèmes psychologiques sont dus au **déséquilibre** de nos humeurs.

↓

En restaurant l'équilibre de nos humeurs, un médecin peut donc guérir nos problèmes émotionnels et comportementaux.

Le philosophe et médecin grec Claude Galien formula une typologie de la personnalité basée sur la théorie antique des humeurs, qui tentait d'expliquer le fonctionnement du corps humain.

Les racines de l'humorisme remontent à Empédocle (v. 495-v. 435 av. J.-C.), philosophe grec pour qui les qualités intrinsèques aux quatre éléments – la terre (froid et sec), l'air (chaud et humide), le feu (chaud et sec) et l'eau (froid et humide) – suffisaient à expliquer l'existence de toutes les substances connues. Hippocrate (460-v. 377 av. J.-C.), qui fait figure de père de la médecine, inventa un modèle médical fondé sur ces éléments, dont il attribua les qualités à quatre liquides organiques, les humeurs – du latin *humor*, « liquide ».

Cinq siècles plus tard, Galien étendit la théorie des humeurs au champ de la personnalité. Il voyait un lien direct entre la quantité des humeurs dans l'organisme et certaines inclinations émotionnelles et comportementales, les tempéraments.

Les quatre tempéraments définis par Galien – sanguin, flegmatique, mélancolique et colérique – reposaient sur l'équilibre des humeurs. Si l'une d'entre elles se développait en excès, le type de personnalité correspondant

Voir aussi : René Descartes 20-21 ▪ Gordon Allport 306-313 ▪ Hans J. Eysenck 316-321 ▪ Walter Mischel 326-327

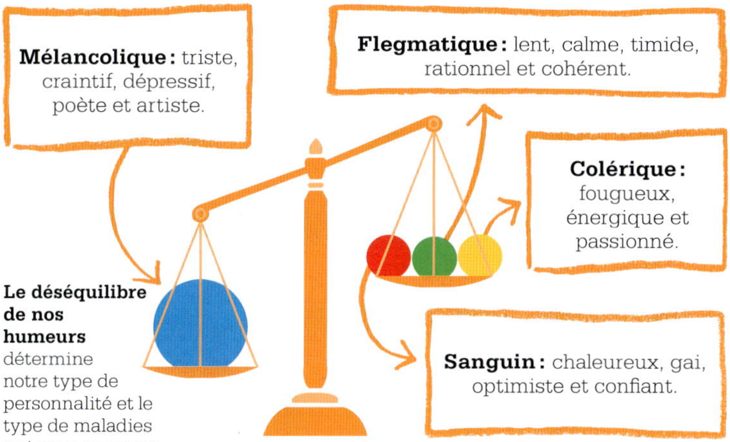

Le déséquilibre de nos humeurs détermine notre type de personnalité et le type de maladies qui nous guettent.

se mettait à dominer. L'individu sanguin, marqué par un excès de sang, était chaleureux, joyeux, optimiste et confiant, mais pouvait se révéler égoïste. Le flegmatique, souffrant d'un excès de flegme, était calme, généreux, rationnel et constant, au risque de se montrer paresseux et timide. Le colérique (du grec *kholé*, « bile ») sortait facilement de ses gonds du fait d'un excès de bile jaune tandis que le mélancolique, souffrant d'un excès de bile noire, se reconnaissait à son penchant pour la poésie et les arts, souvent accompagné d'une tendance à la tristesse et la peur.

Le déséquilibre des humeurs

Pour Galien, certains sujets naissaient avec une prédisposition à un tempérament donné. Mais comme les problèmes résultaient d'un déséquilibre dans les humeurs, le médecin se faisait fort de les traiter par un régime et des exercices appropriés. Dans les cas les plus graves, on pouvait avoir recours à la purge et à la saignée. Un individu égoïste, par exemple, trahissait un tempérament exagérément sanguin : il fallait donc y remédier en réduisant la consommation de viande ou en faisant de petites incisions dans les veines pour laisser le sang s'écouler.

La doctrine de Galien domina la médecine jusqu'à la Renaissance, où elle céda le pas face à des travaux plus poussés. En 1543, l'anatomiste flamand André Vésale (v. 1514-1564), qui exerçait en Italie, releva plus de 200 erreurs dans les descriptions de Galien. Le maître de l'Antiquité tomba dans le discrédit, mais eut une influence sur les psychologues du XXe siècle : en 1947, Hans Jürgen Eysenck concluait que le tempérament avait une base biologique et notait que deux dimensions de la personnalité qu'il avait identifiées – le neuroticisme et l'extraversion – faisaient écho à la théorie antique.

L'humorisme a disparu de la psychologie, mais l'idée de Galien selon laquelle de nombreuses maladies physiques et mentales sont reliées constitue le socle de certaines formes de thérapies modernes. ■

Galien

Fils d'un architecte grec fortuné de Pergame – aujourd'hui Bergama, en Turquie –, Claude Galien entreprit des études de philosophie et de mathématiques, puis s'orienta vers la médecine à dix-sept ans. Après avoir voyagé une bonne dizaine d'années, il s'installa en 162 à Rome, où il devint le médecin des notables, puis celui de l'empereur Marc Aurèle.

Galien apprit la traumatologie en soignant les gladiateurs professionnels et rédigea plus de 500 traités de médecine. Il estimait que la meilleure façon d'apprendre passait par l'étude de l'anatomie, et il découvrit la fonction de nombreux organes internes – en introduisant toutefois quelques erreurs car la dissection des cadavres humains était interdite par le droit romain et il ne disposait que de cadavres de singes et de porcs. Si la date de sa mort est encore sujette à caution, on sait néanmoins que Galien mourut à plus de soixante-dix ans.

Ouvrages-clés

v. 190 *Que les mœurs de l'âme sont la conséquence des tempéraments du corps*
v. 190 *Des facultés naturelles*
v. 190 *Des sectes aux étudiants*

IL Y A DANS CETTE MACHINE UNE ÂME DOUÉE DE RAISON

RENÉ DESCARTES (1596-1650)

CONTEXTE

APPROCHE
Dualisme corps/esprit

AVANT
IVe siècle AV. J.-C. Le philosophe grec Platon affirme que le corps appartient au monde matériel, tandis que l'âme, ou l'esprit, relève du monde immortel des Idées.

IVe siècle AV. J.-C. Pour le philosophe grec Aristote, l'âme et le corps sont indissociables ; ils forment une seule et même substance qui a pour matière le corps et pour forme l'âme.

APRÈS
1710 Dans ses *Principes de la connaissance humaine*, le philosophe George Berkeley prétend que le corps n'est que la perception de l'esprit.

1904 Dans un article intitulé *La Conscience existe-t-elle ?* William James affirme que la conscience n'est pas une substance mais résulte d'un processus.

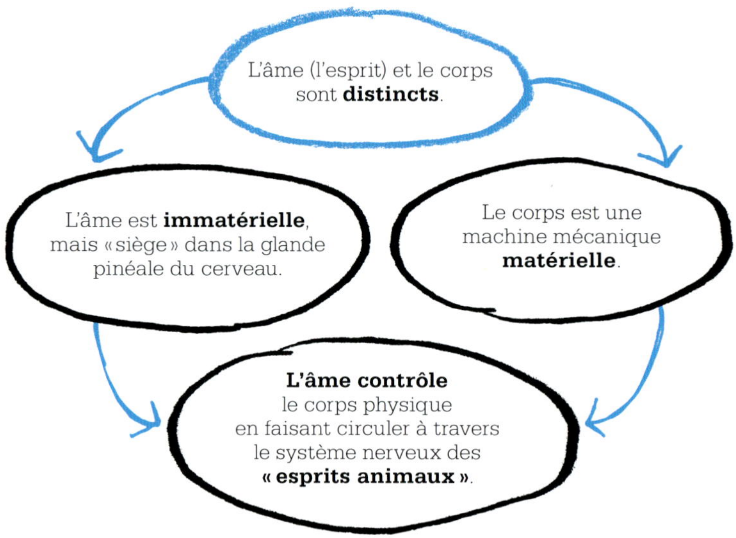

Le concept de séparation de l'esprit et du corps remonte à l'Antiquité grecque et à Platon, mais c'est René Descartes (1596-1650) qui fut le premier à se pencher de près sur leur relation. Son premier ouvrage philosophique, *De Homine* – « de l'Homme » –, décrit le dualisme de l'esprit et du corps : l'esprit immatériel, ou « âme », nous dit-il, réside dans la glande pinéale, siège de la pensée, tandis que le corps est une sorte de machine mue par des « esprits animaux », ou fluides corporels, qui circulent à travers le système nerveux pour ordonner le mouvement. Cette idée avait été popularisée dès le IIe siècle par Galien, qui la rattachait à sa théorie des humeurs, mais Descartes fut le premier à la décrire en détail et à mettre en avant la séparation entre le corps et l'esprit. Dans une lettre adressée au philosophe Marin

Voir aussi : Galien 18-19 ▪ William James 38-45 ▪ Sigmund Freud 92-99

Mersenne, Descartes explique que la glande pinéale, siège de la pensée, doit aussi être celui de l'âme, les deux étant inséparables. Ce point est très important, car c'est lui seul qui permet de relier l'âme à une partie solide du corps et pas uniquement aux purs esprits.

Descartes se représentait les interactions de l'esprit et du corps à travers la conscience des « esprits animaux » circulant dans le corps. Il considérait que l'esprit, ou âme, avec son siège au plus profond du cerveau, dans la glande pinéale, pouvait prendre conscience de ces esprits mobiles, ce qui entraînait les sensations. Le corps influait donc sur l'esprit. L'inverse aussi était vrai, puisque l'afflux d'« esprits animaux » vers une zone donnée du corps se traduisait par une action.

L'âme pareille à un fontenier

S'inspirant des jardins des rois de France, avec leurs systèmes d'irrigation et leurs fontaines sophistiquées, Descartes compare les esprits du corps commandant les nerfs et les muscles à la force de l'eau : les premiers font mouvoir tous les membres, la seconde, diverses machines. Or ces fontaines sont contrôlées par un fontenier, qui fournit à Descartes un élément de comparaison avec l'esprit : « Et enfin quand l'âme raisonnable sera en cette machine, elle y aura son siège principal dans le cerveau, et sera là comme le fontenier, qui doit être dans les regards où se vont rendre tous les tuyaux de ces machines, quand il veut exciter, ou empêcher, ou changer en quelque façon leurs mouvements. »

Si les philosophes débattent encore pour savoir si l'esprit et le cerveau sont deux entités séparées, la plupart des psychologues assimilent l'esprit à l'activité cérébrale. En termes pratiques, la distinction entre santé physique et santé mentale est toutefois plus complexe qu'il n'y paraît : les deux sont en effet étroitement liées, puisque le stress peut avoir des répercussions sur la forme physique et qu'un déséquilibre chimique peut affecter le cerveau. ■

> L'âme est une substance réellement distincte du corps.
> **René Descartes**

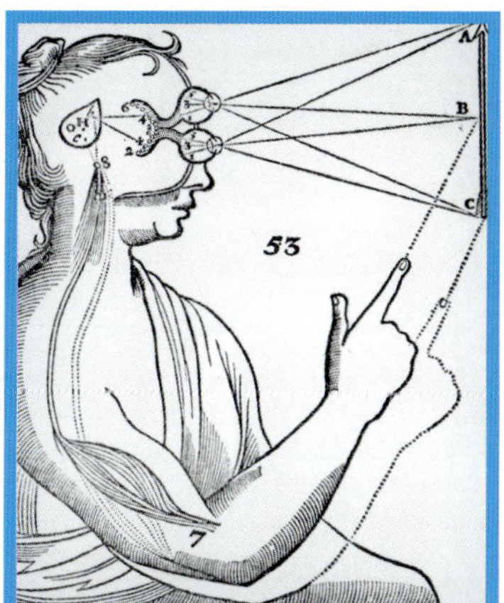

Descartes représentait la glande pinéale comme un organe idéalement placé dans le cerveau pour percevoir simultanément les images et les sons recueillis par les yeux et les oreilles.

René Descartes

Né à La Haye, en Touraine, dans une famille de petite noblesse, René Descartes entra à dix ans au collège de Jésuites de La Flèche, où il bénéficia, en raison de sa santé fragile et de ses dons exceptionnels, d'un régime de faveur sans cours le matin. Féru de mathématiques, il passa une licence en droit à Poitiers et rejoignit Paris. Au début de la guerre de Trente Ans, il passa un an dans l'armée du duc Maximilien de Bavière, puis se consacra à l'étude et aux sciences. Il parcourut l'Europe et la France en se mêlant aux cercles savants et, en 1628, se fixa en Hollande pour rédiger ses réflexions philosophiques et mathématiques. Convié en 1649 par la reine Christine de Suède, il mourut à Stockholm le 11 février 1650. Officiellement, il fut emporté par une pneumonie, mais certains prétendirent qu'il avait été empoisonné car on craignait qu'il ne dissuade la reine de se convertir au catholicisme.

Ouvrages-clés

1633 *Traité du monde et de la lumière* (publié en 1664)
1637 *Le Discours de la méthode*
1647 *Description du corps humain*
1649 *Les Passions de l'âme*

DORMEZ !

ABBÉ FARIA (1756-1819)

CONTEXTE

APPROCHE
Hypnose

AVANT
1027 Le philosophe et médecin persan Avicenne (Ibn Sina) traite des transes dans *Livre de la guérison de l'âme.*

1779 Le médecin allemand Franz Mesmer publie son *Mémoire sur la découverte du magnétisme animal.*

APRÈS
1843 Le chirurgien écossais James Braid invente le terme « neurohypnotisme » dans son ouvrage intitulé *Neurypnologie.*

Années 1880 Le psychologue français Émile Coué découvre l'effet placebo et publie *La Maîtrise de soi-même par l'autosuggestion consciente.*

Années 1880 Sigmund Freud étudie l'hypnose et ses pouvoirs apparents pour mieux contrôler les symptômes inconscients.

Les pratiques de guérison par les transes n'ont rien de nouveau. Plusieurs cultures de l'Antiquité, en Égypte et en Grèce notamment, considéraient comme normal d'envoyer les malades dans les « temples du sommeil » pour y être traités, dans un état second, par des prêtres spécialisés. En 1027, le médecin perse Avicenne décrivit les caractéristiques de ces transes, mais leur utilisation dans un contexte thérapeutique fut pratiquement abandonnée jusqu'à ce que le médecin allemand Franz Anton Mesmer les redécouvre au XVIIIe siècle. Sa méthode, le mesmérisme, reposait sur la manipulation du magnétisme naturel « animal » de l'organisme à l'aide d'aimants et de suggestion. Ainsi « magnétisés », les patients subissaient une convulsion qui leur laissait ensuite une sensation de mieux-être.

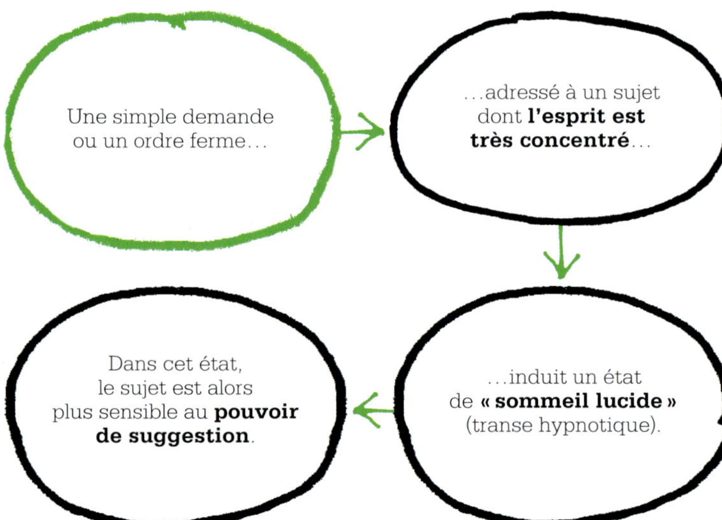

Voir aussi: Jean-Martin Charcot 30 ▪ Sigmund Freud 92-99 ▪ Carl Jung 102-107 ▪ Milton Erickson 336

Quelques années plus tard, l'abbé Faria étudia l'œuvre de Mesmer et conclut qu'il était « tout à fait absurde » de penser qu'un « fluide magnétique » eût pu jouer un quelconque rôle dans les guérisons. La vérité était plus incroyable encore : la capacité d'entrer en état de transe, ou de « sommeil lucide », résidait dans les patients eux-mêmes. Aucune force surnaturelle n'était nécessaire, le phénomène reposant exclusivement sur la force de suggestion.

Le sommeil lucide

Faria se définit, dans *De la cause du sommeil lucide*, comme un « concentrateur » aidant le sujet à atteindre un certain état d'esprit : « Je m'assure d'avance de ceux qui ont des dispositions requises à la concentration occasionnelle, et, en les plaçant commodément sur un siège, je prononce énergiquement le mot 'Dormez'[...] Ils éprouvent un frémissement dans tous leurs membres et s'endorment. »

C'est à partir des expériences de Faria que le chirurgien écossais James Braid créa en 1843 le terme « hypnose » – du grec *hupnos*, « sommeil ». Pour Braid, l'hypnose n'était pas une forme de sommeil, mais plutôt de concentration sur une idée unique, résultant d'une suggestibilité exacerbée. L'intérêt pour l'hypnose s'affaiblit après sa mort, du moins jusqu'à ce que le neurologue Jean-Martin Charcot s'en serve de façon systématique dans le traitement de l'hystérie traumatique. C'est ainsi que l'hypnose attira l'attention de Josef Breuer et Sigmund Freud qui, en se penchant sur les forces sous-jacentes à l'hypnose, découvrirent le pouvoir de l'inconscient. ■

Pour induire une transe, Franz Mesmer appliquait sur l'estomac de ses patients des aimants, supposés mettre le magnétisme « animal » du corps dans un état harmonieux.

> Rien n'est dû au magnétiseur ; tout vient du sujet et se passe dans son imagination.
> **Abbé Faria**

Abbé Faria

Né à Goa, en Inde, José Custódio de Faria partit à quinze ans pour la cour du Portugal avec son père. Envoyé à Rome pour passer un doctorat de théologie, Faria fut à son retour invité par la reine du Portugal à prêcher dans sa chapelle privée : durant le sermon, il fut pris de panique, mais son père lui murmura : « Ce sont des hommes de paille, et la paille, on la coupe ! », ce qui le rasséréna aussitôt. Il se demanda plus tard comment une simple phrase pouvait radicalement modifier un état d'esprit. Installé en France en 1788, il participa quelque peu à la Révolution française et profita de son incarcération à Marseille, dans le château d'If – à l'origine du personnage créé par A. Dumas dans *Le Comte de Monte-Cristo* –, pour travailler ses techniques d'autosuggestion. De retour à Paris, il ouvrit en 1813 un cabinet dans lequel il pratiquait ce que l'on appellera plus tard l'hypnose. Son succès fut de courte durée : traité de charlatan par la médecine officielle, il mourut en 1819 dans l'anonymat.

Ouvrage-clé

1819 *De la cause du sommeil lucide*

LES IDÉES DEVIENNENT DES FORCES QUAND ELLES S'OPPOSENT L'UNE À L'AUTRE

JOHANN FRIEDRICH HERBART (1776-1841)

CONTEXTE

APPROCHE
Structuralisme

AVANT
1704 Le philosophe allemand Gottfried Leibniz traite des « *petites perceptions* » – perceptions inconscientes – dans ses *Nouveaux essais sur l'entendement humain.*

1869 Le philosophe allemand Eduard von Hartmann publie *Philosophie de l'inconscient,* ouvrage qui va lui assurer une renommée mondiale.

APRÈS
1895 Sigmund Freud et Josef Breuer publient *Études sur l'hystérie,* ouvrage considéré comme fondateur pour la psychanalyse et les théories de l'inconscient.

1912 Carl Jung rédige *Psychologie de l'inconscient,* traité dans lequel il affirme que tous les peuples ont un inconscient collectif culturellement spécifique.

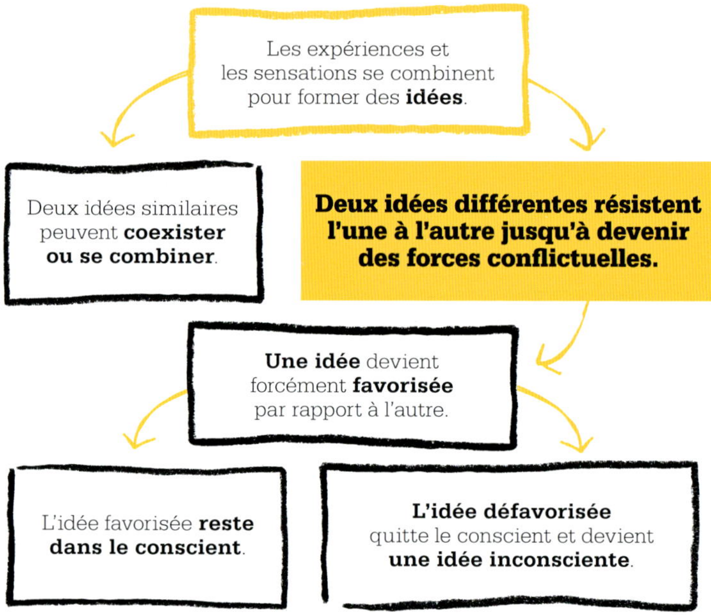

Le philosophe allemand Johann Friedrich Herbart voulait comprendre comment fonctionne le cerveau, notamment comment il gère les idées ou concepts. Vu la quantité innombrable d'idées que nous accumulons au cours de notre vie, comment évitons-nous la confusion ? Herbart supposait que le cerveau possède une sorte de mécanisme pour trier et sauvegarder les idées. Il voulait aussi comprendre comment, parmi toutes les idées existantes – il refusait d'admettre qu'une idée puisse disparaître –, certaines semblent se mouvoir en dehors des limites de notre conscience. C'est son compatriote,

Voir aussi : Wilhelm Wundt 32-37 ▪ Sigmund Freud 92-99 ▪ Carl Jung 102-107 ▪ Anna Freud 111 ▪ Leon Festinger 166-167

Les pensées et les sentiments génèrent une énergie qui, selon Herbart, agit comme celle des aimants pour attirer ou repousser deux idées.

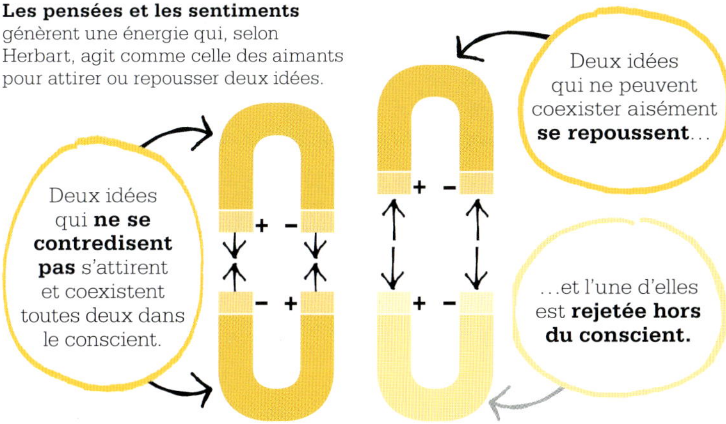

le philosophe Gottfried Leibniz (1646-1716), qui fut le premier à envisager que des idées, qu'il baptisa « petites perceptions », puissent exister au-delà de la conscience : il avait noté qu'il nous arrive souvent de nous souvenir de quelque chose – un détail sur un tableau, par exemple – sans avoir conscience de l'avoir remarqué, et qu'il nous est donc possible de stocker des choses dans notre mémoire sans nous en apercevoir.

Les idées dynamiques

Pour Herbart, les idées se forment à partir des informations transmises par nos sens. Le terme qu'il emploie – *Vorstellung* – englobe à la fois les pensées, les représentations mentales et les états émotionnels : c'est donc le contenu tout entier de l'esprit qui est mobilisé. Herbart considère ces *Vorstellungen* comme des éléments non pas statiques, mais dynamiques, c'est-à-dire capables de bouger et d'interagir les uns avec les autres. Les idées peuvent s'attirer et se combiner, ou se repousser à la façon de deux aimants. Deux idées similaires, comme une couleur et un son, s'attirent et fusionnent pour former une idée plus complexe. Deux idées dissemblables, en revanche, continuent à vivre sans jamais se combiner. Elles s'affaiblissent avec le temps jusqu'à plonger en deçà du « seuil de conscience ». Deux idées contradictoires, enfin, génèrent une résistance : cette énergie qu'elles mettent à se repousser mutuellement fait passer l'une des deux de l'état de représentation réelle à celui de simple « tendance » : ce que nous appelons aujourd'hui l'inconscient.

Pour Herbart, l'inconscient était une sorte de réceptacle pour les idées faibles ou contradictoires. En posant le principe d'une conscience à deux niveaux séparés par un seuil, il cherchait à fournir une solution structurelle au problème de la gestion des idées dans un esprit sain. Sigmund Freud allait y voir un mécanisme beaucoup plus complexe et révélateur : il combina les concepts de Herbart avec sa propre théorie des pulsions inconscientes pour poser les bases de la principale démarche thérapeutique du XXe siècle : la psychanalyse. ■

Johann Friedrich Herbart

Johann Herbart est né à Oldenburg, en Allemagne. Éduqué par sa mère jusqu'à douze ans avant de fréquenter l'école locale, il intégra l'université d'Iéna pour y étudier la philosophie. Il travailla trois ans comme précepteur avant de soutenir sa thèse de doctorat à l'université de Göttingen, où il obtint un poste de professeur. En 1806, Napoléon vainquit la Prusse et, en 1809, Herbart se vit offrir la chaire de philosophie d'Emmanuel Kant à Königsberg, où le roi de Prusse était exilé avec sa cour. Parallèlement, il se lança dans une expérience éducative en instaurant un séminaire consacré à la pédagogie, qu'il anima jusqu'en 1833. N'étant pas parvenu à imposer ses idées, Herbart retourna à l'université de Göttingen et y demeura comme professeur de philosophie jusqu'à sa mort. Il mourut d'un accident vasculaire cérébral à soixante-cinq ans.

Ouvrages-clés

1808 *Philosophie pratique générale*
1816 *Manuel de psychologie*
1824 *La Psychologie comme science*

ÊTRE SOI-MÊME CE QUE L'ON EST VRAIMENT

SØREN KIERKEGAARD (1813-1855)

CONTEXTE

APPROCHE
Existentialisme

AVANT
ve siècle AV. J.-C. Socrate affirme que la connaissance de soi est la clé de la sagesse.

APRÈS
1879 Wilhelm Wundt utilise l'autoanalyse comme méthode de recherche en psychologie.

1913 John B. Watson dénonce l'inutilité de l'autoanalyse et de l'introspection en psychologie.

1950 *The Meaning of anxiety* de Rollo May s'inspire de l'ouvrage de Kierkegaard, *Du concept d'angoisse.*

1951 Carl Rogers publie *Thérapie centrée sur la personne* et, en 1961, *Le Développement de la personne.*

1960 Dans *Le Moi Divisé,* R. D. Laing redéfinit la « folie » en proposant comme thérapie l'analyse existentielle des conflits intérieurs.

La grande question « Qui suis-je ? » occupe l'humanité depuis l'Antiquité grecque. Pour Socrate (470-399 av. J.-C.), la première utilité de la philosophie était de rendre l'homme plus heureux en l'aidant à se connaître lui-même : « Une vie sans examen ne vaut la peine d'être vécue. » En 1849, le *Traité du désespoir* de Søren Kierkegaard fit de l'auto-analyse un moyen de comprendre le problème du désespoir, qui, selon lui, ne serait pas la conséquence

Je désire être **différent** de ce que je suis.

Je m'efforce donc de devenir **quelqu'un d'autre**.

J'échoue et **me méprise** moi-même pour cet échec.

Je réussis et **abandonne** mon vrai moi.

Dans les deux cas, je **désespère** de mon vrai moi.

Pour échapper au désespoir, je dois **accepter** mon vrai moi.

Être soi-même ce que l'on est vraiment, c'est le contraire du désespoir.

Voir aussi : Wilhelm Wundt 32-37 ▪ William James 38-45 ▪ Carl Rogers 130-137 ▪ Rollo May 141 ▪ R. D. Laing 150-151

L'ambition démesurée de Napoléon, représenté ici en tant qu'étudiant, lui fit perdre de vue sa véritable identité, repoussa ses limites, et le mena finalement au désespoir.

d'une dépression mais plutôt d'une aliénation du soi.

Kierkegaard distingue plusieurs niveaux de désespoir : le plus faible – et le plus répandu – résulte de l'ignorance du sujet, qui n'a même pas conscience de l'existence ou de la nature de son moi potentiel. Cette ignorance, proche de la béatitude, prête si peu à conséquence que Kierkegaard hésite même à la ranger parmi les formes de désespoir. Le désespoir, le vrai, naît selon lui du développement de la conscience de soi. Les formes les plus profondes sont associées à une conscience aiguë du moi allant jusqu'au dégoût. Lorsqu'un individu subit un revers – un étudiant en médecine échouant à un examen, par exemple –, il semble désespérer de la chose perdue. Mais, à y regarder de près, nous dit Kierkegaard, il est évident que l'étudiant ne désespère pas de l'échec à son examen mais de lui-même : son moi, qui a échoué à atteindre son but, lui devient intolérable. L'homme veut devenir un autre lui-même – un médecin, en l'occurrence –, mais est condamné à vivre avec le moi qui a échoué et son désespoir.

Abandonner son vrai moi

Kierkegaard prend l'exemple d'un homme déterminé à devenir empereur et constate avec ironie que, en supposant qu'il parvienne à atteindre son but, il aura surtout réussi à se débarrasser de son ancien moi. Dans son désir comme dans son accomplissement, le but était de se défaire de son moi. C'est ce déni du moi qui est cause de douleur : « Dans son essence, son désespoir ne varie pas, car il ne possède pas son moi, il n'est pas lui-même. »

Kierkegaard, pourtant, nous offre une solution. Il conclut que pour trouver la paix et l'harmonie intérieure, l'homme doit avoir le courage d'être lui-même au lieu de s'entêter à vouloir être un autre : « Être soi-même ce que l'on est vraiment, c'est le contraire du désespoir ». Le philosophe pense que le désespoir s'évanouit dès lors que nous cessons de renier notre nature profonde pour la dévoiler, au contraire, et l'accepter telle qu'elle est.

L'accent que Kierkegaard met sur la responsabilité individuelle et la nécessité de trouver sa propre essence et un but à la vie sont souvent considérés comme les prémices de la philosophie existentialiste. Ses idées, qui débouchèrent directement sur l'utilisation de la thérapie existentielle de R. D. Laing, ont influencé les thérapies humanistes de cliniciens tels que Carl Rogers. ▪

Søren Kierkegaard

Né dans une famille danoise aisée appartenant à une communauté luthérienne très fervente, Søren Kierkegaard étudia la théologie et la philosophie à l'université de Copenhague. Après une série tragique de deuils familiaux, il se retrouva à la tête d'un bel héritage et décida de consacrer sa vie à la philosophie, ce qui finalement le laissa insatisfait : « Ce dont j'ai vraiment besoin, disait-il, c'est d'être clair sur ce que je dois faire et non sur ce que je dois savoir. » En 1840, il s'éprit de Régine Olsen, mais rompit ses fiançailles en prétendant qu'il n'était pas fait pour le mariage. Son tempérament mélancolique marqua profondément sa vie : c'était un solitaire qui aimait flâner dans les rues ou faire de longues promenades en calèche dans la campagne. Il s'effondra dans la rue et mourut le 11 novembre 1855 au Friedrich's Hospital de Copenhague. Il avait quarante-deux ans.

Ouvrages-clés

1843 *Crainte et tremblement*
1843 *Ou bien… ou bien*
1844 *Du concept d'angoisse*
1849 *Traité du désespoir*

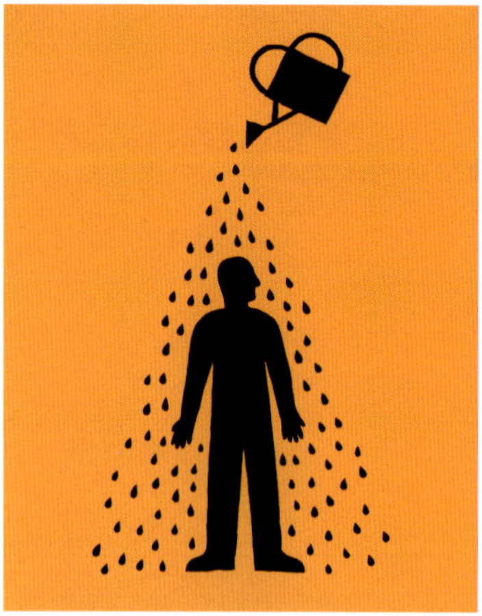

LA PERSONNALITÉ EST FAITE D'INNÉ ET D'ACQUIS

FRANCIS GALTON (1822-1911)

CONTEXTE

APPROCHE
Psychobiologie

AVANT
1690 Le philosophe britannique John Locke suggère que l'esprit de chaque enfant est une ardoise vierge et que, en conséquence, nous naissons égaux.

1859 Le biologiste Charles Darwin prétend que le développement humain résulte toujours d'une adaptation à l'environnement.

1890 William James affirme que les gens héritent génétiquement de leurs tendances individuelles, ou « instincts ».

APRÈS
1925 Le béhavioriste John B. Watson prétend qu'il n'y a « rien de tel que d'hériter de l'adresse, du talent, du tempérament ou de la structure mentale ».

Années 1940 L'Allemagne nazie cherche à créer une race aryenne supérieure grâce à l'eugénisme.

La personnalité est composée d'éléments issus de **deux sources différentes**.

L'inné est ce dont on hérite à la naissance, et…

L'acquis représente tout ce que l'on expérimente depuis la naissance.

On peut améliorer ses compétences et ses capacités grâce à **la formation et l'apprentissage**, mais…

…l'inné **fixe des limites** au développement de nos aptitudes.

L'inné et l'acquis jouent tous deux un rôle, mais celui de **l'inné reste déterminant**.

Francis Galton était apparenté à nombre de célébrités, au grand naturaliste Charles Darwin notamment. C'est peut-être ce qui le poussa à s'intéresser à la question de l'inné et de l'acquis. Il fut le premier à poser l'hérédité et l'environnement comme deux facteurs distincts, dont les effets sont mesurables et comparables, et à affirmer que ces deux éléments à eux seuls étaient responsables de notre personnalité. En 1869, il fouilla son propre arbre généalogique, ainsi que ceux « de juges, d'hommes d'État, de généraux, de savants, d'hommes

Voir aussi: G. Stanley Hall 46-47 ▪ John B. Watson 66-71 ▪ Zing-Yang Kuo 75 ▪ Eleanor E. Maccoby 284-285 ▪ Raymond Cattell 314-315

> Les traits de personnalité collent aux lignées familiales.
> **Francis Galton**

de lettres, de devins, de rameurs et lutteurs… » à la recherche de traits héréditaires pour rédiger son livre *Hereditary Genius*. Comme il s'y attendait, il trouva plus d'individus très doués dans certaines familles que dans le gros de la population. Toutefois, il s'interdit d'attribuer ces qualités à la seule nature: lui-même ayant grandi dans un environnement familial privilégié, il était conscient des avantages conférés par le milieu et par l'éducation.

Un équilibre nécessaire

Galton s'intéressa à nombre de projets: il réalisa notamment la première enquête d'envergure en envoyant aux membres de la Royal Society un questionnaire portant sur leurs centres d'intérêt et leurs affiliations. Il publia ses résultats dans *English Men of Science*, dont il ressortait que, partout où l'inné et l'acquis sont mis en compétition, c'est le premier qui l'emporte, car les influences externes ne sauraient «effacer les marques plus profondes du caractère individuel». Toutefois, il reconnaissait que les deux facteurs sont essentiels dans la formation de la personnalité et que même les dons naturels les plus grands peuvent être gâtés par un acquis défectueux. L'intelligence est héréditaire, disait-il, mais doit être cultivée par l'éducation.

En 1875, Galton entreprit l'étude de 159 couples de jumeaux. Il nota que ceux-ci ne suivent pas le principe habituel de similitude entre frères et sœurs, étant soit très semblables soit très différents, et que, de plus, leur degré de similitude reste constant sur le long terme. Galton pensait que, en partageant la même éducation, les jumeaux verraient leurs différences s'atténuer à mesure qu'ils grandissaient, mais ce n'était pas le cas: l'environnement semblait ne plus jouer aucun rôle.

Le débat entre l'inné et l'acquis n'est pas clos à ce jour. Certains privilégiaient les théories de Galton, y compris la notion d'eugénisme prônant que les hommes peuvent être sélectionnés comme des animaux pour favoriser les caractères bénéfiques. D'autres pensaient que tous les enfants sont, à la naissance, des «ardoises vierges», ce qui les place tous sur un pied d'égalité. La plupart des psychologues considèrent aujourd'hui que l'inné et l'acquis sont deux facteurs essentiels du développement humain, qui interagissent de façon complexe. ■

Les travaux de Galton montrèrent que les jumeaux partagent nombre de traits – taille, poids, couleur des yeux, couleur des cheveux, caractère – mais que l'écriture peut les différencier.

Francis Galton

Cousin de Charles Darwin et homme de science éclectique, qui écrivit abondamment aussi bien sur l'anthropologie que la biométrie, la géographie, la météorologie, la biologie ou la psychologie, Francis Galton naquit à Birmingham, en Angleterre, dans une riche famille quaker. Enfant prodige, capable de lire dès l'âge de deux ans, il étudia la médecine à Londres et à Birmingham, les mathématiques à Cambridge, mais ses études furent perturbées par une dépression nerveuse aggravée par la mort de son père, en 1844.

Galton se lança dans les voyages et les inventions. Son mariage en 1853 avec Louisa Jane Butler dura 43 ans, mais le couple n'eut jamais d'enfant. Galton passa sa vie à mesurer les caractéristiques physiques et psychologiques de ses contemporains, à élaborer des tests mentaux et à écrire. Il reçut de nombreux prix et distinctions en reconnaissance de ses multiples réalisations.

Ouvrages-clés

1869 ***Hereditary Genius***
1874 ***English Men of Science: Their Nature and Nurture***
1875 ***The History of Twins***

LES LOIS DE L'HYSTÉRIE SONT UNIVERSELLES

JEAN-MARTIN CHARCOT (1825-1893)

CONTEXTE

APPROCHE
Neurologie

AVANT
1900 AV. J.-C. Le papyrus égyptien de Kahoun relate des troubles du comportement causés par l'« utérus errant » de certaines femmes.

v. 400 AV. J.-C. Le médecin grec Hippocrate invente le terme « hystérie » dans son livre *Des maladies des femmes* pour qualifier certaines maladies.

1662 Le médecin anglais Thomas Willis réalise des autopsies sur des femmes « hystériques » et ne présentant aucune pathologie utérine.

APRÈS
1883 Alfred Binet rejoint Charcot à la Salpêtrière et relatera plus tard comment Charcot se servait de l'hypnose pour soigner l'hystérie.

1895 Ancien élève de Charcot, Sigmund Freud publie *Études sur l'hystérie*.

Considéré comme le père de la neurologie moderne, Jean-Martin Charcot s'intéressa particulièrement aux liens entre la psychologie et la physiologie. Dans les années 1860 et 1870, il étudia l'« hystérie » – terme utilisé alors pour désigner un comportement névrotique des femmes que l'on croyait lié à des mouvements de l'utérus – *hystera* en grec. Le mal se traduisait par des symptômes tels que crises de rire ou de larmes, mouvements désordonnés et contorsions, évanouissements, paralysie, convulsions et perte momentanée de la vue et de l'ouïe.

Après avoir observé des milliers de cas à l'hôpital de la Salpêtrière, à Paris, Charcot promulgua les « lois de l'hystérie », pensant avoir tout compris de cette maladie. Pour lui, il s'agissait d'un mal chronique d'origine héréditaire, dont les symptômes résultaient d'un choc. En 1882, il évoquait des règles « toujours les mêmes, communes à la pratique de la ville et celle de l'hôpital, valables pour tous les pays, pour tous les temps, pour toutes les races, universelles par conséquent ».

En faisant de l'hystérie une affection organique, Charcot justifiait la recherche d'une étiologie biologique, mais ses contemporains rejetèrent ses idées. Certains croyaient même que les « hystériques » de Charcot ne faisaient que singer des comportements suggérés par le médecin. Un de ses étudiants, pourtant, un certain Sigmund Freud, était convaincu et très intrigué par la nature organique de l'hystérie – qui fut la première maladie qu'il allait décrire dans sa théorie sur la psychanalyse. ■

Charcot fit des conférences sur l'hystérie à l'hôpital parisien de la Salpêtrière. Il pensait que l'hystérie suit toujours des phases clairement ordonnées et structurées et qu'elle peut être traitée par l'hypnose.

Voir aussi : Alfred Binet 50-53 ▪ Pierre Janet 54-55 ▪ Sigmund Freud 92-99

UNE DESTRUCTION PARTICULIÈRE DES CONNEXIONS INTERNES DE LA PSYCHÉ

EMIL KRAEPELIN (1856-1926)

CONTEXTE

APPROCHE
Psychiatrie scientifique

AVANT
v. 50 av. J.-C. Le poète et philosophe romain Lucrèce utilise le terme « démence » pour qualifier une divagation de l'esprit.

1874 Wilhelm Wundt, professeur de Kraepelin, publie *Principes de psychologie physiologique.*

APRÈS
1908 Le psychiatre suisse Eugen Bleuler forge le terme « schizophrénie », à partir du grec *schizein*, « fendre », et *phrên*, « esprit ».

1948 L'Organisation mondiale de la santé (OMS) utilise la classification des maladies mentales de Kraepelin dans sa Classification internationale des maladies (CIM).

Années 1950 La schizophrénie est traitée par la chlorpromazine, première drogue antipsychotique.

Considéré comme le père de la psychiatrie moderne, le médecin allemand Emil Kraepelin estimait que la plupart des maladies mentales ont une origine biologique. Dans son *Traité de psychiatrie*, publié en 1883, il présente une classification détaillée des différentes maladies, de la « démence précoce » notamment, qu'il distingue des formes liées au vieillissement comme la maladie d'Alzheimer.

La schizophrénie

En 1893, Kraepelin décrivait la démence précoce, désormais appelée schizophrénie, comme une « série d'états cliniques ayant en commun une destruction particulière des connexions internes de la psyché ». Il notait que la maladie, caractérisée par un état de confusion mentale et un comportement asocial, commence souvent entre l'adolescence et l'âge adulte. Kraepelin la divisa plus tard en quatre sous-catégories : la première, la démence « simple », est marquée par un lent déclin. La deuxième, la paranoïa, prend la forme d'un délire de persécution : le patient se croit espionné ou au centre des conversations. La troisième, l'hébéphrénie, se distingue par des propos incohérents et un comportement déconnectés de la réalité – rire aux éclats face à une situation triste, par exemple. La quatrième, la catatonie, est marquée par des mouvements et expressions extrêmement réduits ou par l'alternance de rigidité – le patient reste assis dans la même position pendant des heures – et d'activité excessive – le patient n'arrête plus de se balancer d'avant en arrière.

La classification de Kraepelin est toujours à l'origine du diagnostic de schizophrénie. De plus, les autopsies ont montré que les schizophrènes présentent des anomalies biochimiques et structurelles du cerveau ainsi qu'une insuffisance de la fonction cérébrale. Le fait que Kraepelin ait cru que la plupart des maladies mentales étaient d'origine biologique eut une influence durable en psychiatrie, et nombre de troubles mentaux sont aujourd'hui encore traités par les médicaments. ■

Voir aussi : Wilhelm Wundt 32-37 ▪ Sigmund Freud 92-99 ▪ Carl Jung 102-107 ▪ R. D. Laing 150-151

LES DÉBUTS DE LA VIE PSYCHIQUE COÏNCIDENT AVEC LES DÉBUTS DE LA VIE

WILHELM WUNDT (1832-1920)

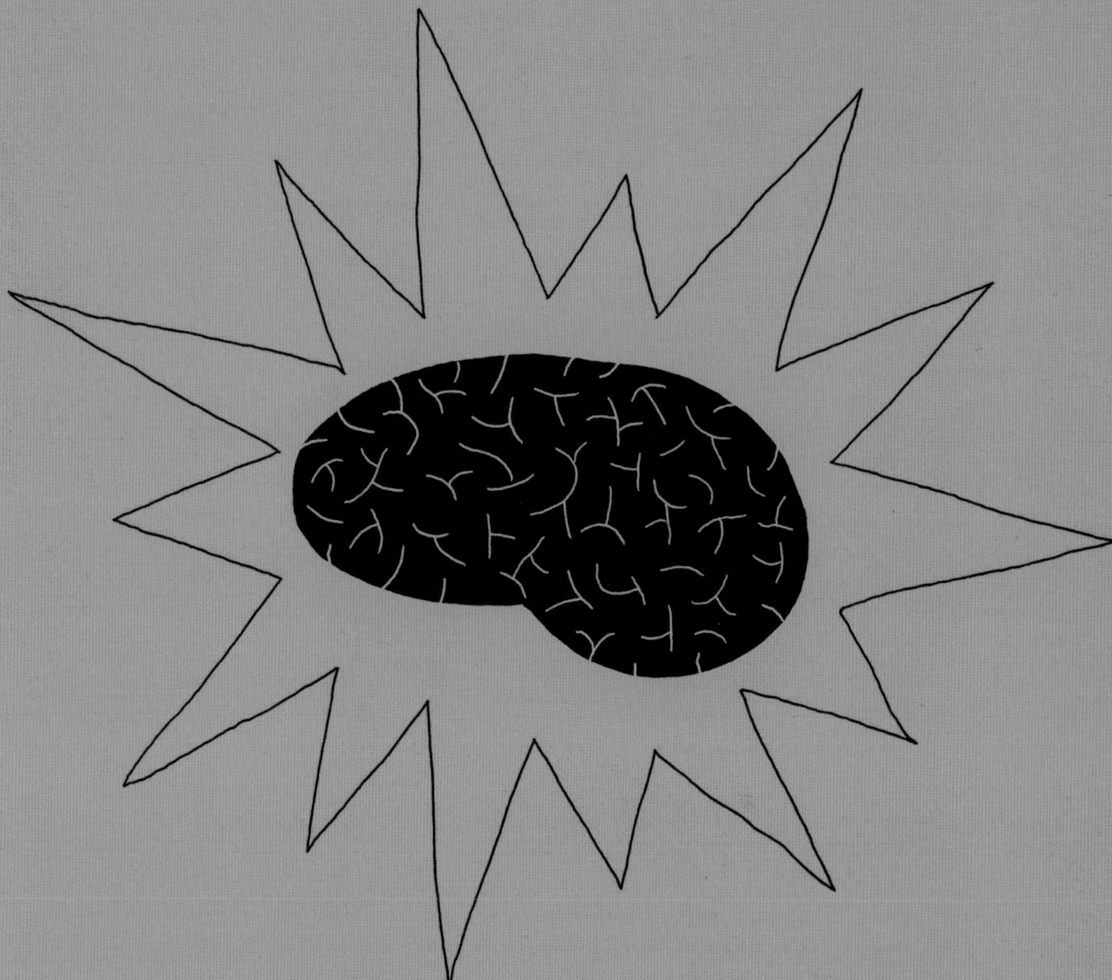

CONTEXTE

APPROCHE
Psychologie expérimentale

AVANT
ve siècle av. J.-C. Pour les philosophes grecs Platon et Aristote, les animaux, êtres de sensibilité, n'ont qu'un faible niveau de conscience.

1637 René Descartes assimile les animaux à des automates.

1859 Pour le naturaliste Charles Darwin, il existe une continuité évolutive de l'animal à l'homme.

APRÈS
1949 Konrad Lorenz change le regard des hommes sur les animaux en publiant *Il parlait avec les mammifères, les oiseaux et les poissons*.

2001 Le zoologiste américain Donald Griffin prétend, dans *La Pensée animale*, que les animaux ont le sens du futur, une mémoire complexe et peut-être même une conscience.

La conscience est une **« expérience intérieure »**.

Tout être vivant connaît cette expérience intérieure.

Tout être vivant a **toujours dû connaître** cette expérience intérieure.

Les débuts de la vie psychique coïncident avec les débuts de la vie.

Toute psychologie doit donc débuter par une **auto-observation**…

…**étudiée par le biais d'une expérimentation** conçue pour détecter les réactions volontaires.

On obtient ainsi des **données quantitatives** sur la conscience.

La psychologie est **l'étude scientifique** de la vie psychique.

L'idée que les animaux ont un esprit et sont capables d'une certaine forme de pensée remonte à l'Antiquité grecque. Aristote, notamment, distinguait trois sortes d'esprit : végétal, animal et humain. L'esprit végétal n'est concerné que par la nutrition et la croissance. L'esprit animal possède, en plus, la capacité d'éprouver des sensations – douleur, plaisir, désir –, ainsi que la fonction motrice. Quant à l'esprit humain, il possède, en plus de ces fonctions, la capacité de raisonner. Pour Aristote, seuls les hommes ont conscience d'eux-mêmes et sont capables d'acquérir un savoir élevé. Si la similitude entre les hommes et les animaux fut un point crucial pour les philosophes, elle le fut plus encore pour les psychologues. Au XVIIe siècle, René Descartes affirmait que les animaux n'étaient que des machines complexes mues par des réflexes. S'il avait eu raison, l'observation des animaux ne nous aurait rien appris sur notre propre comportement. Or, quand Charles Darwin affirma quelque 200 ans plus tard que l'homme était génétiquement lié à l'animal et que la conscience se manifestait chez toutes les créatures, du plus bas niveau de l'échelle de l'évolution jusqu'à nous, il devint évident que l'expérimentation sur l'animal serait riche d'enseignements. Telle était la position soutenue par le médecin, philosophe et psychologue Wilhelm Wundt, qui décrivit le continuum de la vie des animaux microscopiques jusqu'à l'homme, et affirmait, dans *Éléments de psychologie physiologique*, que la conscience est un bien universel pour tous les êtres vivants, et ce depuis le début du processus de l'évolution.

Pour Wundt, la définition même de la vie suppose une forme d'esprit. « Du point de vue de l'observation, disait-il, nous devons considérer comme une hypothèse fortement

Voir aussi: René Descartes 20-21 ▪ William James 38-45 ▪ Edward Thorndike 62-65 ▪ John B. Watson 66-71 ▪ B. F. Skinner 78-85

> On peut observer l'amorce d'une différenciation des fonctions mentales même chez les protozoaires.
> **Wilhelm Wundt**

probable le fait que les débuts de la vie psychique coïncident avec les débuts de la vie elle-même. La question de l'origine du développement psychique se résout donc dans la question de l'origine de la vie.» Wundt allait jusqu'à dire que même les organismes les plus simples comme les protozoaires sont dotés d'une forme d'esprit. Si cela nous surprend aujourd'hui, puisque peu de gens sont susceptibles de prêter quelque capacité mentale, même limitée, à un être unicellulaire, quel dut être l'effet de cette affirmation il y a plus d'un siècle!

Wundt voulut tester ses théories et reçut le surnom de «père de la psychologie expérimentale» pour avoir créé le premier laboratoire formel de psychologie expérimentale au monde à l'université de Leipzig en 1879. Il avait l'intention de mener des recherches systématiques sur le psychisme et le comportement humains en soumettant d'abord les fonctions sensorielles élémentaires à un examen poussé. Son laboratoire poussa les autres universités d'Europe et des États-Unis à se doter de départements de psychologie,

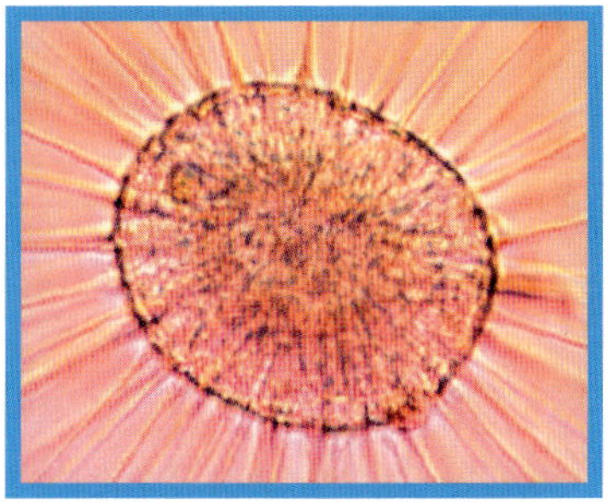

Même les organismes unicellulaires ont, pour Wundt, une certaine forme de conscience. Ainsi, l'aptitude de l'amibe à dévorer des aliments témoigne d'une continuité des processus mentaux.

inspirés pour la plupart de son propre laboratoire et souvent dirigés par ses anciens élèves – dont Edward Titchener et James Cattell.

Observer le comportement

Wundt estimait que «la psychologie expérimentale n'a d'autre but que de décrire précisément la conscience». Tout en considérant la conscience comme une «expérience intérieure», il ne s'intéressait qu'à la forme «immédiatement réelle», c'est-à-dire apparente, de cette expérience. C'est ce qui le conduisit à se pencher sur le comportement, qui pouvait être étudié et quantifié par l'«observation directe».

Wundt distinguait deux types d'observation: l'observation externe et l'observation interne. L'observation externe sert à étudier les événements visibles du monde extérieur et à évaluer les relation de cause à effet sur les corps physiques – dans les expériences de stimuli-réponses notamment. Si l'on applique une décharge électrique sur le nerf de la jambe d'une grenouille morte, les muscles se contractent dans un mouvement de flexion. L'observation de ces mouvements sur un animal mort prouve qu'ils interviennent indépendamment de toute conscience. Chez les êtres vivants, ces actions sont à la base de gestes involontaires que l'on appelle réflexes – par exemple quand on retire brusquement sa main dès que l'on touche un objet brûlant.

L'observation interne, que Wundt appelait «introspection» ou «auto-observation», consiste à noter et enregistrer les événements invisibles tels que les pensées et les sentiments. Cette observation est essentielle car elle nous renseigne sur le fonctionnement de l'esprit. Wundt s'intéressait à la relation entre le monde intérieur, le «psychique», et le monde extérieur, le «physique», qu'il ne considérait pas comme deux entités contradictoires mais complémentaires. Il commença par

Le laboratoire de Wundt imposa un style aux départements de psychologie à travers le monde, et ses expériences firent passer la psychologie du domaine de la philosophie à celui de la science.

se concentrer sur l'étude des sensations humaines, sur la perception visuelle de la lumière notamment, car il estimait que ce sont elles qui relient le monde physique extérieur au monde psychique intérieur.

Dans son expérience sur la perception de la lumière, Wundt demandait aux participants de relater leurs sensations à la vue d'un signal lumineux, toujours de la même couleur, de la même intensité et de la même durée. Il veillait en effet à ce que chaque participant reçoive exactement le même stimulus, afin de pouvoir comparer les réponses et répéter l'expérience ultérieurement, si nécessaire. En insistant sur cette possibilité de réplication, Wundt fixait la norme pour toutes les futures expériences psychologiques.

Dans ses expériences sensorielles, Wundt cherchait à explorer la conscience humaine de façon quantifiable. Il refusait d'y voir un ressenti subjectif propre à chaque individu, et donc impossible à évaluer. Ainsi, dans l'expérience sur la lumière, il s'intéressait au temps écoulé entre la réception du stimulus et la réponse volontaire – et non la réaction réflexe – de chacun des participants, qu'il mesurait de la façon la plus précise possible avec divers instruments. Il s'intéressait autant aux réponses communes relatées par les participants qu'à celles présentant des différences individuelles.

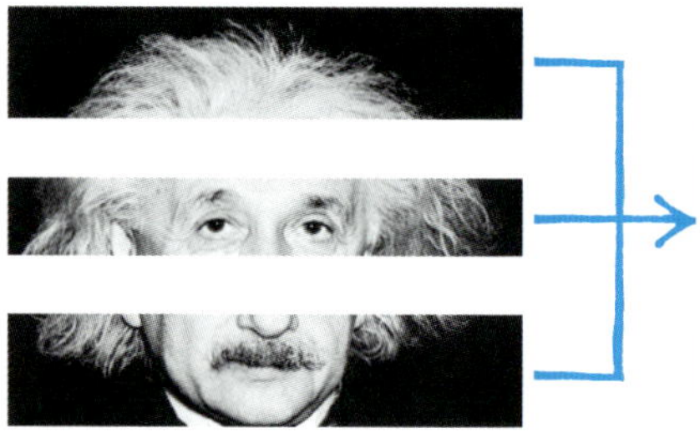

Nos sensations nous informent sur la forme, la taille, la couleur, l'odeur ou la texture, mais, lorsqu'elles sont intériorisées, elles se recomposent, selon Wundt, de manière complexe.

> La psychologie expérimentale n'a d'autre but que de décrire précisément la conscience.
> **Wilhelm Wundt**

Wundt suggérait de décomposer une sensation pure en trois éléments : qualité, intensité et « tonalité affective ». Un parfum, par exemple, peut présenter distinctement une note sucrée (qualité), légère (intensité) et agréable à sentir (tonalité affective), alors qu'il émane d'un rat mort une puanteur (tonalité affective) forte (intensité) et nauséabonde (qualité). Toute conscience trouve son origine dans les sensations, affirmait-il, mais celles-ci ne sont pas intériorisées sous formes de données sensorielles « pures » ; elles sont perçues comme si elles avaient déjà été regroupées pour former une représentation – celle du rat mort, par exemple – que Wundt appelait « image d'un processus du monde physique ». Ainsi, c'est en voyant un visage doté de certains traits – forme de la bouche, couleur des yeux, taille du nez, etc. –, que nous pouvons reconnaître une personne que nous connaissons.

Trois catégories de conscience

À partir des expériences sensorielles, Wundt proposa de décomposer la conscience en trois grandes catégories d'action – représentation, volonté et sentiment – qui, ensemble, donnent l'impression d'un flot d'événements homogène. La représentation se divise elle-même en « perception » si elle renvoie à l'image cérébrale d'un objet perçu dans l'environnement physique – un arbre dans le champ de vision, par exemple –, et en « intuition » si elle renvoie à une activité subjective – se souvenir d'un arbre ou imaginer une licorne, par exemple. Le processus par lequel une perception ou une intuition se manifeste clairement à la conscience est appelé « aperception ». C'est ce qui arrive quand nous percevons un bruit soudain et prenons conscience qu'il s'agit d'un signal de danger : celui d'être heurté par une voiture si nous ne nous écartons pas suffisamment vite.

La deuxième catégorie de conscience, la volonté, se caractérise par la façon dont elle intervient dans le monde physique : elle exprime notre libre arbitre, que nous choisissions de lever le bras ou de porter tel ou tel vêtement. Cette forme de conscience échappe à tout contrôle expérimental et à la mesure. La troisième catégorie, en revanche, le sentiment, est quantifiable par le compte rendu des participants ou par la mesure de certains niveaux de comportement – tension et relaxation ou excitation, par exemple.

La psychologie culturelle

Pour Wundt, le développement psychique d'un individu est déterminé non seulement par des sensations, mais aussi par des influences socio-culturelles complexes, qui ne peuvent être répliquées ou contrôlées dans un cadre expérimental. Il consacra à ces influences – religion, langue, mythes, histoire, art, lois et coutumes, etc. – un traité en dix volumes, *La Psychologie des peuples*, qu'il rédigea durant les vingt dernières années de sa vie.

Wundt considérait le langage comme un élément particulièrement important du volet culturel de notre conscience. Toute communication verbale commence par une «impression générale» – une idée de la chose que nous cherchons à dire. Ayant eu l'«aperception» de ce point de départ général, nous choisissons les mots et les phrases pour l'exprimer, et, tout en parlant, nous contrôlons l'exactitude du message transmis. Il nous arrive, par exemple, de dire «Non, ce n'est pas ça, je veux dire…» et de choisir un autre terme ou une autre expression. Celui qui nous écoute doit saisir le sens de ce que nous essayons de lui dire, mais les mots en tant que tels comptent souvent moins que l'impression d'ensemble, surtout quand nous transmettons des émotions fortes. Il nous arrive ainsi souvent, remarquait Wundt, de nous souvenir du sens général de ce que nous a dit quelqu'un bien après avoir oublié les mots précis utilisés pour ce faire.

La capacité à utiliser un vrai langage, par opposition à un échange limité de signes et de signaux, est aujourd'hui considéré par nombre de psychologues comme l'un des principaux traits distinguant l'homme du reste du règne animal. Il existe quelques exceptions, notamment chez les primates tels que le chimpanzé, mais le langage est généralement considéré comme une aptitude typiquement humaine, essentielle pour la conscience.

La conscience animale

La définition de la conscience continue à faire débat, mais n'a pas fondamentalement changé depuis Wundt. Le niveau de conscience chez les animaux n'a toujours pas été clairement établi, bien que nous nous soyons dotés de codes de déontologie censés réglementer l'expérimentation animale, l'élevage intensif, la chasse à courre ou la corrida. Les animaux ressentent-ils la gêne, la peur et la douleur d'une façon ressemblant peu ou prou à la nôtre? Plus fondamentalement, les animaux ont-ils une conscience ou sont-ils conscients d'eux-mêmes? La question reste sans réponse, mais il existe aujourd'hui quelques psychologues prêts à accorder, comme Wundt, une conscience à des animaux aussi minuscules que des protozoaires. ■

> Lorsque nous parlons normalement, nous tendons continuellement à harmoniser le cours de nos idées avec nos mouvements articulatoires.
> **Wilhelm Wundt**

Wilhelm Wundt

Né à Baden (l'actuelle Mannheim, en Allemagne), Wilhelm Wundt était le quatrième enfant d'une famille d'intellectuels renommée. Il reçut de son père, un pasteur luthérien plutôt rigide, une éducation sévère laissant peu de place au jeu et, à treize ans, il intégra une école catholique très stricte. Il fréquenta les universités de Berlin, de Tübingen, et d'Heidelberg, dont il sortit médecin en 1856.

Deux ans plus tard, Wundt devint l'assistant d'Hermann von Helmholtz, célèbre pour ses travaux sur la perception visuelle. Il donna le premiers cours de psychologie empirique à Heidelberg et, en 1879, fonda à Leipzig le premier laboratoire de psychologie expérimentale, contribuant à faire de la psychologie une science à part entière. Avec plus de 490 ouvrages, Wundt figure parmi les auteurs scientifiques les plus prolifiques du monde.

Ouvrages-clés

1863 ***Leçons sur l'âme de l'homme et des animaux***
1873 ***Principes de psychologie physiologique***
1896 ***Précis de psychologie***

NOUS SAVONS CE QU'EST LA CONSCIENCE TANT QUE PERSONNE NE NOUS DEMANDE DE LA DÉFINIR

WILLIAM JAMES (1842-1910)

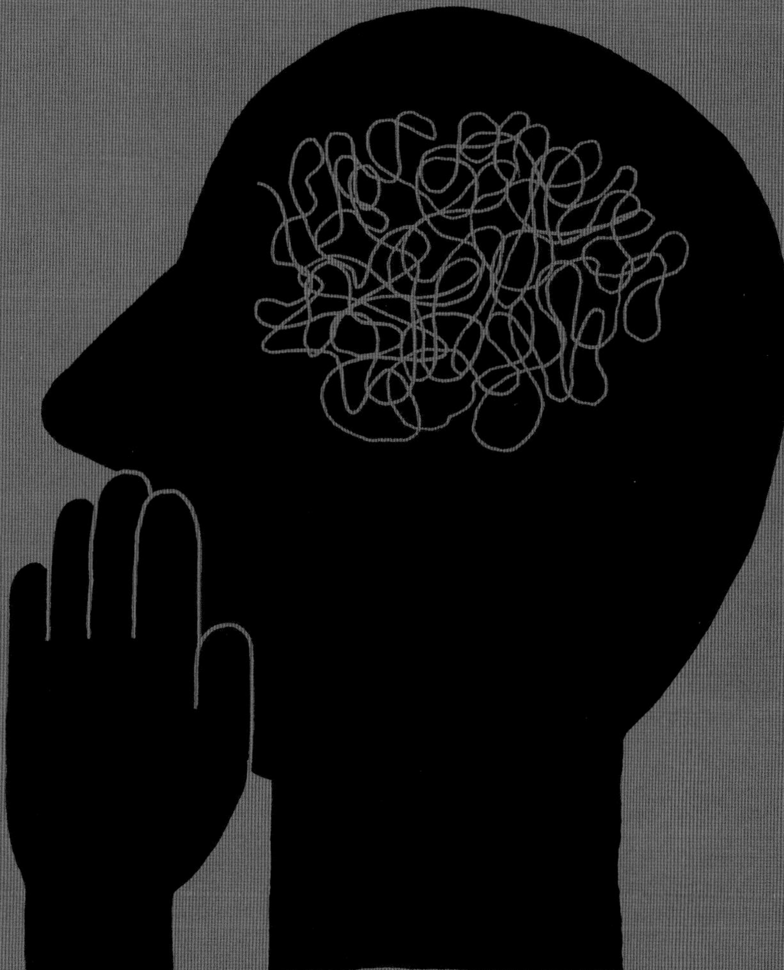

CONTEXTE

APPROCHE
Analyse de la conscience

AVANT
1641 René Descartes identifie la conscience de soi à la capacité de penser.

1690 Le philosophe anglais John Locke pense que la conscience est «la perception de ce qui passe dans l'esprit même d'un sujet».

1781 Le philosophe allemand Emmanuel Kant estime que les événements simultanés sont vécus comme une «unité de conscience».

APRÈS
1923 Dans son article intitulé «Lois d'organisation des formes perceptuelles», Max Wertheimer montre comment l'esprit interprète activement les images.

1925 John B. Watson rejette la conscience comme un concept qui n'est ni défini ni utilisable.

Le terme de «conscience» désigne généralement la connaissance qu'un individu a de ses propres pensées, sensations, sentiments et souvenirs. Cette conscience nous semble souvent aller de soi, sauf quand nous éprouvons des difficultés à faire quelque chose – lorsque nous sommes fatigués, par exemple. Mais quiconque dirige ses pensées vers sa propre conscience ne tarde guère à s'apercevoir que ses expériences conscientes sont en constante évolution. En lisant ce livre, par exemple, vous vous souvenez peut-être de situations passées ou actuelles qui entravent votre concentration: l'idée d'une chose à faire peut soudain vous venir à l'esprit. Penser à ses expériences conscientes permet de s'apercevoir à quel point nos pensées sont fluctuantes, alors qu'elles semblent fusionner et s'écouler doucement comme un tout.

Le psychologue américain William James comparait ces expériences quotidiennes de la conscience à un cours d'eau continuant à couler quels que soient les obstacles ou les changements de direction: «La rivière ou le flux sont les métaphores les plus naturelles qui s'imposent pour les décrire, déclarait-il, et, désormais, nous en parlerons en évoquant le flux de pensée, le flux de conscience…»

> La conscience ne peut être fractionnée: on n'y saurait marquer de jointure, elle coule.
> **William James**

Tout le monde peut identifier le «flux de conscience» tel que l'a décrit James, car tout le monde – ou presque – l'a expérimenté. Parallèlement, certains concepts sont très difficiles à définir. «Quand je dis que chaque pensée fait partie d'une conscience personnelle, poursuivait James, le terme *conscience personnelle* est l'un de ceux dont la définition représente la tâche la plus ardue des philosophes.»

William James

Né en 1842 dans une famille riche et influente de New York, William James voyagea beaucoup dans son enfance et fréquenta des écoles européennes et américaines. Ayant manifesté des dons artistiques au cours de sa scolarité, il envisageait de faire une carrière de peintre lorsque son intérêt pour la science le conduisit à s'inscrire à l'université Harvard en 1861. Malgré des études perturbées par la maladie et la dépression, il intégra en 1864 la Harvard Medical School. Il obtint son diplôme de docteur en médecine en 1869 mais n'exerça jamais en tant que tel.

En 1873, James retourna à Harvard comme professeur de philosophie et de psychologie. Il créa les premiers cours de psychologie expérimentale aux États-Unis et joua un rôle important dans la reconnaissance de la psychologie comme science. Il prit sa retraite en 1907 et mourut paisiblement chez lui, dans le New Hampshire, en 1910.

Ouvrages-clés

1890 *Principes de psychologie*
1892 *Psychologie*
1897 *La Volonté de croire*

Voir aussi : René Descartes 20-21 ▪ Wilhelm Wundt 32-37 ▪ John B. Watson 66-71 ▪ Sigmund Freud 92-99 ▪ Fritz Perls 112-117 ▪ Wolfgang Köhler 160-161 ▪ Max Wertheimer 335

Ce cauchemar des philosophes a une longue histoire. Les Grecs de l'Antiquité évoquaient l'esprit, mais n'utilisaient pas le terme de « conscience » ni aucun équivalent. En revanche, ils débattaient pour savoir si l'on pouvait concevoir quelque chose de séparé du corps. Au IVe siècle av. J.-C., Platon faisait la distinction entre l'âme et le corps, mais Aristote prétendait que, même s'ils sont distincts, il est impossible de les séparer.

Les premières définitions

Il fallut attendre le milieu du XVIIe siècle pour qu'un philosophe essaie enfin de décrire la conscience : Descartes affirmait qu'elle réside dans un monde de la pensée, immatériel, appelé *res cogitans*, par opposition au monde physique des choses matérielles, ou *res extensa*. Mais le premier auteur à moderniser le concept de conscience en tant que point de passage des perceptions individuelles fut le philosophe anglais du XVIIe siècle John Locke. William James était attiré par le concept de Locke ainsi que par les travaux du philosophe allemand du XVIIIe siècle Emmanuel Kant. Ce dernier avait été frappé par la manière dont nos expériences se rejoignent : lorsque nous entendons un bruit et ressentons simultanément une douleur, nous les vivons comme un seul événement, un phénomène que Kant appela « unité de conscience ». Ce concept devait influencer nombre de philosophes, dont William James.

Pour James, le point le plus important, c'était que la conscience n'est pas une « chose », mais un processus : c'est ce que fait le cerveau pour « gouverner un système nerveux devenu trop complexe pour s'autoréguler ». La conscience nous

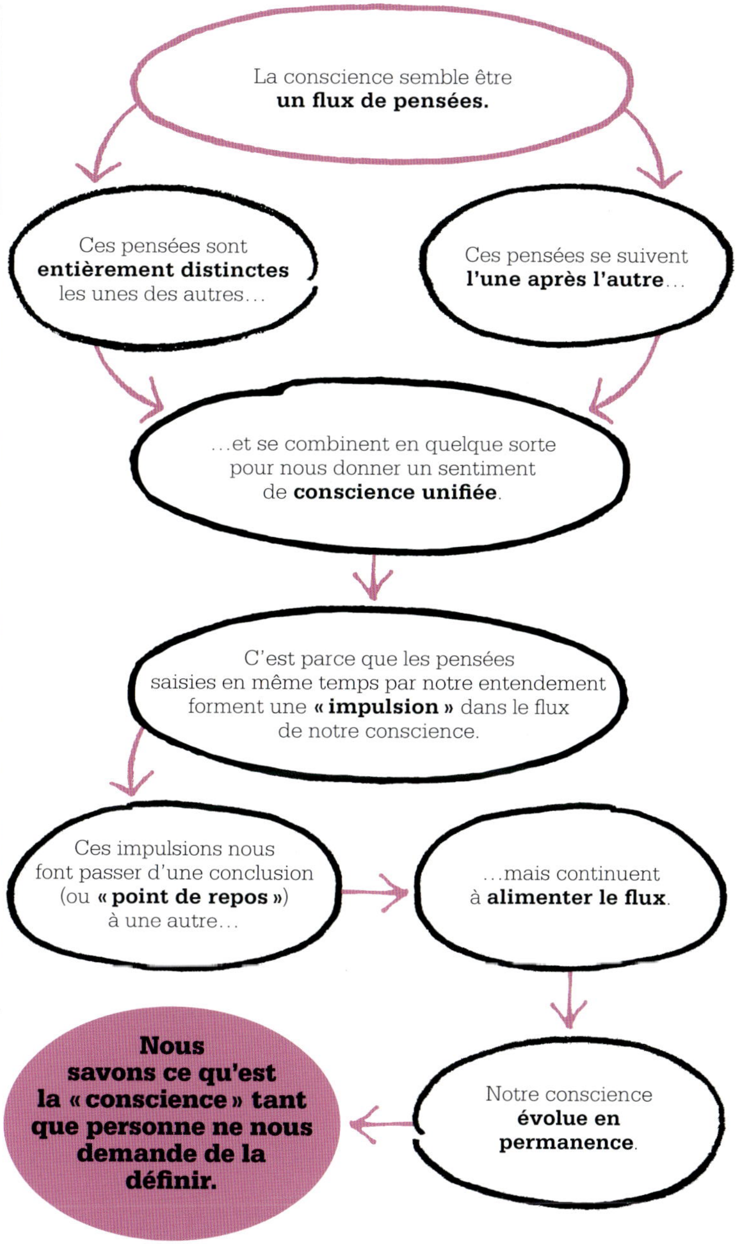

> Personne n'a jamais eu une sensation simple en soi : la conscience est une multiplicité grouillante d'objets et de relations.
> **William James**

permet de réfléchir au passé, au présent et à l'avenir, de s'adapter aux circonstances et de remplir enfin ce qu'il estimait être le principal objectif de la conscience : rester en vie.

Mais James avait du mal à imaginer la structure d'une conscience unifiée. Il la comparait à un groupe de 12 individus : « Prenez une phrase de douze mots ; prenez douze individus et donnez leur un mot à chacun ; rangez les hommes en ligne ou posez-les en tas, puis demandez-leur de se concentrer chacun sur son mot : nulle part vous n'obtiendrez la conscience de la phrase entière. » Si la conscience est un flux de pensées distinctes, comment peuvent-elle se combiner ? « L'idée (a) + l'idée (b) ne donnent pas l'idée (a + b), affirmait-il. Deux idées ne s'additionnent pas mais forment une idée (c) totalement nouvelle. » Ainsi, si l'idée (a) est « Il est neuf heures » et l'idée (b) « Mon train part à neuf heures deux », alors l'idée (c) a toutes les chances d'être « Je vais rater mon train ! »

Les combinaisons de pensées

James conclut que la façon la plus simple de comprendre comment les pensées du flux de conscience peuvent se combiner et avoir un sens était de supposer que « les choses que l'on connaît ensemble sont connues comme des pulsations uniques de ce flux de conscience ». Certaines pensées ou sensations sont inévitablement connectées, comme le bruit et la douleur dans l'exemple de Kant, du fait que toutes les pensées entrant dans notre conscience simultanément se combinent pour former une pulsation, ou un courant, au sein du flux. Un grand nombre de ces courants peuvent ainsi traverser notre conscience, avec un débit plus ou moins rapide. Pour James, il existe même des points de repos, où nous nous arrêtons pour former dans notre esprit des images qui peuvent être conservées et contemplées à loisir. Ces points d'arrêt sont appelés « états substantifs », par opposition aux « états transitifs » de la pensée mobile : ces derniers « ne sont que les intermédiaires mobiles nous menant d'un état substantif à un autre ». Nous sommes ainsi projetés d'une conclusion à l'autre par le courant ininterrompu de nos pensées, qui n'ont d'autre but que de nous faire avancer constamment de la sorte.

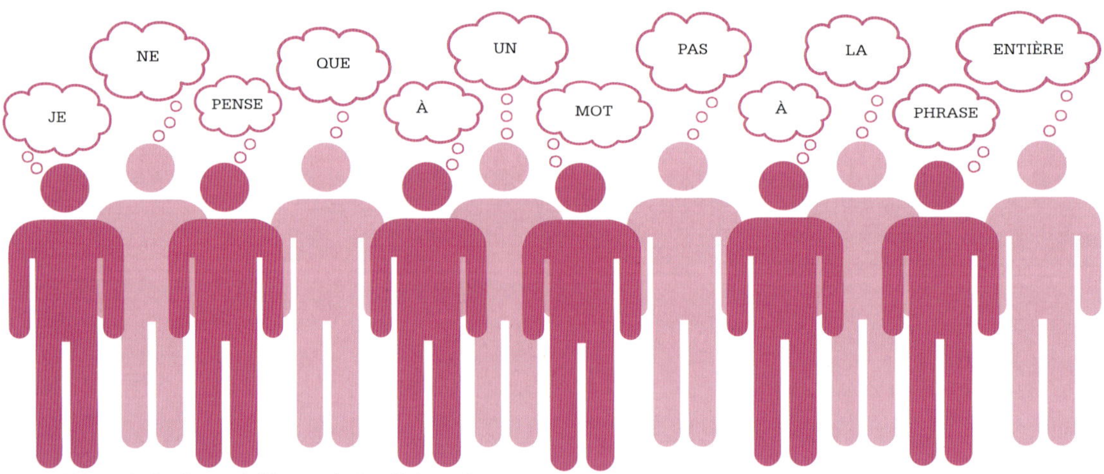

Le problème de la phrase à 12 mots était utilisé par James pour illustrer la difficulté à saisir comment une conscience unifiée peut résulter de pensées distinctes. Si chaque individu n'est conscient que d'un seul mot, comment peut-il avoir conscience de la phrase entière ?

Pionnier du pointillisme, le peintre Georges Seurat réalisa ce tableau à l'aide de touches de couleurs pures, que notre cerveau recombine de manière à nous faire apparaître une figure humaine.

Il n'y a pas de destination: la conscience n'est pas une chose, mais un processus en perpétuelle évolution.

James tint aussi à souligner le caractère personnel de la conscience: les pensées n'existent pas en dehors du penseur lui-même – ce sont les vôtres ou les miennes. Chaque pensée est la propriété d'une personne et n'entre jamais dans le champ «d'une pensée émanant de la conscience personnelle autre que la sienne propre». Et ce sont ces pensées «liées de la façon dont nous sentons qu'elles sont liées» qui forment le moi. Les pensées ne pouvant être séparées du moi, James affirmait que l'exploration du moi doit servir de point de départ à la psychologie. Les tenants de la psychologie expérimentale n'étaient pas de cet avis, le «moi» ne se prêtant pas à l'expérimentation, mais James estimait qu'il suffisait de partir de la conception d'un moi faisant certaines choses et en ressentant d'autres. Il suggérait que ce «moi empirique», qui se manifeste par son comportement, se compose de trois parties – le moi matériel, le moi spirituel et le moi social –, et que chacune peut être étudiée par l'introspection.

La théorie de l'émotion

Lorsqu'il entreprit ses travaux sur la conscience, James s'aperçut que les émotions jouent un rôle important dans notre vie quotidienne. Il en vint à élaborer avec son confrère Carl Lange une théorie sur le lien unissant les émotions, les actions et le comportement. Ce que l'on appela plus tard la théorie de l'émotion prône que nos émotions naissent de la perception de notre état physiologique par notre esprit conscient. Pour illustrer cette théorie, James utilisait l'exemple de l'homme qui se met à courir à la vue d'un ours. Selon lui, ce n'est pas parce qu'on voit l'animal que l'on prend peur et que l'on se met à courir; il prétendait que le sentiment conscient de peur résulte de la fuite déclenchée à la vue de l'ours. Contrairement à ce que pensent la plupart des gens, James considérait que c'est la perception par l'esprit des effets physiologiques de la course – souffle court, accélération du pouls, sudation – qui se traduisait par un sentiment de peur. Toujours selon la théorie de James, nous ne sourions pas parce que nous sommes heureux, mais nous sommes heureux parce que nous avons conscience de sourire.

Le pragmatisme

Les théories de James sur la conscience influèrent également sur sa conception de ce que nous tenons pour vrai ou pas. «Les vérités, disait-il, émergent des faits, mais les faits par eux-mêmes ne sont pas vrais: ils sont, et c'est tout. La vérité est la fonction des croyances qui commencent et finissent parmi eux.»

> Il n'est qu'une vérité qui soit absolument certaine : celle qu'il existe actuellement un phénomène de conscience.
> **William James**

Pour James, les « vraies croyances » sont celles qu'un individu considère comme utiles. Cet accent mis sur l'utilitarisme des croyances se trouve au cœur de la tradition philosophique américaine du pragmatisme, essentielle dans la pensée de James.

James prétendait que nous ne cessons, tout au long de notre vie, d'éprouver les « vérités » en les opposant les unes aux autres, et que nos croyances conscientes ne cessent de changer à mesure que les vérités d'hier évoluent pour être remplacées par de plus récentes. Cette théorie s'appliquait en particulier à la façon dont avance la recherche scientifique, y compris en psychologie. James prenait l'exemple du radium, l'élément radioactif découvert par Pierre et Marie Curie en 1902. Au cours de leurs travaux, les Curie eurent l'impression que le radium dégageait de l'énergie en quantité illimitée, ce qui « sembla un instant contredire nos idées sur l'ordre général des choses ». Un examen approfondi des faits montra toutefois que « tout en élargissant nos idées d'autrefois sur l'énergie », ils n'en avaient altéré que très peu le contenu. Le savoir scientifique des Curie avait ainsi été remis en question et modifié, mais les vérités fondamentales, elles, étaient restées intactes.

Les travaux ultérieurs

Les années qui suivirent la mort de James virent l'émergence du mouvement béhavioriste et le déclin de l'intérêt porté à la conscience. Du début des années 1920 aux années 1950, très peu de travaux théoriques furent réalisés sur le sujet. Le mouvement allemand de la Gestalt fit pourtant exception : il considérait que notre cerveau fonctionne de façon holistique, c'est-à-dire qu'il prend en compte la globalité de nos expériences conscientes de la même façon que nous ne percevons pas les points, les lignes et les formes entrant dans la composition d'un tableau, mais son image complète. Ce concept est à l'origine de la phrase célèbre : « Le tout est plus grand que la somme de ses parties. »

Depuis les années 1980, pourtant, les psychologues et les neuroscientifiques ont développé un nouveau champ de recherche relatif à la conscience et ciblé sur deux grands centres d'intérêt : le contenu de la conscience tel qu'il est rapporté par des personnes considérées comme normales et saines, et le contenu de la conscience tel qu'il est observé sur des individus ayant subi de graves désordres et, notamment, sur les patients en état végétatif chronique – il s'agit de sujets en état de veille, qui respirent normalement avec les yeux ouverts ou fermés, mais ne présentent plus aucune manifestation des fonctions supérieures. Le but de cette recherche est, dans les deux cas, de trouver des façons d'évaluer la conscience de façon aussi objective que possible et d'en comprendre les mécanismes sous-jacents, tant d'un point de vue physique que psychologique.

Les neurosciences modernes ont démontré l'existence de mécanismes de conscience. Dans les dernières années du XXe siècle, le spécialiste britannique de biologie moléculaire et de biophysique Francis Crick affirmait que la conscience est liée à une région précise du cerveau : le cortex, partie périphérique des hémisphères cérébraux. C'est lui qui intervient dans les processus de la pensée tels que la prévision, la solution de problèmes et le contrôle du comportement.

Les recherches du Colombien Rodolfo Linas relient la conscience aux activités du thalamus en conjonction avec le cortex cérébral. Le thalamus, structure située dans la région centrale du cerveau, est chargé de réguler les vibrations à un certain niveau de fréquences. Si ces rythmes réguliers sont perturbés, par une infection ou un trouble génétique, l'individu peut subir des troubles neurologiques, tels que l'épilepsie ou la maladie de Parkinson, ou des troubles psychologiques, comme la dépression.

Les travaux de Pierre et Marie Curie modifièrent plutôt qu'ils ne contredirent les théories antérieures. C'est ainsi que de nouvelles « vérités » viennent sans cesse bousculer nos croyances.

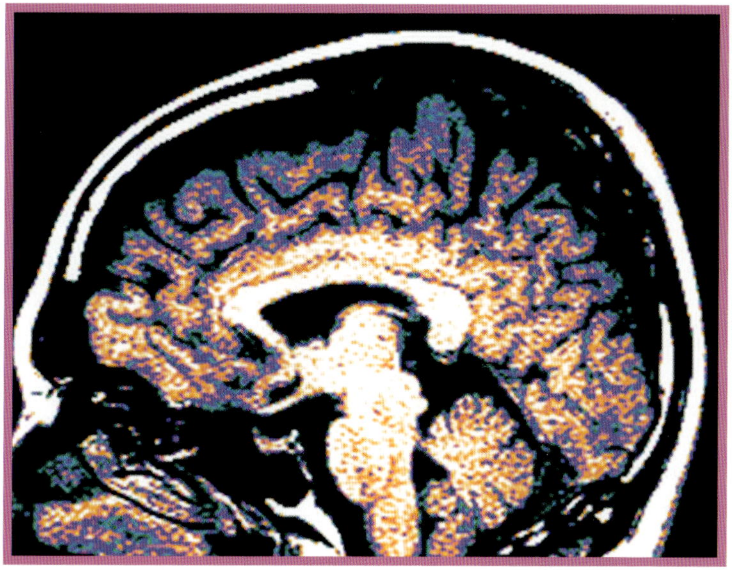

Les images IRM du cerveau ont permis d'identifier des structures comme le thalamus – ici au centre du cliché –, dont l'une des fonctions est la régulation de la conscience et du sommeil.

Mais lorsqu'il s'agit de définir ce qu'est la conscience, les scientifiques modernes restent presque aussi dépourvus que leurs prédécesseurs. Pour le professeur de neurologie américain Antonio Damasio, c'est «le fait de sentir ce qui se passe», de connaître «son propre soi et son environnement». Plus d'un siècle après William James, la définition de la conscience relève toujours du cauchemar des philosophes !

Un héritage durable

Le livre de James paru en 1890, *Principes de psychologie*, est toujours réédité de nos jours, et ses idées ont influencé des générations de psychologues, de scientifiques et de penseurs. L'application aux faits du principe de pragmatisme – privilégiant ce qu'il est «utile de croire» plutôt que ce qui est «vrai» – permit à la psychologie de dépasser le problème de la séparation de l'esprit et du corps pour passer à une étude plus utile des processus mentaux tels que l'attention, la mémoire, le raisonnement, l'imagination et l'intention. L'objectif de James était d'aider les philosophes et les psychologues à se détourner «de l'abstraction et de l'insuffisance des solutions verbales, des mauvaises raisons a priori, des principes figés, des systèmes fermés, des semblants d'absolu et des prétendues origines» pour s'orienter vers les faits, l'action et le pouvoir. L'accent mis sur une vision holistique des événements, par opposition à une approche analytique, introspective et structuraliste, a également influé sur notre compréhension du comportement.

Avant que James n'enseigne à Harvard, en 1875, aucune université américaine ne proposait de cours de psychologie. En l'espace de vingt ans, quelque 24 universités et écoles des États-Unis avaient fait de la psychologie une discipline académique à part sanctionnée par des diplômes. Trois revues scientifiques spécialisées avaient été créées dans la même période et une organisation professionnelle, l'American Psychological Association, avait vu le jour.

James introduisit la psychologie expérimentale aux États-Unis, bien qu'il prétendît «détester le travail expérimental». Il avait pris conscience du fait que c'était le meilleur moyen de confirmer ou d'infirmer une théorie. Mais il continua à accorder de l'importance au travail d'introspection en tant qu'outil de découverte, notamment pour les processus psychiques.

Les travaux de James firent considérablement évoluer le regard posé sur la psychologie, qui passa d'un «méchant petit sujet», selon les propres termes de James, à une discipline scientifique communément reconnue. En 1977, dans un discours prononcé pour le 75e anniversaire de l'American Psychological Association, David Krech, professeur émérite en psychologie à l'université de Californie, à Berkeley, fit de William James le «père de la psychologie». ■

> Toutes ces consciences se mélangent les unes aux autres comme des fondus enchaînés. Elles ne forment plus alors qu'une seule conscience s'étirant en un flux ininterrompu.
> **William James**

L'ADOLESCENCE EST UNE NOUVELLE NAISSANCE

G. STANLEY HALL (1844-1924)

CONTEXTE

APPROCHE
Développement humain

AVANT
1905 Dans *Trois essais sur la théorie sexuelle*, Sigmund Freud associe à l'adolescence le stade « génital ».

APRÈS
1928 L'anthropologue américaine Margaret Mead affirme, dans *Mœurs et sexualité en Océanie*, qu'il n'y a que dans les sociétés occidentales que l'adolescence est présentée comme un stade particulier du développement humain.

1950 Dans *Enfance et société*, Erik Erikson associe l'adolescence à la crise identitaire « Identité versus Confusion des rôles ».

1983 Dans *Margaret Mead and Samoa*, l'anthropologue néo-zélandais Derek Freeman conteste l'idée défendue par M. Mead que l'adolescence ne serait qu'un concept socialement déterminé.

Le développement humain est déterminé par **l'inné** : il reprend notre **« mémoire ancestrale ».**

↓

Un enfant a les mêmes **capacités** qu'un **animal** et passe par **plusieurs stades de croissance**.

↓

L'adolescence marque un frein dans cet élan évolutif ; c'est le temps du **changement individuel**.

↓

Les adolescents traversent une période de détresse au cours de laquelle ils deviennent plus **sensibles, imprudents, timides** et sujets à la dépression.

↓

L'adulte émerge alors de l'enfance comme un être **plus civilisé, plus structuré.**

↓

L'adolescence est une nouvelle naissance.

Voir aussi : Francis Galton 28-29 ▪ Wilhelm Wundt 32-37 ▪ Sigmund Freud 92-99 ▪ Erik Erikson 272-273

En théorie, l'adolescence – du latin *adolescere*, « grandir » – est une phase intermédiaire entre l'enfance et l'âge adulte. Dans la pratique, elle désigne simplement les années qui entourent la puberté. Dans la plupart des sociétés occidentales, le concept d'adolescence n'apparut qu'au XXe siècle : auparavant, l'âge adulte suivait l'enfance, généralement autour de dix-huit ans.

Pionnier de la psychologie expérimentale aux États-Unis, Granville Stanley Hall fut le premier scientifique à se pencher sur le sujet en publiant, en 1904, *L'Adolescence*. Influencé par la théorie de l'évolution de Darwin, Hall pensait que toutes les enfances sont le reflet, surtout pour le comportement et le développement physique, d'un processus évolutif et que chacun de nous se développe en fonction de notre patrimoine génétique.

Hall fut également influencé par le mouvement littéraire allemand *Sturm und Drang* – « tempête et élan » – qui, à la fin du XVIIIe siècle, revendiquait une liberté d'expression totale. Pour Hall, l'adolescence relevait du *Sturm und Drang* en tant que phase de bouleversements émotionnels et de rébellion, avec des comportements oscillant entre sautes d'humeur et prises de risque. L'adolescent « aspire aux sentiments exaltés et aux sensations nouvelles ; monotonie, routine et détail lui sont intolérables ». La conscience de soi et de son environnement devient aiguë. Tout est ressenti plus intensément et les sensations deviennent des fins en soi.

Un regard visionnaire

Nombre d'observations faites par Hall furent confirmées par la recherche. Hall estimait que les adolescents forment une population particulièrement à risque pour la dépression : il décrivit une « courbe d'abattement » commençant à onze ans, culminant à quinze puis retombant régulièrement jusqu'à l'âge de vingt-trois ans. Des travaux récents ont mis en évidence une tendance similaire. Rien n'a changé non plus quant aux causes de dépression identifiées par Hall : peur de ne pas être aimé, sentiment d'avoir des défauts insurmontables et « recherche de l'amour sans espoir ». Pour Hall, la gêne ressentie à l'adolescence entraîne une critique de soi et une forme d'intolérance. C'est ce que confirment les études modernes, qui montrent que les jeunes, en améliorant leurs facultés de raisonnement, développent une sensibilité à fleur de peau. Hall affirme enfin que la délinquance est plus répandue durant l'adolescence, avec un pic vers dix-huit ans, ce qui fut confirmé depuis.

Mais son bilan n'est pas si négatif puisque, dans *La Jeunesse : éducation, régime et hygiène*, Hall considère l'adolescence comme une transition vers un état meilleur. « L'adolescence est une nouvelle naissance, puisqu'elle voit naître des traits supérieurs et plus humains. » ▪

> L'adolescence, c'est l'affrontement des impulsions, les pires et les meilleures, pour la possession de l'âme humaine.
> **G. Stanley Hall**

G. Stanley Hall

Né dans une famille d'agriculteurs d'Ashfield, dans le Massachusetts, aux États-Unis, Granville Stanley Hall sortit diplômé du Williams College en 1867. Faute d'argent, il dut attendre un an pour se rendre en Allemagne, année qu'il mit à profit pour étudier la théologie à New York. De retour aux États-Unis en 1870, Hall suivit les cours de William James pendant quatre ans à Harvard, où il obtint le premier doctorat de psychologie américain. Il retourna alors en Allemagne et travailla pendant deux ans avec Wilhelm Wundt à Leipzig, dans son laboratoire de psychologie expérimentale.

En 1882, Hall fut nommé professeur à la Johns Hopkins University de Baltimore, où il créa le premier laboratoire américain dédié à la psychologie. Il lança l'*American Journal of Psychology* en 1887 et devint le premier président de l'American Psychological Association en 1892.

Ouvrages-clés

1904 *L'Adolescence*
1906 *La Jeunesse : éducation, régime et hygiène*
1911 *Problèmes d'éducation*
1922 *La Vieillesse*

24 HEURES APRÈS AVOIR APPRIS QUELQUE CHOSE, ON EN A OUBLIÉ LES DEUX TIERS

HERMANN EBBINGHAUS (1850-1909)

CONTEXTE

APPROCHE
Travaux sur la mémoire

AVANT

ve siècle AV. J.-C. Les Grecs faisaient déjà appel à des moyens mnémotechniques tels que mots-clés, rimes, etc.

1582 Le philosophe italien Giordano Bruno offre dans son *Ars reminiscendi* des moyens mnémotechniques soutenus par des diagrammes.

APRÈS

1932 Pour Frederic Bartlett, chaque souvenir est un mélange de connaissances et d'inférences.

1949 Dans *The Organization of Behavior*, Donald Hebb décrit comment deux neurones peuvent se stimuler et se renforcer pour faciliter l'apprentissage.

1960 Pour Leo Postman, un apprentissage peut interférer avec un apprentissage antérieur et provoquer une «interférence rétroactive».

Les travaux d'Ebbinghaus sur la mémoire ont montré que...

...c'est dans **les neuf premières heures** que l'oubli est le plus rapide.

...ce que l'on a oublié est **plus facile à réapprendre** que ce que l'on découvre pour la première fois.

...ce que l'on apprend **au-delà de la maîtrise** (études supérieures) se retient plus longtemps.

...on retient les matériaux **dotés de signification dix fois plus longtemps** que ceux qui en sont dépourvus.

...on mémorise plus facilement les éléments constituant **le début et la fin d'une série**.

...on améliore notre capacité de rétention de mémoire en **allongeant le temps qui sépare les sessions d'apprentissage**, quel que soit le sujet.

Voir aussi : Bluma Zeigarnik 162 ▪ Donald Hebb 163 ▪ George Armitage Miller 168-173 ▪ Endel Tulving 186-191 ▪ Gordon H. Bower 194-195 ▪ Daniel Schacter 208-209 ▪ Frederic Bartlett 335-336

En 1885, Hermann Ebbinghaus fut le premier psychologue à étudier de façon systématique l'apprentissage et la mémoire en se soumettant lui-même à une longue et épuisante expérience. Des philosophes comme John Locke et David Hume avaient argué que la réminiscence implique une forme d'association reliant les choses ou les idées par des caractéristiques comme le moment, le lieu, la cause ou l'effet. Ebbinghaus décida de tester sur lui-même l'effet d'association pour voir si la mémoire suit des schémas reproductibles.

Expériences sur la mémoire

Ebbinghaus entreprit de mémoriser des listes de mots pour voir combien il en retiendrait. Pour éviter tout recours à l'association, il créa 2300 logatomes, mots dénués de sens, de trois lettres et de même format (consonne-voyelle-consonne), par exemple ZUC ou QAX. Il les regroupa par listes, regarda chaque syllabe pendant une fraction de seconde et fit une pause de 15 secondes avant de relire la liste. Il répéta la procédure jusqu'à pouvoir réciter une série sans erreur et à un rythme rapide. Il testa des listes de différentes longueurs et avec différents intervalles, notant scrupuleusement la vitesse d'apprentissage… et d'oubli.

Ebbinghaus s'aperçut ainsi qu'il arrivait à apprendre des textes pourvus de sens, un poème par exemple, dix fois plus aisément que ces listes arbitraires. Il nota également que plus les stimuli – ici, les logatomes – étaient répétés, moins il lui fallait de temps pour restituer les informations mémorisées. Enfin, les premières répétitions étaient celles qui fonctionnaient le mieux pour mémoriser une liste.

En compilant ses résultats, il nota aussi, sans grande surprise, qu'il avait tendance à oublier moins rapidement les listes qu'il avait mis le plus de temps à mémoriser, et que le souvenir déclinait rapidement après l'apprentissage. Ebbinghaus détermina enfin un schéma inattendu de mémorisation : il constata une perte très rapide dans la première heure suivant l'apprentissage, suivie par une perte moins marquée, si bien qu'au bout de 9 heures nous avons oublié près de 60 % de ce que nous avons appris, et qu'au bout de 24 heures nous en avons oublié les 2/3.

Ebbinghaus démontra que l'on retient plus longtemps ce que l'on a appris et que l'on s'en souvient plus facilement si la restitution se produit moins d'une heure après l'apprentissage.

Graphiquement, la « courbe de l'oubli » augmente donc en pente raide avant d'atteindre un palier.

Les travaux d'Ebbinghaus ont donné naissance à un nouveau champ d'investigations et contribué à asseoir la psychologie comme discipline scientifique. Sa méthode méticuleuse continue de nos jours à servir de base à toute expérimentation en psychologie. ■

Hermann Ebbinghaus

Né dans une famille de marchands luthériens à Barmen, en Allemagne, Hermann Ebbinghaus intégra à dix-sept ans l'université de Bonn pour y suivre des études de philosophie, qui furent interrompues en 1870 par la guerre franco-allemande. Ayant obtenu son doctorat en 1873, il s'installa à Berlin, puis, à partir de 1879, voyagea en France et en Angleterre pour y effectuer des recherches sur le pouvoir de sa mémoire. En 1885, il publia *Sur la mémoire : recherches de psychologie expérimentale*, ouvrage dans lequel il détaille sa méthode des « syllabes sans signification ». La même année, il fut nommé à l'université de Berlin, où il créa deux laboratoires de psychologie et fonda une revue académique. Il fut encore nommé à l'université de Wroclaw (dans l'actuelle Pologne), puis à Halle, où il fut emporté par une pneumonie à l'âge de cinquante-neuf ans.

Ouvrages-clés

1885 *La Mémoire. Recherches de psychologie expérimentale*
1897-1908 *Fondements de la psychologie* (2 volumes)
1908 *Précis de psychologie*

L'INTELLIGENCE D'UN INDIVIDU N'EST PAS UNE QUANTITÉ FIXE

ALFRED BINET (1857-1911)

CONTEXTE

APPROCHE
Théorie de l'intelligence

AVANT
1859 Le naturaliste anglais Charles Darwin suggère, dans *De l'origine des espèces*, que l'intelligence est héritée.

Dès 1879 Wilhelm Wundt recherche des méthodes de mesure objectives pour évaluer les capacités mentales telles que l'intelligence.

1890 Le psychologue James Cattell conçoit des tests pour mesurer les habiletés intellectuelles individuelles.

APRÈS
Années 1920 Le psychologue anglais Cyril Burt affirme que l'intelligence relève surtout de la génétique.

Années 1940 Raymond Cattell définit deux types d'intelligence : l'une fluide (innée), l'autre cristallisée (due à l'expérience).

La théorie de l'évolution que développa Darwin en 1859 dans *De l'origine des espèces* fournit un cadre au débat sur l'intelligence : est-elle fixée par notre patrimoine génétique ou peut-elle évoluer en fonction des circonstances ? Au début des années 1880, son cousin Francis Galton procéda à des tests sur les capacités cognitives d'environ 9000 personnes, dont il conclut que l'intelligence fondamentale est héritée à la naissance. Vers la même époque, Wilhelm Wundt proposa la notion de quotient intellectuel (QI) pour essayer de mesurer l'intelligence. Ses travaux inspirèrent les études du psychologue américain James

Voir aussi: Francis Galton 28-29 ▪ Jean-Martin Charcot 30 ▪ Wilhelm Wundt 32-37 ▪ Raymond Cattell 314-315

Les tests d'intelligence ne peuvent que mesurer...

...les capacités mentales d'un individu **à un moment donné** et dans **un contexte particulier**.

Les capacités mentales se modifient sur un court intervalle de temps, mais évoluent aussi à long terme dans le cadre du **processus de développement.**

L'intelligence se transforme tout au **long de la vie d'un individu**.

L'intelligence d'un individu n'est pas une quantité fixe.

Cattell sur la mesure des capacités mentales et les recherches d'Alfred Binet sur l'intelligence humaine.

La fascination de l'étude

Binet étudia d'abord le droit et les sciences naturelles avant d'être attiré par la psychologie. Largement autodidacte, il travailla près de sept ans avec Jean-Martin Charcot à l'hôpital de la Salpêtrière, à Paris, où il se familiarisa avec les procédures expérimentales et leur exigence de précision. Son désir d'étudier l'intelligence humaine lui vint de la fascination suscitée par le développement de ses deux filles. Il nota que la rapidité et la facilité avec lesquelles les enfants pouvaient absorber de nouvelles informations variaient en fonction de leur degré d'attention. L'environnement et l'état d'esprit de l'enfant semblaient deux facteurs essentiels du processus d'apprentissage.

Ayant entendu parler des tests de Francis Galton, à Londres, Binet décida de procéder lui-même à des recherches à grande échelle sur les différences d'aptitudes entre diverses populations particulières telles que mathématiciens, joueurs d'échecs, écrivains et artistes. Parallèlement, il poursuivit ses travaux sur l'intelligence fonctionnelle de l'enfant, notant que l'acquisition de certaines compétences est liée à des tranches d'âge : les tout jeunes

Alfred Binet

Né à Nice, Alfred Binet fit ses études secondaires à Paris, puis entreprit des études de droit. Admis au barreau de Paris en 1878, il démissionna bientôt pour se lancer dans des études de médecine et compléta sa formation éclectique par des cours de psychophysiologie et de psychiatrie clinique. En 1883, il obtint un poste à l'hôpital de la Salpêtrière avec Jean-Martin Charcot. Après son mariage, en 1884, il poursuivit des études de sciences naturelles à la Sorbonne et, après la naissance de ses filles, commença à s'intéresser à l'intelligence et à l'éducation. Devenu directeur du laboratoire de psychophysiologie de la Sorbonne en 1895, il publia en 1905, conjointement avec Théodore Simon, une échelle destinée à mesurer l'intelligence des enfants. Binet mourut d'une congestion cérébrale en 1911. Un an plus tard, la société qu'il avait fondée en 1901 prit le nom de Société Binet-Simon et participe encore de nos jours au rayonnement de sa pensée.

Ouvrages-clés

1903 *L'Étude expérimentale de l'intelligence*
1905 *L'Âme et le Corps*
1909 *Les Idées modernes sur les enfants*

enfants, par exemple, sont incapables de pensée abstraite – marque d'un degré accru d'intelligence directement attribuable à l'âge.

En 1899, Binet fut invité à entrer dans une nouvelle organisation dédiée à la recherche pédagogique, la Société libre pour l'étude psychologique de l'enfant. Il en devint rapidement le principal représentant et commença à publier des articles et informations utiles aux maîtres et responsables éducatifs. Depuis la loi Jules Ferry de 1882, l'instruction était obligatoire en France pour tous les enfants âgés de six à treize ans révolus. Binet fut invité à réfléchir à un test susceptible de détecter les enfants ayant des difficultés d'apprentissage de façon à ce qu'ils puissent recevoir une instruction conforme à leurs besoins. En 1904, Binet rejoignit une commission officiellement chargée de concevoir une méthode pour évaluer le potentiel des enfants. Il se donna pour mission d'établir les différences entre enfants « normaux » et enfants présentant un déficit intellectuel, et de trouver une façon de mesurer ces différences.

Encore largement fondés sur l'échelle Binet-Simon, les tests d'intelligence pratiqués aujourd'hui permettent d'évaluer le potentiel de réussite scolaire d'un enfant.

L'échelle de Binet-Simon

Binet fut bientôt rejoint par Théodore Simon, psychiatre du laboratoire de psychologie expérimentale de la Sorbonne, que Binet dirigeait depuis 1894. Ce fut le début d'une longue et fructueuse collaboration entre les deux chercheurs.

Binet et Simon proposèrent en 1905 un premier test appelé « Méthodes nouvelles pour diagnostiquer l'idiotie, l'imbécillité et la débilité mentale », dont il fut publié, peu de temps après, une version révisée s'adressant aux enfants de trois à treize ans et plus sobrement intitulée échelle de Binet-Simon. Celle-ci fut à son tour révisée en 1908, puis 1911.

Forts de plusieurs années d'expériences et d'observations sur les enfants, Binet et Simon proposaient 30 épreuves de difficulté croissante, faisant appel à une série d'aptitudes moyennes d'enfants de différents âges : les plus simples consistaient à suivre un rayon lumineux ou à répondre à des questions très simples posées par l'examinateur. L'enfant devait ensuite désigner diverses parties du corps, répéter des séries de deux chiffres, des phrases simples et définir des mots tels que « cheval » ou « fourchette ». Les épreuves les plus difficiles consistaient à décrire la différence entre des paires d'objets semblables, à reproduire un dessin de mémoire et à construire des phrases à partir de trois mots donnés. Dans les toutes dernières épreuves, l'enfant devait répéter sept chiffres au hasard, trouver trois rimes au mot « obéissance » et résoudre des petites énigmes telles que « Mon voisin vient de recevoir de singulières visites : il a reçu tour à tour un médecin, un notaire et un prêtre. Que se passe-t-il donc chez mon voisin ? »

> Il y a dans l'intelligence un facteur fondamental, dont le manque ou l'altération est ce qu'il y a de plus important dans la vie pratique : la faculté de jugement.
> **Alfred Binet**

Binet et Simon testèrent leur échelle sur un échantillon de 50 enfants répartis en 5 groupes en fonction de leur âge. Ces enfants avaient été sélectionnés par leur maître d'école comme étant représentatifs de la moyenne de leur âge et donc constituant une sorte de norme pouvant servir de référence future pour la mesure de l'intelligence d'enfants de toutes aptitudes.

Les 30 épreuves, classées par ordre croissant de difficulté, se déroulaient dans des conditions soigneusement encadrées. Binet savait d'expérience, pour avoir observé ses filles, que les enfants se laissent facilement distraire et que leur degré d'attention joue un rôle essentiel dans leurs performances. Il considérait l'intelligence comme un assemblage de facultés mentales diverses opérant dans un monde réel aux circonstances perpétuellement changeantes et contrôlées par le jugement pratique.

L'intelligence évolue

Binet ne faisait pas mystère des limites de l'échelle qu'il avait développée avec Simon. Il rappelait volontiers que celle-ci ne faisait que ranger les enfants par rapport à leurs pairs en fonction de leurs résultats face à des épreuves intellectuelles. L'échelle de 1905 fut perfectionnée en 1908 et 1911 pour mieux tenir compte des différences d'âge, au point de déboucher sur la notion d'« âge mental ».

Binet soulignait également que le développement mental suit des rythmes différents selon les enfants et qu'il peut être influencé par des facteurs environnementaux. Ses tests étaient pour lui une façon d'évaluer le niveau mental à un instant t, sachant que ce niveau pouvait évoluer en fonction des circonstances. Cette vision contraste avec celle du psychologue britannique Charles Spearman, qui affirma plus tard que l'intelligence relevait exclusivement de facteurs biologiques.

Binet maintenait que l'intelligence d'un enfant n'est pas une quantité fixe mais qu'elle évolue avec l'enfant, et que, bien qu'il fût l'inventeur d'une technique d'évaluation, aucun chiffre ne saurait donner la mesure exacte de l'intelligence d'un individu : seule une étude accompagnant les tests peut fournir une vision d'ensemble. Binet ne croyait donc pas qu'il fût possible de mesurer les aptitudes intellectuelles comme s'il s'agissait d'une longueur ou d'un volume. Tout au plus pouvait-on les classer.

Les tests de Binet-Simon définissent un nombre, le QI – quotient intellectuel –, représentant un niveau global de performances. En le reportant sur un graphique, on peut ainsi évaluer les variations de QI d'un groupe ou d'une population.

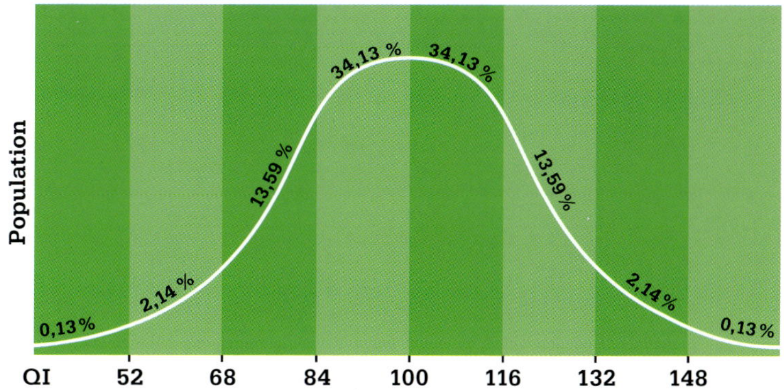

Usages et abus

En 1908, le psychologue américain Henry H. Goddard se rendit en Europe et y découvrit les tests de Binet-Simon. Il les fit traduire et les diffusa à quelque 22000 exemplaires à travers les États-Unis pour les faire appliquer dans les écoles. Or, alors que Binet avait pris soin de ne pas attribuer l'intelligence à des facteurs héréditaires, Goddard considérait qu'elle est déterminée par nos gènes et l'échelle de Binet-Simon représentait pour lui un moyen de détecter les handicapés mentaux afin de les faire stériliser.

En 1916, un autre psychologue américain, Lewis Terman, modifia l'échelle de Binet-Simon en se fondant sur les résultats obtenus sur un vaste échantillon d'enfants américains et la rebaptisa « échelle Stanford-Binet ». Celle-ci ne servait plus uniquement à identifier les enfants en difficulté, mais aussi à sélectionner ceux que l'on devait affecter à un enseignement plus pratique ou professionnel et que l'on condamnait donc à une vie de tâches subalternes. Terman, comme Goddard, estimait que l'intelligence est héréditaire et que l'éducation ne saurait la faire évoluer.

Binet ignora sans doute longtemps l'usage qui était fait de ses travaux. Homme solitaire, il se préoccupait peu de ce qui n'avait pas immédiatement trait à sa spécialité. Il ne quitta jamais la France, où l'échelle Binet-Simon ne fut pas adoptée de son vivant, et ne sut donc jamais les modifications apportées à ses travaux. Lorsqu'il entendit finalement parler des « idées étrangères qui s'étaient greffées sur son instrument », il condamna avec force le « pessimisme brutal » et les « verdicts déplorables » de ceux qui voulaient faire passer l'intelligence pour une quantité fixe.

Le concept du test de QI de Binet demeura à la base de l'évaluation de l'intelligence jusqu'à nos jours. Malgré toutes ses limites, il donna naissance à des recherches qui ont fait progresser notre connaissance de l'intelligence humaine. ■

> Je n'ai pas cherché à concevoir une méthode de mesure, mais une méthode de classification des individus.
> **Alfred Binet**

L'INCONSCIENT VOIT LES HOMMES DERRIÈRE LES RIDEAUX

PIERRE JANET (1859-1947)

CONTEXTE

APPROCHE
Neurologie

AVANT
1813 Le naturaliste français Deleuze décrit la dissociation comme la formation de deux personnes distinctes, l'une parfaitement éveillée et l'autre dans un état de transe.

1878 Dans ses *Leçons sur les maladies du système nerveux*, Jean-Martin Charcot décrit les symptômes de l'hystérie, depuis lors reconnue comme une maladie spécifique.

APRÈS
1895 Pour Freud, la dissociation est l'un des mécanismes de défense du psychisme.

Années 1900 Pour Morton Prince, neurologue américain, il existe tout un éventail de troubles dissociatifs.

1977 Dans *Divided Consciousness*, Ernest R. Hilgard traite de la scission de la conscience par l'hypnose.

Si quelqu'un manifeste des **signes physiologiques de terreur** ou de détresse sans cause apparente…

…ces signes sont peut-être dus à un **élément subconscient**…

…que la thérapie révélera associé à un **traumatisme passé**.

Cela peut provoquer dans les cas les plus sévères une **dissociation** – désagrégation de la personnalité en deux consciences distinctes.

De 1880 à 1910, les savants se passionnèrent pour les troubles dissociatifs – séparation de certains processus mentaux de l'esprit conscient d'un individu. Le trouble dissociatif léger nous donne l'impression d'évoluer «dans un rêve» ou un environnement irréel; c'est un phénomène courant, en cas de fièvre notamment, ou après consommation d'alcool, de certains médicaments, etc. Cet état peut entraîner une perte de mémoire partielle, voire complète, pendant et après la période de dissociation. Plus rares, les états appelés troubles de la personnalité multiple font que l'individu semble avoir deux, voire plusieurs personnalités distinctes. Ces cas extrêmes sont aujourd'hui qualifiés de «troubles dissociatifs de l'identité».

C'est le philosophe et psychiatre français Pierre Janet qui fut le premier à étudier et à décrire la dissociation en tant que pathologie mentale. De 1889 à 1910, il dirigea le laboratoire de psychologie de l'hôpital de la Salpêtrière; il y traita des patients hystériques et publia des études de cas portant sur plusieurs femmes atteintes de symptômes extrêmes. L'une d'elles, Lucie, était généralement calme,

Voir aussi : Jean-Martin Charcot 30 ▪ Alfred Binet 50-53 ▪ Sigmund Freud 92-99 ▪ Thigpen & Cleckley 330-331 ▪ Ernest R. Hilgard 337

> Ces gens sont persécutés par quelque chose, et vous devez faire une exploration attentive pour aller à la racine.
> **Pierre Janet**

mais entrait soudain dans des états de vive agitation, pleurait et semblait terrorisée sans raison apparente. La femme semblait avoir trois personnalités distinctes, que Janet baptisa « Lucie 1 », « Lucie 2 » et « Lucie 3 », et passait de l'une à l'autre sans signe avant-coureur, surtout sous hypnose. Mais si Lucie 1 et Lucie 2 n'avaient que leurs propres souvenirs, Lucie 3 se souvenait d'événements liés aux trois personnalités. Fait curieux, elle se souvenait plus particulièrement d'un événement traumatique, remontant à l'âge de sept ans, où elle avait été terrifiée par deux hommes cachés derrière des rideaux.

Un traumatisme subconscient

Pour Janet, le traumatisme qu'avait subi Lucie pendant l'enfance était la cause de sa dissociation. « Avoir son corps dans l'attitude de la terreur, écrit-il dans *L'Automatisme psychologique*, c'est sentir l'émotion de la terreur, et, si cette attitude est déterminée par une idée subconsciente, le malade n'aura dans la conscience que l'émotion seule, sans savoir pourquoi il est ému. » Quand la peur s'empara d'elle, Lucie aurait dit : « J'ai peur et ne sais pas pourquoi. » « L'inconscient a son rêve, poursuit Janet, il voit les hommes derrière les rideaux et met le corps dans l'attitude de la terreur. » Il ajoute qu'un événement traumatique ou un stress peuvent entraîner une dissociation chez toute personne prédisposée.

Janet appela « subconscient » la partie de l'esprit qu'il considérait responsable de ce comportement atypique et pathologique. Trouvant le terme trop vague, Freud lui préféra celui d'« inconscient » et développa les idées de Janet en affirmant que la dissociation constitue un « mécanisme de défense » universel.

Le discrédit de l'hypnose en tant que moyen d'exploration et de traitement des maladies mentales fit tomber les travaux de Janet dans l'oubli pendant de longues années. Depuis la fin du XXe siècle, ils suscitent pourtant un regain d'intérêt de la part des psychologues étudiant les troubles dissociatifs. ■

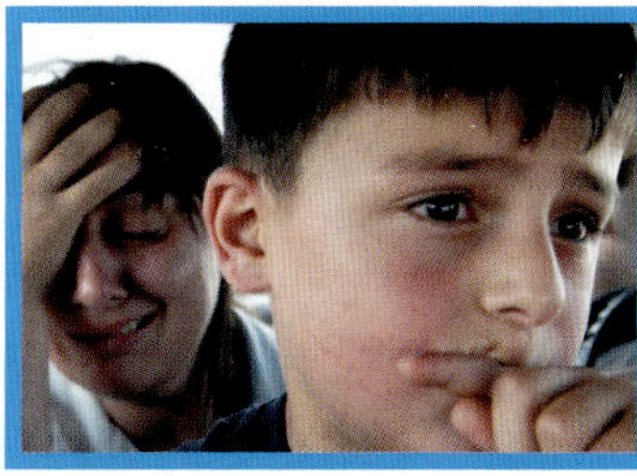

Les traumatismes de l'enfance peuvent s'oublier, mais demeurent souvent, selon Pierre Janet, dans le « subconscient » et peuvent générer plus tard de graves problèmes mentaux.

Pierre Janet

Né dans une famille cultivée de la bourgeoisie parisienne, Pierre Janet était passionné quand il était enfant par les sciences naturelles et la botanique. Encouragé par son oncle, le philosophe Paul Janet, à s'orienter simultanément vers la philosophie et la médecine, il intégra l'École normale supérieure, à Paris. Reçu à l'agrégation de philosophie en 1882, il enseigna au lycée du Havre en préparant sa thèse de doctorat, *L'Automatisme psychologique*, qu'il soutint en 1889 et qui lui ouvrit les portes de l'hôpital de la Salpêtrière, où Jean-Martin Charcot lui confia la direction du laboratoire de psychologie. C'est là qu'il termina ses études de médecine et entreprit une thèse, *État mental des hystériques*, qui lui valut son deuxième doctorat, en 1893.
De 1902 à 1934, il occupa la chaire de psychologie expérimentale et comparée au Collège de France et fut reçu à Académie des sciences morales et politiques en 1923.

Ouvrages-clés

1893 *État mental des hystériques*
1898 *Névroses et idées fixes*
1907 *Les Principaux symptômes de l'hystérie*

LE BÉHAV

UNE RÉPONSE À L'ENVIRONNEMENT

IORISME

1872
En publiant *L'Expression des émotions chez l'homme et les animaux*, **Charles Darwin** suggère que les comportements sont des adaptations évolutives.

1898
Selon la **loi de l'effet** d'Edward Thorndike, les réponses produisant des effets satisfaisants sont plus susceptibles d'être répétées.

1913
John B. Watson publie *Point de vue d'un béhavioriste sur la psychologie*, considéré comme le **manifeste du béhaviorisme**.

1920
Avec l'expérience du « petit Albert », John B. Watson provoque chez le bébé une **réponse conditionnée émotionnelle.**

1927
Ivan Pavlov expérimente le **conditionnement classique** sur les chiens.

1929
Les expériences de dissection du cerveau de Karl Lashley montrent que **toutes les parties du cerveau sont impliquées dans l'apprentissage**.

1930
Les expériences de Zing-Yang Kuo sur les chats et les rats tentent de montrer que **rien ne vaut l'instinct**.

1930
Les expériences de B. F. Skinner sur le rat montrent les effets du **conditionnement « opérant »**.

Émancipée de ses racines philosophiques, la psychologie était, dans les années 1890, reconnue comme une discipline scientifique à part entière : des laboratoires et départements d'université avaient vu le jour en Europe et aux États-Unis et une deuxième génération de psychologues succédait à la première.

Soucieux de conférer une assise scientifique objective à cette nouvelle discipline, quelques psychologues américains rejetèrent la méthode introspective et philosophique de William James, trop subjective à leur goût : la psychologie devait être traitée comme une science et s'appuyer sur des phénomènes réels, observables et quantifiables. Leur approche consista donc à étudier le fonctionnement de l'esprit sous l'angle de ses manifestations – c'est-à-dire du comportement – et dans le cadre étroitement surveillé d'un laboratoire. John B. Watson définit ainsi la psychologie comme « le domaine des sciences naturelles ayant pour objet le comportement humain, c'est-à-dire ce que l'homme fait et dit, qu'il l'ait appris ou pas ». Les premiers « béhavioristes », comme Edward Thorndike, Edward Tolman ou Edwin Guthrie, menèrent ainsi des expériences visant à observer le comportement d'animaux dans des situations soigneusement encadrées. Ces travaux leur permirent de formuler plusieurs théories sur les interactions entre l'homme et son environnement, l'apprentissage, la mémoire et le conditionnement.

Le conditionnement

Ces expériences s'inspiraient de travaux similaires conçus par des physiologistes, et c'est l'un d'eux, le Russe Ivan Pavlov, qui, sans le savoir, établit les fondations de la toute jeune psychologie béhavioriste. Dans une étude restée célèbre sur la salivation des chiens, Pavlov décrit la façon dont l'animal est conditionné pour répondre à un stimulus, ouvrant la voie à un concept essentiel du béhaviorisme. Cette notion de conditionnement de type « stimulus-réponse » a en effet fortement façonné ce courant de la psychologie.

La démarche des béhavioristes se concentra donc sur l'observation des réponses aux stimuli externes, ignorant délibérément les états et processus psychiques internes, considérés comme impossibles à appréhender de façon scientifique et donc à inclure dans une analyse objective du comportement. Ce passage de la notion d'esprit à celle de comportement en tant que base

1935

Konrad Lorenz découvre le phénomène de l'**empreinte**, selon lequel un juvénile reconnaît comme parent un être, quel qu'il soit, en raison d'une information sensorielle reçue à un moment critique.

1938

Edwin Guthrie admet le principe d'**« apprentissage en un seul essai »** ; le conditionnement ne nécessite pas de répétition.

1943

Clark L. Hull prétend que la **réduction de l'instinct** de satisfaire les besoins primaires assure le renforcement de l'apprentissage.

1948

Avec *Cognitive Maps in Rats and Men*, Edward Tolman suggère que nous élaborons des **cartes cognitives** au quotidien pour nous repérer dans la vie.

1957

B. F. Skinner publie *Le Comportement verbal,* dans lequel il affirme que le discours est un produit du **passé comportemental et génétique**.

1958

Joseph Wolpe teste ses **techniques de désensibilisation systématique** sur les vétérans de guerre souffrant de névrose.

1959

La critique que fait Noam Chomsky du *Verbal Behaviour* de Skinner va engendrer l'éclosion de la **révolution cognitive**.

1960

Les expériences de Neal Miller mènent à la découverte des techniques de **« biofeedback »**.

d'étude de la psychologie fit l'effet d'une révolution. Celle-ci eut même son « manifeste », le *Point de vue d'un béhavioriste sur la psychologie*, publié en 1913 par John Watson.

Aux États-Unis, le béhaviorisme s'imposa comme le courant dominant des quarante années qui suivirent. À partir du conditionnement classique défini par Pavlov, Watson affirmait que notre comportement dépend uniquement des stimuli de notre environnement, reléguant ainsi l'inné et l'hérédité aux oubliettes. Dans la génération suivante se distingua un béhavioriste « radical » en la personne de Burrhus F. Skinner, qui réinterpréta la notion de « stimulus-réponse » en formulant la théorie du « conditionnement opérant » : le comportement n'est pas façonné par le stimulus d'origine, mais par ses conséquences. Sans s'écarter radicalement des concepts fondateurs de William James, cette idée bouleversa l'évolution de la psychologie béhavioriste en y intégrant les facteurs génétiques et en faisant des états psychiques la conséquence et non plus la cause des comportements.

La révolution cognitive

La démarche béhavioriste fut progressivement remise en question à partir du milieu du XXe siècle. L'éthologie – étude du comportement animal – montra l'importance des comportements liés à l'instinct et à l'apprentissage, deux notions peu compatibles avec une interprétation étroite du conditionnement. La « révolution cognitive » se produisit ainsi en réaction aux idées de Skinner et les processus psychiques reprirent le dessus sur les comportements. L'un des grands savants de l'époque fut Edward Tolman, béhavioriste dont l'intérêt pour la théorie allemande de la Gestalt ménageait une place à la perception et à la cognition. Les avancées des neurosciences, domaine du béhavioriste Karl Lashley, contribuèrent aussi à « réhabiliter » le cerveau et ses mécanismes par rapport au comportement.

Aujourd'hui arrivé en fin de course, le béhaviorisme fut supplanté par les diverses branches de la psychologie cognitive. Il a pourtant laissé un héritage durable, en créant notamment une méthodologie scientifique et des modèles susceptibles d'être reproduits dans un cadre expérimental. La thérapie comportementale est toujours utilisée de nos jours : c'est un volet essentiel de la TCC (thérapie cognitivo-comportementale). ■

À LA VUE D'UN PLAT SAVOUREUX, L'HOMME AFFAMÉ SE MET À SALIVER

IVAN PAVLOV (1849-1936)

CONTEXTE

APPROCHE
Conditionnement classique

AVANT
Début du XIIe siècle Le médecin arabe Avenzoar (Ibn Zuhr) teste des procédures chirurgicales sur des animaux.

1890 Dans *Principes de psychologie,* William James affirme que, chez les animaux, le sentiment d'avoir effectué spontanément une étape est indispensable pour initier la suivante.

APRÈS
1920 L'expérience du « petit Albert » est menée par John B. Watson pour illustrer le conditionnement classique chez l'homme.

Années 1930 B. F. Skinner montre que les rats peuvent être « conditionnés » pour se comporter spécifiquement.

Années 1950 La thérapie béhavioriste intègre le conditionnement.

Un **stimulus inconditionnel** (présentation de nourriture, par exemple)…

…peut provoquer une **réponse inconditionnelle** (salivation, par exemple).

Si un **stimulus neutre** (sonnerie, par exemple) accompagne le stimulus inconditionnel…

une **réponse conditionnelle** commence à se développer.

Après plusieurs répétitions, le **stimulus conditionnel** seul (la sonnerie)…

peut **provoquer** une **réponse conditionnelle** (la salivation).

Les grandes découvertes des débuts de la psychologie moderne furent souvent le résultat de recherches entreprises dans un tout autre domaine. Le physiologiste russe Ivan Pavlov est l'un des plus célèbres de ces pionniers. Ses travaux sur la salivation du chien pendant la digestion débouchèrent sur des conclusions tout à fait inattendues.

Au cours des années 1890, Pavlov procéda à une série d'expériences sur les chiens en utilisant diverses canules pour recueillir la salive excrétée et la mesurer. Il nota que les chiens salivaient non seulement au moment de l'ingestion proprement dite, mais aussi quand ils sentaient ou voyaient une nourriture appétissante. Les chiens salivaient même avant que cette nourriture ne leur soit présentée, du simple fait de voir approcher l'un de leurs maîtres.

Les observations de Pavlov le poussèrent à étudier le lien entre divers stimuli et les réponses provoquées. L'une de ses expériences consistait à mettre en marche un métronome avant de nourrir les animaux et de répéter ce rituel jusqu'à ce que ces derniers associent systématiquement le son du métronome à la perspective de nourriture. Au terme de ce

Voir aussi: William James 38-45 ▪ John B. Watson 66-71 ▪ B.F. Skinner 78-85 ▪ Stanley Schachter 338

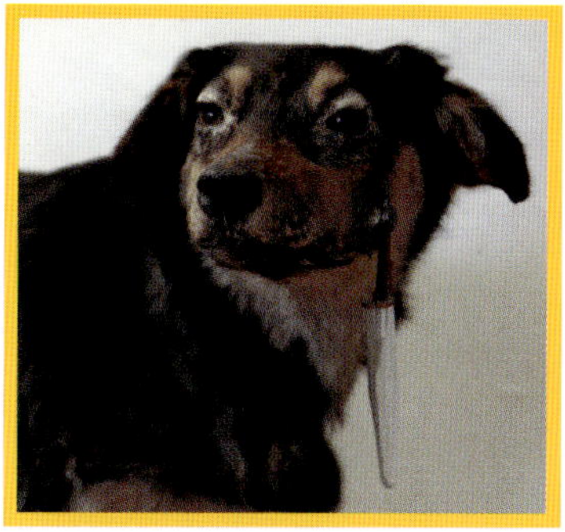

Les chiens de Pavlov salivaient à la simple vue d'un homme en blouse blanche. Devenus « conditionnés », ils associaient à de la nourriture la blouse des hommes qui les nourrissaient.

conditionnement, les chiens salivaient dès qu'ils entendaient le métronome.

Pavlov remplaça le métronome par une clochette, un signal lumineux et des sifflets de différentes fréquences, mais le résultat était toujours le même, quel que soit le stimulus: une fois établi le lien avec la nourriture, le chien répondait au stimulus neutre par une sécrétion de salive.

La réponse conditionnelle

Pavlov en conclut que la nourriture donnée aux chiens était un « stimulus inconditionnel » puisqu'il entraînait une réponse « inconditionnelle » – ici, la salivation. Pour que le tic-tac du métronome devienne un stimulus entraînant la salivation, le chien devait d'abord constater le lien avec la nourriture, ce que Pavlov appela un « stimulus conditionnel ». La salivation en réponse au son du métronome était elle aussi le fruit d'un apprentissage: c'était donc une « réponse conditionnelle ».

En poursuivant ses expériences, Pavlov montra que la réponse conditionnelle peut être refoulée ou « désapprise » si le stimulus conditionnel se produit de façon répétée sans que le chien ne reçoive de nourriture. Il montra également qu'une réponse conditionnelle peut être aussi bien psychique que physique en procédant à des expériences dans lesquelles divers stimuli étaient associés à une douleur ou à une menace et débouchaient sur une réponse conditionnelle de peur ou d'anxiété.

Le principe de ce qu'on appelle aujourd'hui le conditionnement classique, ou conditionnement pavlovien, et la méthodologie expérimentale de Pavlov marquèrent une étape essentielle dans l'émergence de la psychologie en tant que discipline authentiquement scientifique et débarrassée de ses racines philosophiques. Les travaux de Pavlov eurent une influence immense, particulièrement sur les psychologues béhavioristes américains tels que John Watson ou Burrhus F. Skinner. ■

> Les faits sont l'air du savant. Sans eux, vous ne pourriez jamais prendre votre essor.
> **Ivan Pavlov**

Ivan Pavlov

Fils aîné du pope de Riazan, en Russie, Ivan Pavlov était destiné à suivre les traces de son père et fréquenta d'abord le séminaire. Passionné de sciences naturelles, il s'inscrivit, après un bref passage en Faculté de droit, à la Faculté de physique et de mathématique de Saint-Pétersbourg. Licencié en 1875, il se spécialisa en physiologie animale à l'Académie de chirurgie et de médecine et soutint sa thèse de doctorat en 1883. En 1890, il obtint la chaire de pharmacologie de l'Académie de médecine militaire de Saint-Pétersbourg, puis, en 1895, fut nommé directeur de l'Institut de médecine expérimentale de Saint-Pétersbourg, où il effectua ses célèbres recherches sur la salivation des chiens, qui lui valurent le prix Nobel en 1904. Pavlov prit officiellement sa retraite en 1925, mais travailla jusqu'à sa mort, en 1936.

Ouvrages-clés

1901 *Le Travail des glandes digestives*
1928 *Le Réflexe conditionnel*
1941 *Conditioned Reflexes and Psychiatry*

LES ACTIONS INFRUCTUEUSES SONT OUBLIÉES

EDWARD THORNDIKE (1874-1949)

CONTEXTE

APPROCHE
Connexionnisme

AVANT
1885 Hermann Ebbinghaus élabore, dans *Sur la mémoire,* une « courbe de l'oubli » à partir de la vitesse à laquelle les souvenirs humains s'effacent.

Années 1890 Ivan Pavlov établit les principes du « conditionnement classique ».

APRÈS
1918 Avec l'expérience du « petit Albert », John B. Watson applique les méthodes de conditionnement à un bébé.

1923 Le psychologue anglais Charles Spearman propose un facteur unique, le facteur *g*, pour mesurer l'intelligence humaine générale.

Années 1930 B. F. Skinner développe la théorie du « conditionnement opérant ».

À l'époque où Pavlov menait ses expériences sur des chiens en Russie, un étudiant américain, Edward Thorndike, commençait à travailler sur le comportement animal pour sa thèse de doctorat. Il fut sans doute le premier psychologue réellement béhavioriste, même si ce mot ne fut inventé que beaucoup plus tard.

La psychologie scientifique émergeait à peine dans les universités quand Thorndike obtint son diplôme, dans les années 1890, et le jeune homme voulut appliquer cette nouvelle discipline à deux de ses principaux sujets d'intérêt : l'éducation et l'apprentissage. Son intention première était d'étudier la

Voir aussi: Hermann Ebbinghaus 48-49 ▪ Ivan Pavlov 60-61 ▪ John B. Watson 66-71 ▪ Edward Tolman 72-73 ▪ Burrhus F. Skinner 78-85 ▪ Donald Hebb 163

« La psychologie aide à mesurer la probabilité d'atteindre un objectif. »
Edward Thorndike

psychologie humaine, mais, faute de trouver un sujet pour se prêter à ses expériences, il dut se rabattre sur l'observation des animaux, dont il chercha à examiner les processus cognitifs dans un cadre expérimental. Ses résultats allèrent bien au-delà de ce qu'il avait pu prévoir et posèrent les bases de la psychologie béhavioriste.

L'apprentissage instrumental

Thorndike réalisa ses premiers travaux sur des poussins apprenant à s'orienter dans un labyrinthe spécialement conçu pour l'expérience. Le fait de placer le sujet dans un environnement spécial pour le soumettre à une tâche spécifique – conditionnement ou apprentissage «instrumental» – devint la marque de fabrique de la méthodologie expérimentale des béhavioristes. Puis Thorndike s'intéressa aux chats, pour lesquels il inventa les *puzzle boxes*, des «boîtes à problème» conçues pour lui permettre d'observer la capacité de l'animal à apprendre un mécanisme pour résoudre une difficulté.

On enfermait un chat affamé dans l'une de ces boîtes: en explorant son environnement, l'animal découvrait successivement divers mécanismes – boucle en ficelle, anneau, bouton, panneau mobile – dont un seul était connecté au loquet commandant l'ouverture de la boîte. Au bout d'un certain temps, le chat découvrait le mécanisme lui permettant de sortir et recevait une récompense sous forme de nourriture. L'opération était répétée et Thorndike notait à chaque fois le temps que mettait le chat à s'extraire de la boîte, c'est-à-dire la vitesse à laquelle il apprenait à explorer son environnement.

L'expérience fut menée avec différents chats, chacun placé dans une série de boîtes dont l'ouverture était commandée par un mécanisme différent. Ce que Thorndike remarqua, c'est que si tous les chats découvrent le

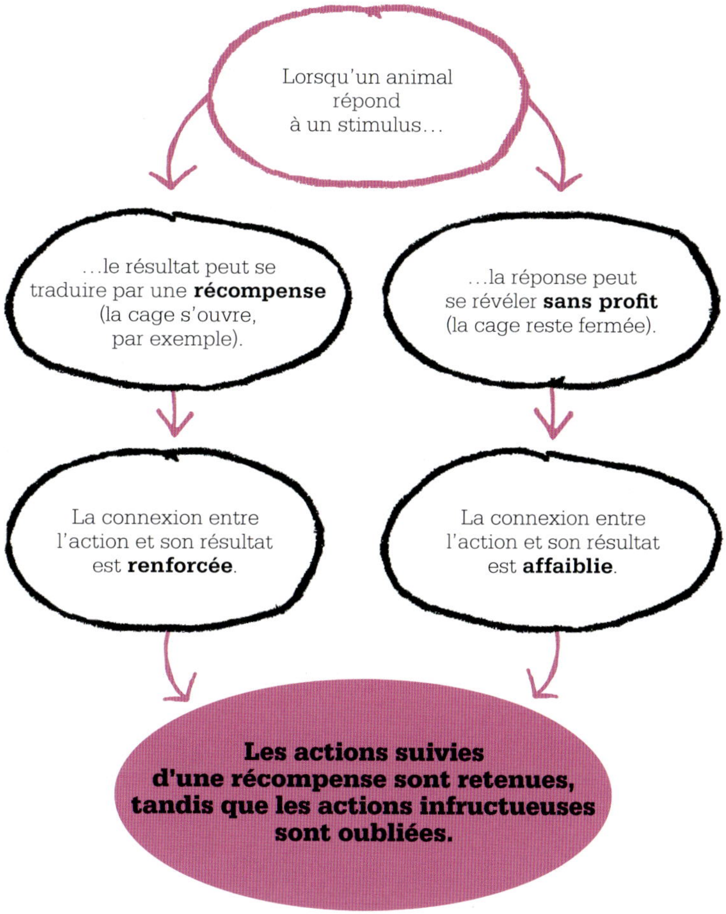

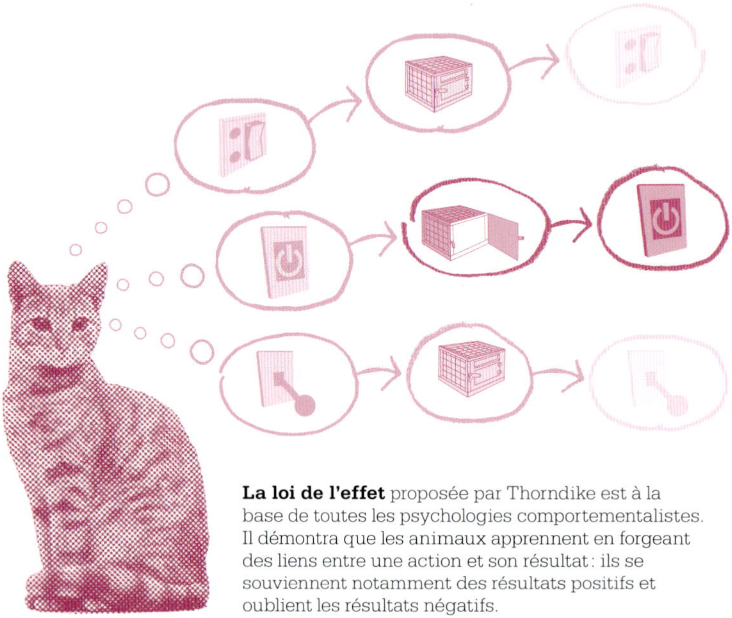

La loi de l'effet proposée par Thorndike est à la base de toutes les psychologies comportementalistes. Il démontra que les animaux apprennent en forgeant des liens entre une action et son résultat : ils se souviennent notamment des résultats positifs et oublient les résultats négatifs.

mécanisme par hasard la première fois, la quantité d'essais et d'erreurs diminue à mesure des répétitions : les animaux apprennent donc à distinguer les actions fructueuses de celles vouées à l'échec.

La loi de l'effet

Ces expériences permirent à Thorndike de formuler sa « loi de l'effet », qui stipule que la réponse à une situation a d'autant plus de chances d'être reproduite qu'elle entraîne un résultat satisfaisant. Telle est la première formulation d'une idée à la base de toute la psychologie béhavioriste : la connexion entre le stimulus et la réponse et sa pertinence dans le processus d'apprentissage et le comportement. Thorndike suggérait que, quand le lien se fait entre un stimulus et sa réponse, une connexion neurale correspondante s'établit dans le cerveau. Il appelait « connexionnisme » ce type d'apprentissage par stimulus et réponse, allant jusqu'à affirmer que les connexions établies pendant la phase d'apprentissage « s'impriment » dans les circuits neuronaux.

Pour Thorndike, c'est le résultat de l'action qui détermine la force avec laquelle la connexion stimulus-réponse est imprimée : dans le cas de ses boîtes, le fait de tirer sur une ficelle ou d'enfoncer un panneau mobile entraînait soit la liberté, soit une frustration. En d'autres termes, lorsque certaines séquences « stimulus-réponse » sont suivies d'une forme de satisfaction ou de plaisir – liberté ou récompense –, ces réponses ont tendance à devenir « plus fermement connectées à la situation de sorte que, dans une situation future identique, elles auront plus de chances de se reproduire ». Cette connexion « s'imprime » donc dans le cerveau au niveau neuronal. Inversement, si les séquences stimulus-réponse sont suivies d'un événement contrariant ou déplaisant – rester prisonnier ou être puni –, la connexion neurale entre la situation et la réponse s'affaiblit, au point que « les actions infructueuses sont oubliées ».

Cet accent mis sur le résultat de la séquence stimulus-réponse et l'idée que ce résultat puisse influer sur cette connexion en la consolidant est à la base de ce qui fut appelé la théorie du « renforcement ». Ce renforcement et l'importance du résultat des séquences furent pratiquement ignorés par la génération suivante de psychologues béhavioristes, mais les travaux de Thorndike et sa loi de l'effet peuvent être considérés comme de brillants précurseurs de l'œuvre de Burrhus Skinner et de sa théorie des « conditionnements opérants ».

Thorndike poursuivit ses travaux et affina sa loi de l'effet pour tenir compte d'autres variables, telles que le délai entre réponse et récompense, l'effet de la répétition des tâches et la rapidité avec laquelle une tâche est oubliée faute d'être reproduite. Ces observations lui permirent de formuler un second axiome, la « loi

> “ L'intelligence, le caractère et les compétences d'un homme sont le produit de ses tendances innées et de la façon dont il les entretient. ”
> **Edward Thorndike**

On estimait autrefois que les adultes retiennent moins bien les informations que les enfants. Thorndike montra que c'est la vitesse d'apprentissage et non la mémoire qui les différencie.

de l'exercice», qui affirme que les connexions stimulus-réponse sont renforcées par l'effet de répétition et, à l'inverse, affaiblies si elles ne se reproduisent pas. La rapidité de ce renforcement est variable. Pour Thorndike, «plus la satisfaction ou la gêne sont importants et plus la connexion est renforcée ou au contraire affaiblie».

Il est intéressant de constater que, si Thorndike étudia le comportement animal en recourant à des méthodes qui allaient s'imposer comme la norme des béhavioristes et que son livre, *Animal Intelligence*, publié en 1911, devint un classique des débuts du béhaviorisme, lui-même se considérait comme un psychologue de l'éducation. Son intention première était d'étudier l'intelligence des animaux, pas leur comportement. Il cherchait à montrer notamment que les animaux procèdent par essais-erreurs et non à partir d'une quelconque faculté de discernement, une idée qui prévalait à l'époque puisqu'il regrettait que la plupart des livres ne traitent alors de la psychologie des animaux qu'en faisant leur éloge: «Il n'y est question que de l'intelligence des animaux et jamais de leur stupidité». Le fait que les chats enfermés dans ses «boîtes à problèmes» apprennent graduellement et non sous le coup d'une intuition soudaine confirma ses théories: incapable d'utiliser la raison pour arriver à comprendre le lien entre la porte et son mécanisme d'ouverture, l'animal est contraint d'apprendre par essais et erreurs.

L'intelligence humaine

Après la publication d'*Animal Intelligence*, Thorndike s'intéressa à l'homme. Pour lui, la forme la plus rudimentaire de l'intelligence était caractérisée par une simple association entre un stimulus et une réponse, entraînant la création d'une connexion neurale: plus l'animal est intelligent et plus il est capable d'établir ce type de connexions. L'intelligence pouvait donc être décrite en termes de capacité à former des liens neuraux, une capacité dépendant elle-même de l'hérédité et de l'expérience.

Pour mesurer l'intelligence humaine, Thorndike inventa un test appelé CAVD (Completion, Arithmetic, Vocabulary and Directions), qui servit de modèle à la plupart des tests d'intelligence modernes. Les épreuves proposées permettaient d'évaluer l'intelligence mécanique – fonctionnement des objets –, l'intelligence abstraite – capacités créatives – et l'intelligence sociale – relations interpersonnelles. Thorndike s'intéressa également à la façon dont l'âge peut affecter la vitesse d'apprentissage et formula une théorie qui reste au cœur de la psychologie de l'éducation jusqu'à ce jour – ce qui était sans doute son souhait le plus cher. C'est néanmoins pour sa très grande influence sur le mouvement béhavioriste que Thorndike reste le plus connu. ■

Edward Thorndike

Fils d'un pasteur méthodiste, Edward Thorndike naquit aux États-Unis à Williamsburg, dans le Massachusetts, en 1874. Il étudia d'abord à la Wesleyan University avant d'aller suivre les cours de psychologie de William James à Harvard en 1895. En 1897, il rejoignit l'université Columbia de New York pour rédiger sa thèse de doctorat sous la direction de James McKeen Cattell. L'intérêt de Thorndike pour la psychologie éducative le poussa à enseigner un an au collège pour femmes de la Case Western Reserve, à Cleveland, puis il revint à Columbia, en 1899, où il enseigna jusqu'à sa retraite, en 1939. Élu président de l'American Psychological Association en 1912 et de l'American Association for the Advancement of Science en 1934, Thorndike continua à écrire jusqu'à sa mort, à soixante-quatorze ans.

Ouvrages-clés

1905 *The Elements of Psychology*
1910 *The Contribution of Psychology to Education*
1911 *Animal Intelligence*
1927 *The Measurement of Intelligence*

N'IMPORTE QUI PEUT, QUELLE QUE SOIT SA NATURE, DEVENIR N'IMPORTE QUOI

JOHN B. WATSON (1878-1958)

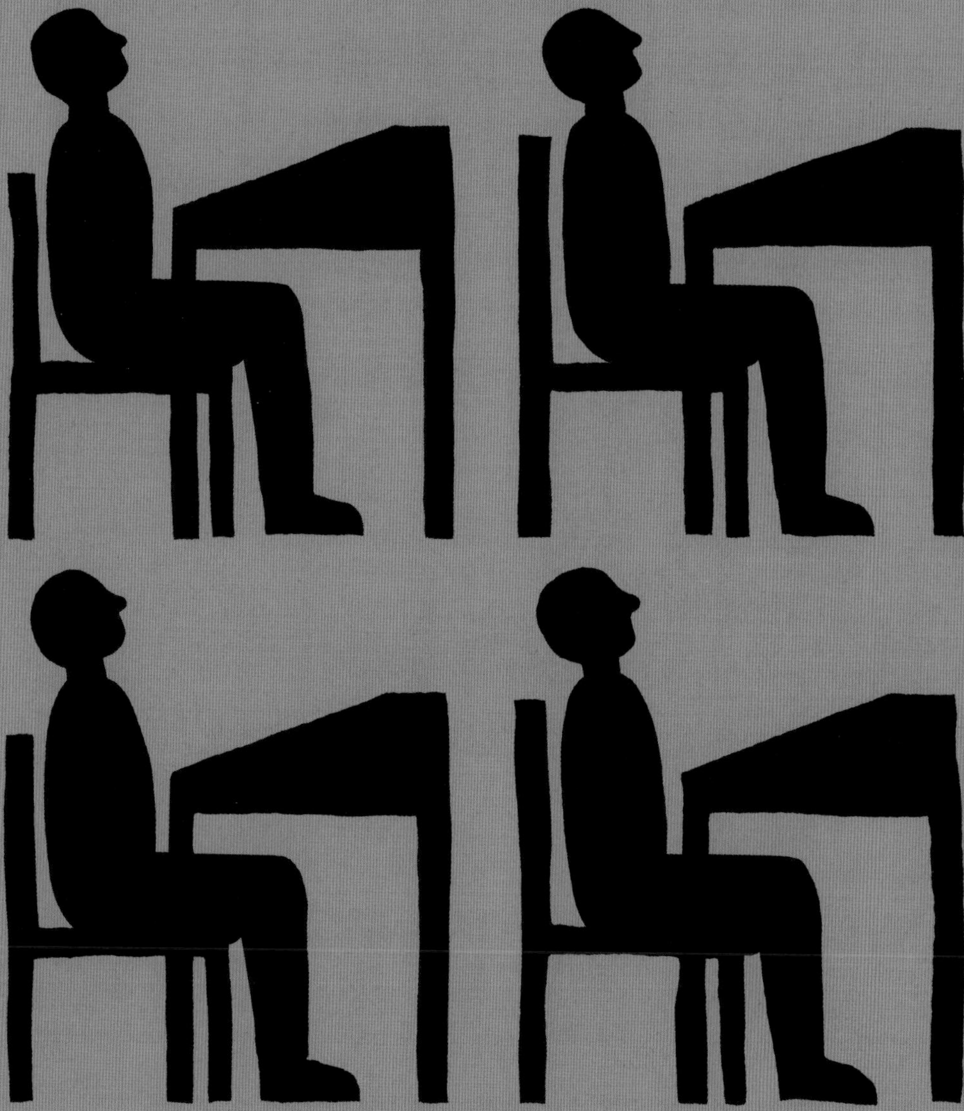

CONTEXTE

APPROCHE
Béhaviorisme classique

AVANT
Années 1890 Le biologiste Jacques Loeb (qui fut l'un des professeurs de Watson) explique le comportement animal en termes purement physico-chimiques.

Années 1890 Les expériences sur les chiens d'Ivan Pavlov établissent le principe du conditionnement classique.

1905 E. Thorndike montre que les animaux apprennent en obtenant des effets positifs de leurs comportements.

APRÈS
1932 Avec sa théorie de l'apprentissage latent, Edward Tolman ajoute au béhaviorisme le concept de cognition.

Années 1950 Les cognitivistes travaillent sur les processus mentaux qui gouvernent le comportement humain.

Au début du XXe siècle, de nombreux psychologues estimaient que la méthode introspective était inadaptée à l'étude scientifique de l'esprit humain et prônaient l'adoption d'une démarche fondée sur l'observation des faits et du comportement dans le cadre expérimental strict d'un laboratoire.

À défaut d'être le premier, John Watson fut certainement le plus ardent des défenseurs de la méthode béhavioriste. Malgré une carrière interrompue par un scandale lié à une affaire d'adultère, il devint l'un des psychologues les plus influents mais aussi les plus contestés du XXe siècle. Ses travaux sur l'apprentissage par stimulus-réponse, théorie formulée à l'origine par Thorndike, firent de lui le père fondateur du béhaviorisme, terme qu'il contribua à faire passer dans le langage courant. Dans son célèbre *Point de vue d'un béhavioriste sur la psychologie* (1913), il proposait l'idée révolutionnaire d'une vraie psychologie scientifique qui « abandonnerait le discours sur les états psychiques pour se concentrer sur la prédiction et le contrôle du comportement. » Ce texte fut plus tard considéré comme le « manifeste » du béhaviorisme.

Avant les travaux de Watson à l'université Johns Hopkins de Baltimore, les expériences sur le comportement portaient le plus souvent sur l'animal, leurs résultats étant ensuite extrapolés à l'espèce humaine. Watson lui-même étudia le rat et le singe pour son doctorat, tout en voulant mener des expériences sur l'homme, peut-être du fait qu'il avait collaboré avec l'armée pendant la Première Guerre mondiale. Il chercha ainsi à étudier le modèle stimulus-réponse du conditionnement classique et la façon dont il permettait de prédire et contrôler les comportements

Voir aussi: Ivan Pavlov 60-61 ▪ Edward Thorndike 62-65 ▪ Edward Tolman 72-73 ▪ B. F. Skinner 78-85 ▪ Joseph Wolpe 86-87 ▪ Kenneth Clark 282-283 ▪ Albert Bandura 286-291

> Du point de vue des béhavioristes, la psychologie est une branche expérimentale des sciences naturelles purement objective.
> **John B. Watson**

humains. Watson distinguait trois émotions fondamentales – peur, colère et amour – et voulut savoir s'il était possible de conditionner un être humain pour qu'il éprouve l'un de ces trois sentiments en réponse à un stimulus.

Le petit Albert

Avec son assistante Rosalie Rayner, Watson entama une série d'expériences sur un bébé de neuf mois, Albert B., sélectionné dans un hôpital pédiatrique des environs. On conçut des tests pour tenter d'inculquer au nourrisson la peur d'un animal en le lui présentant de façon répétée en même temps qu'un son fort et violent. Watson cherchait aussi à savoir si cette peur serait transférée à d'autres animaux ou objets et combien de temps elle durerait. Jamais un comité d'éthique n'accepterait aujourd'hui de telles méthodes mais, à l'époque, on estimait logique et naturel que l'expérimentation sur l'homme suivît les études sur l'animal.

Watson installa donc le « petit Albert », bébé en bonne santé, mais « globalement impassible et sans émotions », sur un matelas pour observer ses réactions face à un chien, un rat blanc, un lapin, un singe mais aussi quelques objets inanimés comme un masque à figure humaine ou un journal en feu. L'enfant ne montra aucune peur face à ces animaux ou objets, cherchant au contraire à les toucher. Ceci permit de définir un socle neutre à partir duquel mesurer d'éventuels changements dans l'attitude de l'enfant.

Plus tard, alors qu'Albert était assis sur le matelas, Watson frappa une barre de métal avec un marteau pour produire un son brusque et violent. L'enfant prit évidemment peur et éclata en sanglots. Watson tenait là son stimulus inconditionnel (le bruit) dont il savait qu'il provoquerait une réaction de peur chez l'enfant. En l'associant à la vue du rat, il imagina qu'il devrait être possible de conditionner le petit Albert pour faire naître en lui la peur de cet animal.

L'expérience se déroula alors qu'Albert avait à peine plus de onze mois. Watson plaça le rat blanc sur le même matelas que l'enfant, puis frappa la barre de métal au moment où Albert allait toucher l'animal. L'opération fut répétée sept fois au cours de deux séances à une semaine d'intervalle. À la fin, l'enfant prenait peur dès que le rat entrait dans la pièce, même en l'absence de tout son.

En associant de façon répétée le rat et le son effrayant, Watson ne faisait qu'appliquer le principe du conditionnement classique décrit par Pavlov. La réponse naturelle de l'enfant face au bruit – peur et

John B. Watson

Né en 1878 dans une famille pauvre de Caroline du Sud, John Broadus Watson passa une enfance difficile entre une mère dévote et un père buveur et coureur, qui les abandonna lorsqu'il avait treize ans. Adolescent rebelle et violent, Watson fut pourtant un brillant élève qui intégra la Furman University à seize ans, puis fit un doctorat de psychologie à l'université de Chicago en 1903. En 1908, il obtint un poste de maître de conférence à l'université Johns Hopkins de Baltimore, où il fit un discours en 1913, connu sous le nom de « manifeste béhavioriste ». Contraint de démissionner en 1920 en raison de la liaison qu'il entretenait avec son assistante, Rosalie Rayner – qu'il épousa après son divorce –, il fit carrière dans la publicité tout en publiant des livres sur la psychologie. Après la mort de Rosalie, en 1935, Watson s'isola dans une ferme du Connecticut, où il mourut en 1958.

Ouvrages-clés

1913 *Point de vue d'un béhavioriste sur la psychologie*
1920 *Réactions émotionnelles conditionnées* (avec Rosalie Rayner)
1924 *Le Béhaviorisme*

souffrance – était désormais associée à la vue du rat. Albert était devenu conditionné pour en avoir peur. En termes de conditionnement classique, le rat était au départ un stimulus neutre ne suscitant aucune réponse particulière, et le bruit, un stimulus inconditionnel entraînant une réponse inconditionnelle (la peur). Au terme du conditionnement, le rat était devenu un stimulus conditionnel provoquant une peur elle aussi conditionnelle.

Mais ce conditionnement semblait aller plus loin que la simple peur inspirée par le rat blanc et semblait être persistant. Pour tester si la peur du petit Albert s'était généralisée ou avait été transférée à d'autres objets similaires, Watson mit le garçonnet en contact avec d'autres stimuli ayant tous au moins un point commun – couleur, texture duveteuse – avec le rat blanc : lapin, chien et peau de mouton. Cinq jours après le conditionnement initial, Albert se montrait aussi effrayé que lorsqu'il voyait le rat blanc.

Cette expérience permit à Watson de montrer que les émotions humaines sont susceptibles de subir un conditionnement classique, ce qui était nouveau, car les recherches sur les stimuli et leurs réponses avaient jusque-là porté essentiellement sur l'apprentissage de comportements physiques. Ce que Watson venait de découvrir, c'est que le comportement humain est non seulement prévisible – dans certaines conditions et avec certains stimuli – mais qu'il peut aussi être contrôlé et modifié. Les réactions du petit Albert face à un rat, un lapin et un chien furent observées un mois plus tard et l'on constata que les effets du conditionnement étaient durables. L'expérience tourna court lorsque la mère du petit Albert le retira de l'hôpital. Certains affirmèrent qu'elle ne pouvait plus supporter le traitement infligé à son enfant ; Watson soutint quant à lui que la date avait été convenue d'avance.

> Je ne serai jamais satisfait tant que je ne disposerai pas d'un laboratoire où je pourrai éduquer des enfants sous observation permanente.
> **John B. Watson**

Malléable à l'infini

La carrière de Watson tourna court peu de temps après l'expérience du petit Albert : il fut contraint de démissionner en raison de la relation qu'il entretenait avec son assistante Rosalie Rayner. À défaut d'avoir pu aller au bout de ses recherches, Watson se sentit renforcé dans sa conviction béhavioriste et, plus précisément, dans l'application à l'homme du conditionnement classique observé jusque-là chez

Watson voyait l'enfant comme une « ardoise vierge ». Il affirmait qu'en appliquant les principes béhavioristes, tout enfant, quelle que soit sa nature, pouvait devenir n'importe quel type de spécialiste – artiste, médecin, etc.

l'animal. Forcé de quitter l'université, il fit une brillante carrière dans la publicité. C'est peut-être ce qui explique qu'il eut tendance à exagérer la portée de ses observations et continua à publier des traités de psychologie dont il mettait tout son talent à assurer la promotion.

Non content d'affirmer qu'il est possible de conditionner des réponses émotionnelles, il prétendait pouvoir, selon le même principe, contrôler ou modifier les aspects les plus complexes du comportement humain. Tout comme il avait réussi à inculquer au petit Albert un sentiment de peur face à des animaux à fourrure blanche, Watson estimait que « n'importe qui peut, quelle que soit sa nature, devenir n'importe quoi ». Dans *Le Béhaviorisme* (1924), il alla jusqu'à affirmer : « Confiez-moi une douzaine de nouveau-nés bien portants, bien conformés et mon propre milieu spécifique pour les élever, et je vous garantis d'en prendre un au hasard et d'en faire n'importe quel type de spécialiste existant : médecin, avocat, artiste, commerçant et même mendiant ou voleur, indépendamment de ses aptitudes, penchants, tendances, capacités, vocations ou de la race de ses ancêtres. » Dans le débat entre l'inné et l'acquis, Watson avait clairement choisi son camp !

> Le watsonisme devint l'évangile et le catéchisme des pouponnières et des salons américains.
> **Mortimer Adler**

Une pédagogie austère

À défaut de poursuivre ses recherches académiques, Watson popularisa le béhaviorisme en se tournant vers la pédagogie. C'est dans ce domaine que ses idées eurent la plus grande influence. C'est là aussi qu'elles firent le plus débat. Car Watson prônait une approche strictement béhavioriste de l'éducation. Les nombreux ouvrages qu'il publia sur le sujet dans les années 1920 et 1930 rencontrèrent un vif succès. Rétrospectivement, on comprend aisément que son approche, fondée sur un détachement émotionnel poussé à l'extrême, était au mieux malheureuse et sans doute fort préjudiciable pour les millions d'enfants qui y furent soumis, à commencer par ceux qu'il eut avec Rosalie Rayner.

Watson estimait que l'enfant est façonné par son environnement et que celui-ci est contrôlé par ses parents. Il considérait l'éducation comme un exercice objectif visant à peser sur les comportements, surtout sur les émotions que sont la peur, la colère et l'amour. Du fait sans doute de sa propre enfance malheureuse, il considérait les témoignages d'affection comme un excès de sentimentalisme accentuant la dépendance de l'enfant. Il rejetait pourtant l'autre extrême en s'opposant notamment aux châtiments corporels.

L'application par Watson du conditionnement stimulus-réponse à l'éducation lui valut quelques critiques. Les générations qui suivirent lui reprochèrent son approche manipulatrice et insensible, privilégiant l'efficacité et la performance devant le bien-être objectif de l'enfant. Les séquelles à long terme des enfants élevés selon le modèle béhavioriste de Watson apparurent graduellement. La popularité de ses livres, considérés à une époque comme des « bibles » en matière d'éducation, fit qu'une génération entière de petits Américains fut exposée à ce qui, aujourd'hui, serait unanimement considéré comme une éducation dysfonctionnelle. La famille de Watson elle-même en pâtit : sa femme Rosalie, qui avait fini par admettre les défauts de ses théories, écrivit un article critique dans *Parents' Magazine*, et sa petite-fille, l'actrice Mariette Hartley, décrivit les carences de son milieu familial dans une autobiographie intitulée *Breaking the Silence*.

D'autres méthodes éducatives ne tardèrent pas à apparaître, y compris parmi les béhavioristes convaincus. Tout en acceptant le principe fondamental du conditionnement établi par Watson – en dépit du manque d'éthique dans l'expérience sur le petit Albert –, dont il fit le point de départ de son « béhaviorisme radical », le psychologue B. F. Skinner appliqua le béhaviorisme à la pédagogie de façon nettement moins destructrice, quoique passablement excentrique. ■

Watson appliqua sa théorie du comportement humain à la publicité des années 1920 en montrant que les gens étaient plus influencés, dans l'achat d'un produit, par l'image que par le contenu.

CE GRAND LABYRINTHE DONNÉ PAR DIEU QU'EST NOTRE MONDE HUMAIN

EDWARD TOLMAN (1886-1959)

CONTEXTE

APPROCHE
Béhaviorisme cognitif « intentionnel »

AVANT
Années 1890 Les expériences d'Ivan Pavlov sur les chiens établissent la théorie du conditionnement classique.

1920 John B. Watson expérimente le béhaviorisme sur les hommes, notamment avec le « petit Albert ».

APRÈS
1938 Les expériences sur le conditionnement opérant de B. F. Skinner, qui a remplacé les rats par des pigeons, deviennent plus sophistiquées.

Années 1950 La psychologie cognitive devient la branche dominante de la psychologie, devant le béhaviorisme.

Années 1980 Les thérapies prônées par Joseph Wolpe et Aaron Beck fusionnent pour donner la psychothérapie cognitivo-comportementale.

Considéré aujourd'hui comme l'un des grands noms du courant béhavioriste américain, Edward Tolman adopta toutefois une approche très différente de celles de Thorndike et Watson. Il reprit certes leur méthodologie, qui faisait reposer l'étude de la psychologie sur une observation des faits objectifs, mais s'intéressa aussi aux notions de processus psychiques – perception, cognition et motivation notamment – qu'il avait découvertes en étudiant la Gestalt en Allemagne. En reliant ces deux approches jusque-là séparées, il formula une théorie nouvelle sur le rôle du conditionnement et créa ce qu'il appela le « béhaviorisme intentionnel » – connu aujourd'hui sous le nom de béhaviorisme cognitif. Tolman remettait en

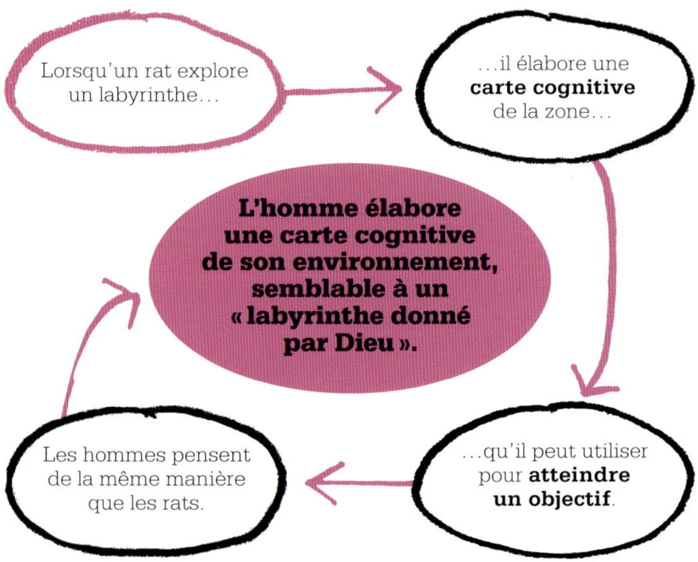

Voir aussi : Ivan Pavlov 60-61 ▪ Edward Thorndike 62-65 ▪ John B. Watson 66-71 ▪ B. F. Skinner 78-85 ▪ Joseph Wolpe 86-87 ▪ Wolfgang Köhler 160-161 ▪ Daniel Kahneman 193

> Il existe plus d'un type d'apprentissage.
> **Edward Tolman**

question le fondement théorique de l'apprentissage conditionné : il estimait que les animaux étaient capables de tirer des enseignements de leur environnement sans le renforcement de la récompense et d'utiliser plus tard ces « connaissances » pour faire des choix.

Tolman compara trois groupes de rats : les premiers recevaient chaque jour de la nourriture dès qu'ils trouvaient la sortie du labyrinthe ; les deuxièmes n'étaient récompensés qu'à partir du onzième jour et les troisièmes jamais. Les dix premiers jours, le premier groupe se montra le plus performant, ce qui était prévisible. Mais, à partir du onzième jour, le deuxième groupe se montra plus performant que le premier, ce qui confirma l'hypothèse de Tolman : avant de recevoir un quelconque renforcement, les rats s'étaient familiarisés avec leur environnement et parvenaient, dès qu'une récompense était en jeu, à utiliser la « carte cognitive » qu'ils avaient dressée pour venir à bout du labyrinthe plus rapidement.

L'apprentissage latent

Tolman qualifia de latent cet apprentissage initial, dénué de tout renforcement évident. Il estimait que tous les animaux, l'homme y compris, se constituent au quotidien une « carte cognitive » du monde les entourant – le « labyrinthe donné par Dieu » – et que cette carte leur sert plus tard à situer certains objectifs spécifiques. Ainsi, nous retenons l'emplacement de certains points de repère dans nos trajets quotidiens, mais ne nous en rendons compte que lorsque nous en avons besoin. D'autres expériences montrèrent que les rats acquièrent un véritable sens de l'orientation et qu'ils ne se contentent pas de mémoriser un itinéraire pour sortir du labyrinthe.

Dans son livre *Purposive Behavior in Animals and Men*, Tolman exposa sa théorie de l'apprentissage latent et des cartes cognitives, rapprochant ainsi la méthode béhavioriste de la Gestalt tout en introduisant le concept de cognition. ■

Nous élaborons au fil des jours des cartes cognitives de notre environnement dont nous ne prenons conscience que lorsque nous nous retrouvons dans un lieu où nous sommes déjà passés sans le voir.

Edward Tolman

Né dans une famille aisée de Newton, aux États-Unis, Edward Chace Tolman sortit du MIT (Massachusetts Institute of Technology) avec un diplôme d'électrochimie en 1911. Influencé par les travaux de William James, il s'engagea dans un doctorat de philosophie et de psychologie à Harvard, et s'initia, au cours d'un séjour en Allemagne, à la théorie de la Gestalt. Embauché en 1915 à la Northwestern University, dans l'Illinois, il dut la quitter en raison de ses opinions pacifistes et, en 1918, rejoignit Berkeley, en Californie, où il enseigna jusqu'à sa retraite, en 1954. C'est là qu'il étudia le comportement des rats dans un labyrinthe. Durant le maccarthysme, il frôla le licenciement en refusant de signer un engagement susceptible de limiter les libertés universitaires. Il mourut à Berkeley en 1959, à l'âge de soixante-treize ans.

Ouvrages-clés

1932 *Purposive Behavior in Animals and Men*
1942 *Drives Toward War*
1948 *Cognitive Maps in Rats and Men*

DÈS QU'UN RAT A VISITÉ LE SAC DE GRAINS, IL FAUT S'ATTENDRE À SON RETOUR

EDWIN GUTHRIE (1886-1959)

CONTEXTE

APPROCHE
Théorie de l'apprentissage

AVANT

Années 1890 Ivan Pavlov expérimente le conditionnement classique avec des chiens.

Années 1890 Edward Thorndike conçoit des boîtes, les *puzzle boxes*, pour travailler sur les chats.

Années 1920 Edward Tolman étudie le rôle du renforcement dans le conditionnement.

APRÈS

1938 Avec le conditionnement opérant, B. F. Skinner souligne le poids des conséquences attendues sur le comportement.

Années 1940 Selon la théorie de l'apprentissage de Jean Piaget, les enfants sont naturellement poussés à explorer et à apprendre.

1977 D'après *L'Apprentissage social* d'Albert Bandura, le comportement s'acquiert en observant et en copiant le comportement des autres.

Lorsque le philosophe américain Edwin Guthrie commença à s'intéresser à la psychologie, dans les années 1920, toutes les théories béhavioristes reposaient sur le modèle d'apprentissage par stimulus-réponse. Issu du conditionnement pavlovien, ce concept affirmait qu'en exposant de façon répétée un sujet à une combinaison particulière de stimuli – nourrir un chien en faisant tinter une clochette, par exemple –, il était possible de provoquer une réponse conditionnée – salivation du chien au son de la clochette.

Guthrie contestait le fait qu'un conditionnement efficace exige un renforcement : pour lui, l'association entre le stimulus et sa réponse s'accomplit dès la première occurrence. Cette théorie de l'apprentissage par un seul essai reposait sur une étude dans laquelle il avait observé des chats enfermés dans une boîte. Une fois qu'ils avaient découvert le mécanisme leur permettant de sortir, les chats établissaient une association avec la liberté retrouvée et répétaient la même action les fois suivantes. De la même façon, affirmait Guthrie, une fois qu'un rat a découvert le sac de grains, il sait où aller quand il a faim.

Cette idée déboucha sur la théorie de la contiguïté : « une combinaison de stimuli qui a accompagné un mouvement tendra, si elle réapparaît, à être suivie de ce mouvement. » L'association stimulus-réponse nous enseigne un mouvement et non un comportement. Mis en relation, ces mouvements se combinent pour former une action. La répétition ne renforce pas l'association, mais conduit à la formation d'actions qui, elles-mêmes, se combinent pour former le comportement. ■

> Nous attendons de nous quereller pour changer d'attitude.
> **Edwin Guthrie**

Voir aussi : Ivan Pavlov 60-61 ▪ Edward Thorndike 62-65 ▪ Edward Tolman 72-73 ▪ B. F. Skinner 78-85 ▪ Jean Piaget 262-269 ▪ Albert Bandura 286-291

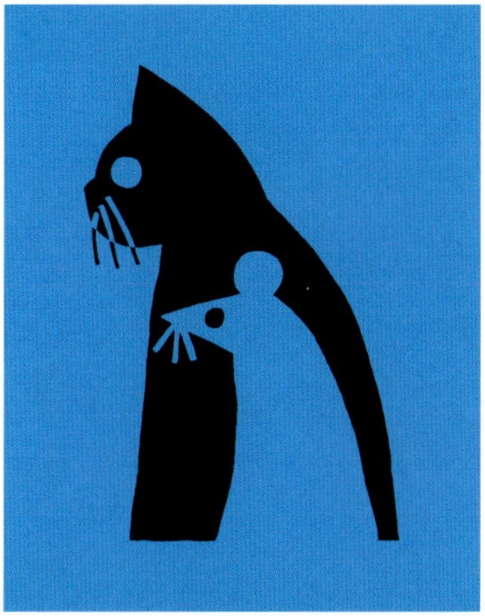

RIEN N'EST PLUS NATUREL POUR LE CHAT QUE D'« AIMER » LE RAT

ZING-YANG KUO (1898-1970)

CONTEXTE

APPROCHE
Épigenèse comportementale

AVANT
1874 Francis Galton aborde la controverse inné/acquis dans son livre *English Men of Science: Their Nature and Nurture.*

1924 John B. Watson lance son célèbre défi de former une douzaine d'enfants d'origine et de caractère différents à n'importe quelle spécialité.

APRÈS
1938 Dans *L'Analyse expérimentale du comportement,* Skinner défend un béhaviorisme radical, affirmant que ce sont les circonstances qui régissent le comportement et non l'instinct.

1942 Dans *Drives Toward War,* Edward Tolman recherche si l'agression relève de l'instinct ou du conditionnement.

1966 Dans *L'Agression : une histoire naturelle du mal,* Konrad Lorenz assimile le comportement agressif à une réponse innée.

Dans les années 1920, le béhavioriste John Watson affirma que même les comportements innés peuvent être modifiés par le conditionnement. Mais le psychologue chinois Zing-Yang Kuo alla plus loin encore en niant l'existence de l'instinct pour expliquer les comportements.

Pour Kuo, l'instinct n'était qu'une façon commode d'expliquer les comportements qui ne cadraient pas avec la théorie en vigueur : « Nos recherches passées sur le comportement se sont fourvoyées car au lieu de chercher comment faire entrer la nature dans l'animal, nous avons tenté de l'inventer dans l'animal. » Son expérience la plus célèbre consista à élever des chatons avec des rats, certains dès la naissance et d'autres plus tard. Kuo s'aperçut qu'un chaton élevé avec un rat dès son plus jeune âge tolère les rats en grandissant : non seulement il ne les attaque pas, mais il en fait des compagnons de jeu et développe même une forme d'attachement. Les travaux de Kuo furent interrompus par des événements politiques en Chine, qui l'ont forcé à fuir le pays. Ses théories ne furent connues en Occident qu'au moment où le béhaviorisme commençait à céder le pas à la psychologie cognitive. Mais l'idée d'un développement constant dénué de mécanismes innés exerça une certaine influence car il faisait le pendant à la psychologie de l'instinct développée par Konrad Lorenz. ■

Des relations amicales peuvent exister entre des animaux considérés traditionnellement comme ennemis : Kuo en déduisit qu'aucun « mécanisme inné » ne les pousse à se battre.

Voir aussi : Francis Galton 28-29 ▪ John B. Watson 66-71 ▪ Edward Tolman 72-73 ▪ Konrad Lorenz 77 ▪ B. F. Skinner 78-85

L'APPRENTISSAGE EST SIMPLEMENT IMPOSSIBLE

KARL LASHLEY (1890-1958)

CONTEXTE

APPROCHE
Neuropsychologie

AVANT
1861 L'anatomiste français Paul Broca localise la zone du cerveau responsable de la parole (aire de Broca).

Années 1880 L'histologiste espagnol Santiago Ramón y Cajal découvre que le système nerveux est constitué de cellules – appelées plus tard « neurones » par l'anatomiste allemand Heinrich Waldeyer.

APRÈS
1949 Donald Hebb décrit le principe d'apprentissage par association, qui augmente l'efficacité synaptique des neurones.

Depuis 1980 Les nouvelles techniques d'imagerie cérébrale – tomodensitométrie, IRM, TEMP, CT-scan, etc. – offrent la possibilité aux neuroscientifiques de cartographier les fonctions spécifiques du cerveau.

Le physiologiste américain Karl Lashley s'intéressait au fonctionnement du cerveau en phase d'apprentissage. Pavlov et les béhavioristes ayant suggéré que le conditionnement entraîne dans le cerveau des modifications d'ordre chimique ou électrique, Lashley voulut les identifier précisément.

Il chercha particulièrement à localiser les « engrammes », ou traces organiques de la mémoire dans le cerveau. Fidèle à la méthode béhavioriste, il enferma des rats dans un labyrinthe pour observer les processus d'apprentissage. Les rongeurs apprirent d'abord à trouver leur chemin pour obtenir une récompense alimentaire. Puis Lashley procéda à l'ablation de différentes régions de leur cortex cérébral. Les rats étaient ensuite replacés dans le labyrinthe, où leur mémoire et leurs capacités d'apprentissage étaient à nouveau testées.

> Nous n'avons pas suffisamment de cellules pour pouvoir disposer de mémoires particulières.
> **Karl Lashley**

Pas de place pour la mémoire

Lashley constata que les rats conservaient la mémoire de leur tâche quelle que soit la partie du cerveau amputée. Si leur capacité à apprendre et à retenir une nouvelle tâche était réduite, cette diminution n'était pas liée à l'emplacement mais à l'ampleur de la lésion cérébrale. Lashley en conclut que la mémoire ne s'imprime pas en un lieu particulier, mais se répartit uniformément dans tout le cortex. Chaque partie du cerveau forme donc un tout équipotentiel. Plusieurs dizaines d'années plus tard, Lashley avouait que l'expérience lui suggérait parfois que « la conclusion qui s'impose, c'est que l'apprentissage est simplement impossible ». ■

Voir aussi : John B. Watson 66-71 ▪ Donald Hebb 163 ▪ George Armitage Miller 168-173 ▪ Daniel Schacter 208-209 ▪ Roger Brown 237

L'EMPREINTE NE PEUT S'OUBLIER

KONRAD LORENZ (1903-1989)

CONTEXTE

APPROCHE
Éthologie

AVANT

1859 Le biologiste anglais Charles Darwin publie *De l'origine des espèces*, dans lequel il expose sa théorie de la sélection naturelle.

1898 Le biologiste allemand Oskar Heinroth, qui inspira Lorenz, décrit le phénomène d'« empreinte » ou « imprégnation » à partir du comportement des canards et des oies.

APRÈS

1959 Les expériences réalisées par le psychologue allemand Eckhard Hess montrent, avec l'empreinte, que ce dont on se souvient le mieux, c'est ce que l'on a appris en premier, alors que, dans l'apprentissage par association, c'est l'inverse.

1969 John Bowlby prétend que l'attachement des nouveau-nés à leur mère relève d'une prédisposition génétique.

Le zoologiste et médecin autrichien Konrad Lorenz fut l'un des pères fondateurs de l'éthologie – étude comparative du comportement des espèces animales dans leur milieu naturel. En observant les oies et canards de la résidence d'été familiale, à Altenberg, en Basse-Autriche, il remarqua que les jeunes oiseaux se lient à leur mère très tôt après l'éclosion, mais que, en l'absence de leur mère, ils pouvaient aussi former un lien similaire avec un parent de substitution. Ce phénomène, qu'il appela « empreinte », avait déjà été observé, mais Lorenz fut le premier à l'étudier de façon systématique. Il arriva même à se faire « adopter » par de jeunes oisons et canetons.

Lorenz découvrit que l'empreinte se différencie de l'apprentissage par le fait qu'elle ne se produit qu'à un stade spécifique du développement de l'animal, qu'il appela « période sensible ». Contrairement à l'apprentissage, c'est un phénomène rapide, qui fonctionne indépendamment du comportement, et semble irréversible : l'empreinte ne peut s'oublier.

Lorenz observa de nombreux autres comportements liés à une phase précise de la vie de l'animal, comme la parade nuptiale, qu'il appela « coordinations motrices héréditaires ». Celles-ci ne se manifestent que lorsqu'elles sont déclenchées par un stimulus spécifique lors d'une période sensible. Elles ne sont pas apprises, mais génétiquement programmées, et se sont donc maintenues au cours du processus de sélection naturelle. ■

Lorenz découvrit que les oies, comme tous les oiseaux, suivent et s'attachent au premier objet mobile qu'ils aperçoivent en sortant de l'œuf – ici des bottes en caoutchouc.

Voir aussi : Francis Galton 28-29 ▪ Ivan Pavlov 60-61 ▪ Edward Thorndike 62-65 ▪ Karl Lashley 76 ▪ John Bowlby 274-277

LE COMPORTEMENT EST FAÇONNÉ PAR LE RENFORCEMENT POSITIF OU NÉGATIF

B. F. SKINNER (1904-1990)

CONTEXTE

APPROCHE
Béhaviorisme radical

AVANT
1890 William James expose les théories du béhaviorisme dans *Principes de psychologie.*

Années 1890 Ivan Pavlov développe le concept de stimulus et réponse conditionnels.

1924 John B. Watson pose les fondations du mouvement béhavioriste moderne.

Années 1930 Zing-Yang Kuo affirme que le comportement se modifie continuellement au cours de la vie et que le soi-disant « inné » est influencé par l'« expérience » de l'embryon.

APRÈS
Années 1950 Le béhavioriste Joseph Wolpe expérimente la désensibilisation systématique pour traiter les phobies.

Années 1960 La théorie de l'apprentissage social d'Albert Bandura est influencée par le béhaviorisme radical.

Burrhus Frederic Skinner fut sans doute le psychologue le plus réputé et le plus influent de l'école béhavioriste. À défaut d'en être le pionnier, il développa les concepts et théories de ses prédécesseurs tels qu'Ivan Pavlov et John Watson en les soumettant à l'épreuve rigoureuse de l'expérimentation scientifique et arriva ainsi à une position passablement controversée : le « béhaviorisme radical ».

Skinner fut l'avocat idéal de la pensée béhavioriste. Non seulement ses arguments reposaient sur des résultats issus d'une méthodologie scientifique, mais ses expériences extrêmement innovantes, voire franchement insolites, suscitèrent une véritable fascination auprès du grand public. Amateur invétéré de gadgets, il ne reculait devant aucune publicité provocante. Mais derrière ses airs de savant fou se cachait un scientifique des plus sérieux, dont les travaux contribuèrent à débarrasser la psychologie de ses racines introspectives pour en faire une discipline scientifique à part entière.

Skinner, qui avait un temps caressé le rêve de devenir écrivain, tourna résolument le dos aux théories empreintes de philosophie des premiers psychologues. Les travaux de Pavlov et Watson sont ceux qui eurent le plus d'influence sur lui. Il envisageait la psychologie comme l'héritière d'une longue tradition scientifique, et tout ce qui n'était ni visible, ni mesurable, ni reproductible dans un cadre expérimental était pour lui dénué d'intérêt.

Pour Skinner, les processus psychiques étaient parfaitement subjectifs et dépourvus de toute existence en dehors de celle du corps, et il estimait que la seule méthode valable en psychologie

> L'idéal du béhaviorisme est d'éliminer les contraintes en les remplaçant par des modifications contrôlées de l'environnement.
> **B. F. Skinner**

B. F. Skinner

Né aux États-Unis à Susquehanna, en Pennsylvanie, Burrhus Frederic Skinner suivit des cours de littérature anglaise au Hamilton College de New York jusqu'en 1926. Influencé par les travaux d'Ivan Pavlov et de John B. Watson, il renonça à sa carrière littéraire pour intégrer l'université Harvard, où il obtint un doctorat de psychologie en 1931. Après avoir enseigné à Harvard et à l'université du Minnesota, Skinner devint directeur du laboratoire de psychologie de l'université d'Indiana, en 1945. En 1948, il retourna à Harvard et y poursuivit sa carrière jusqu'à la retraite, en 1974. Atteint d'une leucémie dans les années 1980, il continua à travailler et à écrire jusqu'au jour de sa mort, le 18 août 1990.

Ouvrages-clés

1938 *L'Analyse expérimentale du comportement*
1948 *Un essai utopique, « Walden Two »*
1953 *Science et comportement humain*
1957 *Le Comportement verbal*
1971 *Par-delà la liberté et la dignité*

Voir aussi: William James 38-45 ▪ Ivan Pavlov 60-61 ▪ John B. Watson 66-71 ▪ Zing-Yang Kuo 75 ▪ Joseph Wolpe 86-87 ▪ Albert Bandura 286-291 ▪ Noam Chomsky 294-297

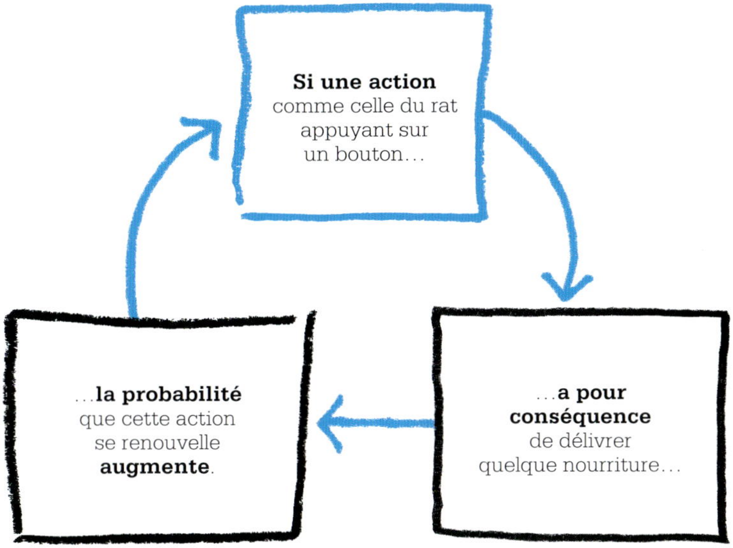

expérimentale consistait à observer les comportements, par opposition aux pensées, par nature invisibles.

Bien qu'il eût adhéré aux principes du béhaviorisme, Skinner se distinguait de ses prédécesseurs par son interprétation de la notion de conditionnement, notamment du principe de conditionnement classique décrit par Pavlov. Il admettait qu'une situation répétée peut provoquer une réponse conditionnelle mais estimait qu'il s'agissait là d'un cas particulier impliquant l'introduction délibérée et artificielle d'un stimulus conditionnel.

Il considérait que les conséquences d'une action ont plus de poids sur le façonnement du comportement que n'importe quel stimulus déclenché simultanément. Il conclut de ses expériences que le comportement découle principalement du résultat des actions. Comme beaucoup de grandes idées, cela peut sembler aller de soi, mais les conclusions de Skinner marquèrent néanmoins un tournant majeur dans la psychologie béhavioriste.

Les boîtes de Skinner

Alors qu'il était directeur de recherche à Harvard, Skinner procéda à une série d'expériences sur le rat en utilisant une invention qui fut plus tard appelée la « boîte de Skinner ». Cette boîte ressemblait à une cage munie à l'intérieur d'un levier : à chaque fois que le rat appuyait sur le levier, il recevait un granulé de nourriture. La fréquence de l'activation du levier était enregistrée de façon automatique.

Au début, le rat appuyait par accident ou par simple curiosité et obtenait ainsi une récompense sous forme de nourriture. Mais, avec le temps, il comprit le lien entre le levier et la nourriture et se mit à actionner le mécanisme de façon délibérée. En comparant les rats ayant reçu ce « renforcement positif » avec ceux qui étaient alimentés normalement, Skinner constata que le comportement du rat se modifiait lorsqu'il comprenait que l'obtention de nourriture était une conséquence de son action.

Il en conclut que les animaux sont conditionnés par les réponses à leurs actions et par leur environnement. Quand les rats explorent le milieu qui les entoure, certaines de leurs actions ont une conséquence positive – Skinner évitait soigneusement de parler de « récompense » pour ne pas suggérer de prime à la « bonne action » – qui les encourage à reproduire ce comportement. Pour reprendre les termes de Skinner, un « organisme » opère sur son environnement et rencontre un stimulus – le granulé – qui renforce

La boîte de Skinner, dispositif ingénieux conçu par le psychologue, lui donnait le contrôle total sur l'environnement des animaux dont il observait le comportement.

Le renforcement positif peut stimuler certains schémas de comportement, comme le démontra Skinner en plaçant un rat dans l'une de ses boîtes équipée d'un levier. Des boulettes de nourriture tombaient dans la boîte chaque fois que l'animal appuyait sur le levier, ce qui l'encourageait à recommencer encore et encore.

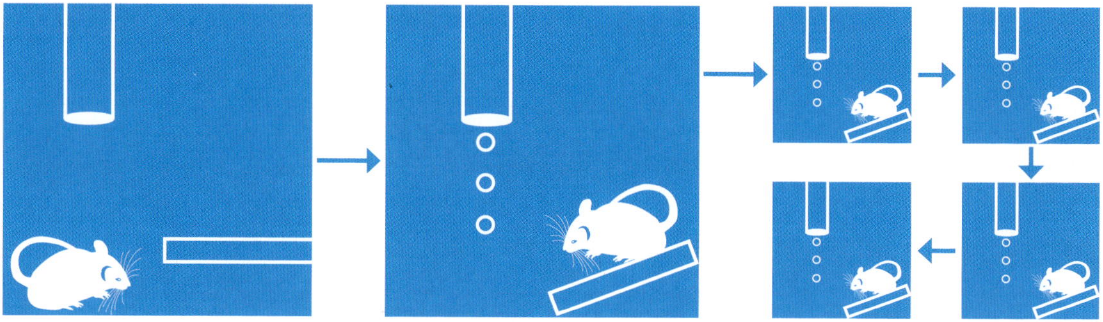

son comportement opérant – le fait d'appuyer sur le levier. Pour souligner la distinction avec le conditionnement classique, Skinner inventa le terme de « conditionnement opérant ». La grande différence entre les deux, c'est que le conditionnement opérant ne dépend pas de ce qui précède l'action – le stimulus –, mais de ce qui la suit – la conséquence. C'est aussi un processus à double sens : le comportement agit sur l'environnement tout comme l'environnement agit sur le comportement.

Durant l'expérience de Skinner, les granulés vinrent à manquer. Le savant modifia donc le rythme auquel la nourriture était distribuée aux rats. Certains ne recevaient plus leur granulé qu'après avoir appuyé sur le levier plusieurs fois de suite, d'autres le recevaient à intervalle fixe ou de manière aléatoire. Ces variations confirmèrent les premières observations de Skinner mais conduisirent aussi à une autre découverte : si un stimulus renforçant accroît la probabilité qu'un comportement se reproduise, l'arrêt de ce stimulus réduit aussi les chances de voir ce comportement se renouveler.

Skinner poursuivit ses expériences, introduisant à chaque fois un nouvel élément de complexité : il chercha par exemple à déterminer si les rats étaient capables de distinguer et de répondre à des variations dans le rythme de distribution des granulés. Comme il s'en doutait, les animaux s'adaptaient très rapidement.

Le renforcement négatif

Dans les expériences qui suivirent, Skinner électrifia le fond de ses boîtes pour que l'activation du mécanisme soumette le rat à une décharge électrique douloureuse. Le but était alors d'étudier l'effet d'un renforcement négatif sur le comportement. De même qu'il avait jusque-là évité le mot de « récompense », Skinner prit soin de ne pas parler de « punition » pour désigner ces décharges : un distinguo très important au vu des débouchés de ses recherches.

Le renforcement négatif n'était pas un concept neuf en psychologie. Dès 1890, William James écrivait dans ses *Principes de psychologie* : « La vue d'un animal détermine chez l'enfant les tendances contradictoires à le fuir et à le caresser ; mais si un enfant, caressant pour la première fois un chien, s'en voit happé ou mordu, c'est l'instinct de la crainte qui s'éveillera et se fortifiera en lui, si bien qu'il sera des années peut-être sans éprouver de nouveau l'envie de

Tout comme le gain accélère le rythme auquel un joueur se livre à sa passion, les rats de Skinner modifiaient leur comportement en fonction du rythme auquel ils étaient nourris.

caresser un chien. » Skinner ne fit qu'étayer ce principe par l'expérimentation scientifique.

Le renforcement positif

Comme il s'y attendait sans doute, Skinner constata qu'un comportement entraînant une conséquence déplaisante – ici, une décharge électrique – tend à s'affaiblir. Il modifia à nouveau le dispositif de son expérience en donnant aux rats la possibilité de couper le circuit électrique en appuyant sur un bouton. Il avait ainsi créé un renforcement positif issu de la suppression d'un stimulus négatif. Les résultats confirmèrent la théorie de Skinner : si un comportement entraîne la suppression d'un stimulus négatif, il a tendance à s'intensifier.

Mais ces expériences révélèrent aussi une distinction intéressante entre les comportements appris par renforcement positif et ceux résultant de stimuli négatifs. Les rats répondaient mieux et plus rapidement aux stimuli positifs – ou à la suppression des stimuli négatifs – qu'aux stimuli négatifs. Tout en continuant d'éviter les notions de « récompense » et de « punition », Skinner en conclut que le renforcement positif était nettement plus efficace pour façonner le comportement. Il en arriva même à penser que le renforcement négatif pouvait se révéler contre-productif : le sujet continuait à chercher une réponse positive à un comportement spécifique, même s'il obtenait le plus souvent une réponse négative.

On devine les implications dans certains domaines du comportement humain, notamment les mesures disciplinaires dans l'éducation. Si un petit garçon se fait systématiquement gronder pour une chose qui lui procure un certain plaisir – se mettre les doigts dans le nez, par exemple –, il y a de fortes chances qu'il évite de le faire en présence d'adultes. Il modifiera donc son comportement, mais uniquement dans la mesure où cela lui permet d'éviter une réprimande. Skinner lui-même estimait qu'aucune forme de punition n'était efficace pour contrôler le comportement des enfants.

Prédispositions génétiques

Ce façonnement du comportement par conditionnement opérant présente un parallèle frappant avec la théorie de Darwin sur la sélection naturelle, d'après laquelle seuls les organismes adaptés génétiquement à un environnement donné peuvent y survivre et assurer la reproduction de leur espèce. Or, la probabilité qu'un rat agisse de façon à déclencher un stimulus qui provoquera le processus de conditionnement opérant dépend de son degré de curiosité et d'intelligence, deux facteurs déterminés par son patrimoine génétique. C'est cette combinaison de prédisposition et de conditionnement qui poussa Skinner à conclure que « le comportement d'un individu dépend de ses antécédents génétiques et environnementaux », une idée qu'il approfondit dans *The Selection by Consequences*, un article qu'il publia en 1981 dans la revue *Science*.

Les expériences de Skinner sur les pigeons, nourris après avoir accompli une tâche, prouvèrent que le renforcement positif accélère l'apprentissage de nouveaux comportements.

En 1936, Skinner entra à l'université du Minnesota, où il continua à approfondir ses recherches sur le conditionnement opérant et à explorer les applications pratiques de ses concepts en utilisant des pigeons au lieu de rats. Cette espèce lui permit de concevoir des protocoles de plus en plus sophistiqués. Utilisant ce qu'il appela la « méthode par approximations successives », il parvint à provoquer et étudier des schèmes de comportements encore plus complexes.

Skinner offrit aux pigeons un renforcement positif pour tout comportement similaire à celui qu'il essayait de provoquer. Si le but était d'entraîner un pigeon à voler en rond dans le sens des aiguilles d'une montre, il distribuait une portion de nourriture pour tout mouvement exécuté vers la droite, quelle que fût son ampleur. Une fois établi ce comportement, il passait à un critère plus restrictif et, d'étape en étape, le pigeon finissait par voler en rond dans le sens voulu pour continuer à recevoir de la nourriture.

Applications pédagogiques

Les travaux de Skinner le conduisirent à s'interroger sur les méthodes éducatives en vigueur dans les écoles. Dans les années 1950, alors que ses propres enfants étaient scolarisés, une pratique courante consistait à donner des devoirs complexes, en plusieurs étapes, et ce n'est qu'une fois que l'enseignant avait corrigé et noté le travail dans sa globalité que l'élève obtenait ses premières réponses : une démarche contraire aux enseignements de Skinner sur le processus d'apprentissage et qui, selon lui, freinait les progrès. Il élabora donc un programme éducatif beaucoup plus interactif et progressif, qui fut plus tard incorporé à plusieurs méthodes pédagogiques. Skinner inventa aussi une « machine à apprendre », qui encourageait l'élève à chaque bonne réponse plutôt que d'attendre la fin du questionnaire. Celle-ci fut loin de faire l'unanimité en son temps, mais les principes qu'elle tentait de mettre en œuvre refirent surface plusieurs dizaines d'années plus tard dans les programmes d'autoformation assistée par ordinateur.

Nombre d'inventions de Skinner se heurtèrent à l'incompréhension de ses contemporains et lui valurent une réputation de savant excentrique : son « baby-tender », par exemple, était une sorte de couveuse améliorée, conçue pour maintenir le nourrisson dans un environnement climatisé et dont l'air était filtré. Le public y vit une variante des boîtes utilisées pour l'expérimentation animale et la presse parla de « conditionneur de progéniture ». Skinner fut même soupçonné de se livrer à des expériences sur ses propres enfants. Sa couveuse lui attira pourtant une importante publicité – dont il semblait assez friand au demeurant.

L'effort de guerre

Une autre invention de Skinner, le « projet Pigeon », suscita un mélange de scepticisme et de raillerie : cette application pratique de ses travaux sur le pigeon prétendait être, en 1944, une contribution à l'effort de guerre. Les systèmes de guidage de missile n'ayant pas encore été inventés, Skinner conçut un dispositif monté à l'avant d'une bombe et contenant trois pigeons capables d'en orienter la trajectoire. Les volatiles avaient été dressés par conditionnement opérant pour agir à coups de bec à la vue d'une cible ennemie. L'image était projetée à l'intérieur du cône grâce à une lentille, et les coups de bec influaient sur la trajectoire du missile. L'armée américaine prit le projet très au sérieux et contribua même à son financement, mais le système ne fut jamais utilisé au combat, et l'on soupçonna Skinner, ce grand passionné de gadgets, de s'intéresser plus aux inventions qu'à leurs applications. Quand on lui demanda s'il trouvait juste de faire faire la guerre à des animaux, il répondit qu'il était injuste de la faire faire à des hommes…

Professeur à Harvard, Skinner développa les implications de ses

> L'objection aux états mentaux n'est pas qu'ils n'existent pas, mais qu'ils ne sont pas pertinents dans une analyse fonctionnelle.
> **B. F. Skinner**

Pour stimuler la vitesse à laquelle les enfants apprennent, il est préférable de les encourager régulièrement et fréquemment au cours d'un travail plutôt que de les récompenser à la fin.

découvertes dans de nombreux articles et ouvrages. Son roman d'anticipation *Walden Two* (1948) décrit une société utopique reposant sur des comportements appris par conditionnement opérant. Mais l'idée d'un contrôle social par le renforcement positif suscita la controverse, et les critiques virent dans cet essai anodin une apologie du totalitarisme. La virulence des réactions s'explique par le climat politique tendu régnant au lendemain de la Seconde Guerre mondiale.

Le béhaviorisme radical

Skinner resta fidèle à la démarche béhavioriste et inventa le terme de «béhaviorisme radical» pour désigner la branche de la psychologie qu'il représentait. Sans nier l'existence des processus et des états psychiques, il estimait que la psychologie devait rester cantonnée à l'étude des réponses physiologiques au milieu et à l'environnement.

Dans son livre *Par-delà la liberté et la dignité*, Skinner poussa encore plus loin le concept d'influence sur le comportement en ressuscitant le débat philosophique entre libre arbitre et déterminisme. Pour un béhavioriste radical comme lui, le libre arbitre n'était qu'illusion : notre comportement et notre vie tout entière sont entièrement soumis à la sélection par les conséquences. Tenter d'échapper à cette notion était une entreprise vouée à l'échec : «Quand le Satan de Milton est déchu du Ciel, il atterrit en Enfer. Et que dit-il pour se rassurer ? Enfin libre ! Il me semble que c'est là le destin du libéral à l'ancienne : il sera libre, certes, mais se retrouvera en Enfer.»

C'est à ce genre de points de vue que Skinner dut sa notoriété en même temps que ses critiques les plus acerbes. L'application des théories béhavioristes à la didactique des langues, dans le *Comportement verbal* (1957), lui valut une volée de bois vert de la part de Noam Chomsky, souvent considéré comme le père de la «révolution cognitive».

Certaines des critiques faites à l'encontre des travaux de Skinner résultaient toutefois d'un malentendu sur les principes du conditionnement opérant. Le béhaviorisme radical fut en effet souvent associé, à tort, au mouvement philosophique européen du positivisme logique, qui considère que le langage et la pensée n'ont de sens que s'ils peuvent être vérifiés par les faits objectifs. En réalité, il est beaucoup plus proche du pragmatisme américain, qui mesure l'importance ou la valeur des actes à leurs conséquences. Une autre erreur consiste à croire que le béhaviorisme radical nous présente tous les êtres vivants comme les objets passifs de leur conditionnement, alors que Skinner faisait du conditionnement opérant un processus à double sens, dans lequel un organisme agit sur son environnement autant que celui-ci lui dicte en retour son comportement futur.

> Skinner a un amour illimité pour l'idée qu'il n'y a ni individus, ni agents : il n'y a que des organismes.
> **Thomas Szasz**

Dans les années 1960, la psychologie délaissa l'étude du comportement pour se tourner vers les processus psychiques, et les idées de Skinner tombèrent dans l'oubli ou le discrédit. Le béhaviorisme fut toutefois rapidement réhabilité, et les travaux de Skinner suscitèrent l'intérêt de divers spécialistes de la psychologie appliquée, pédagogues et cliniciens plus particulièrement. La psychothérapie cognitivo-comportementale lui doit beaucoup. ■

Le conditionnement classique crée une réponse comportementale automatique à un stimulus neutre : ici, la sonnerie d'une cloche annonçant l'arrivée de nourriture provoque la salivation.

Le conditionnement opérant augmente la probabilité de renouveler un comportement par renforcement positif : ainsi, le maniement d'un levier provoque l'arrivée de nourriture.

CESSEZ D'IMAGINER LA SCÈNE ET DÉTENDEZ-VOUS !

JOSEPH WOLPE (1915-1997)

CONTEXTE

APPROCHE
Inhibition réciproque

AVANT
1906 Ivan Pavlov publie les premières études sur les techniques de stimulus-réponse, qui montrent que le comportement peut être appris par conditionnement.

1913 Avec *Point de vue d'un béhavioriste sur la psychologie*, John B. Watson établit les principes fondamentaux de la psychologie comportementale.

1920 L'expérience du « petit Albert » de Watson prouve que les émotions peuvent être conditionnées classiquement.

1938 Avec *L'Analyse expérimentale du comportement*, B. F. Skinner présente ses théories sur les liens unissant le comportement humain à la biologie et à l'environnement.

APRÈS
1961 Wolpe introduit le concept de désensibilisation systématique.

D'après Pavlov et Watson, il est possible **d'apprendre une réponse émotionnelle** à un stimulus particulier.

↓

Il doit donc être possible de **désapprendre cette réponse** au stimulus.

On ne peut éprouver **deux émotions opposées** en même temps.

↓

Si quelqu'un est **détendu**, il ne peut se sentir en même temps **anxieux**.

↓

Si la **relaxation profonde** est la réponse conditionnée apprise pour répondre à un **objet redouté**, aucune anxiété ne peut être ressentie simultanément.

Pendant la majeure partie de la première moitié du XXe siècle, la psychothérapie fut dominée par la psychanalyse freudienne, selon laquelle les angoisses résultent d'un conflit au plus profond de l'inconscient. Ce conflit ne peut se résoudre que par un long travail d'introspection, portant à la fois sur les pensées, conscientes et inconscientes, et les expériences qui les sous-tendent. Mais le psychiatre sud-africain Joseph Wolpe, qui avait traité des soldats atteints de syndrome post-traumatique – on parlait à l'époque de « névrose de guerre » – pendant la Seconde Guerre mondiale, conclut à l'inefficacité de cette forme de psychothérapie chez ses patients. Le fait de parler des événements vécus

Voir aussi: Ivan Pavlov 60-61 ▪ John B. Watson 66-71 ▪ B. F. Skinner 78-85 ▪ Aaron Beck 174-77 ▪ W. H. R. Rivers 334

> Le comportement dépend des chemins suivis par l'excitation neurale.
> **Joseph Wolpe**

ne permettait pas à ces hommes de dépasser leur traumatisme d'origine et ne réduisait pas leurs angoisses.

Désapprendre la peur

Wolpe était convaincu qu'il existait une méthode plus simple et plus rapide pour traiter ce problème de profonde anxiété. Il connaissait les travaux des premiers béhavioristes tels que Pavlov et Watson, qui étaient parvenus à inculquer de nouveaux comportements à des animaux ou à des enfants par conditionnement classique et avaient réussi à rendre automatique une réponse émotionnelle à un objet ou à une situation. Si les comportements pouvaient s'apprendre ainsi, ils devaient pouvoir aussi se désapprendre, pensait Wolpe, qui cherchait à soigner les victimes psychologiques de la guerre.

Ayant constaté qu'un être humain ne peut éprouver deux émotions contraires simultanément – ressentir une profonde anxiété tout en étant parfaitement relaxé, par exemple –, Wolpe entreprit d'enseigner à ses patients des techniques de relaxation profonde, qu'il associa ensuite à l'exposition simultanée à divers stimuli générateurs d'angoisse. Cette technique fut appelée l'« inhibition réciproque ».

Les patients devaient imaginer l'objet ou la situation qui les perturbait : si l'angoisse commençait à pointer, Wolpe leur demandait d'arrêter d'imaginer la scène et de se relaxer. Cette démarche aboutit progressivement à un refoulement de la peur. De même que le patient avait été précédemment conditionné par ses propres expériences pour éprouver de l'angoisse quand il se remémorait certains événements difficiles, de même il était désormais conditionné – et ce, en un temps très court – pour refouler cette réponse en se concentrant sur une sensation diamétralement opposée : la relaxation.

L'inhibition réciproque de Wolpe reconditionnait le cerveau en se concentrant exclusivement sur les symptômes et le comportement, c'est-à-dire sans analyser le passé de l'individu. La technique s'avéra rapide et efficace, si bien qu'elle déboucha sur de nouvelles applications dans le domaine des thérapies comportementales. Wolpe l'utilisa par exemple pour élaborer un programme de désensibilisation systématique dans le traitement des phobies, comme la peur des souris ou de l'avion, qui est encore utilisé de nos jours. ■

Les phobies comme la peur des souris furent guéries par les méthodes inspirées de l'inhibition réciproque de Wolpe, associant la relaxation profonde à l'exposition à l'objet redouté.

Joseph Wolpe

Né à Johannesburg, en Afrique du Sud, Joseph Wolpe étudia la médecine à l'université de Witwatersrand, puis s'engagea dans l'armée sud-africaine pour y traiter les névroses de guerre. Revenu à Johannesburg pour développer ses techniques de désensibilisation, il fut critiqué par le milieu psychanalytique lui reprochant de traiter les névroses sans avoir identifié leurs causes. En 1960, Wolpe s'installa aux États-Unis et opta pour la nationalité américaine. Il enseigna d'abord la psychiatrie à l'université de Virginie, puis, de 1965 à 1988, à la Temple University Medical School de Philadelphie, où il créa un institut de thérapie comportementale renommé. Retraité en Californie, Wolpe resta actif jusqu'à sa mort, à quatre-vingt-deux ans.

Ouvrages-clés

1958 *Psychothérapie par inhibition réciproque*
1969 *Pratique de la thérapie comportementale*
1988 *Vivre sans peur*

LA PSYCHO

L'INCONSCIENT DÉTERMINE LE COMPORTEMENT

HÉRAPIE

1895

Sigmund Freud et Josef Breuer publient *Études sur l'hystérie*.

1900

Sigmund Freud introduit les concepts clés de la **psychanalyse** dans *L'Interprétation des rêves*.

1921

Dans son ouvrage, *Les Types psychologiques*, Carl Jung introduit les termes **« introverti »** et **« extraverti »**.

1930

Alfred Adler est reconnu comme le fondateur de la psychologie individuelle suite à la publication de *Pratique et théorie de la psychologie individuelle comparée*.

1936

Anna Freud publie *Le Moi et les mécanismes de défense*.

1937

Publication de la communication de **Jacques Lacan,** *Le Stade du miroir,* au 14e Congrès psychanalytique international.

1941

Suite à ses divergences avec les positions freudiennes, Karen Horney fonde l'**American Institute for Psychoanalysis**.

1941

Erich Fromm écrit l'un des ouvrages fondateurs de la psychologie humaniste, *La Peur de la liberté*.

Tandis que le béhaviorisme s'imposait comme le courant dominant aux États-Unis au début du xxe siècle, les psychologues européens empruntaient une autre voie. Ils le durent pour beaucoup aux travaux de Sigmund Freud, dont les théories privilégiaient le traitement des psychopathologies à l'étude des processus mentaux et du comportement. À la différence du béhaviorisme, le freudisme reposait sur l'observation et l'étude de cas plutôt que sur l'expérimentation.

Témoin des travaux du neurologue français Jean-Martin Charcot, Freud avait été fortement impressionné par son recours à l'hypnose pour traiter l'hystérie. Son expérience parisienne le convainquit de l'importance de l'inconscient, domaine de la pensée dans lequel Freud voyait la clé de nos comportements. Le dialogue avec le thérapeute permettait, pensait-il, d'accéder à l'inconscient du patient pour en faire ressurgir les souvenirs douloureux et enfouis, l'aider à les interpréter et par là le libérer de ses symptômes.

Nouvelles psychothérapies

Les idées de Freud se répandirent à travers l'Europe et aux États-Unis. Un cercle se constitua autour de la Société psychanalytique de Vienne, comprenant Alfred Adler et Carl Jung, qui, bientôt, se distancièrent de la doxa freudienne et développèrent leurs propres approches psychodynamiques. D'autres psychanalystes célèbres, comme Melanie Klein ou Karen Horney, et jusqu'à la propre fille de Sigmund, Anna Freud, prirent à leur tour leurs distances avec l'héritage freudien. Malgré ces différences d'opinion, la génération suivante de psychanalystes adapta plus qu'elle ne rejeta les grands principes du freudisme, et les théories qui suivirent se contentèrent d'en déplacer le centre : Erik Erikson, par exemple, adopta une démarche plus sociale et développementale, alors que Jung étendit le principe de l'inconscient à la collectivité humaine.

Durant la première moitié du xxe siècle, la psychanalyse, qui, sous ses diverses formes, constituait la principale alternative au béhaviorisme, ne connut aucune remise en question sérieuse. La psychothérapie freudienne était encore largement pratiquée dans les années 1950, notamment en France par Jacques Lacan et ses adeptes, mais de nouvelles thérapies apparurent, qui cherchaient à transformer profondément la vie des patients : la méthode quelque peu éclectique de la gestalt-thérapie fut

1942

Dans *La Relation d'aide et la Psychothérapie,* Carl Rogers développe sa théorie de la **thérapie centrée sur la personne.**

1946

Après sa libération d'Auschwitz, Viktor Frankl écrit *Man's Search for Meaning*, dans lequel il traite de la nécessité de **trouver un sens à la souffrance**.

1954

Abraham Maslow définit le concept d'**auto-réalisation** dans *Devenir le meilleur de soi-même.*

1955

Melanie Klein publie un article controversé, *Envie et gratitude*, affirmant la présence innée de la **« pulsion de mort »**.

1959

R. D. Laing tente de décrire la structure de l'**expérience schizophrénique** dans *Le Moi Divisé.*

1961

Albert Ellis expose la **thérapie rationnelle émotive** dans son *Guide to Rational Living.*

1964

Considérée comme la mère de la **thérapie familiale**, Virginia Satir publie *Thérapie du couple et de la famille.*

1967

La **psychologie existentialiste** émerge en Amérique avec la publication d'*Existence* de Rollo May.

développée par les époux Perls et Paul Goodman, tandis que l'existentialisme inspira des psychologues tels que Viktor Frankl et Erich Fromm, qui donnèrent à la psychothérapie un tour plus social et politique.

Plus important encore, un groupe de psychologues américains désireux d'humaniser leur discipline se réunit à la fin des années 1950 pour former une association surnommée la «troisième force», qui se donnait pour mission d'explorer des thèmes tels que la réalisation de soi, la créativité et la liberté individuelle. Ses fondateurs, notamment Abraham Maslow, Carl Rogers et Rollo May, insistaient autant sur l'importance de la santé psychique que sur le traitement des troubles mentaux. Mais la principale menace qui plana à l'époque sur l'héritage freudien fut celle des cognitivistes, qui mirent le doigt sur l'absence de preuves tangibles en faveur de la psychanalyse, tant d'un point de vue théorique que pratique. La psychologie cognitive s'attachait au contraire à formuler des théories étayées par des faits pour élaborer des pratiques cliniques efficaces.

La psychothérapie cognitive

Les cognitivistes reprochaient donc à la psychanalyse son caractère ascientifique et l'absence de preuves de ses théories. L'un des principaux concepts de l'analyse freudienne, le refoulement de la mémoire, fut ainsi remis en question par Paul Watzlawick, tandis qu'Elizabeth Loftus démontra qu'un souvenir pouvait être erroné. La psychologie cognitive proposa des formes de thérapies fondées sur les faits, comme la thérapie rationnelle émotive d'Albert Ellis ou la thérapie cognitive d'Aaron Beck. L'accent mis par Freud sur l'enfance et l'itinéraire du patient inspira fortement la psychologie développementale et sociale et, à la fin du xxe siècle, des psychothérapeutes comme Guy Corneau, Virginia Satir ou Donald Winnicott travaillèrent sur l'environnement familial, tandis que d'autres comme Timothy Leary et Dorothy Rowe étudiaient les pressions sociales.

Les principes fondateurs de Freud ont souvent été remis en cause au fil du temps, mais le passage de la psychanalyse à la thérapie cognitive et à la psychothérapie humaniste a permis une spectaculaire amélioration de la prise en charge des troubles de la santé mentale tout en fournissant un modèle pour étudier l'inconscient, les pulsions et les comportements. ■

L'INCONSCIENT EST LA VÉRITABLE RÉALITÉ PSYCHIQUE

SIGMUND FREUD (1856-1939)

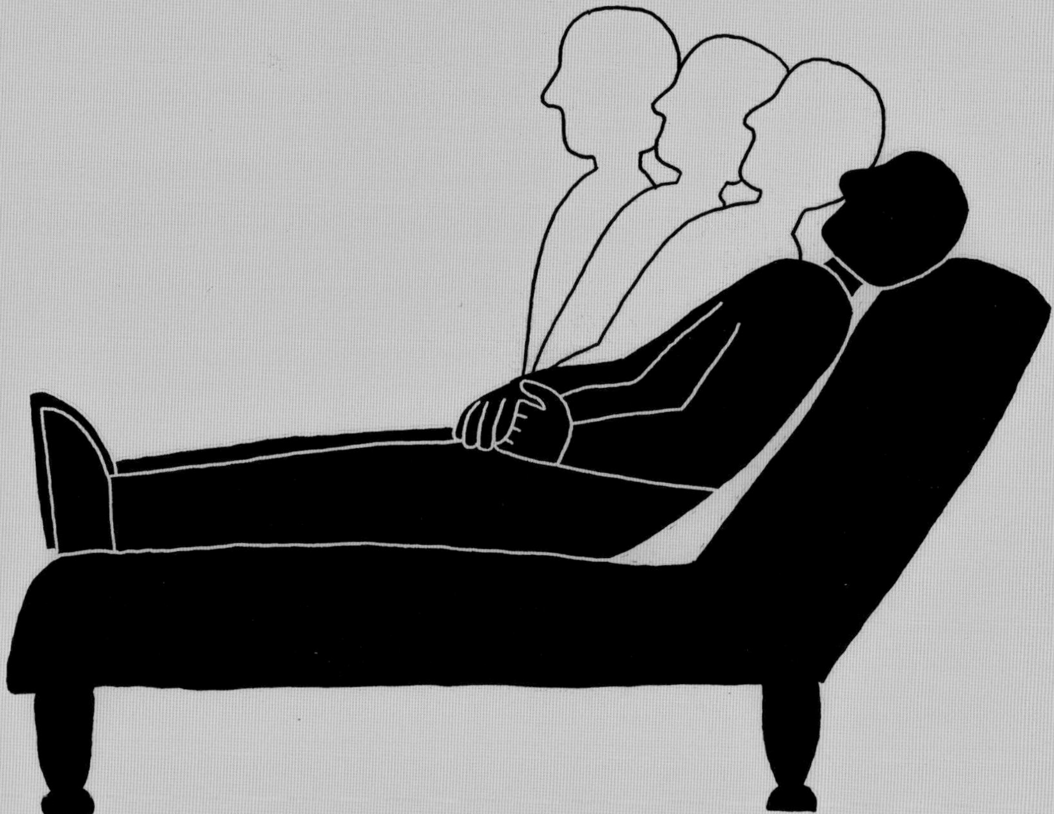

CONTEXTE

APPROCHE
Psychanalyse

AVANT
1500-500 AV. J.-C. Les *veda* hindous évoquent la conscience comme un « champ abstrait, silencieux, complètement unifié ».

1567 Le médecin suisse Paracelse donne la première description clinique de l'inconscient.

Années 1880 Le neurologue français Jean-Martin Charcot utilise l'hypnose pour traiter l'hystérie et autres maladies mentales.

APRÈS
1913 John B. Watson critique les idées sur l'inconscient de Freud parce qu'elles ne sont ni scientifiques, ni vérifiables.

1944 Carl Jung affirme que la présence d'archétypes universels prouve l'existence de l'inconscient.

L'inconscient est l'un des concepts les plus singuliers de la psychologie : le mot désigne une partie du psychisme supposée contenir l'ensemble de nos perceptions de la réalité, mais située au-delà de notre conscience et donc hors de contrôle. C'est l'endroit où sont stockés tous nos souvenirs, nos pensées et sentiments. Cette notion fascina particulièrement le neurologue et psychiatre autrichien Sigmund Freud, qui chercha à expliquer certains phénomènes semblant situés au-delà des frontières de la psychologie de son temps. Les savants qui avaient entrepris d'étudier l'inconscient redoutaient d'y trouver une boîte de Pandore emplie de visions terrifiantes ou incompréhensibles. Freud fit un travail de pionnier et décrivit un esprit structuré en trois instances : conscient, inconscient et préconscient. Il popularisa le concept d'inconscient en tant que partie du psychisme définissant et expliquant le mécanisme sous-jacent à notre faculté de penser et de percevoir le monde.

Hypnose et hystérie

Freud avait découvert le monde de l'inconscient en 1885 grâce aux travaux du neurologue français Jean-Martin Charcot, qui semblait parvenir à guérir les troubles mentaux de ses patients en recourant à l'hypnose. Charcot considérait l'hystérie comme une affection neurologique provoquée par des anomalies du système nerveux, et cette idée ouvrait de nombreuses possibilités de traitement. Freud rentra à Vienne impatient de mettre ce savoir en application. Il ne lui restait plus qu'à inventer une méthode.

C'est alors qu'il fit la connaissance de Joseph Breuer, médecin viennois réputé, qui avait constaté qu'il arrivait à réduire fortement la sévérité des symptômes de l'une de ses patientes atteintes de troubles mentaux en lui demandant simplement de lui décrire ses fantasmes et hallucinations. Breuer commença à utiliser l'hypnose pour lui faciliter l'accès au souvenir d'un événement traumatique et obtint des résultats satisfaisants au bout de quelques séances bihebdomadaires. Le médecin en conclut que ces symptômes étaient le résultat de souvenirs enfouis dans l'esprit inconscient de la patiente et que le fait de les exprimer par la parole les avait fait accéder à la conscience pour se dissiper ensuite. Anna O. venait d'être la première patiente traitée par une psychothérapie intensive.

Anna O – pseudonyme de Bertha Pappenheim – souffrait de paralysie et d'hystérie. Elle fut traitée à partir de 1880 par Josef Breuer à l'aide de ce qu'elle appela elle-même la *talking cure*.

Breuer se lia d'amitié avec Freud et les deux hommes travaillèrent de conserve pour populariser une méthode de traitement psychologique reposant sur l'idée qu'un grand nombre de troubles mentaux – peurs irrationnelles, angoisse, hystérie, paralysie et douleurs imaginaires ainsi que certains types de paranoïa – résultaient de traumatismes passés subsistant de façon cachée et inaccessible à la conscience. La technique de Freud et Breuer, que les deux hommes décrivirent dans *Études sur l'hystérie* (1895), était censée libérer la mémoire refoulée dans l'inconscient et permettre au patient de se rappeler des événements douloureux pour s'y confronter, tant d'un point de vue émotionnel qu'intellectuel. Les émotions prisonnières de l'inconscient étaient libérées et les symptômes disparaissaient. Mais Breuer refusa de suivre Freud sur le terrain de la sexualité en tant

Voir aussi : Johann Friedrich Herbart 24-25 ▪ Jean-Martin Charcot 30 ▪ Carl Jung 102-107 ▪ Melanie Klein 108-109 ▪ Anna Freud 111 ▪ Jacques Lacan 122-23 ▪ Paul Watzlawick 149 ▪ Aaron Beck 174-175 ▪ Elizabeth Loftus 202-207

qu'origine et contenu des névroses – troubles mentaux causés par un conflit psychologique –, et les deux hommes virent leurs chemins se séparer. Freud continua de travailler seul sur les principes et les techniques de la psychanalyse.

La conscience au quotidien

La réalité de la conscience peut sembler aller de soi et l'on est facilement – naïvement aussi – tenté de croire que la somme de nos pensées, sensations, souvenirs et perceptions constitue notre psychisme dans sa totalité. Freud nous dit au contraire que l'état actif de conscience – c'est-à-dire l'esprit opérationnel dont nous sommes directement conscients au quotidien – ne représente que la partie émergée de l'iceberg des forces à l'œuvre dans notre univers psychique. Le conscient existe à un niveau auquel nous accédons facilement et immédiatement. Mais, en dessous de cette strate superficielle, s'étend l'univers mystérieux de l'inconscient, à la fois entrepôt et poste de commande de notre état cognitif actif et de nos comportements. Le conscient ne serait, en somme, qu'un pantin aux mains de l'inconscient, une fine couche flottant à la surface d'un océan profond et ténébreux.

L'inconscient étant extrêmement vaste, nous dit Freud, il englobe les sphères inférieures du conscient et une zone intermédiaire qu'il appelle le « préconscient ». Tout ce que nous connaissons ou savons de façon active a d'abord été inconscient. Mais tout ne s'élève pas au niveau de la conscience, et une grande partie de ce qui plonge dans l'inconscient est vouée à y rester. Les souvenirs qui ne font pas partie de notre mémoire quotidienne, sans pour autant avoir été refoulés, résident dans la zone de l'esprit que Freud appelle le préconscient et peuvent être mobilisés dans la conscience à tout moment.

> Des poètes et des philosophes avant moi ont découvert l'inconscient ; ce que j'ai découvert, c'est la méthode scientifique grâce à laquelle on peut l'étudier.
> **Sigmund Freud**

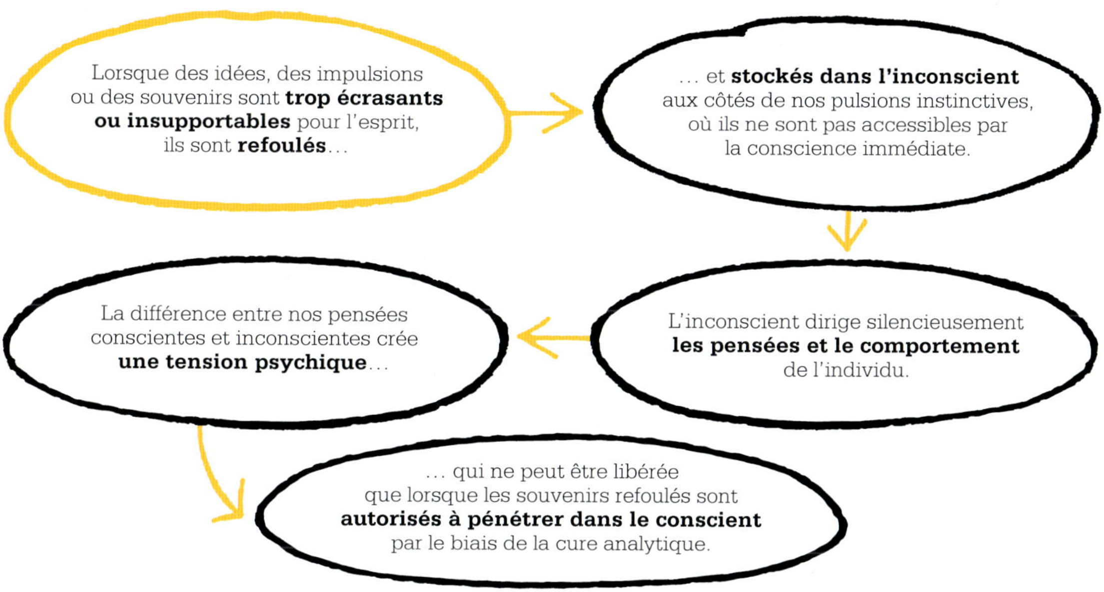

> L'esprit est comme un iceberg, flottant avec un septième de son volume émergé.
> **Sigmund Freud**

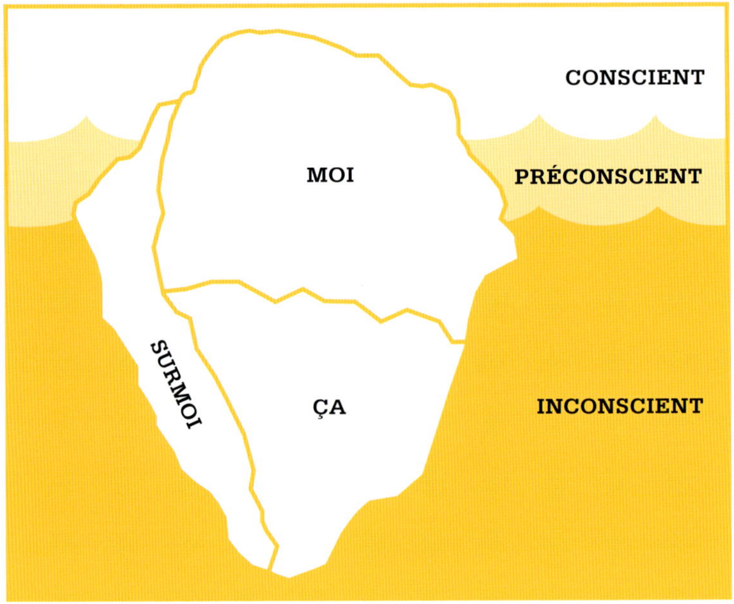

Notre psyché ressemble, selon Freud, à un iceberg, où la zone des pulsions primitives, le ça, est cachée dans l'inconscient. Le moi traite avec les pensées conscientes et régule à la fois le ça et le surmoi – l'instance qui critique et qui juge.

L'inconscient fait office de réceptacle pour les idées ou souvenirs trop puissants, douloureux ou difficiles à « digérer » par l'esprit conscient. Freud estimait que, quand certaines idées ou souvenirs – et les émotions qu'ils suscitent – menacent de submerger la psyché, ils sont arrachés à la mémoire accessible par l'esprit conscient et plongent dans les ténèbres de l'inconscient.

La pensée dynamique

Freud fut aussi influencé par Ernst Brücke, l'un des fondateurs de la « nouvelle physiologie » au XIXe siècle, qui cherchait des explications mécaniques à tous les phénomènes organiques. Brücke affirmait qu'à l'instar de tout autre organisme vivant, l'être humain est un « système d'énergie » soumis au principe de conservation. Cette loi stipule que la quantité totale d'énergie d'un système reste constante à long terme et ne peut être détruite, mais seulement transférée ou transformée. Freud reprit cette théorie en introduisant l'idée d'une énergie psychique : celle-ci pouvait être soumise à des changements, transmise ou convertie, mais jamais anéantie. Ainsi, si l'une de nos pensées paraît inacceptable à notre esprit conscient, elle est plongée dans l'inconscient, dans un mouvement que Freud appela le refoulement. Il est possible de refouler le souvenir d'un traumatisme d'enfance, comme un mauvais traitement ou la vue d'un accident, un désir allant à l'encontre de ses principes – convoiter la femme de son meilleur ami, par exemple – ou une idée susceptible de menacer notre confort ou notre mode de vie.

Les pulsions

L'inconscient est aussi le séjour de nos pulsions instinctuelles et biologiques. Ces pulsions gouvernent notre comportement et nous guident vers les choix qui promettent de satisfaire nos besoins essentiels. Ce sont elles qui assurent notre survie : la faim et la soif, le désir sexuel, qui garantit la perpétuation de l'espèce, et la nécessité de trouver chaleur, refuge et compagnie. Mais Freud affirme que l'inconscient recèle aussi un instinct contraire, la pulsion de mort, présente en nous dès la naissance. Cette pulsion autodestructrice nous force à une fuite en avant dont l'issue est notre propre fin.

À partir de 1920, Freud abandonna sa première topique – système du conscient, de l'inconscient et du préconscient – pour formuler une nouvelle structure, composée du ça, du moi et du surmoi. Le ça, formé de pulsions primitives, obéit au principe de plaisir, qui veut que chaque appétit soit immédiatement satisfait : c'est le principe du « tout, tout de suite ».

Le moi, pour sa part, reconnaît le principe de réalité : tous nos désirs ne peuvent être satisfaits, nous devons tenir compte du monde qui nous entoure. Il négocie avec le ça et tente de trouver des façons raisonnables de l'aider à obtenir ce à quoi il aspire en évitant les conséquences néfastes. Le moi est lui-même soumis au surmoi, voix intériorisée de la conscience, de nos parents, de la société et de la morale. Le surmoi nous juge et provoque nos sentiments de culpabilité et de honte.

L'inconscient englobe donc, toujours selon Freud, une grande quantité de forces en opposition : pulsions de vie et de mort, souvenirs et émotions refoulés mais aussi contradictions inhérentes à notre perception de la réalité consciente par rapport à la réalité refoulée. La résultante de ces forces contraires est le conflit psychologique sous-jacent à toute souffrance humaine. Comment s'étonner dès lors que l'homme vive dans l'angoisse, la dépression, la névrose et autres formes de frustration ?

Le traitement psychanalytique

Si l'inconscient est une zone inaccessible, le seul moyen d'identifier les conflits qui s'y trament et d'observer les symptômes manifestés dans la conscience. La souffrance psychique, nous dit Freud, est le résultat de conflits inconscients. Nous ne pouvons pas continuellement nous battre contre nous-mêmes, contre la remontée des contenus refoulés et contre l'instinct de mort sans en payer le prix émotionnel.

Freud adopta une approche unique du traitement des troubles psychologiques consistant à travailler sur les conflits présents dans l'inconscient. Il cherchait à libérer ses patients de leurs souvenirs refoulés et à soulager ainsi leur douleur psychique. Cette approche prit le nom de psychothérapie psychanalytique, ou psychanalyse. La procédure n'est ni simple, ni rapide. La psychanalyse ne peut être effectuée que par un thérapeute formé à la démarche spécifique de Freud et qui saura encourager le patient à s'allonger sur le divan pour se livrer. Dès les premiers traitements pratiqués par Freud, la psychanalyse se déroula par séances pouvant durer des heures, plusieurs fois par semaine et ce, pendant de longues années.

> Un homme ne doit pas chercher à éliminer ses complexes mais à se mettre en harmonie avec eux ; ce sont eux qui, légitimement, le guident dans le monde.
> **Sigmund Freud**

Si les pensées inconscientes ne peuvent ressurgir par l'introspection traditionnelle, l'inconscient n'en est pas moins capable de communiquer de plusieurs façons avec le conscient : il le fait en silence, par le biais de nos préférences, les grilles de lecture à travers lesquelles nous percevons le monde et les symboles qui nous attirent ou que nous créons.

Pendant l'analyse, le thérapeute fait office de médiateur et tente de permettre aux pensées enfouies et aux sensations insupportables de se faire jour. Les messages qui naissent du conflit entre le conscient et l'inconscient sont généralement codés, et c'est au psychanalyste que revient de les interpréter en utilisant les outils créés par Freud.

Dans le cabinet de Freud, les patients s'allongeaient sur ce divan pour parler. Assis hors de leur vue, Freud les écoutait en recherchant la source de leurs conflits internes.

Plusieurs méthodes permettent de « lire » dans l'inconscient. L'une des premières que Freud ait décrites en détail est l'analyse des rêves. Il se prêta lui-même à l'observation dans *L'Interprétation des rêves* (1900). Freud affirmait que chaque rêve met en scène l'assouvissement d'un désir et que, plus celui-ci est difficile à avouer pour notre esprit conscient, plus il se manifeste de façon cachée ou déformée dans nos rêves. L'inconscient communique donc par images et énigmes. Freud évoque par exemple les rêves dans lesquels le sujet se voit nu. Leur origine première est, chez la plupart des gens, un souvenir de la petite enfance, époque de la vie où la nudité ne suscite ni regards désapprobateurs, ni sentiment de honte. Dans les rêves où le rêveur éprouve de la gêne, les autres personnes présentes paraissent généralement ne s'apercevoir de rien : le désir en question est donc celui de pouvoir vivre sans honte ni inhibitions. Même les bâtiments et constructions revêtent un sens caché dans nos rêves : escaliers, puits de mine, portes fermées ou petites maisons coincées dans un renfoncement sont autant de signes d'une sexualité refoulée, prétendait Freud.

À la rencontre de l'inconscient

L'inconscient se révèle aussi parfois par deux autres moyens bien connus : le lapsus et l'association libre. Les lapsus – du mot latin signifiant « trébuchement » –, qui nous font utiliser un mot pour un

> L'interprétation des rêves est la voie royale de la connaissance de l'inconscient dans la vie psychique.
> **Sigmund Freud**

autre par erreur, trahiraient nos pensées, croyances ou émotions refoulées. Celui commis en 1975 par le député français Robert-André Vivien est demeuré célèbre : en plein débat sur la pornographie, à l'Assemblée nationale, il invita le ministre de l'époque à durcir son

Salvador Dali nous donne avec *La Persistance de la mémoire* (1931) une vision surréaliste du temps qui passe. Son côté fantastique évoque le processus freudien de l'analyse des rêves.

« sexe » au lieu de son « texte » ! Freud utilisa aussi la technique d'association libre, inventée par Carl Jung, qui consistait à donner un mot au patient et à l'inviter à dire le premier mot qui lui venait à l'esprit. La méthode était censée permettre à l'inconscient de s'exprimer, les pensées cachées prenant de vitesse celles de l'esprit conscient.

Pour aider un individu à émerger de son état de refoulement et commencer à prendre conscience des problèmes réels qui l'affectent, Freud estimait qu'il est nécessaire d'avoir accès aux sentiments refoulés. Si un homme a du mal à faire face aux autres, il choisira sans doute de réprimer ses sentiments plutôt que d'affronter cette situation. À terme, ces émotions refoulées s'accumulent et ressurgissent par des voies détournées : colère, anxiété, dépression, alcoolisme, addictions ou troubles alimentaires peuvent tous être les symptômes de ce combat intérieur visant à maintenir le refoulement au lieu de laisser les sentiments s'exprimer. Ces émotions non « digérées », nous dit Freud, menacent constamment de jaillir à la surface et génèrent une pression de plus en plus difficile à contenir : l'individu doit avoir recours à des mesures toujours plus radicales pour les réprimer.

L'analyse permet aux souvenirs et sentiments de se faire jour, et le patient est souvent le premier surpris de constater que telle ou telle émotion vivait enfouie en lui. Il n'est pas rare qu'un patient fonde en larmes en découvrant un problème qu'il croyait avoir surmonté puis oublié des années auparavant. Cette réaction montre bien que l'événement et l'émotion sont restés vivants – c'est-à-dire toujours investis d'une énergie émotionnelle – et ont été réprimés au lieu d'être affrontés. Freud utilise le terme de catharsis pour désigner l'acte consistant à libérer et ressentir les émotions profondes liées aux souvenirs refoulés. Si l'événement problématique – la mort d'un parent, par exemple – n'a pas été entièrement « digéré » à l'époque des faits, le problème et l'énergie demeurent et peuvent être libérés au moment de la catharsis.

L'école psychanalytique

Freud fonda la célèbre Société psychanalytique de Vienne et exerça une profonde influence sur la communauté scientifique de son temps, formant de nouveaux psychothérapeutes à ses méthodes et dictant les pratiques acceptables ou non. À terme, ses étudiants et d'autres professionnels modifièrent ses idées, et la Société se scinda en trois grands courants : les freudiens – les plus fidèles à la pensée originale du maître –, les kleiniens – les adeptes de Melanie Klein – et les néo-freudiens – groupe apparu plus tard et qui intégra les idées de Freud dans un contexte thérapeutique plus large. La psychanalyse moderne englobe aujourd'hui plus de vingt écoles de pensée différentes, mais les idées de Freud continuent d'exercer leur influence sur la profession tout entière. ■

> Comme le physique, le psychique n'est pas nécessairement en réalité ce qu'il paraît être.
> **Sigmund Freud**

Sigmund Freud

Né à Freiberg, en Moravie, Sigismund Schlomo Freud était l'aîné de dix enfants et le préféré de sa mère – qui l'appelait son « Siggie en or ». En 1860, la famille s'installa dans le quartier juif de Vienne, et c'est là que Sigismund devint Sigmund. Après avoir obtenu son diplôme de médecine à l'université de Vienne en 1881, Freud ouvrit en 1886 un cabinet spécialisé en neurologie, et épousa Martha Bernays. Il s'inspira de la *talking cure* de Josef Breuer pour développer une approche entièrement nouvelle de la psychologie : la psychanalyse.

En 1908, il fonda la Société psychanalytique, qui allait assurer l'avenir de son école de pensée. Pendant la Seconde Guerre mondiale, les nazis brûlèrent ses travaux, et Freud s'installa à Londres, où, atteint d'un cancer de la mâchoire, il mourut par injection de morphine en 1939.

Ouvrages-clés

1900 *L'Interprétation des rêves*
1904 *Psychopathologie de la vie quotidienne*
1905 *Trois essais sur la théorie sexuelle*
1930 *Malaise dans la civilisation*

LE NÉVROSÉ ÉPROUVE EN PERMANENCE UN SENTIMENT D'INFÉRIORITÉ

ALFRED ADLER (1870-1937)

CONTEXTE

APPROCHE
Psychologie individuelle

AVANT
1896 William James évalue l'estime de soi comme le rapport entre les réussites d'un individu et ses aspirations. Il l'améliore en diminuant ses aspirations ou en augmentant ses réussites.

1902 Charles H. Cooley décrit le *looking glass self* – « soi-miroir » : nous nous voyons en fonction de la manière dont nous imaginons que les autres nous voient.

APRÈS
1943 Abraham Maslow estime que, pour se sentir utile et bien dans sa peau, il est nécessaire de se réaliser et de jouir du respect des autres.

Années 1960 Le psychologue anglais Michael Argyle pense que l'estime de soi procède de la comparaison avec les autres : on se sent mieux lorsqu'on a plus de succès que les autres, et inversement.

L'approche freudienne, qui domina la psychothérapie des premières années du XXe siècle, portait exclusivement sur les pulsions inconscientes et l'héritage émotionnel de l'individu. Alfred Adler fut le premier psychanalyste à repousser les limites de la théorie au-delà de l'horizon freudien en suggérant que le patient était également sous l'influence de forces bien présentes et conscientes et que le poids de son environnement, social notamment, était essentiel. C'est sur ces concepts qu'il fonda sa propre approche, la « psychologie individuelle ».

Adler s'était très tôt intéressé à la notion d'infériorité et aux effets positifs ou négatifs de l'estime de

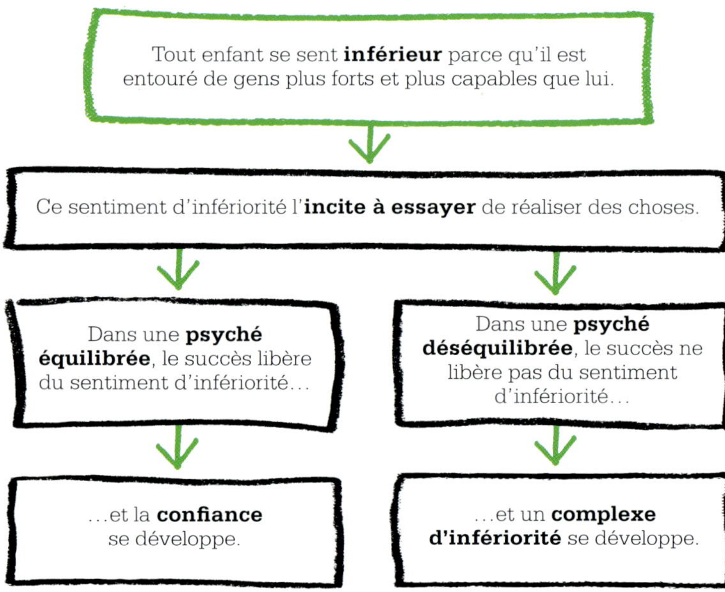

Voir aussi: Karen Horney 110 ▪ Eric Fromm 124-129 ▪ Abraham Maslow 138-139 ▪ Rollo May 141 ▪ Albert Ellis 142-145

L'athlète paralympique est motivé par un puissant désir de surmonter son handicap et d'accroître ses performances physiques – ce qu'Adler appelle une stratégie de « compensation ».

soi. Il avait en effet travaillé avec des patients atteints de handicap physique et observé l'effet que leur infirmité provoquait sur leurs capacités et leur estime de soi. Les différences étaient considérables d'un individu à l'autre : certains étaient capables d'exceller en sport et faisaient de leur handicap un facteur essentiel de motivation, d'autres, au contraire, se sentaient écrasés et se laissaient littéralement abattre. Adler comprit que le facteur décisif résidait dans l'image que ces individus avaient d'eux-mêmes : en un mot, leur amour-propre.

Le complexe d'infériorité

Pour Adler, le sentiment d'infériorité est une expérience commune à tous les êtres humains et qui remonte à la petite enfance : tous les enfants se sentent naturellement inférieurs, se sachant entourés d'êtres plus forts et plus capables qu'eux. Un enfant cherche généralement à imiter ses aînés et à acquérir les mêmes aptitudes, motivé par un environnement qui le pousse à se développer et à se surpasser constamment.

Les enfants et adultes ayant une personnalité équilibrée voient leur confiance augmenter à chaque fois qu'ils s'aperçoivent qu'ils sont capables d'atteindre un objectif extérieur à eux-mêmes. Le sentiment d'infériorité s'estompe donc jusqu'au défi suivant, lequel peut à son tour être maîtrisé et dépassé : ce processus de développement psychique se déroule en continu. Mais, chez un individu atteint d'un handicap physique, le sentiment d'infériorité peut s'installer et se généraliser, conduisant à un déséquilibre de la personnalité : c'est ce qu'Adler appela le « complexe d'infériorité ».

Adler décrivit également le déséquilibre inverse, ou complexe de supériorité, qui se manifeste par la nécessité de tendre en permanence vers un nouveau but. Le fait d'atteindre l'objectif, loin de renforcer la confiance de l'individu, ne fait que le pousser à reprendre sa quête de reconnaissance et de dépassement. ■

> Être homme, c'est se sentir inférieur.
> **Alfred Adler**

Alfred Adler

Après avoir frôlé la mort très jeune à la suite d'une pneumonie, Alfred Adler décida de devenir médecin. Il étudia la médecine à Vienne, où il avait grandi, et s'orienta vers l'ophtalmologie avant d'opter définitivement pour la psychologie. En 1897, il épousa Raïssa Epstein, une intellectuelle russe militante qui lui donna quatre enfants.

Premier président de la Société psychanalytique de Vienne, Adler la quitta en 1911 parce qu'il estimait que les individus sont affectés par les facteurs sociaux autant que par les pulsions inconscientes identifiées par Freud. Après cette scission, Adler fonda la Société pour une psychanalyse libre, qui devint un peu plus tard la Société de psychologie individuelle. À partir de 1926, il se rendit régulièrement aux États-Unis, où il enseignait la psychologie médicale, et s'y installa définitivement en 1934. Il mourut d'une crise cardiaque à Aberdeen, en Écosse, où il était venu donner une conférence.

Ouvrages-clés

1912 *Le Tempérament nerveux*
1927 *Pratique et théorie de la psychologie individuelle comparée*
1927 *Connaissance de l'homme*

L'INCONSCIENT COLLECTIF EST COMPOSÉ D'ARCHÉTYPES

CARL JUNG (1875-1961)

CONTEXTE

APPROCHE
Psychanalyse

AVANT
1899 Sigmund Freud explore la nature de l'inconscient et le symbolisme du rêve dans *L'Interprétation des rêves*.

1903 Pour Pierre Janet, les incidents traumatiques engendrent des convictions chargées émotionnellement qui influencent pendant de longues années les comportements.

APRÈS
1949 Disciple de Jung, Joseph Campbell publie *Le Héros aux mille et un visages*, qui détaille les archétypes dans la littérature de nombreuses cultures à travers l'histoire.

1969 Pour le psychologue anglais John Bowlby, l'instinct humain s'exprime dans les échanges sociaux sous forme de modèles et de schémas d'action et de pensée.

Les mythes et les symboles sont étonnamment semblables dans les cultures du monde entier et à travers les siècles.

Il est donc probable qu'ils **résultent de savoirs et d'expériences que nous partageons** en tant qu'espèce.

Le souvenir de ces expériences partagées se trouve…

…dans l'**inconscient collectif**, qui fait partie de chacun d'entre nous.

…sous forme d'**archétypes** – images symboliques qui servent de structure aux modèles comportementaux.

Chacun de nous naît avec la tendance innée à faire appel à ces archétypes pour **comprendre le monde**.

Sigmund Freud introduisit l'idée que l'homme n'est pas guidé par des forces extérieures, comme la volonté divine ou le destin, mais motivé par le fonctionnement intérieur de son propre esprit et plus particulièrement par son inconscient. Il affirmait que nos expériences sont affectées par les pulsions primaires que recèle notre inconscient. Le psychiatre suisse Carl Jung, que Freud prit un temps sous son aile, poussa l'idée plus loin en tentant d'élucider la structure et les mécanismes de l'inconscient.

Jung était particulièrement fasciné par les similitudes existant entre des cultures que tout semble opposer. Les mythes et symboles millénaires des peuples du monde présentent des points communs, dont Jung pensait qu'ils relevaient de quelque chose de plus important que la seule expérience de l'homme en tant qu'individu : ces symboles devaient avoir une existence propre en tant que composantes du psychisme universel.

Pour Jung, l'existence de ces mythes partagés prouvait qu'une partie de notre psychisme contient des idées appartenant à une structure intemporelle et faisant office de « mémoire de l'humanité ». Il lança ainsi l'idée qu'une partie distincte de l'inconscient existe en chacun de nous, qui ne repose sur aucune de nos expériences individuelles : c'est l'inconscient « collectif ».

Les mythes et symboles communs aux différentes civilisations appartiennent, selon Jung, à cet inconscient collectif et universel. Ils se transmettent avec l'hérédité, de génération en génération, ne changeant que très légèrement dans leur manifestation à travers l'espace et le temps. Ces souvenirs innés s'expriment dans notre psyché par le langage des symboles, que Jung appelle les « archétypes ».

Voir aussi : Pierre Janet 54-55 ▪ Sigmund Freud 92-99 ▪ Jacques Lacan 122-123 ▪ Steven Pinker 211

> L'inconscient personnel est enfoui dans une strate plus profonde, que j'appelle l'inconscient collectif.
> **Carl Jung**

Les souvenirs ancestraux

Pour Jung, les archétypes sont les strates de notre mémoire héréditaire et représentent l'intégralité de l'expérience humaine. Le mot archétype – du grec *arkhetupon*, « modèle primitif » –, désigne chez Jung les souvenirs tirés des expériences de nos plus lointains ancêtres. Ils font office de modèles au sein de notre psyché et nous y avons recours de façon inconsciente pour organiser et interpréter nos propres expériences. Les lacunes éventuelles peuvent être comblées à l'aide de détails tirés de notre existence propre, mais c'est ce schéma préexistant de notre inconscient qui nous sert de cadre et nous permet de comprendre le monde.

On peut comparer les archétypes à des schèmes émotionnels ou comportementaux héréditaires. Ce sont eux qui nous permettent de reconnaître certains comportements ou expressions des émotions comme unités porteuses de sens. Nous semblons le faire de façon instinctive, mais Jung nous dit que cet instinct cache en réalité un recours inconscient aux archétypes.

Jung suggère que le psychisme se compose de trois éléments : le moi, l'inconscient personnel et l'inconscient collectif. Le premier représente l'esprit conscient ; le second contient les souvenirs de l'individu, y compris ceux qui ont été refoulés. L'inconscient collectif quant à lui est la zone qui abrite les archétypes.

Les archétypes

Les archétypes sont très nombreux et, bien qu'ils puissent se mélanger, voire fusionner dans telle ou telle civilisation, chacun de nous renferme en lui le modèle de chaque archétype. Ces formes symboliques que nous utilisons pour comprendre le monde apparaissent logiquement dans toutes les formes d'expression humaine, des arts graphiques au théâtre et à la littérature.

La nature d'un archétype est telle que nous le reconnaissons immédiatement et sommes capables de lui associer une signification émotionnelle spécifique. Les archétypes peuvent être liés à de nombreux types de comportements ou d'émotions, mais les principaux sont instantanément identifiables, comme le Vieux Sage, la Déesse, la Madone, la Grande Mère ou le Héros.

La *persona* est l'un des principaux archétypes décrits par Jung. Celui-ci s'était aperçu très tôt qu'il avait tendance, comme d'autres, à ne présenter au monde extérieur qu'un seul aspect de sa personnalité. Il en conclut que les êtres humains divisent leur personnalité en différentes parties, qu'ils ne dévoilent qu'en fonction de l'environnement et des circonstances. Le moi que nous présentons au monde, notre « image publique », est un archétype que Jung appelle la *persona*. Jung estime que le moi contient une part de masculinité et de féminité et que c'est la société autant que la biologie qui le façonne pour devenir entièrement masculin ou féminin. En devenant homme ou femme, nous tournons le dos à la moitié de notre potentiel, mais conservons la possibilité d'accéder à cette part de notre moi par le biais d'un archétype. L'*animus* est la « figure masculine de la psychologie de la femme », tandis que l'*anima* est la part de féminité de la psyché masculine. *Animus* et *anima* sont donc cette « autre moitié » dont nous nous sommes privés à mesure que nous nous construisions en tant que garçon ou fille. Ces archétypes nous aident à comprendre la nature du sexe opposé : étant le dépôt de toutes les impressions réalisées par les hommes et les femmes, ils reflètent les concepts traditionnels de l'éternel masculin ou féminin.

Ève est une représentation de l'*anima* – partie féminine de l'inconscient d'un homme. D'après Jung, elle fourmille d'embûches « afin que l'homme puisse y tomber… et que la vie soit vécue ».

> Les idées les plus fortes de l'histoire renvoient toutes aux archétypes.
> **Carl Jung**

L'*animus*, dans notre culture, est incarné par le « macho », le fort-à-bras, le meneur d'hommes, le logicien impassible ou le séducteur romantique. L'*anima*, elle, prend tour à tour les traits d'une nymphe des bois, d'une vierge et d'une séductrice. Elle communique avec la nature, est intuitive et spontanée. Dans les arts graphiques et la littérature, c'est à la fois Ève, Hélène, l'héroïne antique, ou Marilyn Monroe, la femme envoûtante et fatale. Puisque ces archétypes existent dans notre inconscient, ils peuvent affecter nos humeurs et nos réactions et se manifester sur le mode de la prophétie *(anima)* ou de la rationalité inflexible *(animus)*.

L'Ombre est un archétype que Jung définit comme la part de nous-mêmes que nous voulons dissimuler au monde, par opposition à la *persona*. Elle représente toutes nos pensées secrètes ou refoulées et les aspects de notre personnalité qui nous font honte. Dans la Bible, c'est le Diable ; dans la littérature, le fameux Mister Hyde de Stevenson. Revers de la médaille, face obscure de nous-mêmes que nous projetons sur les autres, l'Ombre n'est pourtant pas tout à fait négative, car elle peut représenter certains aspects que nous choisissons de réprimer consciemment, uniquement parce qu'ils sont inacceptables dans une situation donnée.

De tous les archétypes, le plus important est celui du Soi. Il joue un rôle structurant et central en tentant d'harmoniser tous les autres aspects en un tout unifié et entier. Pour Jung, le but réel de l'existence humaine est d'atteindre un état psychologique avancé et éclairé qu'il appelle « réalisation de soi » : l'archétype du Soi constitue le chemin qui mène à ce but. Une fois entièrement réalisé, cet archétype est source de sagesse et de vérité et peut relier le Soi au spirituel. Jung insiste sur le fait que la réalisation de soi n'est pas un processus automatique, mais doit être recherchée de façon consciente.

Les archétypes dans le rêve

Les archétypes sont des clés essentielles pour l'interprétation des rêves. Jung voyait dans le rêve un dialogue entre le soi conscient et l'éternité (le moi et l'inconscient collectif). Les archétypes opéraient en tant que symboles au sein du rêve pour faciliter cet échange.

Tous les archétypes ont une signification spécifique dans le contexte des rêves. Le Vieux Sage, par exemple, peut prendre les traits d'un gourou, d'un parent, d'un maître ou d'un médecin, toute personne capable de prodiguer des conseils, de fixer un cap ou de dispenser une sagesse. La Grande Mère, qui peut apparaître sous les traits de la propre mère ou de la grand-mère de celui qui rêve, représente la source de tout bien-être physique. C'est elle qui nous console et nous rassure. L'Enfant divin, archétype qui représente le Soi dans sa forme la plus pure, symbole d'innocence ou de vulnérabilité, pendra la forme d'un bébé ou d'un enfant et incarnera les notions d'ouverture et de potentiel. Et si le moi prend trop d'importance, il sera tenu en échec par le Fripon divin, sorte de génie malicieux qui expose les vulnérabilités du rêveur et le tourne en ridicule, empêchant l'individu de prendre ses désirs trop

Dr Jekyll se transforme ici en M. Hyde dans la nouvelle de Robert Louis Stevenson illustrant la nature duale de l'homme. M. Hyde incarne l'archétype de l'Ombre chez Jung.

L'histoire de Blanche-Neige se retrouve partout dans le monde avec de légères variations. Jung attribuait la popularité des mythes et des contes de fées à notre besoin de héros archétypaux.

au sérieux. Ce Fripon est à la fois le géant de la mythologie scandinave Loki, le dieu grec Pan, le dieu-araignée africain Anansi ou n'importe quel clown ou magicien.

L'utilisation des archétypes

Les archétypes préexistent à notre pensée consciente et peuvent donc peser très fortement sur notre perception et notre expérience du monde. Quel que soit l'événement en cours, ce que nous choisissons d'en percevoir et donc d'en ressentir est régi par ces idées préconçues de l'inconscient. C'est ainsi que l'inconscient collectif et son contenu affectent l'état conscient. Selon Jung, une grande partie de ce que nous attribuons à la pensée délibérée, raisonnée et consciente est en réalité pré-orienté par l'activité de l'inconscient et au premier chef par les archétypes.

> En comprenant l'inconscient, nous nous libérons de sa domination.
> **Carl Jung**

Outre les concepts d'inconscient collectif et d'archétypes, Jung fut le premier à expérimenter la pratique de l'association de mots. C'est lui aussi qui créa les termes d'introversion et d'extraversion, dont s'inspirent les tests de la personnalité couramment utilisés comme le Myers-Briggs Type Indicator (MBTI). L'œuvre de Jung exerça donc une grande influence dans les domaines de la psychologie, de l'anthropologie et de la spiritualité, et ses archétypes sont si répandus qu'on les identifie sans peine dans les diverses formes d'expression culturelle – cinéma, littérature, etc. – présentant des figures universelles. ■

Carl Jung

Issu d'une famille protestante de Suisse alémanique, Carl Gustav Jung comptait parmi ses ascendants autant d'intellectuels que d'excentriques. Linguiste distingué qui maîtrisait de nombreuses langues européennes, ainsi que des langues mortes comme le sanskrit, Jung poursuivit des études de médecine et s'orienta vers la psychanalyse. Il épousa en 1903 Emma Rauschenbach qui lui donna cinq enfants.

En 1907, il fut présenté à Freud, qui voyait en lui son successeur, mais les divergences théoriques s'accumulèrent et les séparèrent définitivement en 1912. Après la Première Guerre mondiale, Jung fit des voyages ethnographiques, au Kenya et en Inde notamment, qui lui permirent de mieux formaliser sa pensée. Titulaire d'une chaire à l'université de Zurich en 1935, il abandonna l'enseignement pour se concentrer sur la recherche.

Ouvrages-clés

1912 *Métamorphoses de l'âme et ses symboles*
1934 *Les Archétypes de l'inconscient collectif*
1945 *De la nature des rêves*

LA LUTTE ENTRE PULSION DE VIE ET PULSION DE MORT DURE TOUTE LA VIE

MELANIE KLEIN (1882-1960)

CONTEXTE

APPROCHE
Psychanalyse

AVANT
1818 Pour le philosophe allemand Arthur Schopenhauer, l'existence est motivée par la volonté de vivre, qui s'oppose constamment à une envie de mort tout aussi puissante.

1910 Pour le psychanalyste autrichien Wilhelm Stekel, la répression sociale des pulsions sexuelles répond à une poussée des pulsions de mort.

1932 Sigmund Freud affirme que la mort est le plus fascinant de nos besoins fondamentaux à satisfaire.

APRÈS
2002 La psychologue américaine Julie K. Norem introduit le concept de «pessimisme défensif» en suggérant que les gens se préparent mieux à faire face aux exigences et aux contraintes de la vie moderne en étant pessimistes.

Le thème du rapport de forces a toujours inspiré écrivains, philosophes et scientifiques, et la littérature, la religion ou les arts se sont abondamment penchés sur le combat entre le Bien et le Mal. La mécanique newtonienne nous enseigne que l'équilibre est atteint lorsqu'une force est contrée par une force égale et opposée. L'interaction de forces opposées semble une constante de notre existence, et l'une des plus importantes est sans doute celle qui oppose nos pulsions de vie et de mort.

Sigmund Freud prétendait que, pour éviter d'être détruits par notre instinct de mort, nous utilisons notre instinct de vie narcissique, la libido, pour orienter la pulsion de mort vers l'extérieur et la retourner contre d'autres objets. Melanie Klein approfondit cette idée et affirma que, même en dirigeant cette force mortifère vers l'extérieur, nous ressentons le danger d'être anéantis par cet «instinct d'agression» et reconnaissons l'immensité de la tâche qui consiste à «mobiliser la libido» contre lui. Ce conflit d'intérêts est une constante de la vie psychologique.

Melanie Klein affirmait que nos tendances à la croissance et à la création – de la procréation

La force du théâtre, c'est de montrer les sentiments réels. Les grandes pièces comme *Roméo et Juliette* de Shakespeare expriment le rayonnement de l'amour ainsi que ses aspects les plus sombres.

à la créativité – se heurtent en permanence à une force d'intensité égale, mais destructrice, et que cette tension psychique est à la racine de toutes nos souffrances.

Cette tension expliquerait notre tendance innée à l'agressivité et à la violence et générerait l'affrontement haine/amour présent en chacun de nous dès la naissance. Ce combat de chaque instant entre pulsions de vie et de mort, entre plaisir et douleur, entre renouveau et destruction, crée un état de confusion dans nos esprits. La colère ou les sentiments «négatifs»

Voir aussi : Sigmund Freud 92-99 ▪ Anna Freud 111 ▪ Jacques Lacan 122-123

en viennent à prendre pour objet n'importe quelle situation, bonne ou mauvaise.

Un conflit permanent

Pour Melanie Klein, nous ne nous défaisons jamais de ces pulsions primitives. Nous les conservons en nous toute notre vie, sans jamais atteindre la sécurité, et vivons avec un inconscient où couvent des fantasmes primitifs de violence. Au vu de l'influence pernicieuse d'un tel conflit psychique, l'idée traditionnelle du bonheur semble relever d'un idéal inatteignable : notre existence consiste plutôt à trouver un modus vivendi avec ce conflit. La félicité, elle, reste à jamais hors d'atteinte.

Melanie Klein n'était pas surprise de constater que la plupart des gens, sachant qu'ils ne peuvent attendre mieux que ce modus vivendi, sont déçus par leur vie et sombrent dans la dépression ou le désabusement. Pour elle, la vie est inévitablement faite d'angoisse, de douleur, de deuil et de destruction. L'homme doit donc apprendre à naviguer entre ces deux pôles de vie et de mort. ■

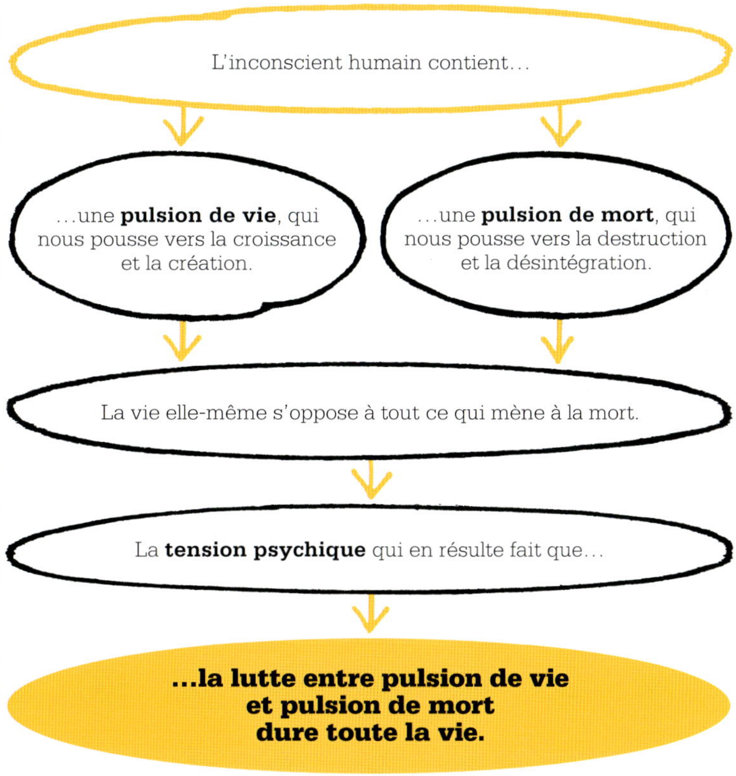

Melanie Klein

Née à Vienne en 1882, Melanie Reizes était la dernière d'une famille de quatre enfants. Elle souffrit de la préférence que manifestait ouvertement son père pour l'aînée de ses sœurs. À dix-sept ans, elle rencontra un ingénieur chimiste, Arthur Klein, qu'elle épousa en 1903, abandonnant ses projets d'études médicales.

Melanie s'orienta vers la psychanalyse après avoir lu un ouvrage de Freud en 1910. Elle-même souffrait de dépression et était hantée par la mort : elle avait perdu sa sœur préférée à quatre ans, puis son frère à vingt ans ; plus tard, en 1933, son fils aîné se tua dans un accident de montagne. Bien qu'elle n'eût aucune qualification académique, ses travaux sur la psychanalyse des enfants et la thérapie par le jeu eurent un retentissement majeur.

Ouvrages-clés

1932 *La Psychanalyse des enfants*
1935 *Contribution à l'étude de la psychogenèse des états maniaco-dépressifs*
1955 *Envie et gratitude*
1961 *Psychanalyse d'un enfant.*

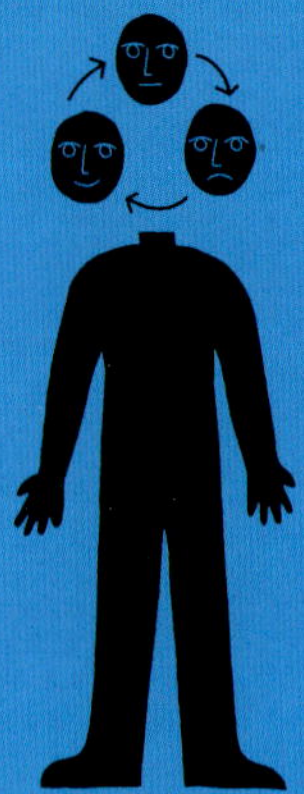

LA TYRANNIE DES « DEVOIRS »

KAREN HORNEY (1885-1952)

CONTEXTE

APPROCHE
Psychanalyse

AVANT
1950 Dans *L'Automatisme psychologique*, Pierre Janet décrit la scission de la personnalité en parties bien distinctes.

APRÈS
Années 1950 Melanie Klein déclare que la scission de la personnalité concerne les gens qui ne peuvent gérer des sentiments contradictoires.

Années 1970 Pour le psychanalyste autrichien Heinz Kohut, le « Self » d'un enfant se fragmente lorsque ses besoins ne sont pas satisfaits, et c'est le Self narcissique et grandiose qui domine.

Années 1970 Albert Ellis développe la thérapie rationnelle émotive pour libérer les gens des « devoirs » intériorisés.

Les différents milieux sociaux – familial, scolaire, professionnel, etc. – édictent des « normes culturelles » fondées sur certaines croyances. La psychanalyste d'origine allemande Karen Horney pensait qu'il existe des environnements sociaux « toxiques », qui créent des systèmes de pensées malsains et empêchent les individus de réaliser leur potentiel.

Pour Karen Horney, il est essentiel de reconnaître quand nous n'agissons pas selon nos propres croyances, mais selon celles d'un environnement toxique internalisé. Ces croyances se manifestent sous forme de messages intérieurs caractérisés par la forme conditionnelle du verbe « devoir » : « Je devrais mieux faire », « Je devrais être mince », « J'aurais dû y aller », etc. Horney apprenait à ses patients à prendre conscience des deux influences à l'œuvre dans le psychisme : le « vrai moi », avec ses désirs authentiques, et le moi « idéalisé », qui se plie à la tyrannie des « devoirs ». Celui-ci pollue l'esprit d'idées irréalistes, et génère des frustrations dues aux « échecs » du vrai moi, toujours en deçà des attentes du moi idéalisé. C'est ainsi qu'émerge un troisième moi, profondément malheureux : le « moi méprisé ».

> Oubliez la créature honteuse que vous *êtes* réellement ; il s'agit de savoir comment vous *devriez être*.
> **Karen Horney**

Karen Horney affirmait que ces conditionnels reposent sur un « marchandage avec le destin » : en leur obéissant, nous pensons que nous allons contrôler comme par magie les réalités externes, alors qu'ils nous mènent à la frustration et à la névrose. Le point de vue de Karen Horney prend tout son sens quand on sait qu'elle vécut dans l'Allemagne ultra-conformiste du début du XXe siècle. ■

Voir aussi : Pierre Janet 54-55 ▪ Sigmund Freud 92-99 ▪ Melanie Klein 108-109 ▪ Carl Rogers 130-137 ▪ Abraham Maslow 138-139 ▪ Albert Ellis 142-145

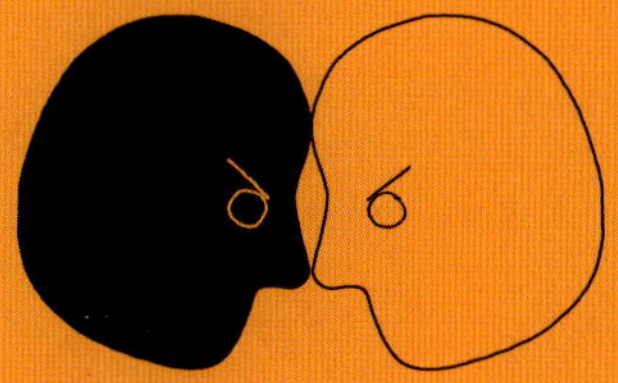

LE SURMOI NE SE MANIFESTE QUE LORSQU'IL ENTRE EN CONFLIT AVEC LE MOI

ANNA FREUD (1895-1982)

CONTEXTE

APPROCHE
Psychanalyse

AVANT
1920 Sigmund Freud est le premier à utiliser les concepts du moi, du ça et du surmoi dans son essai *Au-delà du principe de plaisir*.

APRÈS
Années 1950 Melanie Klein conteste une quelconque influence des parents dans la formation du surmoi.

1961 Eric Berne suggère que, tout au long de notre vie, notre personnalité dépend d'un état du moi «enfant», «adulte» ou «parent», et que l'analyse transactionnelle permet d'en étudier les interactions.

1976 Pour la psychologue américaine Jane Loevinger, le moi se développe par étapes successives conduisant à des interactions de plus en plus complexes avec le monde extérieur.

Le premier livre de la Bible nous présente le choix que durent faire Adam et Ève dans le Jardin d'Éden entre tentation et soumission. Dans son modèle structurel du psychisme, Sigmund Freud décrit une situation comparable au sein de l'inconscient avec sa topique en trois parties : le ça, le surmoi et le moi.

Le ça, pareil au serpent tentateur de la Bible, nous murmure à l'oreille de faire ce qui nous procure du plaisir. Il est tout entier régi par le désir de satisfaire nos besoins les plus essentiels – nourriture, chaleur, réconfort, plaisir sexuel. Le surmoi, du haut de son autorité, nous exhorte quant à lui à suivre le droit chemin : c'est lui qui nous impose les valeurs de la famille et de la société, lui qui nous dit ce qu'il faut ou ne faut pas faire. Le moi, enfin, tel un adulte fort de son libre arbitre, contrôle les pulsions et juge de la façon d'agir : c'est le modérateur, pris en étau entre le ça et le surmoi.

La psychanalyste autrichienne Anna Freud développa les théories de son père en insistant sur la formation du surmoi et ses effets sur le moi. Le moi tient compte des réalités du monde, mais, simultanément, il est aux prises avec le ça et relégué en position d'infériorité par le surmoi. Celui-ci instille les notions de honte et de culpabilité à la façon d'un directeur de conscience. C'est lui qui s'exprime en notre for intérieur chaque fois que nous nous reprochons d'avoir pensé ou agi d'une certaine façon : le surmoi ne se manifeste donc que lorsqu'il entre en conflit avec le moi.

Les mécanismes d'autodéfense

Cette voix critique du surmoi suscite de l'angoisse : c'est alors, toujours selon Anna Freud, que les mécanismes d'autodéfense entrent en jeu : l'esprit a recours à mille techniques de préservation – de l'humour à la sublimation et du déni au déplacement – pour empêcher cette angoisse de prendre le dessus. La théorie d'Anna Freud sur les mécanismes d'autodéfense eut une grande influence sur les thérapies humanistes du XXe siècle. ■

Voir aussi : Sigmund Freud 92-99 ▪ Melanie Klein 108-109 ▪ Eric Berne 337

LA VÉRITÉ N'EST TOLÉRABLE QUE LORSQU'ON LA DÉCOUVRE SOI-MÊME

FRITZ PERLS (1893-1970)

CONTEXTE

APPROCHE
Gestalt-thérapie

AVANT
Années 1920 Pour Carl Jung, les gens ont besoin de se connecter à leur moi intérieur.

1943 Max Wertheimer explique le concept gestaltiste de « pensée productive » obtenue à partir de l'*insight* – sagacité – personnel.

1950 Dans *Névrose et croissance humaine,* Karen Horney identifie le besoin de rejeter les « devoirs » imposés par d'autres.

APRÈS
1961 Pour Carl Rogers, c'est le client et non le thérapeute qui sait la forme et la direction que doit prendre la thérapie.

1973 L'auteur américain Richard Bandler, cofondateur de la PNL (programmation neurolinguistique), fait appel à de nombreuses techniques gestaltistes pour sa thérapie.

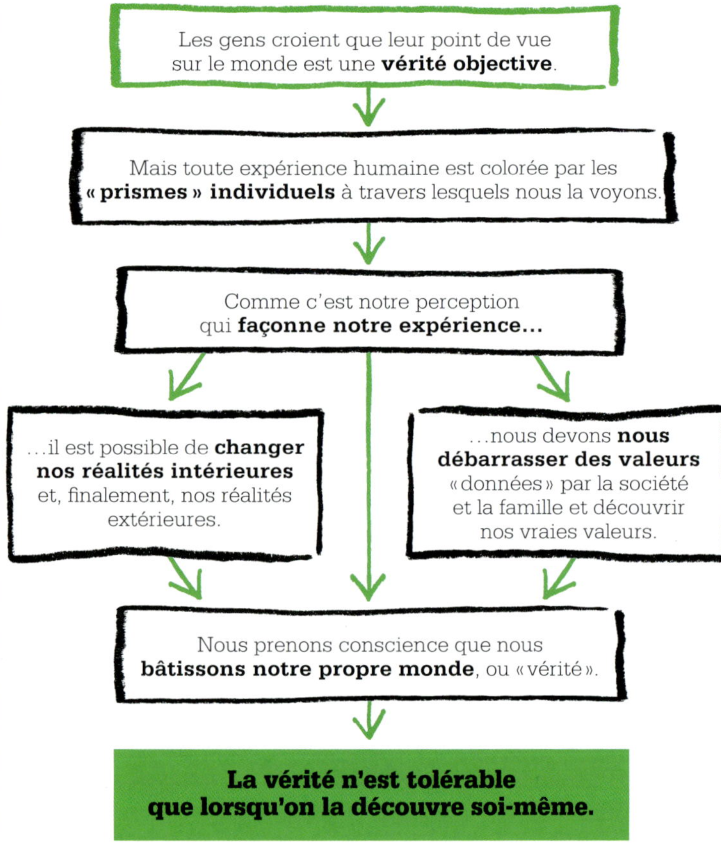

Au XVIIIe siècle, le philosophe allemand Emmanuel Kant révolutionna notre façon de penser le monde en affirmant qu'il était impossible de savoir réellement ce qui existe en dehors de nous-mêmes, notre connaissance étant limitée par les frontières de notre esprit et de nos sens. Nous ne connaissons pas les choses telles qu'elles sont « en soi », mais uniquement telles que nous les percevons. Ce point de vue forme la base de la gestalt-thérapie, qui affirme que la complexité de l'expérience humaine – avec ses tragédies, ses traumatismes, ses inspirations et ses passions et son champ des possibles pratiquement infini – est codée par les « prismes » individuels à travers lesquels nous la considérons. Nous n'absorbons pas automatiquement toutes les sensations du monde qui nous entoure, mais opérons une sélection pour n'en retenir que quelques-unes.

Pour Fritz Perls, l'un des fondateurs de la gestalt-thérapie, cela signifie que l'idée que nous nous faisons de la réalité est le reflet de notre perception : plus que les événements en eux-mêmes, c'est le regard que nous posons dessus qui compte. Nous avons souvent tendance à l'oublier, à supposer même que nous en ayons conscience. Nous prenons alors notre point de vue sur le monde pour une vérité absolue et objective au lieu d'admettre le rôle de notre perception et de son influence sur notre façon de voir, avec toutes les idées, actions et croyances qui en découlent. Pour Perls, la vérité n'est jamais que relative et personnelle.

Accepter sa responsabilité

Perls développa ses théories dans les années 1940, alors que le point de vue psychanalytique dominant était que l'esprit humain peut être réduit à une série de pulsions biologiques en quête d'assouvissement. Cette approche

Voir aussi : Søren Kierkegaard 26-27 ▪ Carl Jung 102-107 ▪ Karen Horney 110 ▪ Erich Fromm 124-129 ▪ Carl Rogers 130-137 ▪ Abraham Maslow 138-139 ▪ Roger Shepard 192 ▪ Jon Kabat-Zinn 210 ▪ Max Wertheimer 335

était pour lui beaucoup trop rigide, trop structurée, trop simplifiée : elle ne laissait aucune place à l'expérience individuelle, si importante à ses yeux. Les psychanalystes ne permettaient pas non plus à leurs patients de reconnaître et d'assumer la responsabilité de leur propre expérience. Le modèle psychanalytique reposait sur l'idée que le patient est à la merci des conflits de son inconscient jusqu'à l'arrivée du thérapeute, venu le sauver de ses refoulements. Pour Perls, au contraire, chaque individu doit impérativement saisir l'ampleur de son propre rôle créatif. Nous devons prendre conscience du fait que nous pouvons modifier notre réalité. Il en va même de notre responsabilité, puisque personne ne peut le faire à notre place. Une fois que nous avons compris que la réalité repose sur la perception, chacun de nous est forcé d'assumer la responsabilité de sa vie et de sa façon de voir le monde.

Admettre son pouvoir

La théorie de la Gestalt utilise les principes de l'expérience individuelle, de la perception et de la responsabilité – de nos pensées et de nos sentiments – pour encourager le développement personnel en instaurant un contrôle interne. Perls insiste sur le fait qu'il est possible d'apprendre à contrôler nos expériences intérieures, quel que soit notre environnement extérieur. Une fois que nous avons compris que c'est la perception qui façonne notre expérience, nous voyons en quoi les rôles que nous jouons et les gestes que nous faisons sont des outils dont nous pouvons nous servir pour influer délibérément sur notre réalité. Contrôler notre environnement psychique intérieur nous donne la force de faire deux grands choix : comment interpréter notre environnement et comment y réagir.

Dans la gestalt-thérapie, le patient est forcé d'assumer l'entière responsabilité de sa façon d'agir et de réagir, quelles que soient les circonstances apparentes. Pour désigner cette capacité à maintenir l'équilibre émotionnel indépendamment de son environnement, Perls utilise le terme d'« homéostasie », employé habituellement en biologie pour décrire les processus de régulation de l'organisme. L'homéostasie suppose un équilibre subtil entre de nombreux systèmes. Il n'en va pas autrement du psychisme dans la gestalt-thérapie : elle cherche les façons d'équilibrer l'esprit face aux nombreuses pensées, sensations et perceptions dont se compose l'expérience humaine. Elle envisage l'individu comme un tout, supérieur à la somme de ses parties.

Perls considérait que sa tâche consistait à aider ses patients à cultiver une conscience du pouvoir de leurs perceptions et de la façon dont elles façonnaient leur « réalité ». Ses patients arrivaient ainsi à se rendre maîtres de leur environnement intérieur. En prenant la responsabilité

> Apprendre, c'est découvrir que quelque chose est possible.
> **Fritz Perls**

La prière de la Gestalt fut écrite par Fritz Perls pour résumer la gestalt-thérapie. Il rappelle qu'il faut vivre selon ses propres besoins et ne pas chercher à s'accomplir à travers les autres.

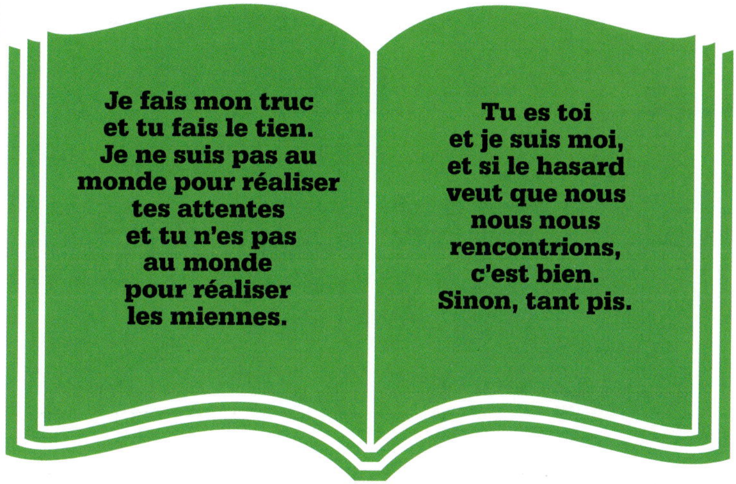

Comme le bouddhisme, la gestalt-thérapie encourage le développement de la pleine conscience et l'acceptation du changement – que Perls appelait « étude des ajustements créatifs ».

de leur perception, ils pouvaient créer la réalité qu'ils voulaient.

La gestalt-thérapie repose sur une série de procédures distinctes. La première et la plus importante consiste à apprendre à cultiver sa conscience et à la diriger vers les impressions du moment présent. L'individu doit ainsi faire l'expérience directe de ses sentiments et de la réalité perçue à un instant t. Cette capacité à « être ici et maintenant » est un élément essentiel du processus de la Gestalt : il s'agit d'une prise de conscience aiguë de nos émotions, destinée à nous aider à comprendre comment chacun de nous crée son propre environnement et y réagit. Elle offre aussi un chemin pour apprendre à changer la façon dont nous nous percevons ainsi que notre environnement.

En tant qu'outil de développement personnel, la capacité à se mettre au diapason de ses sensations authentiques – les pensées et émotions vraies – comptait plus aux yeux de Perls que les discours psychologisants ou le résultat de l'analyse d'autres formes de thérapies. Le « pourquoi » qui sous-tend le comportement est bien moins important que le « comment » ou le « quoi ». En dévaluant ainsi la nécessité de remonter aux sources et en faisant passer la responsabilité du sens de l'analyste au patient, la Gestalt transforma radicalement la relation thérapeutique. Quand les approches précédentes voient généralement le thérapeute « manipuler » son patient pour le guider vers l'objectif de guérison, la Gestalt se caractérise par une relation chaleureuse et empathique entre thérapeute et patient, qui travaillent en tant que partenaires vers un même but. Le praticien est actif, mais pas directif. La gestalt-thérapie de Perls inspirera plus tard l'approche personnelle et humaniste de Carl Rogers.

Un anti-déterminisme

Un autre élément de la méthode de la Gestalt est son recours au langage. Pour affûter leur conscience de soi, les patients sont invités à jouer de l'emploi du pronom personnel « je » dans leur discours. Perls affirme que pour assumer la responsabilité de notre réalité, il faut admettre que nous utilisons la langue pour donner l'illusion que le contrôle nous échappe même quand ce n'est pas le cas. En remplaçant « Je ne peux pas » par « Je ne veux pas », le patient revendique un choix. Cela l'aide aussi à s'approprier ses sentiments : les émotions qui naissent en moi n'appartiennent qu'à moi, j'en suis le seul responsable.

Le patient peut aussi remplacer le verbe devoir par vouloir : passer de « Je dois y aller » par « Je veux y aller » permet une fois encore de révéler la dimension de choix dans l'action. En apprenant à assumer la responsabilité de notre expérience, nous dit Perls, nous développons une personnalité

Fritz Perls

Né à Berlin à la fin du XIXe siècle, Friedrich Salomon Perls, dit Fritz Perls, fit des études de médecine et passa son doctorat après une interruption dans les tranchées pendant la Première Guerre mondiale. Il se spécialisa en psychiatrie, et après avoir épousé la psychologue Laura Posner en 1930, émigra avec elle en Afrique du Sud, où ils fondèrent un institut psychanalytique. En 1946, ils s'installèrent à New York et créèrent dans leur appartement de Manhattan le premier institut de gestalt-thérapie. Au début des années 1960, ils se séparèrent et Fritz s'installa en Californie, où il continua à approfondir ses théories. Il quitta les États-Unis en 1969 pour fonder un centre de thérapie au Canada, sur l'île de Vancouver, mais il mourut un an plus tard d'une crise cardiaque alors qu'il dirigeait un atelier psychanalytique à Chicago.

Ouvrages-clés

1946 *Ego Hunger and Aggression*
1969 *Gestalt Therapy Verbatim*
1973 *The Gestalt Approach and Eye Witness to Therapy*

> Oublie ton esprit
> et fais appel à tes sens.
> **Fritz Perls**

Les hippies des années 1960 partageaient avec la Gestalt l'idée de se trouver soi-même, mais Perls les mit en garde contre la «voie de facilité» que représentait la libération des sens.

authentique, affranchie de l'influence de son milieu social. Nous nous élevons aussi en prenant conscience que nous ne sommes pas à la merci de simples «événements». La sensation de victimisation se dissipe aussitôt que nous comprenons que ce que nous acceptons pour nous-mêmes dans notre vie – c'est-à-dire ce que nous choisissons de percevoir et de ressentir – relève d'un choix: nous ne sommes pas impuissants.

Cette responsabilité personnelle s'accompagne de l'obligation de refuser de se soumettre à des événements, relations ou situations dont nous savons qu'ils sont mauvais pour notre moi authentique. La Gestalt nous dit aussi d'user de discernement face aux normes sociales: peut-être les considérons-nous comme justes depuis si longtemps que nous les acceptons sans plus même y réfléchir. Perls nous dit qu'il faut au contraire adopter les croyances les plus à même d'inspirer et de favoriser notre moi authentique. Il est essentiel d'être capable de dicter ses propres règles, se faire ses propres opinions, décider de sa philosophie, de ses désirs et de ses intérêts. En développant la conscience de notre responsabilité, de notre autonomie et de notre clairvoyance, nous comprenons que nous bâtissons notre propre monde, établissons notre propre vérité. La vie nous devient plus facile, car «la vérité n'est tolérable que quand on la découvre soi-même».

> Si tu as besoin
> d'un encouragement
> ou d'un éloge, tape dans
> le dos de tout le monde,
> et tout le monde
> deviendra ton juge.
> **Fritz Perls**

Le rapport à l'Autre

La gestalt-thérapie, qui insistait sur le fait d'«être dans le présent» et de trouver sa propre voie et sa propre façon de penser, trouva un fort écho dans les mouvements contestataires des années 1960. Mais l'accent mis sur l'individu fut considéré comme un point faible par certains psychologues et analystes, par ceux, notamment, qui voyaient dans l'homme un être avant tout social. Pour ces critiques, une vie menée selon les principes de la Gestalt exclurait toute possibilité d'intimité avec l'Autre et se ferait donc au détriment de la collectivité, ce à quoi les partisans de la gestalt-thérapie rétorquaient qu'aucune relation authentique à l'Autre n'est possible sans le développement d'un moi authentique.

En 1964, Perls devint professeur à l'Institut Esalen, un centre réputé de développement spirituel et psychologique, en Californie, sur lequel il exerça une influence durable. Très en vogue dans les années 1970, la gestalt-thérapie passa de mode, mais ses principes furent intégrés et repris dans d'autres formes de thérapies. La Gestalt est aujourd'hui reconnue comme l'une des nombreuses approches «standard» de la psychothérapie. ■

IL EST NOTOIREMENT INSUFFISANT D'ACCUEILLIR CHEZ SOI UN ENFANT ADOPTÉ ET DE L'AIMER

DONALD WINNICOTT (1896-1971)

CONTEXTE

APPROCHE
Psychanalyse

AVANT
Années 1900 Sigmund Freud considère que les conflits névrotiques (et le surmoi) apparaissent dans la phase œdipienne, entre trois et six ans.

Années 1930 Melanie Klein affirme qu'une forme primitive du surmoi se développe chez l'enfant dans sa première année, et que l'amour et la haine sont intrinsèquement liés.

APRÈS
1947 La psychologue Virginia Axline développe une thérapie du jeu basée sur huit principes, dont le deuxième impose au thérapeute d'accepter l'enfant exactement tel qu'il est.

1979 La psychanalyste suisse Alice Miller affirme dans *Le Drame de l'enfant doué* que l'on nous pousse à « développer l'art de dissimuler ses sentiments ».

On croit souvent qu'un enfant qui a souffert de négligence affective pourra se reconstruire pourvu qu'il soit placé dans une famille d'accueil. Or, si la stabilité et l'amour peuvent, en effet, l'aider à poser les bases de sa croissance et de son équilibre mental, ce ne sont là que deux éléments parmi d'autres dans l'éducation d'un enfant.

Premier pédiatre britannique à se former à la psychanalyse, Donald Winnicott fut un spécialiste de la relation mère-nourrisson et du processus de développement de l'enfant. Il fut fortement influencé par Sigmund Freud, mais aussi par les travaux de Melanie Klein, surtout

Voir aussi : Sigmund Freud 92-99 ▪ Melanie Klein 108-109 ▪ Virginia Satir 146-147 ▪ John Bowlby 274-277

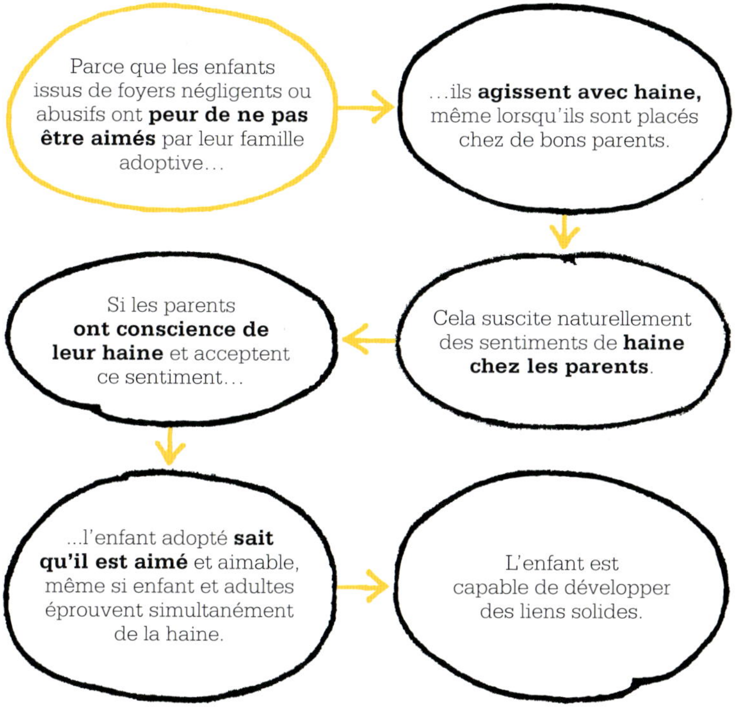

dans le domaine des sentiments inconscients de la mère – biologique ou adoptive – envers son enfant. Winnicott commença sa carrière en travaillant sur des enfants déplacés pendant la Première Guerre mondiale et observa les difficultés qu'ils rencontraient en essayant de s'adapter à leur nouveau foyer.

Dans un article intitulé *la Haine dans le contre-transfert*, il nota ainsi : « Il est notoirement insuffisant d'accueillir chez soi un enfant adopté et de l'aimer. » En recueillant l'enfant, ses nouveaux parents doivent en fait être capables de tolérer un sentiment de haine à son égard. Car un enfant ne peut croire qu'il est aimé qu'une fois qu'il a été haï. Winnicott insiste sur le rôle essentiel que joue cette « tolérance de la haine » dans le processus de guérison.

Quand un enfant a été privé de soins et qu'on lui donne la chance de grandir dans un environnement familial sain – une famille d'accueil ou d'adoption, par exemple – il se met à nourrir un espoir inconscient. Mais cet espoir s'accompagne d'une peur : la terrible déception déjà vécue par le passé et le fait que ses besoins affectifs et physiques, même les plus fondamentaux, ont été ignorés l'ont, en effet, conduit à se créer des défenses. Ces forces de l'inconscient protègent l'enfant de tout espoir susceptible d'être trahi. Ce sont ces défenses, nous dit Winnicott, qui expliquent la

Donald Winnicott

Le pédiatre et psychanalyste britannique Donald Woods Winnicott était le seul garçon d'une famille bourgeoise de Plymouth, en Angleterre. Son père, Sir John Frederick Winnicott, eut sur lui une influence positive, mais sa mère souffrait de dépression. Winnicott fit des études de médecine et de pédiatrie, puis compléta sa formation en psychiatrie par deux analyses de plusieurs années, qu'il entreprit en 1923, puis en 1936.

Marié deux fois, Winnicott rencontra sa seconde épouse, Clare Britton, en travaillant sur des enfants perturbés, évacués durant la Seconde Guerre mondiale. Il travailla durant quarante ans au Paddington Green Children's Hospital de Londres, ce qui donne à ses travaux une perspective unique. Deux fois nommé président de la Société britannique de psychanalyse, il vulgarisa la psychanalyse à travers des conférences et des émissions radiophoniques.

Ouvrages-clés

1947 *La Haine dans le contre-transfert*
1951 *Les Objets transitionnels*
1960 *La Relation parent-enfant*

> Il semble qu'un enfant adopté ne puisse croire qu'il est aimé qu'après avoir réussi à être haï.
> **Donald Winnicott**

présence de haine. L'enfant peut ainsi laisser sa colère exploser contre une nouvelle figure parentale et exprimer une haine qui provoquera, en retour, la haine de son parent adoptif : un comportement que Winnicott appelle la « tendance antisociale ».

Chez un enfant en souffrance, le besoin de haïr et de se faire haïr est plus profond que le besoin de se rebeller, et il est essentiel pour le processus de guérison que le parent adoptif apprenne à accepter cette haine. Winnicott affirme qu'il faut permettre à l'enfant de l'extérioriser et que le parent doit être capable de tolérer à la fois la haine de l'enfant et la sienne propre.

Cette théorie a de quoi choquer et l'on peut avoir du mal à accepter l'idée de ressentir cette haine en soi. Le parent peut se sentir coupable, a fortiori vis-à-vis d'un enfant ayant déjà derrière lui des moments difficiles. Et pourtant, l'enfant manifeste activement de la haine envers lui, projetant sa propre expérience d'abandon affectif sur la réalité présente. L'enfant arraché à son foyer ou orphelin « passe son temps à chercher inconsciemment ses parents », nous dit Winnicott, et transfère les sentiments issus de ses relations passées sur un nouvel adulte.

L'enfant a intériorisé la haine et la perçoit même quand elle n'est plus présente. Dans sa nouvelle situation, il a besoin d'observer les réactions à un climat de haine : « Au bout d'un certain temps, l'enfant adopté acquiert de l'espoir, commence à mettre l'environnement qu'il a trouvé à l'épreuve et cherche à s'assurer que ses tuteurs sont capables de haïr objectivement. »

L'enfant a mille façons d'exprimer cette haine et de prouver ainsi qu'il n'est pas digne d'être aimé. Ce sentiment d'être dénué de toute valeur lui vient de son environnement négatif d'origine. Du point de vue de l'enfant, il ne fait qu'essayer de se prémunir du risque d'avoir à aimer ou être aimé, qu'il associe inévitablement au risque d'être déçu.

Savoir gérer la haine

Les émotions que la haine de l'enfant provoque chez ses parents, mais aussi chez ses enseignants ou autres figures d'autorité, sont bien réelles. Winnicott estime qu'il est essentiel que les adultes admettent ces sentiments au lieu de les refouler, même si cela peut leur sembler plus simple. Il leur faut aussi comprendre que la haine de l'enfant ne les vise pas personnellement : l'enfant ne fait qu'exprimer l'angoisse que lui inspire une situation passée malheureuse en visant l'adulte présent sur le moment.

Ce que la figure d'autorité fait de sa propre haine est naturellement essentiel. Si l'enfant croit qu'il est foncièrement « mauvais » et indigne d'être aimé, la réponse de l'adulte ne doit pas le conforter dans cette impression : l'adulte doit se contenter de tolérer la haine et d'admettre qu'elle fait partie de sa relation à l'enfant. C'est la seule façon de lui donner un sentiment de sécurité et la possibilité de créer des liens.

Quel que soit l'amour que peut recevoir un enfant dans son nouvel environnement, celui-ci ne pourra effacer son passé, et l'enfant conservera le souvenir de ses traumatismes antérieurs. Pour Winnicott, c'est un passage obligé : l'enfant s'attend à ce que la haine de l'adulte entraîne son rejet, puisque c'est ce qu'il a déjà connu. Quand

Les manifestations antisociales des enfants expriment leur inquiétude sur le monde et leur permettent de tester les gens qui sont censés s'occuper d'eux, les soutenir et les soigner.

En dépit des sentiments négatifs qu'exprime inconsciemment et naturellement un enfant, le parent doit lui offrir un environnement qui le soutient et le rassure.

il constate que ce n'est pas le cas, mais que sa haine est au contraire tolérée, celle-ci peut progressivement se dissiper.

Une haine saine

Même dans une famille unie et psychologiquement équilibrée, Winnicott estime que la haine inconsciente est un sentiment naturel et une composante essentielle de l'art d'être parent : il parle de « haïr comme il faut ». Melanie Klein avait déjà suggéré qu'un bébé peut éprouver de la haine pour sa mère, mais Winnicott va plus loin en affirmant que c'est la mère qui hait la première, non sans avoir au préalable éprouvé un amour extraordinairement primitif, qu'il qualifie d'« impitoyable ». La venue au monde de l'enfant soumet la mère à de terribles contraintes physiques et psychologiques, qui suscitent en elle un sentiment de haine. Winnicott énumère ainsi dix-huit raisons pour lesquelles une mère peut haïr son nouveau-né : la grossesse et l'accouchement ont fait peser un risque sur sa vie ; l'enfant interfère dans sa sphère privée ; il la blesse en tétant, peut même la mordre ; il la traite « en moins que rien, en domestique corvéable à merci, en esclave ». Et malgré tout cela, la mère aime son enfant, « avec ses excréments et tout le reste », souligne Winnicott, d'un amour immense et primitif et doit apprendre à tolérer sa haine pour son enfant en se gardant toujours de la transformer en actes. À défaut de « haïr comme il faut », conclut-il, la haine de la mère se retournera contre elle-même, sous forme d'une déviance masochiste.

Une relation thérapeutique

Winnicott utilise la relation entre la mère et l'enfant comme une métaphore de la relation thérapeutique entre l'analyste et son patient : les sentiments qu'éprouve le patient – généralement du type de ceux que l'on a pour un parent, un frère ou une sœur – sont transférés sur le thérapeute. Ceux qui naissent chez ce dernier relèvent d'un phénomène appelé « contre-transfert ». Dans son article, Winnicott décrit la façon dont le thérapeute ressent de la haine pour son patient en analyse, même si celle-ci a été provoquée par le patient dans une sorte de mise à l'épreuve indispensable : le patient cherche en effet à s'assurer que son analyste est assez fort et fiable pour résister à cette agression.

> Du point de vue du nourrisson, la sentimentalité de la mère n'est pas bonne du tout.
> **Donald Winnicott**

Une approche réaliste

Si ses idées ont pu choquer, Winnicott estimait qu'il fallait aborder l'éducation des enfants avec réalisme et privilégier la sincérité à toute forme de sentimentalisme. C'est ce qui nous permet, d'abord comme enfants, puis comme adultes, d'admettre nos sentiments négatifs naturels et inévitables afin de mieux les affronter. Winnicott était un réaliste et un pragmatique, qui refusait de croire au mythe de la famille idéale ou à un monde dans lequel quelques mots gentils auraient suffi à effacer toutes les horreurs qui les avaient précédés. Il préférait voir le monde qui nous entoure et les états psychiques comme ils étaient et nous invitait à avoir le courage et la lucidité de faire de même. Difficiles à classer dans un courant de pensée particulier, ses idées eurent pourtant une immense influence et continuent de peser sur le travail social, l'éducation, la psychologie du développement et la psychanalyse à travers le monde. ■

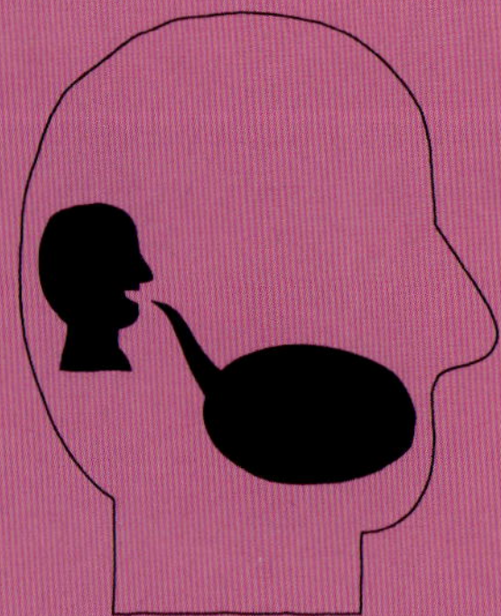

L'INCONSCIENT EST LE DISCOURS DE L'AUTRE

JACQUES LACAN (1901-1981)

CONTEXTE

APPROCHE
Psychanalyse

AVANT

1807 Pour le philosophe allemand Georg Hegel, la conscience de soi dépend de la présence de l'Autre.

1818 Pour le philosophe allemand Arthur Schopenhauer, il n'y a pas d'objet s'il n'y a pas un sujet qui observe, et la perception de l'objet est limitée par la vision et l'expérience personnelles.

1890 Dans *Principes de psychologie,* William James fait la distinction entre le moi qui agit, le *I*, et le moi qui subit, le *me*.

APRÈS

1943 Le philosophe français Jean-Paul Sartre déclare que la perception du monde qui nous entoure – l'Autre – est modifiée lorsqu'une autre personne apparaît, car nous absorbons en nous son concept de l'Autre.

L'Autre, c'est tout ce qui se trouve au-delà des frontières de nous-mêmes.

↓

Nous **nous définissons et nous redéfinissons nous-mêmes** à travers l'existence de l'Autre.

↓

Nous comprenons le monde à travers le **langage** (le discours) de l'Autre.

↓

Nous utilisons aussi ce langage pour nos **pensées** les plus intimes.

↓

L'inconscient est le discours de l'Autre.

En psychanalyse, l'inconscient est l'endroit où sont stockés tous les souvenirs dont nous aimerions nous débarrasser. Ils ne peuvent en principe plus en sortir. Il arrive pourtant que l'inconscient s'adresse au moi conscient, ne serait-ce que par bribes : Carl Jung pensait qu'il s'exprimait sous forme de rêves éveillés, de symboles et à travers les codes des archétypes, alors que, pour Freud, c'était dans le comportement motivationnel et les lapsus. S'il est une chose sur laquelle les différentes écoles de pensée psychanalytiques s'accordent, en revanche, c'est que l'inconscient possède une plus grande vue d'ensemble que le moi conscient. Mais, pour le psychiatre français Jacques Lacan, le discours de l'inconscient n'est pas celui du moi, mais celui de l'Autre.

Une idée du moi

La notion de moi nous paraît souvent évidente : nous sommes chacun un être à part, un individu, qui voit le monde par ses propres yeux, connaît les frontières qui le séparent des autres et de son environnement et part du principe que ses pensées et ses façons d'interagir avec son environnement

Voir aussi : William James 38-45 ▪ Sigmund Freud 92-99 ▪ Carl Jung 102-107 ▪ Donald Hebb 163

Notre sens du moi est façonné par notre conscience de « l'Autre » – le monde extérieur à nous. Et, pour Lacan, c'est le langage de l'Autre qui engendre nos pensées les plus profondes.

sont, elles aussi, bien distinctes. Et s'il n'y avait rien que nous puissions reconnaître comme étant séparé de nous ? Il nous serait alors impossible de conceptualiser notre idée du moi, car nous n'aurions aucun être bien défini auquel penser. La seule façon qui nous permet de déterminer qu'en tant qu'individus nous sommes séparés du reste du monde qui nous entoure est notre capacité à saisir le fait que nous sommes distincts de notre environnement, ou de l'Autre : c'est ainsi que nous devenons le sujet « je ». Lacan conclut que chacun de nous n'est un « moi » que parce qu'il a l'idée de l'Autre.

Ce que Lacan appelle l'Autre, c'est l'altérité absolue, située au-delà du moi, l'environnement dans lequel nous sommes nés et qu'il nous appartient de traduire, ou d'interpréter, si nous voulons survivre et prospérer. Un nouveau-né doit apprendre à rassembler ses sensations pour en faire les concepts et les catégories qui lui permettront de fonctionner dans le monde. Il le fait en acquérant progressivement la conscience et la compréhension d'une série de signifiants, c'est-à-dire de signes ou de codes. Mais ces signifiants ne peuvent nous venir que du monde extérieur situé au-delà du moi. Il faut donc qu'ils aient été formés par le langage – ce que Lacan appelle le « discours » – de l'Autre.

> Le moi est toujours dans le champ de l'Autre.
> **Jacques Lacan**

Nous n'arrivons à penser ou à exprimer nos idées et émotions que par le biais du langage, et le seul dont nous disposons, nous dit Lacan, est celui de l'Autre. Les sensations et images qui se traduisent en pensées de notre inconscient doivent donc être construites à partir de ce langage de l'Autre : « l'inconscient est le discours de l'Autre. » Ce concept eut une profonde influence sur la pratique psychanalytique et déboucha sur une interprétation plus objective et ouverte des messages de l'inconscient. ■

Jacques Lacan

Né à Paris dans une famille bourgeoise catholique, Jacques-Marie Émile Lacan fit ses études secondaires au collège Stanislas et, après avoir suivi des études de médecine, se spécialisa en psychiatrie. Durant la Seconde Guerre mondiale, il travailla à l'hôpital militaire du Val-de-Grâce, et, après la guerre, il fit de la psychanalyse son activité de prédilection. Évincé de l'Association psychanalytique internationale en raison de son dispositif analytique basé sur la séance courte en 1953, Lacan rejoignit alors la Société française de psychanalyse. Il publia des écrits étendus à la philosophie, l'art, la littérature et la linguistique, et donna des séminaires hebdomadaires suivis par d'éminentes personnalités, dont Roland Barthes et Claude Lévi-Strauss. Prônant le retour à Freud, il fonda l'École freudienne de Paris en 1964, puis l'École de la Cause freudienne en 1981.

Ouvrages-clés

1954-1980 *Le Séminaire* (27 volumes)
1966 *Écrits*
2001 *Autres Écrits* (posthume)

LA PRINCIPALE TÂCHE DE L'HOMME EST DE SE DONNER NAISSANCE À LUI-MÊME

ERICH FROMM (1900-1980)

CONTEXTE

APPROCHE
Psychanalyse humaniste

AVANT
1258-1261 Le mystique soufi Rûmî déclare que la nostalgie de l'âme humaine vient de la séparation d'avec sa source.

Années 1950 Pour Rollo May, la « vraie religion » consiste à relever les défis de la vie et de lui donner un but et un sens en acceptant les responsabilités et en faisant des choix.

APRÈS
1950 Karen Horney affirme que le Moi névrotique est scindé entre le Moi idéalisé et le Moi réel.

Années 1960 Abraham Maslow définit la créativité et l'intérêt porté à autrui comme spécifiques à l'auto-réalisation.

Années 1970 Fritz Perls dit que nous devons nous trouver nous-mêmes pour parvenir à l'auto-réalisation.

La capacité à donner un sens à sa vie est le trait distinctif qui définit le genre humain. Pour le psychanalyste américain d'origine allemande Erich Fromm, c'est cette capacité qui fait que nous menons une vie heureuse et épanouissante ou, au contraire, une vie d'insatisfaction. Car, si la vie est intrinsèquement pénible, nous pouvons la rendre supportable en lui donnant du sens, c'est-à-dire en recherchant et en construisant notre moi authentique. Pour Fromm, le but ultime de la vie humaine est de développer la qualité la plus précieuse qu'un homme puisse posséder : la biophilie – ou l'amour de la vie.

Si notre existence est chargée de frustrations, nous dit Fromm, c'est que l'homme vit dans un état de lutte. Il essaie constamment de faire l'équilibre entre sa nature individuelle – son existence en tant qu'être distinct – et son besoin d'être relié au reste du monde. Il est une partie de notre moi profond qui ne sait exister que dans un état d'union ou d'harmonie avec la nature et le reste de l'humanité. Or nous constatons chaque jour que nous sommes séparés de la nature et isolés des autres. Pire encore, nous avons la capacité unique de penser cette séparation et de réfléchir à notre isolement : l'homme, animal doué de raison, est un être conscient d'être en vie.

Fromm estime que notre séparation d'avec la nature remonte au développement de notre intellect, qui nous a rendus conscients de cette rupture. Notre faculté à raisonner et à créer des liens nous élève au-dessus de l'état de nature. Elle nous permet de mener une vie productive et nous confère une supériorité intellectuelle mais nous fait aussi prendre conscience de notre solitude dans

> Il semble que rien ne soit plus difficile à supporter pour l'homme moyen que le sentiment de ne pas appartenir à un grand groupe.
> **Erich Fromm**

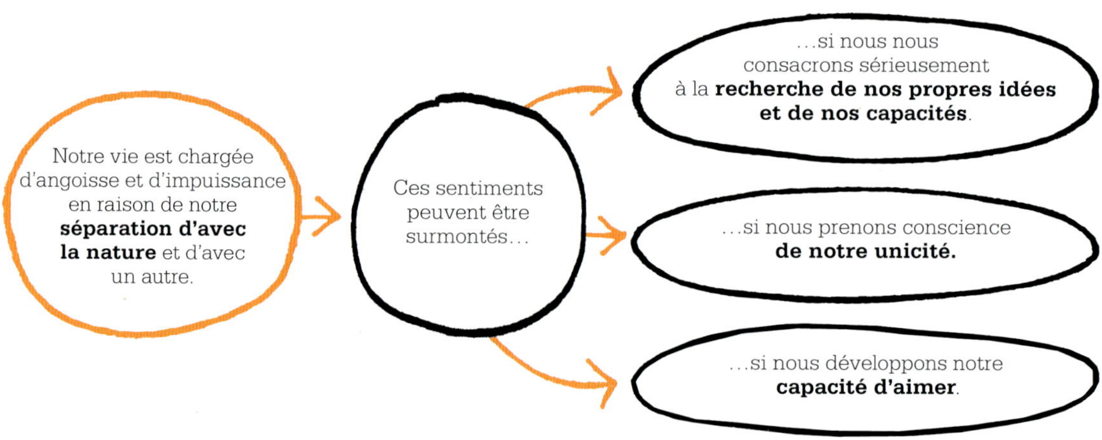

Voir aussi : Karen Horney 110 ▪ Fritz Perls 112-17 ▪ Carl Rogers 130-137 ▪ Abraham Maslow 138-139 ▪ Rollo May 141

La créativité des artistes les incite à rechercher de nouvelles manières d'interpréter le monde qui nous entoure. Les plus grands d'entre eux brillent généralement par leur anticonformisme.

l'univers. C'est par la raison que nous avons connaissance de notre finitude et de celle de nos êtres chers. Ce savoir engendre une insupportable solitude, que nous cherchons toujours à surmonter : l'angoisse et le désespoir sont inhérents à la nature humaine. L'espoir existe pourtant, nous rassure Fromm, du fait que l'homme peut dépasser son sentiment d'isolement et d'aliénation en s'inventant un but.

Notre aspiration à devenir des individus libres et distincts ne nous affranchit pas du besoin d'unité avec les autres. Or, en essayant d'équilibrer ces besoins, il arrive que nous nous laissions aller à la facilité de la conformité avec un groupe ou de la soumission à une autorité. C'est une voie sans issue, nous prévient Fromm, pour qui il est impératif de découvrir son propre moi indépendant, de se forger ses propres points de vue et son système de valeurs plutôt que d'adhérer à une norme fixée par l'habitude ou le pouvoir. En tentant de nous défausser de la responsabilité de nos choix, nous nous aliénons à nous-mêmes, alors que le but même de la vie est de nous définir dans notre unicité, de découvrir nos propres idées et capacités et d'accepter ce qui nous distingue des autres. La principale tâche de l'homme est de se donner naissance à lui-même : c'est ainsi qu'il se libère de la confusion, de la solitude et de l'apathie.

Créativité et amour

La seule façon dont nous pouvons atteindre le sentiment de plénitude auquel nous aspirons est de découvrir notre individualité. Il nous faut pour cela suivre nos propres idées et passions, mais aussi notre volonté créatrice, car « la créativité exige le courage de se défaire des certitudes ».

L'une des principales façons dont l'homme se délivre de l'isolement est sa capacité à aimer. Le mot « amour », chez Fromm, a un sens très différent de celui que nous lui connaissons habituellement : ce n'est pas une émotion, et il n'a pas nécessairement d'objet. Il s'agit plutôt d'une capacité créative interpersonnelle, que chacun doit développer activement en tant que composante de sa personnalité : « une attitude, une prédisposition du caractère qui détermine la relation d'une personne au monde dans son intégralité. »

S'agissant de l'amour entre deux êtres, Fromm affirme que les principes essentiels sont l'attention, la responsabilité, le respect et la connaissance : une connaissance objective des désirs et des besoins réels de l'autre. Nous ne pouvons aimer qu'en respectant notre caractère distinct et unique. C'est ainsi, paradoxalement, que nous développons notre capacité à créer des liens. L'amour exige un grand respect de l'autre en tant qu'individu et repose sur l'autonomie et non sur la fusion des personnalités. Dans notre désir débordant de nous lier et de nous unifier, nous essayons d'aimer, mais nos relations débouchent souvent sur un déséquilibre affectif. Nous croyons aimer, mais peut-être cherchons-nous une autre forme de conformité. Nous disons « Je t'aime » quand nous pensons « Je me vois en toi », « Je veux devenir toi » ou « Je veux te posséder ». En aimant, nous essayons de dissoudre notre unicité ou, au contraire, de dérober celle de l'autre. Notre désir ardent de fusionner avec l'autre fait que nous cherchons en lui notre propre image, ce qui nous conduit à surimposer nos traits aux siens.

Les quatre types de personnalité non productifs

Le type réceptif n'a pas d'autre choix que d'accepter sa place et ne se bat jamais pour le changement ou l'amélioration.

Le type exploitant, agressif et centré sur lui-même, se livre souvent à des actes de coercition et au plagiat.

Le type rigide se bat pour garder ce qu'il a et cherche toujours à acquérir davantage.

Le type marketing est capable de tout vendre, et particulièrement sa propre image.

La seule façon d'aimer, nous dit Fromm, est d'aimer librement, en reconnaissant à l'autre toute son individualité, de respecter ses différences d'opinion, ses préférences et ses croyances. L'amour ne saurait consister à faire entrer une personne dans le moule d'une autre, et il ne s'agit pas de trouver son « alter ego ». L'amour consiste à « s'unir avec quelqu'un ou à quelque chose d'extérieur à soi, à condition de conserver le caractère distinct et l'intégrité de son propre moi ».

De nombreuses personnes consacrent beaucoup de temps et d'argent à essayer de cultiver le moi qui leur semble le plus digne de recevoir un accueil favorable et, donc, de les faire aimer ou désirer. En pure perte, car seul un individu intérieurement solide et capable d'affirmer sa propre vision du monde pourra donner aux autres et aimer au vrai sens du terme. Les gens qui cherchent à recevoir de l'amour au lieu d'en donner – et, plus généralement, qui ne conçoivent des relations qu'en termes de profit – courent à l'échec. Ils croient que la source des bonnes choses est située en dehors d'eux-mêmes et éprouvent un besoin constant de les accumuler, sans que leur désir soit jamais assouvi.

> « Connais-toi toi-même » est l'un des préceptes fondamentaux de l'homme qui aspire à la force et au bonheur.
>
> **Erich Fromm**

Les types de personnalité

Fromm définit plusieurs types de personnalité qualifiés de « non productifs » du fait qu'ils permettent aux autres d'éviter d'avoir à assumer la responsabilité de leurs actes et entravent ainsi leur développement personnel. Chacun de ces quatre types – réceptif, exploitant, rigide et marketing – a ses bons et ses moins bons côtés. Un cinquième type, le nécrophile, est parfaitement mauvais tandis que le sixième type – la personnalité productive – représente l'idéal pour Fromm. Dans les faits, nos personnalités sont généralement composées d'un peu de chacun des quatre types principaux.

Un individu d'orientation « réceptive » vit de façon passive et dans le statu quo, résigné au lot qui lui est imparti. C'est un suiveur plus qu'un meneur, qui subit plus qu'il n'agit. Capable de se poser en victime, il peut aussi faire preuve d'une grande dévotion et ouverture d'esprit. Dans l'histoire, le type réceptif s'incarne dans la paysannerie et les travailleurs migrants.

Le type « exploitant » prospère en se nourrissant des autres. Ce dont il a besoin, il le prend au lieu de le gagner ou de le créer. Il se distingue toutefois par une extrême confiance en lui et un fort esprit d'initiative. On peut le comparer à la noblesse d'Ancien Régime, qui tirait son pouvoir et sa fortune des populations vivant sur ses terres.

Le « rigide » cherche toujours à se faire des relations en haut lieu et va jusqu'à classer ses proches en fonction de leur valeur, comme des objets qui lui appartiendraient. Avide de pouvoir et peu généreux, il est, au mieux, pragmatique et économe.

D'un point de vue historique, c'est la classe moyenne, ou la bourgeoisie, qui progresse fortement pendant les périodes de crises économiques.

Le dernier des quatre types présente l'orientation « marketing » : obsédé par son image, il cherche à tout prix à « se vendre ». Chacun de ses choix est considéré en termes de prestige et de statut, qu'il s'agisse de tenue vestimentaire, de voiture, de vacances ou même de partenaire. Opportuniste, indélicat et superficiel, il a pourtant des qualités de motivation, de résolution et de dynamisme. Ce type est le plus représentatif de nos sociétés modernes, marquées par l'instinct de possession et la dictature du paraître.

Le type le plus négatif reste le « nécrophile », adepte de mort et qui ne cherche qu'à détruire. Sa peur profonde du désordre et de l'imprévu intrinsèques à la vie lui donne un goût pour le morbide et le macabre et un penchant irrépressible pour l'ordre et la loi. Les objets mécaniques lui semblent préférables aux autres hommes. Une version atténuée du nécrophile est le pessimiste, pour qui le verre est toujours à moitié vide, jamais à moitié plein.

> La vie a une dynamique interne qui lui est propre ; elle tend à croître, à s'exprimer, à être vécue.
> **Erich Fromm**

Le dernier type de personnalité de Fromm correspond à l'orientation productive. Cet individu cherche et trouve une solution légitime à la vie par la souplesse d'esprit, la curiosité et la sociabilité. Cherchant à ne faire qu'un avec le monde pour échapper à la solitude de la séparation, l'individu productif affronte son environnement avec rationalité et ouverture et ne redoute pas de remettre en question ses croyances. Il est capable d'aimer un autre pour ce qu'il est, sans le réduire à un trophée ou à un gage de sécurité. Pour Fromm, le type productif est l'« homme sans masque ».

Les travaux de Fromm se distinguent par leur point de vue unique, qui emprunte aussi bien à la psychologie qu'à la sociologie et à la philosophie politique – au marxisme notamment. Si ses écrits, toujours très accessibles, touchèrent plus le grand public que les scientifiques, Erich Fromm n'en est pas moins reconnu comme l'un des grands contributeurs de la psychologie humaniste. ■

Sa fascination pour la mort et la destruction fait d'Hitler l'exemple du « nécrophile », l'un des types de personnalité défini par Fromm et caractérisé par l'obsession de l'ordre.

Erich Fromm

Erich Fromm était l'unique enfant d'une famille juive de Francfort, en Allemagne. Homme de réflexion, il fit d'abord des études talmudiques avant de s'orienter vers la théorie socialiste de Karl Marx puis vers la psychanalyse de Freud. Mais, avant de s'engager plus avant, il étudia la jurisprudence et la sociologie pour tenter de comprendre l'hostilité qu'il avait observée au cours de la Première Guerre mondiale. Lorsqu'en 1933 les nazis prirent le pouvoir en Allemagne, Fromm s'installa en Suisse, puis à New York, où il créa un cabinet de psychanalyse et enseigna à l'université Columbia.

Marié trois fois, Fromm eut une aventure houleuse avec Karen Horney pendant les années 1930. En 1951, il quitta les États-Unis pour enseigner au Mexique, puis revint onze ans plus tard et obtint une chaire de psychiatrie à l'université de New York. Il mourut en Suisse à l'âge de soixante-dix-neuf ans.

Ouvrages-clés

1941 *La Peur de la liberté*
1947 *L'Homme pour lui-même*
1956 *L'Art d'aimer*

LE BIEN VIVRE EST UN PROCESSUS, PAS UNE MANIÈRE D'ÊTRE

CARL ROGERS (1902-1987)

CONTEXTE

APPROCHE
Thérapie centrée sur la personne

AVANT
Années 1920 Le psychanalyste autrichien Otto Rank estime que la croissance et le développement psychologiques impliquent de rompre avec les pensées, les émotions et les comportements obsolètes.

Années 1950 Pour Abraham Maslow, les gens ne doivent pas être considérés comme un ensemble de symptômes, mais d'abord et avant tout comme des personnes.

APRÈS
Années 1960 Fritz Perls recommande de s'affranchir des attentes des autres pour exprimer son propre moi.

2004 Le psychologue américain Clark Moustakas explore les composants spécifiquement humains de la vie : espoir, amour, ego, créativité, individualité et devenir.

Au XIXe et jusqu'au début du XXe siècle, l'approche de la psychothérapie reposait, pour l'essentiel, sur l'idée que les troubles mentaux sont des pathologies bien définies qu'il convient de soigner. La théorie psychanalytique, par exemple, désignait comme « névrosé » toute personne confrontée à des problèmes psychologiques. La maladie mentale était vue sous un jour très négatif, et la plupart des théories et pratiques de l'époque proposaient des définitions strictes et des explications structurées de ses causes, ainsi que des méthodes thérapeutiques bien établies.

En adoptant un point de vue nettement plus ésotérique, le psychologue américain Carl Rogers transforma à tout jamais l'approche de la psychothérapie. Il considérait les philosophies de son temps comme un carcan trop structuré et rigide pour pouvoir rendre compte d'une chose aussi dynamique et fluide que l'expérience humaine. L'humanité était pour lui bien trop diverse pour être ainsi classé en catégories.

Accéder à la santé mentale

Carl Rogers nous dit qu'il est absurde de considérer la santé mentale comme un état fixe et bien défini, auquel on accéderait soudain à la fin d'un parcours d'étapes. Il conteste l'idée qu'on puisse y parvenir après que les tensions névrotiques ont été réduites par la satisfaction des pulsions biologiques, comme l'affirmaient les psychanalystes. Impossible non plus de la cultiver par un programme spécialement conçu pour développer et préserver un état d'homéostasie, ou équilibre interne, en réduisant les effets du chaos du monde extérieur sur le moi, comme le prônaient les béhavioristes.

Rogers réfutait l'idée qu'une personne vive dans un état mental « défectueux » qu'il s'agirait de « réparer » ou de « remettre en état » et préfère considérer l'expérience humaine, l'esprit et l'environnement comme des organismes qui vivent et se développent. Il parle d'un « processus ininterrompu d'expérience organismique », qui traduit sa vision d'une vie en tant que flux instantané : la vie existe dans l'expérience que nous faisons de chaque instant.

Pour Rogers, le concept d'un moi sain ne réside pas dans une identité prédéfinie, mais, au contraire, dans une entité changeante, évolutive et ouverte à tous les possibles. Il revendique une définition souple,

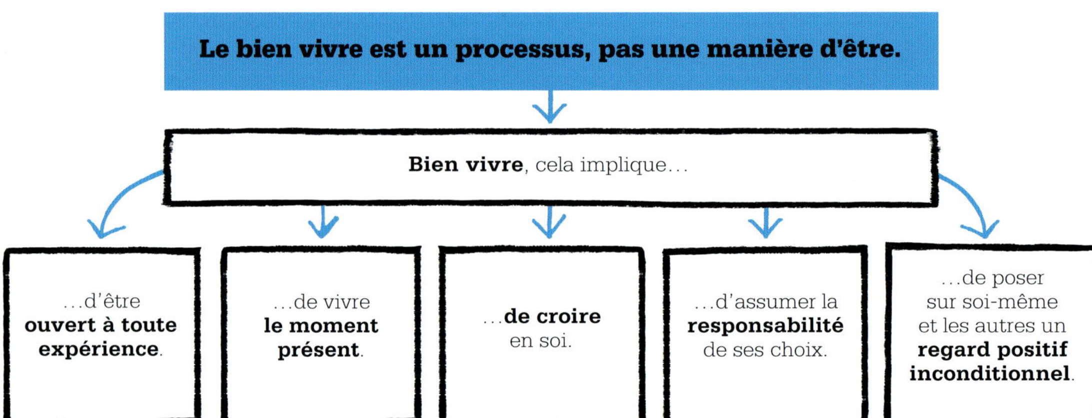

Voir aussi : Fritz Perls 112-117 ▪ Erich Fromm 124-129 ▪ Abraham Maslow 138-139 ▪ Rollo May 141 ▪ Dorothy Rowe 154 ▪ Martin Seligman 200-201

Contrairement à un labyrinthe ne possédant qu'une issue, Rogers affirme que la vie est pleine de possibilités et offre de multiples voies, mais, la plupart du temps, les gens sont incapables ou refusent de les voir. Pour profiter du bien vivre, nous devons rester flexibles et ouverts à tout ce que la vie propose et en jouir pleinement à chaque instant.

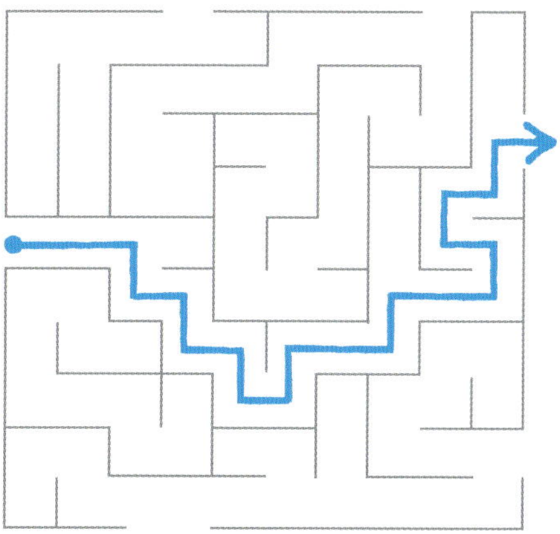

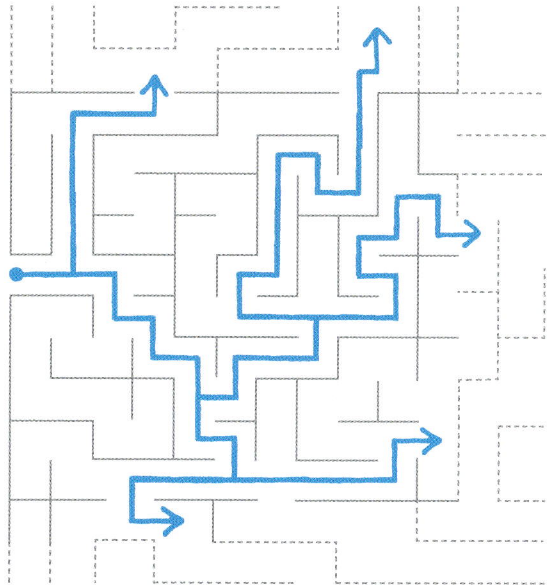

authentique et non doctrinaire de l'expérience humaine « saine ». L'homme n'est pas engagé sur un chemin dont la destination serait l'« ajustement » ou l'« auto-réalisation », selon les termes du psychologue humaniste Abraham Maslow. Mieux, le but de l'existence n'est pas d'atteindre une destination quelle qu'elle soit, car la vie n'est pas un voyage qui tend vers un but, mais un processus de développement et de découverte ininterrompu jusqu'à la mort.

Le bien vivre

Rogers utilise l'expression « bien vivre » pour désigner l'ensemble des caractéristiques, attitudes et comportements adoptés par les personnes s'étant approprié les fondements de son approche, c'est-à-dire « entièrement dans le flux de la vie ». L'un des ingrédients essentiels est la capacité à rester présent dans l'instant. Le moi et la personnalité naissant de l'expérience, il est absolument capital de s'ouvrir entièrement à toutes les possibilités que nous offre chaque moment de la vie et de laisser nos expériences nous façonner. L'individu vit dans un environnement de changement permanent, mais les gens ont souvent et trop facilement tendance à nier cette fluidité en se créant des constructions mentales sur la façon dont les choses devraient se passer. Ils essaient ensuite de se conformer à ces constructions et de faire entrer leur idée de la réalité dans un moule : l'exact opposé du moi fluide et changeant qu'exige la nature même de notre existence, selon Rogers.

Nos idées préconçues de ce qu'est le monde, ou de ce qu'il devrait être, et du rôle que nous avons à y jouer définissent les frontières de notre univers et réduisent notre capacité à rester présents et ouverts à l'expérience. En optant pour le « bien vivre », Rogers nous dit que nous pouvons éviter cette impression d'impasse. Le but est que l'expérience nous serve de point de départ pour construire notre personnalité plutôt

> Ce que je serai et ferai dans l'instant qui suit sort du moment présent et ne peut être prédit.
> **Carl Rogers**

Travailler dans un pays en voie de développement est une manière gratifiante de s'ouvrir à de nouvelles expériences, de contester les idées reçues et d'en savoir plus sur soi-même.

que d'essayer de faire entrer nos expériences dans une notion préconçue de notre moi. Si nous nous cramponnons à nos certitudes au lieu d'accepter les choses pour ce qu'elles sont, nos besoins risquent fort de nous paraître « incongrus », c'est-à-dire inadaptés à la réalité que nous percevons.

Lorsque le monde refuse de se conformer à nos désirs et que nous nous sentons incapables de changer nos idées, le conflit se manifeste par une attitude défensive. Rogers la définit comme la tendance à recourir inconsciemment à des stratégies pour éviter à un stimulus perturbateur d'entrer dans notre conscience : soit nous nions la réalité, soit nous la distordons en la réinterprétant, préférant refuser l'évidence que de nous départir de nos idées préconçues. Ce faisant, nous nous interdisons tout un pan de réactions, sensations et idées potentielles et fermons un vaste éventail de possibilités, qui nous semblent mauvaises ou hors de propos. Les pensées et sentiments défensifs qui s'éveillent en nous quand la réalité s'oppose à nos idées reçues nous font interpréter l'expérience de façon tronquée et faussée. Pour participer réellement à ce que Rogers appelle le « processus ininterrompu d'expérience organismique », il nous faut nous ouvrir totalement à l'expérience et tourner le dos aux attitudes défensives.

Un éventail d'émotions

En nous ouvrant à tout l'éventail de nos émotions, nous dit Rogers, nous nous permettons d'approfondir et d'enrichir l'expérience de chaque moment de notre vie. Nous croyons peut-être pouvoir sélectionner les émotions à bloquer – et ainsi réfréner des sensations inquiétantes ou déplaisantes –, mais réprimer certaines émotions conduit inévitablement à réduire le volume de toutes les autres et à nous refuser l'accès à notre nature dans son entièreté. Si en revanche nous apprenons à apprivoiser nos émotions, notamment celles que nous avons toujours considérées comme négatives, le flux d'impressions positives se renforce. C'est comme si le fait de nous autoriser à ressentir la douleur nous permettait d'intensifier la sensation de joie.

> Le soi doit émerger de l'expérience ; ce n'est pas à l'expérience d'être interprétée de manière à s'adapter à une construction préconçue du soi.
> **Carl Rogers**

En restant constamment ouverts aux événements, Rogers affirme que nous permettons à toutes nos

Un point de vue figé sur le monde mène souvent à la tristesse ; frustré de voir que la vie n'est pas ce que l'on attendait, on risque de se sentir comme « une cheville carrée dans un trou rond ». Rogers nous exhorte à renoncer aux idées préconçues et à voir le monde tel qu'il est réellement.

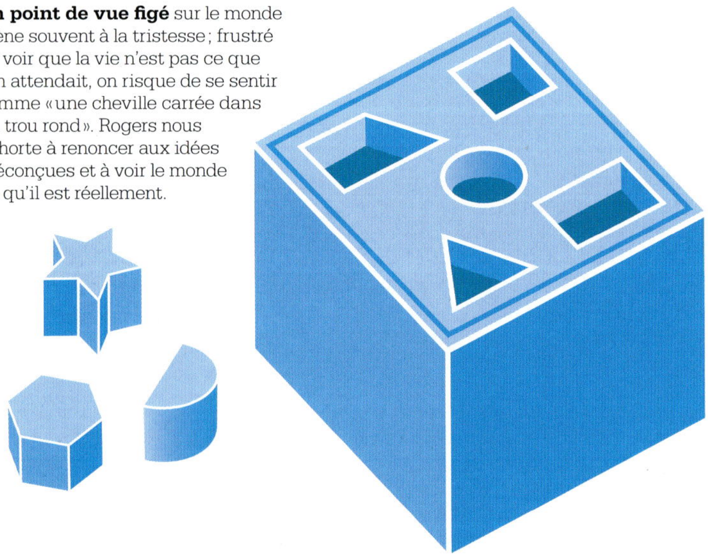

capacités de fonctionner et retirons ainsi la plus forte satisfaction de nos expériences. Nous n'avons pas érigé de mur de défense autour d'une partie de notre moi et pouvons ainsi ressentir toute chose pleinement. Une fois que nous nous extrayons de l'ornière de nos idées préconçues, plus rien ne peut nous empêcher de nous élever. Et, au lieu d'organiser notre expérience pour la conformer à l'idée que nous nous faisons du monde, c'est «au sein même de l'expérience que nous découvrons une structure».

Cette ouverture exige pourtant un certain courage de la part de l'individu, nous prévient Rogers. Il ne s'agit pas de redouter telle ou telle sensation, mais juste d'accepter le flux entier de la connaissance et de l'expérience. En accédant réellement à une gamme plus vaste d'expériences, chacun de nous est plus à même de trouver la voie qui convient à son moi authentique: tel est l'individu entièrement fonctionnel que Rogers nous invite à devenir. Nous progressons constamment et Rogers souligne que la direction dans laquelle les gens avancent – pour autant qu'ils soient libres d'avancer – est généralement celle à laquelle ils conviennent le mieux et qui, inversement, leur convient le mieux.

L'acceptation inconditionnelle

À la différence d'un grand nombre de ses prédécesseurs dans le domaine de la psychothérapie, Rogers estimait que l'homme est bon et sain d'esprit par essence et que le bien-être mental et émotionnel constitue la progression naturelle du genre humain. Ces notions sont à la base d'une approche qui pose sur le patient un regard foncièrement bienveillant: celui de l'acceptation inconditionnelle. Rogers demandait que ses patients apprennent à en faire autant avec eux-mêmes et les autres. Ce point de vue fondé sur l'empathie et la reconnaissance du potentiel de chaque individu a été appelé «considération positive inconditionnelle». Rogers pensait que toute personne, et pas uniquement ses patients, doit parvenir à se voir de cette façon – elle-même, mais aussi les autres et son environnement.

L'acceptation inconditionnelle est un élément vital, sans lequel il est impossible de rester ouvert à l'expérience. Rogers affirmait que nous sommes nombreux à poser des conditions strictes et très précises avant d'accorder notre assentiment ou notre acceptation. Nous fondons par ailleurs notre amour-propre et notre considération pour les autres sur la réussite ou l'apparence, au lieu de nous accepter et d'accepter les autres comme ils sont.

> Aucune idée, qu'elle vienne de moi ou de quelqu'un d'autre, n'a plus d'autorité que ma propre expérience.
> **Carl Rogers**

L'amour conditionné à une action ou à une situation – obtenir une bonne note à l'école, par exemple, ou manger une nourriture saine – peut donner à l'enfant le sentiment d'être indigne.

Certains parents peuvent faire croire à leurs enfants qu'ils ne sont dignes d'affection que s'ils remplissent certaines conditions: ils leur distribuent récompenses et compliments quand ils ont fini leurs légumes ou obtenu un A en physique, alors qu'il vaudrait mieux les aimer tels qu'ils sont. Rogers critique ces «conditions de valeur» et considère que la tendance à exiger que toute chose ou personne se plie à nos attentes arbitraires nous fait à tous un tort considérable.

Il faut respecter la réussite, dit-il, mais savoir la faire passer après l'acceptation, besoin humain essentiel qui n'a pas à être «gagné» par des actes. Rogers nous dit que tout individu possède une valeur intrinsèque par le seul miracle

> L'être humain subjectif a une qualité importante : peu lui importe la manière dont il est étiqueté ou évalué, il est une personne humaine avant tout.
> **Carl Rogers**

de son existence. L'acceptation ne doit jamais être pensée comme subordonnée à des conditions : la considération positive inconditionnelle est essentielle si nous voulons tous accéder au « bien vivre ».

La tolérance de soi entraîne la patience. L'acceptation réduit la pression qui nous force à agir, voir et posséder et qui s'accumule quand nous vivons dans l'idée – fausse – que toutes ces activités nous confèrent de la valeur. Nous comprenons alors que chacun de nous est un chantier en cours, toujours inachevé, et que nous sommes tous en constante évolution ou, comme le dit Rogers dans son œuvre maîtresse *Le Développement de la personne*, en « perpétuel devenir ». Le fait de mieux s'accepter et de réduire la pression et les critiques nous rend, paradoxalement, beaucoup plus productifs.

Se faire confiance

Le « bien vivre », selon Rogers, consiste à apprendre à se faire confiance. En s'ouvrant petit à petit, l'individu s'aperçoit qu'il progresse également dans sa capacité à se fier à lui-même, à ses instincts et à sa capacité à faire des choix. Une fois disparue la contrainte le forçant à réprimer une part de lui-même, il est plus disponible pour être à l'écoute de l'ensemble de son être. C'est ce qui lui donne accès à un vaste éventail de points de vue et de sensations qui, à leur tour, le rendent plus capable d'évaluer les choix à la hauteur de son potentiel. L'individu voit plus clairement la direction que souhaite emprunter son moi authentique et peut prendre des décisions qui soient réellement en congruence avec ses besoins. Il n'est plus à la merci de ce qu'il pensait devoir faire ou de ce que son milieu social ou familial l'avait peut-être conditionné à croire qu'il voulait ; il peut tout simplement exister dans l'instant présent et prendre réellement conscience de ce qu'il veut en vrai. Il peut enfin se faire confiance, nous explique Rogers, « non pas qu'il soit infaillible, mais parce qu'il peut s'ouvrir complètement aux conséquences de chacun de ses actes et donc y remédier s'ils devaient s'avérer ne pas être des plus satisfaisants ».

Le « bien vivre » nous donne aussi l'impression de prendre possession de notre existence et d'assumer nos responsabilités : cet autre grand principe de la philosophie rogérienne vient d'un point de vue existentiel. Ce que nous choisissons de penser ou de faire ne dépend que de nous. Tout ressentiment doit se dissiper une fois que nous avons cerné par nous-mêmes ce que nous voulions ou dont nous avions besoin et pris les dispositions pour le créer. Dans le même temps, nous développons notre responsabilité et notre tendance à investir dans nos vies. Qui n'a jamais entendu parler d'un médecin détestant son métier mais auquel ses parents disaient que c'est un moyen de conquérir

Carl Rogers

Né à Oak Park, Illinois, aux États-Unis, dans une famille protestante, Carl Rogers eut une éducation très stricte et solitaire. Il entreprit des études d'agronomie, puis s'orienta vers la théologie. De retour d'un séjour en Chine, il épousa en 1924 une amie d'enfance, Helen Elliott, et partit avec elle à New York, où il étudia la psychologie. Rogers travailla dans les universités de l'Ohio, de Chicago, et du Wisconsin, tout en développant une thérapie basée sur la psychologie humaniste. Il consacra aussi du temps aux United Service Organizations pour offrir une thérapie aux soldats de la Seconde Guerre mondiale. Récipiendaire en 1964 du prix de l'Humaniste de l'Année, il consacra les dix dernières années de sa vie à travailler pour la paix mondiale. L'année de sa mort, en 1987, il fut nominé pour le prix Nobel de la Paix.

Ouvrages-clés

1942 *Counseling and Psychotherapy*
1951 *Client-centered Therapy*
1961 *Le Développement de la personne*

Apprendre à un enfant à faire du vélo nécessite encouragements et soutien, mais, finalement, c'est à l'enfant d'être brave et de croire en lui. Rogers comparait sa thérapie à ce processus.

respect et approbation – le leur et celui de la société ? Inversement, le taux d'abandons et d'échecs est particulièrement faible chez les étudiants qui ne sont pas poussés par leurs parents mais qui travaillent pour se payer eux-mêmes leurs études.

La façon dont les autres peuvent influer sur nos désirs et le regard que nous portons sur nous-mêmes est parfois très complexe. Le ressentiment peut s'enraciner au plus profond de nous si nous agissons pour faire plaisir aux autres plutôt qu'à nous-mêmes. Si nos actions sont affranchies de toute influence externe, nous nous sentons plus authentiques, plus maîtres de notre destin et plus satisfaits de ce qu'il nous réserve.

Une approche centrée sur la personne

La philosophie de Carl Rogers devint la pierre angulaire d'une approche nouvelle, dite « psychologie humaniste », qu'il fonda dans les années 1950 avec Abraham Maslow et Rollo May. Celle-ci reposait sur une façon positive d'envisager l'humanité, considérée comme saine a priori et capable de se développer et de réaliser son potentiel. Elle contrastait avec les deux autres grandes psychothérapies de l'époque – la psychanalyse et la thérapie béhavioriste –, centrées sur les pathologies de l'individu et les moyens d'y remédier.

Rogers qualifia d'abord son approche de « centrée sur le client » – mot qu'il remplaça ensuite par « personne ». Ce point de vue eut une immense influence dans l'éducation, la pédagogie, les affaires ou la pratique clinique, entre autres. Dans la thérapie centrée sur la personne, que Rogers appelait « thérapie non directive », le soignant joue le rôle de facilitateur et aide le patient à trouver lui-même ses réponses, partant du principe que c'est lui qui se connaît le mieux. Il identifie donc ses problèmes et définit la direction que doit prendre le traitement. Un patient peut ainsi préférer ne pas se replonger dans son enfance, mais plutôt travailler sur les problèmes qu'il rencontre dans son milieu professionnel. Le thérapeute pourra alors l'aider à trouver le genre de rôle qu'il aimerait jouer. Rogers parle d'un processus de soutien et non de reconstruction : le patient doit apprendre à acquérir la conscience et la confiance nécessaires pour être indépendant et capable de « bien vivre ».

Le legs de Rogers

Rogers est l'un des psychothérapeutes qui ont le plus marqué le XXe siècle, et sa thérapie non directive et centrée sur la personne fut un jalon essentiel de l'histoire de la psychothérapie. Il joua un rôle de premier plan dans la philosophie des « groupes de rencontre » des années 1960, qui prônaient une communication ouverte entre individus. On lui doit aussi la diffusion du conseil professionnel dans des domaines tels que l'éducation et le travail social, et il fut l'un des pionniers de la résolution des conflits internationaux par le dialogue. ■

> Le processus du bien vivre, c'est de se lancer pleinement dans le courant de la vie.
> **Carl Rogers**

CE QU'UN HOMME PEUT ÊTRE, IL DOIT L'ÊTRE

ABRAHAM MASLOW (1908-1970)

CONTEXTE

APPROCHE
Psychologie humaniste

AVANT
Années 1920 Alfred Adler affirme que la seule force qui motive nos comportements et notre expérience, c'est l'amour de la perfection.

1935 Henry Murray élabore le *Thematic Apperception Test* (TAT), composé de 31 planches destinées à stimuler l'imaginaire, pour évaluer la personnalité et les motivations.

APRÈS
Années 1950 Kurt Goldstein définit l'auto-réalisation comme la tendance de l'organisme à réaliser autant que possible ses capacités individuelles, et prétend que l'auto-réalisation est le seul moteur qui détermine la vie d'un individu.

1974 Fritz Perls déclare que tout être vivant n'a qu'un seul objectif : être ce qu'il est par auto-réalisation – réalisation de toutes ses potentialités.

Tout au long de son histoire, l'homme n'a cessé de s'interroger sur la raison de sa présence dans l'univers et le but de sa vie. Ces interrogations sont sous-tendues par le besoin d'identifier une source de satisfaction authentique et l'ignorance quant aux moyens d'y parvenir. Alors que, pour la psychanalyse, la satisfaction provient de l'assouvissement de nos pulsions biologiques innées et que le béhaviorisme insiste sur l'importance des besoins physiologiques – sommeil, nourriture, et plaisir charnel –, un nouveau courant de pensée apparut au cour de la première moitié du XXe siècle, pour lequel la voie vers l'accomplissement de soi s'avérait beaucoup plus complexe.

L'un des principaux partisans de cette approche inédite fut Abraham Maslow, psychothérapeute considéré comme l'un des fondateurs de la psychologie humaniste. Maslow envisageait l'expérience humaine à l'aune des choses qui comptent le plus pour l'homme : l'amour, l'espoir, la foi, la spiritualité, l'individualité et l'existence. L'un des éléments essentiels de sa théorie était que, pour parvenir à l'état de conscience le plus avancé, qu'il appelait « auto-réalisation », et réaliser le plus grand potentiel, un individu devait découvrir le véritable but de sa vie et s'employer à l'atteindre.

Vers l'auto-réalisation

Maslow conçut un plan très structuré pour illustrer la voie de la motivation humaine et définit les étapes à suivre pour accéder à l'auto-réalisation. Dans sa célèbre hiérarchie des besoins, souvent représentée sous forme de pyramide, les besoins les plus fondamentaux sont situés à la base tandis que chacune des autres étapes essentielles semble nous élever vers l'épanouissement.

Cette pyramide est divisée en deux parties distinctes : les quatre premiers degrés représentent les besoins qui doivent être satisfaits au préalable pour que l'individu puisse passer à l'épanouissement personnel. Les premiers sont les plus simples et les plus fondamentaux : ce sont les besoins physiologiques – nourriture, eau, sommeil, etc. –, le besoin de sécurité – être à l'abri du danger –, les besoins d'amour et d'appartenance – proximité et acceptation – et les besoins d'estime – respect, réussite personnelle et reconnaissance.

Voir aussi : Alfred Adler 100-101 ▪ Erich Fromm 124-129 ▪ Carl Rogers 130-137 ▪ Rollo May 141 ▪ Martin Seligman 200-201

La hiérarchie des besoins

La hiérarchie des besoins de Maslow liste les qualités qu'il observa sur des individus qui avaient réussi en visant haut mais en gardant les pieds sur terre.

Au niveau supérieur se trouvent les besoins d'épanouissement, d'ordre cognitif – savoir et comprendre – et esthétique – recherche de l'ordre et de la beauté –, ainsi que deux besoins qui définissent le sens de la vie et conduisent à la réalisation spirituelle et psychologique : l'auto-réalisation et l'auto-transcendance. L'auto-réalisation est le désir de s'accomplir soi-même ; l'auto-transcendance est le fait de se dépasser soi-même pour se relier à une instance supérieure – Dieu par exemple – ou encore aider les autres à réaliser leur potentiel.

Maslow nous dit aussi que chacun de nous possède un but personnel et qui lui correspond parfaitement. La voie vers la réalisation consiste notamment à le découvrir pour tendre vers lui. Si une personne ne fait pas ce qui lui correspond dans la vie, elle vivra dans l'anxiété et la frustration même si ses autres besoins sont satisfaits. Chacun de nous doit donc découvrir son potentiel et rechercher les expériences qui permettront de l'accomplir : « Ce qu'un homme peut être, il doit l'être », conclut Maslow. ■

Abraham Maslow

Aîné de sept enfants, Abraham Maslow naquit à Brooklyn, aux États-Unis, en 1908. Ses parents, des juifs qui avaient émigré de Russie pour fuir les tumultes de la situation politique, avaient pour lui de grandes ambitions : ils l'orientèrent vers des études de droit, mais, en 1928, Maslow décida de prendre le contrôle de sa vie et d'étudier la psychologie. La même année, il désobéit à ses parents en épousant sa cousine germaine, Bertha Goodman, avec laquelle il eut deux enfants.

Maslow fit son doctorat à l'université du Wisconsin sous la tutelle d'Harry Harlow, le psychologue du comportement célèbre pour ses travaux sur les primates. Plus tard, il poursuivit ses recherches à l'université Columbia avec un nouveau mentor, le psychanalyste et ancien collègue de Freud, Alfred Adler.

Ouvrages-clés

1943 *Théorie de la motivation humaine*
1954 *Devenir le meilleur de soi-même*
1962 *Vers une psychologie de l'Être*

LA SOUFFRANCE CESSE DE FAIRE MAL DÈS LORS QU'ON LUI DONNE UN SENS

VIKTOR FRANKL (1905-1997)

CONTEXTE

APPROCHE
Logothérapie

AVANT
600-500 AV. J.-C. En Inde, Gautama Bouddha enseigne que la souffrance est due au désir et peut être atténuée en se libérant du désir.

458 AV. J.-C. Le dramaturge grec Eschyle explore l'idée que la sagesse ne s'acquiert qu'à travers la souffrance.

APRÈS
Années 1950 Les philosophes existentialistes français comme Jean-Paul Sartre pensent que Dieu n'a pas donné un but à nos vies ; c'est à nous de découvrir ce but.

2003 Pour Martin Seligman, une « vie pleine » implique qu'elle se compose de plaisir, d'engagement et de sens.

2007 Le psychologue américain Dan Gilbert explique que les gens sont malheureux en raison de la façon dont ils pensent au bonheur.

Le psychiatre viennois Viktor Frankl s'était déjà spécialisé dans la prévention du suicide et le traitement de la dépression quand il fut envoyé en camp de concentration avec sa femme et ses parents, en 1942. Il y passa trois ans et fut le seul survivant de son groupe. Dans *Der Mensch auf der Suche nach Sinn*, écrit au lendemain de la guerre, Frankl explique que l'homme possède deux forces psychologiques qui lui permettent de surmonter les situations les plus pénibles ou dévastatrices et d'aller de l'avant : la capacité de décision et la liberté de l'attitude. Nous ne sommes pas à la merci de notre environnement ou des événements, car c'est nous qui décidons de la façon dont ils pèseront sur nous. Même la souffrance peut être vécue différemment en fonction de notre interprétation des faits.

> Un homme qui n'a plus rien au monde peut encore connaître le bonheur.
> **Viktor Frankl**

Frankl cite le cas de l'un de ses patients très atteint par la disparition de son épouse. Il lui demanda ce qu'il serait advenu si c'était lui qui était mort le premier : le patient répliqua que sa femme aurait beaucoup souffert. Frankl lui fit remarquer qu'il lui avait donc épargné cette peine, mais qu'il devait désormais la supporter lui-même. En donnant ainsi un sens à sa souffrance, il l'avait rendue supportable : « la souffrance cesse de faire mal dès lors qu'on lui donne un sens. »

Le sens est une chose que l'on découvre plus qu'on ne l'invente, nous dit Frankl, et c'est en nous-mêmes qu'il faut aller le chercher : en vivant, en aimant, en créant et en changeant notre regard sur le monde. ■

Voir aussi : Rollo May 141 ▪ Boris Cyrulnik 152-153 ▪ Martin Seligman 200-201

ON NE DEVIENT PLEINEMENT HOMME QU'APRÈS AVOIR SOUFFERT

ROLLO MAY (1909-1994)

CONTEXTE

APPROCHE
Psychothérapie existentielle

AVANT
1841 Søren Kierkegaard prétend que les gens interprètent mal l'idéologie chrétienne et font une mauvaise utilisation de la science en espérant, à tort, se défendre contre l'angoisse inhérente à l'existence.

1942 Le médecin suisse Ludwig Binswanger combine philosophie existentielle et psychothérapie dans *Formes fondamentales et connaissance de l'existence humaine.*

1942 Pionnier de la psychologie humaniste, Carl Rogers publie *Counseling and Psychotherapy.*

APRÈS
1980 Dans *Psychothérapie existentielle,* Irvin Yalom expose les quatre préoccupations ultimes de la vie : la mort, la liberté, la solitude existentielle et l'absurdité.

Au XIXe siècle, des philosophes tels que Kierkegaard, Nietzsche et Heidegger remirent en cause les dogmes sociaux et nous invitèrent à élargir notre horizon de pensée et notre idée de l'expérience humaine, préfigurant le courant philosophique de l'existentialisme. Les notions de libre arbitre, de responsabilité individuelle et d'interprétation de l'expérience passionnèrent les existentialistes, qui cherchaient une réponse à la question du sens profond de l'existence humaine.

En 1950, le psychologue Rollo May publia *The Meaning of Anxiety,* qui transposait pour la première fois cette approche philosophique au domaine de la psychologie. May fait, depuis, figure de père fondateur de la psychologie existentielle.

L'approche existentielle

Rollo May considérait la vie comme un spectre d'expériences, et la souffrance était pour lui une composante normale de l'existence plutôt qu'un symptôme pathologique. Nous privilégions évidemment les expériences qui nous assurent un certain confort, apprécions les environnements familiers et cherchons à préserver l'équilibre et le bien-être de notre psychisme et de nos sens. Cette tendance nous conduit à classer les expériences en bonnes et mauvaises sur le seul critère du degré de plaisir ou de gêne qu'elles nous apportent. Ce n'est pas là le meilleur service à se rendre, nous dit May, car nous luttons contre des processus qui nous permettraient de nous développer si nous les acceptions comme parties intégrantes de notre vie.

La philosophie de vie que propose May peut évoquer le bouddhisme : elle consiste à accepter toutes les formes d'expériences sur un pied d'égalité plutôt que de nier celles qui nous paraissent déplaisantes. Nous devons aussi accepter nos sentiments « négatifs » au lieu de les refouler. Souffrance et tristesse ne sont pas des problèmes pathologiques auxquels il convient de remédier, mais des composantes naturelles et essentielles de la vie humaine, importantes parce qu'elles nous font grandir psychologiquement. ■

Voir aussi : Søren Kierkegaard 26-27 ▪ Alfred Adler 100-101 ▪ Carl Rogers 130-137 ▪ Abraham Maslow 138-139 ▪ Viktor Frankl 140 ▪ Boris Cyrulnik 152-153

LA PENSÉE RATIONNELLE SE TRADUIT PAR DES CONSÉQUENCES ÉMOTIONNELLES SAINES

ALBERT ELLIS (1913-2007)

CONTEXTE

APPROCHE
Thérapie rationnelle émotive

AVANT
1927 Alfred Adler pense que le comportement d'une personne découle de ses idées.

Années 1940 Le mouvement de gestalt-thérapie popularise le rôle de la perception dans la création de réalité.

1950 Karen Horney suggère de se libérer de la « tyrannie des devoirs ».

APRÈS
Années 1960 Pour Aaron Beck, la dépression résulte de regards négatifs irréalistes sur le monde.

1980 Le psychiatre américain David Burns donne aux distorsions cognitives des étiquettes telles que : « sauter aux conclusions », « penser le tout ou rien », « toujours tout droit », « surgénéralisation », « catastrophisme », etc.

Vers l'an 80 apr. J.-C., le philosophe grec Épictète écrivait que les hommes ne sont pas troublés par les événements, mais par « l'idée qu'ils s'en font ». Ce principe est à la base de la thérapie rationnelle émotive (REBT), inventée par Albert Ellis en 1955, qui affirme que ce ne sont pas les expériences mais bien le système de croyances d'un individu qui provoque ses réactions émotionnelles.

En pratiquant la psychanalyse dans les années 1940 et 1950, Ellis s'était aperçu que si un grand nombre de ses patients parvenaient à lever un coin de voile sur leur

Voir aussi: Alfred Adler 100-101 ▪ Karen Horney 110 ▪ Erich Fromm 124-129 ▪ Carl Rogers 130-137 ▪ Aaron Beck 174-177 ▪ Martin Seligman 200-201

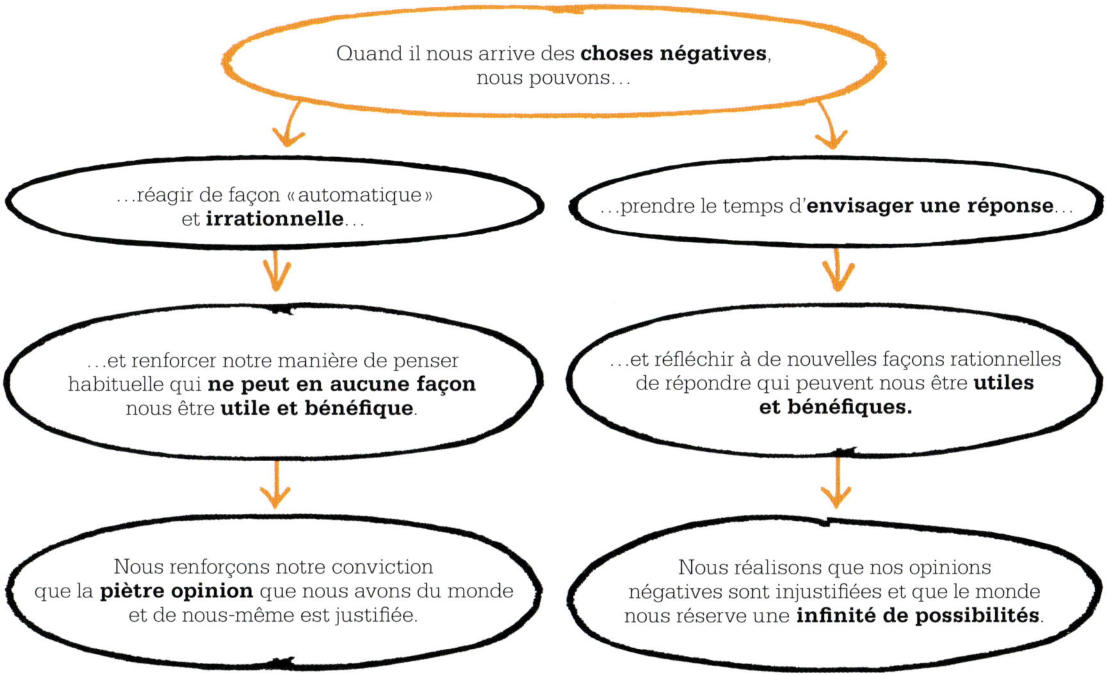

enfance et leur inconscient, leurs symptômes, hélas, persistaient. On eût dit qu'à peine un problème résolu, le patient s'empressait de le remplacer par un autre. La difficulté, conclut Ellis, résidait dans le mode de pensée du patient (sa cognition), et son remède exigeait plus qu'un banal effort de compréhension.

La pensée irrationnelle

Ellis appela d'abord sa méthode de travail « thérapie rationnelle », car il pensait que la plupart des problèmes émotionnels à long terme sont dus à une pensée irrationnelle. Nous avons parfois tendance à tirer des conclusions hâtives et extrêmes, surtout négatives, à partir de faits objectifs. Si un homme enclin à la pensée irrationnelle perd son travail, ce qui ne devrait être qu'un événement regrettable prend l'ampleur d'une tragédie : s'il a été renvoyé, c'est qu'il ne vaut rien et jamais il ne retrouvera du travail ! Ellis décrit les croyances irrationnelles comme illogiques, excessives, et néfastes ; il y voit même une forme d'autosabotage, du fait des conséquences émotionnelles malsaines qu'elles entraînent.

La pensée rationnelle crée l'effet inverse. Ellis la définit comme une pensée bonne pour l'ego. Elle repose sur la tolérance, la capacité à accepter l'adversité sans céder au catastrophisme et la croyance en un potentiel humain positif. On ne doit pas pour autant ignorer les facteurs négatifs et adopter un optimisme naïf : la pensée rationnelle admet qu'on puisse raisonnablement éprouver chagrin, culpabilité ou frustration. Le penseur rationnel peut perdre son emploi, mais, même si c'est de sa faute, il sait que cela ne fait pas de lui un moins que rien. La contrariété est bien réelle mais l'homme sait que, rationnellement, il peut encore retrouver du travail. La pensée rationnelle est donc équilibrée : elle laisse toujours une place à l'optimisme et ne se ferme aucune possibilité. Elle se traduit par des conséquences émotionnelles saines.

La théorie de la pensée irrationnelle d'Ellis est liée à la « tyrannie des devoirs » de Karen Horney, qui nous fait espérer que les choses puissent,

> Les gens et les choses ne nous gênent pas. Ce qui nous dérange, en revanche, c'est de penser qu'ils puissent être gênants.
> **Albert Ellis**

comme par magie, être différentes de ce qu'elles sont vraiment. Réconcilier ses pensées avec la réalité suppose un long et douloureux combat. La pensée rationnelle, au contraire, est centrée sur l'équilibre et l'acceptation : certains événements déplaisants peuvent se produire, mais cela fait partie de la vie.

Des réponses conditionnées

Nous sommes si habitués à nos réponses aux êtres et aux situations qu'elles semblent presque automatiques et deviennent inextricablement liées aux événements eux-mêmes. Ellis cherche, au contraire, à nous montrer que, si un événement peut contribuer à l'apparition d'une émotion, il n'en est pas la cause directe. Notre réponse émotionnelle dépend de l'interprétation que nous faisons de l'événement, qui est elle-même influencée par nos pensées, rationnelles ou irrationnelles.

Comme son nom l'indique, la thérapie comportementale rationnelle émotive porte à la fois sur la réponse émotionnelle – processus cognitif – et sur le comportement. Le lien entre les deux est à double sens : la façon de penser peut transformer notre comportement et vice versa. Ellis suggère que, pour changer sa façon de penser, il faut être capable d'identifier ses croyances irrationnelles pour mieux les réfuter et leur opposer des pensées rationnelles.

Contester ses croyances

L'individu qui suit une thérapie rationnelle émotive est invité à se demander s'il lui reste des croyances primordiales sur lui-même et sa place dans le monde susceptibles d'engendrer des réponses irrationnelles : c'est la phase de « discussion ». Certains individus se disent, par exemple, « Je suis la seule personne sur laquelle on puisse compter » ou « Je serai toujours seul au monde, c'est écrit ». La thérapie doit les aider à fouiller leur histoire personnelle pour trouver la logique qui sous-tend ces systèmes de pensée. Une personne qui aurait subi plusieurs déceptions amoureuses peut se mettre en tête qu'elle est destinée à rester seule ou que personne ne pourra jamais l'aimer. La thérapie encourage le patient à

Il est normal qu'une personne malheureuse en amour se sente triste et rejetée, mais il y a une différence entre le fait d'éprouver ces émotions et celui de les ériger en système.

Albert Ellis

Élevé dans une famille juive de Pittsburgh, en Pennsylvanie, entre un père souvent absent et une mère maniaco-dépressive, Albert Ellis dut fréquemment s'occuper de ses deux jeunes frères et sœurs. Il se lança d'abord dans les affaires avant d'entreprendre une carrière d'auteur, et ce sont ses écrits sur la sexualité qui l'amenèrent à étudier la psychologie clinique à l'université Columbia en 1942. Influencé par Sigmund Freud, Albert Adler et Erich Fromm, Ellis pratiqua d'abord la psychanalyse, mais rompit avec elle en 1953 pour développer une nouvelle forme de thérapie, la thérapie rationnelle, considérée aujourd'hui comme l'une des principales formes de psychothérapie cognitivo-comportementale. Auteur de plus de 70 ouvrages, il continua à enseigner jusqu'à sa mort, à quatre-vingt-treize ans.

Ouvrages-clés

1957 *How to Live with a Neurotic*
1961 *A Guide to Rational Living*
1962 *Reason and Emotion in Psychotherapy*
1998 *Optimal Aging*

affronter la douleur liée à une rupture ou à la solitude et à envisager de façon rationnelle les facteurs qui ont pu y conduire, mais elle le dissuade de croire qu'un ou deux événements font une généralité et que le bonheur n'est pas de ce monde.

L'une des difficultés inhérentes à la pensée irrationnelle est le fait qu'elle a tendance à s'alimenter elle-même. Quand on pense, par exemple, que rien de bon ne peut jamais vous arriver, on est peu motivé à « provoquer le destin » ou à « tenter la chance ». Le penseur irrationnel considère le bonheur comme un événement si improbable qu'il ne cherche même plus à l'atteindre, jusqu'à ignorer toutes les bonnes choses qui l'entourent. Il se justifie en disant : « J'ai tout essayé, mais c'est comme ça. On n'y peut rien ! » La croyance irrationnelle s'enferme ainsi dans sa propre logique et s'en nourrit.

La pensée irrationnelle est souvent manichéenne. Elle empêche l'individu de reconnaître le spectre entier des expériences possibles. Si un système de pensée erroné nous conduit à toujours interpréter les situations de façon négative, il nous empêche par-là même de voir tout côté positif. On dit souvent que « voir, c'est croire » ; le fait est que nous ne voyons que ce nous croyons déjà.

La théorie constructiviste

La REBT repose sur un système constructiviste, qui suggère que, si nos préférences peuvent être influencées par notre éducation et notre culture, nous construisons nos propres croyances et la réalité. En tant que thérapie, elle cherche à révéler nos pensées, sensations et actions les plus rigides et absolutistes pour nous aider à prendre conscience du fait que c'est nous qui choisissons de nous les infliger. Elle nous enseigne des façons de penser plus saines ou comment s'approprier des croyances nouvelles plus bénéfiques. Une fois que le patient a compris qu'il lui fallait prendre conscience de lui-même dans la prise de décision et assumer ses choix – ce qui revient souvent à en changer –, le thérapeute devient superflu.

Une thérapie active

Fondateur de la première forme de thérapie cognitivo-comportementale – une approche très en vogue de nos jours –, Albert Ellis fut un thérapeute actif et directif, qui remplaça la psychanalyse passive et à long terme en remettant le travail et le pouvoir entre les mains de ses clients, comme le fit plus tard Carl Rogers. Il refusait de s'en tenir à la simple théorie : pour lui, il fallait l'étayer « par des faits, encore des faits, toujours des faits ». La thérapie rationnelle émotive devint l'une des psychothérapies de référence dans les années 1970 et 1980. Elle eut une grande influence sur le travail d'Aaron Beck, pour qui Ellis fut tout à la fois « un explorateur, un révolutionnaire, un thérapeute, un théoricien et un maître ». ■

> Les meilleures années de votre vie sont celles durant lesquelles vous décidez que vos problèmes sont à vous. Vous réalisez que vous contrôlez votre propre destin.
> **Albert Ellis**

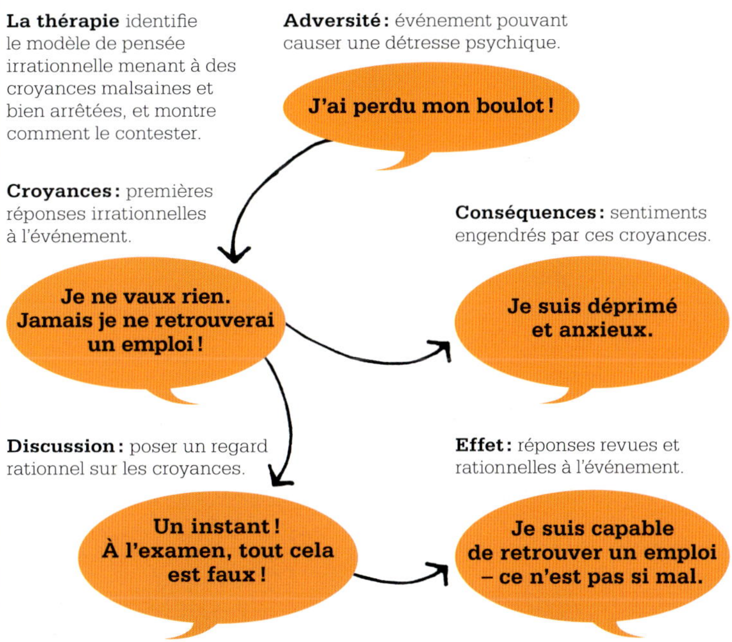

LA FAMILLE EST L'« USINE » OÙ SE FABRIQUENT LES GENS

VIRGINIA SATIR (1916-1988)

CONTEXTE

APPROCHE
Thérapie familiale

AVANT
1942 Dans *Counseling and Psychotherapy*, Carl Rogers recommande une approche non critique dans le traitement des troubles mentaux et insiste sur le rôle du respect.

APRÈS
1953 Dans *The Interpersonal Theory of Psychiatry*, le psychiatre américain Harry Stack Sullivan affirme que les gens sont le produit de leur environnement.

1965 Le psychiatre d'origine argentine Salvador Minuchin privilégie la thérapie familiale au sein de la Philadelphia Child Guidance Clinic.

1980 La psychiatre italienne Mara Selvini Palazzoli publie les résultats de l'« Approche de Milan », mouvement de thérapie familiale systémique qu'elle a fondé avec trois collègues.

Nous **apprenons à réagir** de certaines façons face aux membres de notre famille.

↓

Ces réactions nous **forgent à chacun un rôle**, que nous jouons plus particulièrement en situation de stress.

↓

Ce rôle peut **submerger notre vrai moi** et nous accompagner dans la vie adulte.

↓

La famille est l'usine où se fabriquent les gens.

Le rôle que joue un enfant dans sa « famille d'origine » – celle qui le voit grandir – est la graine de l'adulte qu'il deviendra. La psychologue américaine Virginia Satir souligna l'importance de la famille d'origine dans le développement de la personnalité et examina les différences entre familles équilibrées et familles dysfonctionnelles. Elle s'intéressa particulièrement aux rôles que les membres d'une même famille ont tendance à s'attribuer pour compenser l'absence de dynamique saine entre eux.

Une vie familiale saine passe par des témoignages d'affection sincères et réciproques et par l'expression d'un respect et d'un amour mutuels. Virginia Satir fut sans doute la première thérapeute à souligner l'importance de la compassion et de l'affection dans le développement d'un psychisme équilibré.

Des jeux de rôle

Quand les membres d'une même famille ont du mal à exprimer franchement leurs émotions et leur tendresse, des « rôles » ont tendance à prendre le pas sur leurs identités réelles. Virgina Satir définit cinq grands rôles parmi les plus courants, surtout en situation de stress : celui

Voir aussi: Carl Rogers 130-137 ▪ Lev Vygotsky 270 ▪ Bruno Bettelheim 271

Les cinq grands rôles familiaux

distracteur **ordinateur** **niveleur** **réprobateur** **conformiste**

Les membres d'une même famille se répartissent généralement, selon Satir, cinq rôles de personnalités distinctes afin de surmonter leurs problèmes émotionnels.

qui trouve toujours quelque chose à critiquer – le «réprobateur» –, celui qui est froidement intellectuel – l'«ordinateur» –, celui qui cherche à détourner l'attention des problèmes émotionnels – le «distracteur» –, celui qui s'excuse à longueur de temps et veut plaire à tout le monde – le «conformiste» – et celui qui communique de façon franche, honnête et directe – le «niveleur».

Le niveleur est le seul à adopter une position saine: ses sentiments intérieurs et sa façon de communiquer avec le reste de la famille sont en parfaite adéquation. Les autres ne font que jouer un rôle car leur estime de soi défaillante fait qu'ils ont peur de trahir leurs vrais sentiments: le conformiste a peur qu'on lui donne tort, le réprobateur s'en prend aux autres pour cacher la mauvaise image qu'il a de lui-même, l'ordinateur s'en remet à son intellect pour étouffer ses sentiments, tandis que le distracteur – souvent le cadet de la famille – croit qu'on ne l'aimera que s'il joue à être «mignon» et inoffensif.

Ces rôles permettent, certes, à une famille de fonctionner, mais ils étouffent surtout la capacité de chaque individu à vivre son moi authentique. Virginia Satir nous dit que, pour mieux nous défaire de ces fausses identités, enfants ou adultes, il nous faut revendiquer notre amour-propre comme un droit inaliénable. Ce n'est qu'alors que nous pourrons avancer vers une existence réellement épanouissante. Cela commence par un engagement à communiquer de façon franche, ouverte et sincère.

La nécessité d'établir des liens émotionnels positifs est à la base du travail de pionnier accompli par Virginia Satir, qui voyait dans l'amour et l'acceptation les forces de guérison les plus puissantes de toute famille dysfonctionnelle. En créant une profonde relation d'empathie avec ses patients, elle donnait elle-même l'exemple de la dynamique qu'elle les incitait à adopter. ■

> Sachant comment guérir la famille, je sais comment guérir le monde.
> **Virginia Satir**

Virginia Satir

Née aux États-Unis dans une ferme du Wisconsin, Virginia Satir aurait déclaré à six ans qu'elle voulait être un «détective des parents». Une maladie l'ayant privée de l'audition pendant deux ans, elle se concentra sur la communication non verbale, ce qui lui donna une perception sensible du comportement humain. Ayant grandi avec un père alcoolique, elle était très consciente des dynamiques gouvernant les soins, les punitions et les plaisirs vécus dans sa propre enfance.

Satir suivit une formation d'enseignant, mais son intérêt pour les problèmes d'estime de soi chez les enfants l'amena à faire une maîtrise en sociologie. Elle créa le premier programme officiel américain de formation de thérapie familiale, et le «modèle Satir» reste très influent en psychologie personnelle et organisationnelle.

Ouvrages-clés

1964 *Thérapie du couple et de la famille*
1972 *Peoplemaking*

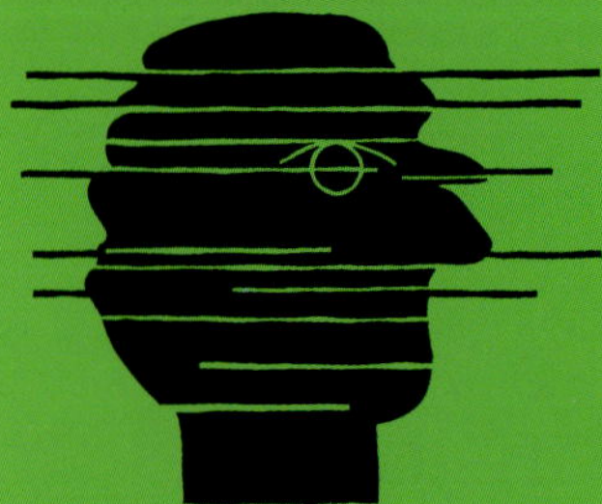

ALLUME, BRANCHE-TOI, DÉCROCHE

TIMOTHY LEARY (1920-1996)

CONTEXTE

APPROCHE
Psychologie expérimentale

AVANT

Années 1890 William James décompose le moi en quatre strates : le moi matériel, social, spirituel et pur.

1956 Abraham Maslow souligne l'importance des « expériences de pointe » sur la voie de l'auto-réalisation.

APRÈS

Années 1960 Le psychiatre anglais Humphry Osmond forge le terme « psychédélique » pour qualifier les effets émotionnels du LSD et de la mescaline.

1962 Dans son « expérience du Vendredi saint », le psychiatre et théologien américain Walter Pahnke teste le rôle des drogues psychédéliques sur la religion.

1972 Le psychologue américain R. E. Ornstein affirme dans *The Psychology of Consciousness* que seule l'expérience personnelle déverrouille l'inconscient.

Le psychologue américain Timothy Leary fut une figure emblématique de la contre-culture des années 1960. On lui doit une formule indissociable de ce mouvement contestataire, « Turn On, Tune In, Drop Out », que l'on pourrait traduire par « Allume, branche-toi, décroche ».

L'ordre des mots ne correspond pas exactement à la façon de voir de Leary. Pour lui, la société était polluée par la politique et composée de groupes humains interchangeables et stériles qui ne permettaient pas à l'individu d'accéder au sens profond du monde. La première chose à faire était donc de « drop out », c'est-à-dire de rompre les liens artificiels pour devenir autonome par la pensée et l'action. Cette notion a malheureusement été comprise, à tort, comme une critique de la productivité.

L'étape suivante était le « turn on », qui consiste à « allumer » notre inconscient pour s'y plonger et « trouver un sacrement qui nous renvoie au temple de Dieu, notre propre corps ». Il s'agissait d'explorer les strates profondes de la réalité ainsi que les nombreux degrés de conscience. Certains psychotropes pouvaient nous y aider, pensait Leary, qui se mit à consommer du LSD alors qu'il était professeur à Harvard.

Le « tune in », enfin, consiste à se reconnecter au monde avec un regard nouveau, à rechercher des modes de comportements qui reflètent notre transformation et à témoigner de notre démarche aux autres. ■

Le mouvement psychédélique des années 1960 fut très influencé par l'appel de Leary à créer un monde meilleur et une société plus satisfaisante, en recherchant dans l'inconscient nos émotions vraies.

Voir aussi : William James 38-45 ▪ Abraham Maslow 138-139

L'*INSIGHT* PEUT ENTRAÎNER LA CÉCITÉ

PAUL WATZLAWICK (1921-2007)

CONTEXTE

APPROCHE
Thérapie brève

AVANT
Années 1880 La thérapie psychodynamique – ou «axée sur l'introspection» – émerge, privilégiant les processus inconscients qui se manifestent dans le comportement immédiat d'un individu.

1938 B. F. Skinner introduit le béhaviorisme «radical», qui réfute qu'un type particulier de comportement puisse être défini à partir de toute activité émotionnelle inobservable – pensée, perception, etc.

APRÈS
1958 Le psychiatre américain Leopold Bellak propose une thérapie clinique brève, limitée à un maximum de cinq séances.

1974 Publié par le thérapeute américain Jay Haley, *Un thérapeute hors du commun* décrit les techniques de thérapie brève de Milton Erickson.

La psychothérapie repose en grande partie sur le travail du patient, qui doit se comprendre lui-même, ainsi que son passé et ses comportements. La théorie veut, en effet, qu'il faille remonter à l'origine de nos «schèmes» émotionnels pour lutter contre la souffrance et modifier nos façons d'agir. C'est cette démarche d'introspection que le psychologue américain d'origine autrichienne Paul Watzlawick appelle l'*insight* : ainsi, un homme qui ne parvient pas à oublier une rupture amoureuse réalise soudain que ses problèmes sont liés à l'abandon car sa mère l'a quitté quand il était enfant. Nombre de thérapeutes pensent que l'*insight* est parfois superflu pour traiter une douleur émotionnelle, et certains, comme Watzlawick, allèrent jusqu'à dire qu'il pouvait même aggraver l'état du patient.

Watzlawick est connu pour avoir déclaré qu'il ne connaissait pas un seul cas de patient ayant changé après s'être penché sur lui-même en profondeur. Considérer que les événements du passé éclairent les problèmes du présent relève d'un point de vue «linéaire» des liens de causalité. Watzlawick privilégiait une notion circulaire et l'idée que les mêmes comportements se répètent encore et encore.

Watzlawick suggéra même que l'*insight* pouvait entraîner une forme de cécité en nous rendant aveugle au problème réel et à sa solution éventuelle. Il préconisait, au contraire, une thérapie brève, plus ciblée, plus directe et offrant des résultats plus rapides, tout en soulignant qu'un traitement ne pouvait être couronné de succès qu'à condition de fournir au patient une relation d'empathie et de soutien. ■

> Tout le monde peut *être* heureux, mais on apprend à *se rendre* malheureux.
> **Paul Watzlawick**

Voir aussi: B. F. Skinner 78-85 ▪ Elizabeth Loftus 202-207 ▪ Milton Erickson 336

LA FOLIE NE MÉRITE PAS DE N'ÊTRE QU'UNE PANNE. ELLE PEUT AUSSI ÊTRE UNE PERCÉE

R. D. LAING (1927-1989)

CONTEXTE

APPROCHE
Antipsychiatrie

AVANT
1908 Le psychiatre suisse Eugen Bleuler forge le terme «schizophrénie» pour qualifier la scission des fonctions mentales.

1911 Sigmund Freud prétend que la schizophrénie est purement psychologique et qu'elle ne peut être traitée par la psychanalyse.

1943 Le philosophe français Jean-Paul Sartre introduit la distinction entre le vrai soi et le faux soi.

1956 Le psychologue anglais Gregory Bateson définit la «double contrainte» comme un dilemme angoissant dans lequel toutes les résolutions ont des conséquences négatives.

APRÈS
1978 La tomographie du cerveau révèle des différences physiques entre schizophrènes chroniques et non schizophrènes.

La maladie mentale n'est **pas biologique**, mais se développe au travers d'**interactions sociales difficiles.**

La psychose est une **expression** légitime et compréhensible de la **détresse**.

La psychiatrie **stigmatise** à tort la maladie mentale parce qu'elle **n'est pas conforme** aux normes sociales.

La maladie mentale devrait être considérée comme une **expérience cathartique et transformatrice**.

La folie ne mérite pas de n'être qu'une panne. Elle peut aussi être une percée.

Vers la fin du XIXe siècle commença à s'imposer l'idée que les maladies mentales et les souffrances psychologiques du commun des mortels ne présentaient qu'une différence d'intensité et non de nature. Sigmund Freud pensait que névrose et normalité sont deux degrés sur une même échelle et que tout individu peut succomber à un trouble mental dans certaines circonstances. C'est dans ce contexte que Ronald David Laing prit la tête d'une véritable révolution culturelle dans le domaine de la psychiatrie.

Biologie et comportement

Laing bouleversa les fondements de la psychiatrie en rejetant la priorité qu'elle accordait à la nature biologique des maladies mentales au profit des influences sociales, culturelles

Voir aussi : Emil Kraepelin 31 ▪ Sigmund Freud 92-99 ▪ David Rosenhan 328-329

et familiales façonnant l'expérience individuelle. Sans jamais renier la triste réalité des pathologies, il adopta un point de vue à contre-courant de la théorie médicale et de la pratique clinique de son temps.

Les travaux de Laing remettent en question la validité du diagnostic psychiatrique en faisant valoir qu'il n'est pas conforme à la pratique médicale traditionnelle : en effet, le physiologiste fonde son diagnostic sur un examen clinique et des analyses biologiques, tandis que le psychiatre, lui, n'observe que le comportement. Laing relève aussi une contradiction entre ce mode de diagnostic et la réponse thérapeutique sous forme de traitement à base de médicaments : si le diagnostic repose sur le comportement, pourquoi en irait-il autrement de la thérapie ? Les psychotropes, selon lui, ne font qu'entraver la faculté de penser et donc le processus naturel de guérison.

***Le Roi Lear* de Shakespeare** est un exemple emblématique d'un homme rendu fou par des circonstances difficiles. Laing voyait la folie de Lear comme un moyen de revenir à son état naturel.

Approche de la schizophrénie

Laing travailla essentiellement sur la schizophrénie, psychose délirante et chronique qu'il chercha à mieux comprendre et qu'il fit connaître au grand public. La schizophrénie, pour lui, n'est pas un mal héréditaire, mais une réaction compréhensible à des situations invivables. Il invoqua, pour la décrire, la théorie de la « double contrainte » de l'anthropologue Gregory Bateson, selon laquelle certaines situations nous placent devant des injonctions paradoxales : quoi que nous fassions, notre geste aura des conséquences négatives, ce qui est source d'une grande détresse mentale.

La maladie en tant que percée

Laing révolutionna la pratique psychiatrique en considérant les anomalies de comportement et de langage des schizophrènes comme l'expression légitime d'un état de détresse. Pour lui, les épisodes psychotiques sont des tentatives de communiquer un mal-être, qu'il faut assimiler à une expérience cathartique susceptible d'éclairer des pans entiers de la personnalité. Laing admet que ces messages soient difficiles à interpréter, mais cela tient uniquement, selon lui, au fait qu'ils sont enveloppés dans un langage symbolique individuel et hermétique au monde extérieur. La psychothérapie non médicamenteuse de Laing tente donc de décrypter le symbolisme du patient par une écoute attentive et une forte empathie. L'idée sous-jacente est que les individus sont en bonne santé à l'état naturel et que ce qu'on appelle « maladie mentale » n'est qu'une tentative visant à renouer avec cet état. ■

R. D. Laing

Né à Glasgow, en Écosse, Ronald David Laing suivit des études de médecine à l'université de Glasgow. Incorporé deux ans dans l'armée, il s'intéressa à la communication avec les personnes en détresse mentale, puis travailla à Londres, à la Tavistock Clinic. En 1965, il fonda la Philadelphia Association dont le but était de trouver des centres d'accueil pour les schizophrènes, notamment le Kingsley Hall de Londres, où patients et thérapeutes cohabitaient.

Vers la fin de vie, Laing eut un comportement erratique qui ternit légèrement sa réputation. Ne pouvant déboucher sur une alternative satisfaisante au traitement conventionnel, ses idées ne furent pas acceptées par le milieu psychiatrique. Pourtant, sa contribution au mouvement antipsychiatrique eut un impact durable, en thérapie familiale notamment. Il mourut d'une crise cardiaque en 1989.

Ouvrages-clés

1960 *Le Moi Divisé*
1961 *Soi et les Autres*
1964 *L'Équilibre mental, la folie et la famille*
1967 *La Politique de l'expérience*

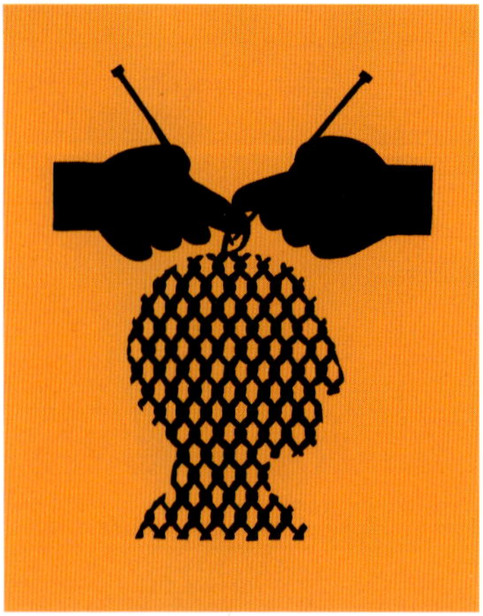

NOTRE HISTOIRE NE DÉTERMINE PAS NOTRE DESTIN

BORIS CYRULNIK (NÉ EN 1937)

CONTEXTE

APPROCHE
Psychologie positive

AVANT
Années 1920 Freud prétend qu'un traumatisme précoce a un impact négatif sur le cerveau d'un nourrisson et peut neutraliser tout facteur de résilience génétique, sociale, ou psychologique.

1955-1995 L'étude longitudinale entreprise par la psychologue Emmy Werner, qui suivit pendant trente ans des enfants traumatisés présentant un risque psychopathologique, suggère qu'un tiers de la population tend vers la résilience.

1988 John Bowlby demande une étude sur la résilience.

APRÈS
2007 Le gouvernement britannique lance un programme de résilience dans les écoles.

2012 L'American Psychological Association forme un groupe de travail sur la résilience psychologique.

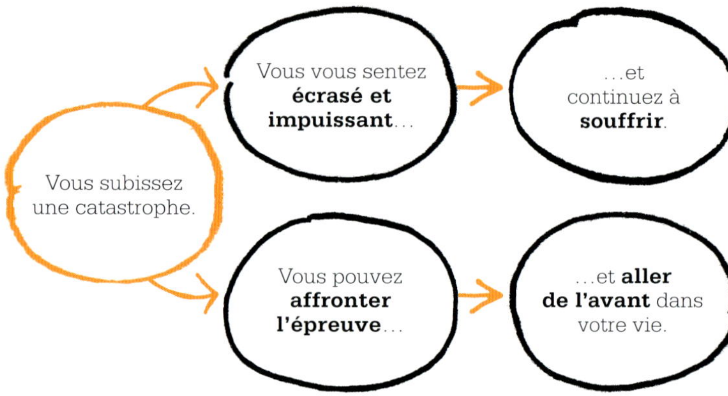

Il arrive que, face à un « coup dur », certaines personnes se laissent abattre : incapables de faire front, elles se découragent, sombrent dans la déprime et abandonnent toute forme d'espoir ou de volonté. Le traumatisme les assaille sous forme de cauchemars, de flash-backs ou de crises d'angoisse. D'autres réagissent tout autrement : non seulement elles parviennent à gérer les hauts et les bas de l'existence, mais surmontent même des événements nettement plus traumatisants. Loin de céder à la dépression, elles trouvent le moyen d'affronter ces moments pénibles et d'aller de l'avant.

Très intéressé par cette différence de réaction, Boris Cyrulnik tenta de comprendre pourquoi certains individus sont aussi profondément affectés quand d'autres semblent capables de « rebondir », et consacra sa carrière à étudier la notion de résilience.

La résilience n'est pas une qualité intrinsèque, s'aperçut Cyrulnik, mais se construit par un processus naturel. « Un enfant seul n'a aucune chance de résilience. [...] C'est une interaction, c'est une relation », nous dit-il. Nous construisons donc notre résilience en tissant des liens : il s'agit de « se tricoter ensemble », par les paroles

Voir aussi: Sigmund Freud 92-99 ▪ John Bowlby 274-277 ▪ Charlotte Bühler 336 ▪ George Kelly 337 ▪ Jerome Kagan 339

Après des catastrophes comme les tsunamis, les psychologues ont observé la formation de communautés résilientes, dont les membres étaient déterminés à surmonter l'adversité.

que nous échangeons et les émotions qui naissent. Nous pouvons avoir l'impression que si nous «sautons une maille», notre vie va se défaire. Mais dans les faits, il suffit qu'une seule maille tienne encore pour que nous puissions «reprendre» notre tricot.

Émotions positives et humour sont deux facteurs clés de la résilience. Les travaux de Cyrulnik ont montré que les personnes qui arrivent le mieux à faire face aux difficultés ou traumatismes de la vie sont celles capables de trouver un sens dans l'épreuve et de la considérer comme une expérience utile, qui les fait avancer ou même simplement rire. Un individu résilient arrive toujours à distinguer une issue favorable à son problème, même si la situation est pénible.

Relever le défi

On a longtemps cru que les personnes les plus résilientes étaient généralement moins émotives, mais Cyrulnik pense que la douleur est la même pour tous: toute la question est de savoir comment on s'en sert. La douleur peut perdurer, souvent même toute une vie, mais les individus résilients s'en font un défi à relever: surmonter le passé, puiser des forces dans l'expérience vécue au lieu de la laisser prendre le dessus et utiliser ces forces pour se propulser vers l'avant. Avec un soutien adéquat, les enfants sont particulièrement capables de se remettre d'un traumatisme. Cyrulnik a observé que le cerveau humain est malléable et peut se régénérer si on le lui permet: le cerveau d'un enfant traumatisé présente, en effet, un rétrécissement des ventricules et des cortex, mais, s'il reçoit le soutien et l'amour dont il a besoin après cette épreuve, l'imagerie médicale montre que la situation peut retourner à la normale en l'espace d'un an.

Cyrulnik insiste sur le fait qu'il ne faut pas stigmatiser les enfants ayant subi un traumatisme et les condamner pour la vie. Le traumatisme se compose de deux éléments: la blessure et sa représentation. Or l'expérience qui laisse la plus forte empreinte chez un enfant ayant subi un traumatisme est souvent l'humiliation liée à l'interprétation qu'en font les adultes. La stigmatisation peut ainsi faire encore plus de mal que l'expérience elle-même. ■

> La résilience, c'est la capacité d'un individu à se développer dans un environnement qui aurait dû être délabrant.
> **Boris Cyrulnik**

Boris Cyrulnik

Boris Cyrulnik est né à Bordeaux, deux ans avant le début de la Seconde Guerre mondiale. En 1942, ses parents, des juifs russo-polonais, furent arrêtés et déportés, tandis que lui-même, recueilli par l'Assistance publique, était protégé par son institutrice. En 1944, il échappa de peu à la déportation à la suite d'une rafle: d'abord caché par un réseau, il fut placé comme garçon de ferme jusqu'à la Libération.

Malgré cette enfance traumatisante, Cyrulnik ne manifesta jamais aucune amertume, mais, au contraire, une grande curiosité pour les êtres vivants et le besoin de décoder le monde dans lequel il vivait. Il entreprit des études de médecine, puis s'orienta dans les années 1960 vers l'éthologie, discipline alors très controversée. Redoutant la spécialisation, il se diversifia au maximum: éthologie, psychologie, neurologie, psychanalyse... Il a consacré sa carrière à travailler avec des enfants traumatisés.

Ouvrages-clés

1992 *La Naissance du sens*
2004 *Le Murmure des fantômes*
2009 *Résilience*

IL N'Y A QUE LES GENS BIEN QUI DÉPRIMENT

DOROTHY ROWE (1930-2019)

CONTEXTE

APPROCHE
Théorie des constructions personnelles

AVANT
Années 1940 Naissance de la gestalt-thérapie, qui introduit l'idée que la perception influence les sens.

1955 *The Psychology of Personal Constructs* publié par George Kelly avance la théorie que chacun a un ensemble de constructions (croyances) sur le monde et les gens qui l'habitent.

1960 Le psychologue et statisticien Max Hamilton construit la Hamilton Depression Rating Scale (HAM-D), un outil destiné à mesurer la dépression clinique.

APRÈS
1980 Dans *The Belief in a Just World: A Fundamental Delusion,* le psychologue Melvin Lerner explique comment nous croyons à tort que les gens ont ce qu'ils méritent.

Si les gens arrêtaient de s'accuser de tout ce qui leur arrive dans la vie, on verrait soudain beaucoup moins de déprimés : tel est en substance le message des travaux de Dorothy Rowe sur la dépression.

Les enfants sont généralement élevés dans l'idée que justice et raison gouvernent le monde : s'ils sont gentils, il leur arrivera de bonnes choses. Mais est-ce à dire que nous sommes mauvais si les choses tournent mal ? En croyant à ce « monde juste », où les gentils triomphent quand les méchants sont punis, nous en venons à nous considérer comme responsables des malheurs que la vie nous réserve.

Quelle que soit l'infortune qui nous frappe, on s'interroge – « Mais pourquoi cela m'arrive à moi ? » – en recherchant dans notre passé la cause de cette situation, même s'il s'agit d'une catastrophe naturelle. Culpabilité, honte et sentiment d'impuissance nous envahissent de façon irrationnelle et peuvent conduire à la dépression.

Rowe explique que l'on crée et choisit ses croyances. Une fois que l'on a compris cela, on peut tourner le dos au mythe du « monde juste » et appréhender rationnellement les expériences négatives : ce qui nous fait souffrir – une éducation, la perte d'un emploi, une catastrophe naturelle, etc. – ne se produit pas parce que l'on est condamné au malheur ou parce qu'on le mérite. Pour se remettre d'un revers, il faut cesser de personnaliser l'événement et l'extérioriser, au contraire, et accepter l'idée que la malchance ne relève que du hasard. ■

> Pour qu'une simple tristesse vire à la dépression, vous n'avez qu'à vous accuser du désastre qui vous est arrivé.
> **Dorothy Rowe**

Voir aussi : Fritz Perls 112-117 ▪ Carl Rogers 130-137 ▪ Albert Ellis 142-145 ▪ Melvin Lerner 242-243 ▪ George Kelly 337

LES PÈRES SONT SOUMIS À LA LOI DU SILENCE

GUY CORNEAU (1951-2017)

CONTEXTE

APPROCHE
Psychologie masculine

AVANT
Années 1900 Les analystes freudiens décrivent le complexe d'Œdipe, selon lequel les fils se sentent naturellement en concurrence avec leur père.

Années 1950 Le psychanalyste Jacques Lacan soutient que le fils voit dans son père celui qui incarne la loi.

APRÈS
1991 Dans *L'Homme sauvage et l'enfant*, l'auteur américain Robert Bly dit que les pères ne parviennent pas à donner à leurs fils ce dont ils ont besoin pour devenir des hommes et suggère de réveiller l'homme sauvage qui dort en eux.

Années 1990 Les auteurs américains Douglas Gillette et Robert L. Moore publient cinq livres explorant les archétypes jungiens et la psyché masculine.

Jusqu'en 1991, année de la parution de *Père manquant, fils manqué,* du psychanalyste québécois Guy Corneau, la psychologie s'était peu préoccupée de la communication émotionnelle entre hommes. Le livre de Corneau traite de la difficulté pour les hommes de générations différentes de discuter à cœur ouvert. L'auteur y évoque ses propres tentatives pour se rapprocher de son père : une recherche de contact qui, chaque fois, se brisait contre un mur de silence.

La communication entre père et fils se caractérise souvent par des silences. Alors que le fils est en attente de reconnaissance et d'approbation, le père répugne à lui donner ce qu'il espère tant.

La retenue des sentiments

Corneau décrit une séquence d'événements commune à de nombreux hommes, incapables de donner à leurs fils les compliments, l'affection ou la reconnaissance auxquels ceux-ci aspirent. Confronté à ce silence, le fils peut redoubler d'efforts pour impressionner son père ou, au contraire, se mettre en retrait, mais le silence laisse toujours une empreinte indélébile. Ce phénomène peut résulter d'un affrontement concurrentiel entre ego masculins : un homme faisant des compliments donnerait l'impression de remettre en cause sa propre prééminence et donc de se dévaloriser. Du point de vue du fils, un père accordant trop facilement son assentiment, sans la moindre résistance, ne vaudrait plus la peine qu'on cherche à l'impressionner. Il semble que, dans la plupart des cultures, les hommes doivent faire un choix entre être fort ou être ouvert.

Mais, pour Corneau, les hommes sont les premières victimes : les pères se privent de la possibilité d'exprimer leurs sentiments pour leur fils, qui souffrent d'une carence affective. ■

Voir aussi : Sigmund Freud 92-99 ▪ Carl Jung 102-207 ▪ Jacques Lacan 122-123

LA PSYCH
COGNITIV

L'ORDINATEUR
CÉRÉBRAL

OLOGIE

E

1885

La méthode des « syllabes sans signification » d'Hermann Ebbinghaus permet l'étude des **processus cognitifs**.

1932

Frederic Bartlett étudie la **mémoire reconstructive** dans *The War of the Ghosts*.

1947

Dans *Value and Need as Organizing Factors in Perception*, Jerome Bruner et Cecile Goodman suggèrent que **le raisonnement motivé affecte la perception**.

1949

Donald Hebb explique l'apprentissage en termes de connexions entre **stimuli et neurones**.

1950

Dans *Computing Machinery and Intelligence*, **Alan Turing** décrit le cerveau humain comme une **« machine organisée »** qui apprend par l'expérience.

1956

George Armitage Miller soutient que le cerveau humain ne peut traiter que **sept éléments d'information** à la fois.

1957

Dans *A Theory of Cognitive Dissonance*, Leon Festinger suggère que l'homme est poussé à **rationaliser ses croyances**.

1958

Dans *Perception and Communication*, Donald Broadbent propose **une modélisation informatisée** des performances cognitives.

La psychologie fut dominée, dans la première moitié du XXe siècle, par deux courants de pensée : le béhaviorisme, centré sur la théorie de l'apprentissage, et la psychanalyse, qui privilégiait l'inconscient et le développement de l'individu dans la petite enfance. L'étude des processus mentaux au cœur des préoccupations des psychologues du siècle précédent – perception, conscience, mémoire – était passée au second plan.

Mais, comme toujours, il y eut des exceptions. Ainsi, le Britannique Frederic Bartlett et la Russe Bluma Zeigarnik se consacrèrent, dans les années 1920 et 1930, à l'étude des processus de mémoire, tandis que Wolfgang Köhler, en Allemagne, travaillait, à la suite des psychologues de la Gestalt – école allemande s'intéressant à la perception et à l'organisation perceptuelle –, sur la résolution des problèmes et la prise de décision. Leurs travaux annonçaient la naissance de la psychologie cognitive.

La révolution cognitive

Le passage de l'étude du comportement à celle des processus mentaux s'opéra à la faveur d'une évolution qui n'avait rien à voir avec la psychologie. Avec le développement des communications et des technologies informatiques survenu après la Seconde Guerre mondiale et les possibilités ouvertes par l'intelligence artificielle, on se mit à considérer le cerveau d'une manière totalement nouvelle : comme un système de traitement de l'information. Les psychologues disposaient désormais d'un modèle pour travailler sur les « processus cognitifs » – processus mentaux que ne pouvaient étudier les béhavioristes. Parallèlement, les progrès des neurosciences permirent de mieux appréhender les fonctions du cerveau et du système nerveux. Les psychologues comme Donald Hebb purent ainsi examiner les processus mentaux en direct, plutôt que de les déduire de l'observation des comportements.

L'un des premiers qui appliqua à la psychologie l'analogie du traitement de l'information fut un étudiant de Frederic Bartlett à Cambridge, Donald Broadbent, qui s'inspira des travaux menés dans les années 1940 et 1950 par l'informaticien Alan Turing et l'expert en communications Colin Cherry. Mais c'est aux États-Unis, à la fin des années 1950, qu'éclata vraiment la « révolution cognitive ». Les avant-gardistes de ce changement

années 1960

Endel Tulving publie des documents de référence sur les processus de mémoire et de récupération.

1967

Ulric Neisser propose le terme **« psychologie cognitive »** avec lequel il intitule son premier ouvrage.

1967

Dans *Depression: Causes and Treatment,* Aaron Beck expose la **thérapie cognitivo-comportementale** (TCC).

1971

Les travaux publiés par **Roger Shepard** et Jacqueline Metzler montrent que les gens peuvent mentalement effectuer des rotations 3D.

1978

Dans *Mood and Memory,* Gordon H. Bower suggère que la **réminiscence** dépend de l'humeur.

1979

Dans *Eyewitness Testimony,* Elizabeth Loftus met en évidence la **fragilité des témoignages oculaires**.

1992

Dans *Facial Expressions of Emotion*, Paul Ekman suggère que certaines **expressions faciales sont universelles** et donc biologiques.

2001

Dans *The Seven Sins of Memory*, Daniel Schacter identifie les raisons pour lesquelles **notre mémoire peut faillir**.

d'orientation spectaculaire sont les Américains George Miller et Jerome Bruner, qui fondèrent en 1960 le Centre d'études cognitives à l'université Harvard.

Une nouvelle direction

Le travail révolutionnaire accompli par Miller et Bruner entraîna un radical changement de direction dans la psychologie. Les domaines négligés par les béhavioristes, comme la mémoire, la perception et les émotions, revinrent au centre des préoccupations. Tandis que Bruner intégrait les concepts de cognition aux théories de l'apprentissage et à la psychologie du développement, Miller faisait de la mémoire un immense domaine de recherche pour les cognitivistes comme Endel Tulving, Elizabeth Loftus, Daniel Shacter et Gordon H. Bower. La psychologie de la Gestalt connut aussi un renouveau : Roger Shepard réexamina la notion de perception, tandis que les travaux de Kölhler refaisaient surface dans les théories formulées par Daniel Kahneman et Amos Tversky. Enfin, des cognitivistes comme Bower ou Paul Ekman firent des émotions – pour la première fois sans doute – un objet d'étude scientifique.

Les théories béhavioristes ne furent pas les seules à être mises à mal : la théorie psychanalytique de Freud et de ses successeurs fut également accusée de ne pas être scientifique. Aaron Beck montra que la psychologie cognitive pouvait offrir une thérapie plus efficace se prêtant à une évaluation objective. La thérapie qu'il développa – et qui s'enrichit plus tard d'éléments empruntés au béhaviorisme et aux techniques de méditation – devint bientôt le traitement standard des troubles tels que la dépression et l'anxiété. Elle donna naissance à la psychologie positive, un courant qui privilégie le bien-être psychique sur le traitement des pathologies.

En ce début de XXIe siècle, la psychologie cognitive demeure le mouvement dominant, et son influence s'étend aux neurosciences, à l'éducation et à l'économie. Elle a même relancé le débat inné/acquis puisque, à la lumière de récentes découvertes en génétique et en neurosciences, des psychologues évolutionnistes comme Steven Pinker ont soutenu que nos pensées et nos actions sont déterminées par la configuration de notre cerveau et seraient, comme tous les traits innés, soumises aux lois de la sélection naturelle. ■

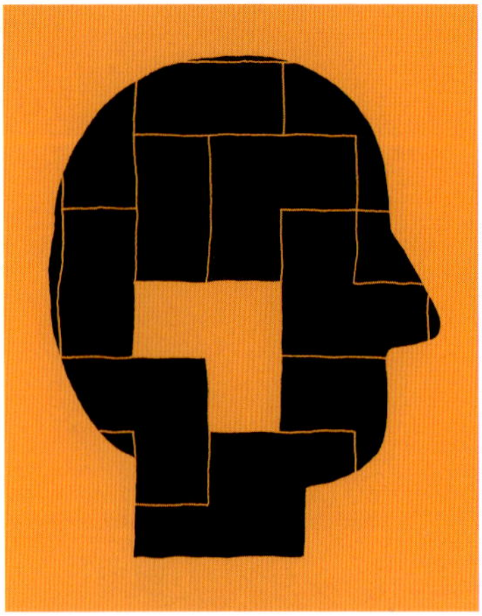

L'INSTINCT EST UN MODÈLE DYNAMIQUE

WOLFGANG KÖHLER (1887-1967)

CONTEXTE

APPROCHE
Psychologie de la Gestalt

AVANT
1890 Le philosophe autrichien Christian von Ehrenfels introduit le concept de *Gestalt* dans son ouvrage « Des qualités de la forme ».

1912 Max Wertheimer publie « Études expérimentales sur la perception du mouvement », qui constitue un repère dans la psychologie de la Gestalt.

APRÈS
Années 1920 En rapprochant les idées du béhaviorisme et du gestaltisme, E. Tolman développe le « béhaviorisme intentionnel » – appelé aujourd'hui « béhaviorisme cognitif ».

1935 Dans *Zur Psychologie des Produktiven Denkens*, le gestaltiste Karl Duncker traite de ses travaux relatifs à la résolution de problème et à la restructuration mentale.

Si un chimpanzé tente de résoudre un problème par **essais et erreurs**, mais échoue…

…il s'arrête et **considère le problème**, prenant en compte tout ce qui l'environne…

…jusqu'à ce qu'il ait l'**intuition** qui le mènera à la solution.

Par la suite, il appliquera cette même solution aux **problèmes similaires**.

Ce modèle d'apprentissage intuitif est **actif** et non passif.

L'instinct est un modèle dynamique.

À la fin du XIXe siècle, quelques psychologues allemands développèrent une nouvelle approche, scientifique et holistique, de la psychologie, qu'ils baptisèrent Gestalt. Wolfgang Köhler, fondateur du mouvement avec Max Wertheimer et Kurt Koffka, expliquait que le mot *Gestalt* – traduit en français par « forme » –, signifie à la fois « modèle » et « entité organisée ». La Gestalt, ou gestaltisme, ou encore psychologie de la forme – à ne pas confondre avec la gestalt-thérapie, plus tardive – considère au départ que les concepts de perception, d'apprentissage et de cognition sont des entités, des touts qui ne sauraient être réduits à leurs différents éléments.

Köhler estimait que le mouvement béhavioriste, qui était alors dominant, était trop simpliste et négligeait la nature dynamique de la perception.

Voir aussi: Ivan Pavlov 60-61 ▪ Edward Thorndike 62-65 ▪ Edward Tolman 72-73 ▪ Max Wertheimer 335

En confrontant les chimpanzés à différents problèmes, Köhler réalisa que ceux-ci testaient activement plusieurs solutions avant de trouver la bonne à travers une intuition fulgurante.

Tandis que Pavlov et Thorndike affirmaient que les animaux apprennent par essais-erreurs à partir d'un simple conditionnement, Köhler pensait qu'ils peuvent faire preuve d'intuition et d'intelligence. Il put vérifier son hypothèse lorsqu'il dirigea, de 1913 à 1920, la station de recherche sur les anthropoïdes, à Ténérife, où il étudia comment les chimpanzés abordent le processus de résolution de problème.

L'apprentissage intuitif

Les travaux de Köhler confirmèrent son hypothèse et démontrèrent que l'apprentissage et la résolution de problème peuvent s'expliquer en termes de Gestalt. Confrontés au problème d'atteindre de la nourriture placée dans un endroit inaccessible, les chimpanzés faisaient plusieurs tentatives infructueuses, puis marquaient une pause comme s'ils faisaient le point de la situation avant de trouver la bonne solution, qui impliquait souvent le recours à des outils – baguettes ou caisses – placés dans leur aire de jeu. Confrontés plus tard à un problème identique, les singes appliquaient instantanément la même solution. Köhler en conclut que le comportement des chimpanzés témoigne d'un apprentissage cognitif par essais-erreurs : ils résolvent le problème d'abord mentalement, par intuition soudaine – l'*insight* –, avant de tester la solution. L'apprentissage découlait ici de la perception du problème et non des récompenses venant renforcer les réponses aux stimuli dans une expérience béhavioriste de conditionnement.

Cette démonstration du modèle dynamique de comportement de Köhler implique une organisation perceptuelle. L'apprentissage intuitif – échec, pause, perception, intuition, solution – n'est plus un modèle passif mais un modèle dynamique : si ce n'est pas évident pour l'observateur qui assiste aux tentatives infructueuses des chimpanzés, c'est essentiellement parce qu'il n'est pas possible de voir comment s'organise la perception dans leur esprit. Ce que nous appelons l'instinct – réponse apparemment automatique à un problème – est aussi soumis au processus d'apprentissage intuitif et est lui-même un modèle actif, dynamique. ■

> L'intuition a l'apparence d'une solution complète qui prend en compte l'ensemble du problème.
> **Wolfgang Köhler**

Wolfgang Köhler

Né en Estonie de parents allemands, Wolfgang Köhler ne connut l'Allemagne qu'à six ans. Il fréquenta diverses universités et présenta une thèse de psychoacoustique à Berlin en 1909. Il continua ses recherches sur l'audition à Francfort, où il rencontra Max Wertheimer et Kurt Koffka avec lesquels il fonda la psychologie de la Gestalt. De 1913 à 1920, il travailla comme directeur de la station de recherche sur les anthropoïdes de l'Académie prussienne des sciences, à Ténérife, aux Canaries, où il resta bloqué pendant la guerre. De retour à Berlin, il dirigea l'Institut de psychologie jusqu'en 1935, année où il émigra aux États-Unis. Il y enseigna dans différents collèges universitaires et fut élu en 1959 président de l'American Psychological Association. Ulric Neisser l'évoquait comme un « penseur véritablement créatif » et un « homme d'une grande dignité ».

Ouvrages-clés

1917 *L'Intelligence des singes supérieurs*
1929 *Psychologie de la forme*
1938 *The Place of Values in a World of Facts*

ON SE SOUVIENT BEAUCOUP MIEUX D'UNE ACTIVITÉ LORSQU'ELLE A ÉTÉ INTERROMPUE

BLUMA ZEIGARNIK (1901-1988)

CONTEXTE

APPROCHE
Étude de la mémoire

AVANT
1885 Hermann Ebbinghaus publie son livre fondateur, *La Mémoire. Recherches de psychologie expérimentale.*

1890 Dans *Principes de psychologie,* William James distingue la mémoire primaire (à court terme) de la mémoire secondaire (à long terme).

APRÈS
1956 *Le Nombre magique sept, plus ou moins deux* de George A. Miller ravive l'intérêt porté à l'étude de la mémoire.

1966 Jerome Bruner souligne l'importance de l'organisation et de la catégorisation dans le processus d'apprentissage.

1972 Endel Tulving distingue la mémoire épisodique (relative à des événements spécifiques) de la mémoire sémantique (relative aux faits et aux concepts).

La psychologue russe Bluma Zeigarnik préparait son doctorat à Berlin lorsque son professeur, Kurt Lewin, lui fit remarquer que les serveurs se rappelaient mieux les détails d'une commande passée mais pas encore payée, que ceux d'une commande déjà réglée. Cette réflexion amena Zeigarnik à se demander si la mémoire attribuait un statut différent aux tâches encore en cours. Elle conçut une expérience dans laquelle les participants devaient exécuter des activités simples, dont la moitié environ était interrompue en cours de réalisation. À la fin de l'expérience, les participants étaient interrogés sur ce dont ils se souvenaient : il apparut qu'ils se rappelaient deux fois mieux le détail des activités interrompues, qu'elles aient été ou non menées à bien. Zeigarnik formula l'hypothèse que le souvenir d'une activité inachevée est stocké différemment et plus efficacement dans la mémoire.

L'« effet Zeigarnik » se manifeste, par exemple, lorsqu'un serveur mémorise mieux le détail d'une commande qui n'a pas encore été payée que celui d'une commande déjà acquittée.

Connu sous le nom d'« effet Zeigarnik », le phénomène avait d'importantes implications. Zeigarnik suggéra notamment d'aménager de fréquentes pauses à l'école pour que les élèves mémorisent mieux leur cours. Il fallut toutefois attendre les années 1950, époque où la mémoire redevint un sujet de recherche, pour que la théorie de Zeigarnik soit prise en compte et reconnue à sa juste valeur. Depuis, les idées de Zeigarnik ont été mises en application, non seulement dans le domaine de l'éducation mais aussi dans celui de la publicité et des médias. ■

Voir aussi : Hermann Ebbinghaus 48-49 ▪ Jerome Bruner 164-165 ▪ George Armitage Miller 168-173 ▪ Endel Tulving 186-191 ▪ Daniel Schacter 208-209

LE BRUIT DE PAS QU'ENTEND UN BÉBÉ EXCITE UNE ASSEMBLÉE DE CELLULES

DONALD HEBB (1904-1985)

CONTEXTE

APPROCHE
Neuropsychologie

AVANT
1890 William James propose une théorie sur les réseaux neuronaux du cerveau.

1911 La loi de l'effet d'Edward Thorndike suggère que les connections entre stimuli et réponses sont retenues, créant un lien neural – ou association.

1917 Les travaux de Wolfgang Köhler sur les chimpanzés montrent que l'apprentissage par intuition est plus durable que l'apprentissage par essai/erreur.

1929 Karl Lashley publie *Brain Mechanisms and Intelligence*.

APRÈS
Années 1970 George Armitage Miller forge le terme « neuroscience cognitive ».

Années 1980 Les chercheurs en neurosciences conçoivent des techniques d'imagerie permettant de cartographier les fonctions cérébrales.

Dans les années 1920, nombre de psychologues se tournèrent vers les neurosciences pour répondre à des questions relatives à l'apprentissage et à la mémoire. Parmi eux, Karl Lashley fut le premier à étudier le rôle des connexions neuronales, mais c'est l'un de ses étudiants, le psychologue canadien Donald Hebb qui formula la théorie de l'apprentissage par association neuronale.

Hebb découvrit que des neurones activés simultanément et de manière répétée s'associent, et que les synapses qui les relient s'en trouvent renforcées. La répétition d'une expérience entraîne ainsi la formation, au sein du cerveau, d'une « assemblée de cellules », d'un réseau de neurones interconnectés. Plusieurs assemblées de cellules peuvent de même se relier entre elles pour former une « séquence de phase », identifiée comme un processus de pensée.

Hebb remarqua que ce processus associatif est particulièrement actif chez l'enfant. Dans le livre qu'il publia en 1949, *The Organization of Behavior*, il donne l'exemple du bébé qui entend des bruits de pas, ce qui stimule un certain nombre de neurones dans son cerveau. Lorsque l'expérience se répète, une assemblée de cellules voit le jour. Si, plus tard, après avoir entendu des bruits de pas, le bébé voit un visage et sent des mains qui le saisissent, d'autres assemblées de cellules vont se créer : ainsi, l'« assemblée des bruits de pas » va se trouver reliée à l'« assemblée du visage » et à l'« assemblée des mains qui portent ». Dès lors, les bruits de pas exciteront trois assemblées. Chez l'adulte, en revanche, l'apprentissage n'entraîne pas la formation de nouveaux ensembles mais une réorganisation des assemblées et des séquences de phase existantes.

La théorie des assemblées de cellules proposée par Hebb représente une pierre angulaire dans l'histoire des neurosciences, et l'explication qu'il a donnée de l'apprentissage neuronal – connu aujourd'hui sous le nom d'apprentissage hebbien – en fait toujours un modèle expérimental reconnu. ■

Voir aussi : Edward Thorndike 62-65 ▪ Karl Lashley 76 ▪ Wolfgang Köhler 160-161 ▪ George Armitage Miller 168-173 ▪ Daniel Schacter 208-209

LE SAVOIR EST UN PROCESSUS, PAS UN PRODUIT

JEROME BRUNER (1915-2016)

CONTEXTE

APPROCHE
Développement cognitif

AVANT
Années 1920 Lev Vygotsky développe sa théorie selon laquelle le développement cognitif est un processus à la fois social et culturel.

1952 Jean Piaget publie ses théories du développement dans son livre, *La Naissance de l'intelligence chez l'enfant*.

APRÈS
Années 1960 Basé sur les théories de Jerome Bruner, le programme d'enseignement MACOS *(Man: A Course of Study)* est adopté dans les écoles américaines, britanniques et australiennes.

1977 Albert Bandura publie *Social Learning Theory*, dans lequel il place la théorie de l'apprentissage social à l'articulation entre béhaviorisme et cognitivisme.

Nous apprenons des choses par l'**expérience active**.

Instruire une personne, ce n'est pas que lui parler, c'est aussi l'**encourager à participer**.

Nous acquérons notre savoir par le biais du raisonnement, en **construisant un sens** aux informations reçues.

C'est une forme de **traitement de l'information**.

Le savoir est un processus, pas un produit.

Pendant la majeure partie du XXe siècle, la psychologie du développement fut dominée par la figure de Jean Piaget. Pour celui-ci, la pensée de l'enfant se développe et mûrit par étapes, au gré de sa curiosité naturelle qui le pousse à explorer son environnement. Lev Vygotsky, dont la théorie fut découverte par les Américains peu après celle de Piaget, souligne aussi le poids de l'environnement social et culturel dans le développement de l'enfant: l'apprentissage des enfants, affirmait-il, se fait essentiellement à travers les interactions avec les autres gens.

Dans les années 1960, la «révolution cognitive» gagnait du terrain à mesure que, pour expliquer les processus mentaux, on comparait le cerveau à une unité de traitement de l'information. Après avoir étudié l'influence qu'exercent nos besoins et

Voir aussi : Jean Piaget 262-269 ▪ Lev Vygotsky 270 ▪ Albert Bandura 286-291

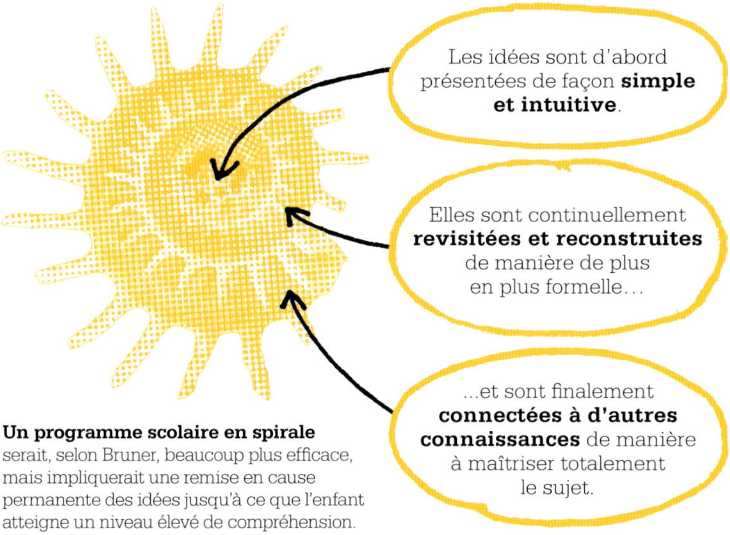

Un programme scolaire en spirale serait, selon Bruner, beaucoup plus efficace, mais impliquerait une remise en cause permanente des idées jusqu'à ce que l'enfant atteigne un niveau élevé de compréhension.

nos motivations sur nos perceptions – et en avoir conclu que nous voyons ce que nous avons besoin de voir –, Jerome Bruner s'intéressa à son tour au développement de la cognition et se lança dans l'étude des processus cognitifs chez l'enfant.

L'esprit joue le rôle d'un processeur

Bruner commença ses investigations en appliquant les modèles cognitifs aux idées de Piaget et de Vygotsky. Focalisée jusque-là sur la construction du sens, l'étude du développement cognitif s'étendit alors au traitement de l'information – aux moyens par lesquels nous acquérons et stockons la connaissance. Bruner s'accordait avec Piaget pour affirmer que l'acquisition du savoir est un processus expérimental, et avec Vygotsky pour l'envisager comme une activité sociale, et non solitaire. Il soutenait que l'apprentissage doit être assisté : l'instruction est essentielle au développement de l'enfant, mais « instruire quelqu'un ne consiste pas à lui faire entrer des résultats dans la tête. Il s'agit plutôt de lui apprendre à participer au processus ». Pour acquérir un savoir et lui donner un sens, nous devons participer activement et raisonner plutôt qu'absorber passivement une information. En termes de psychologie cognitive, raisonner, c'est « traiter l'information ». L'acquisition du savoir doit dès lors être considérée comme un processus, non comme un produit ou un résultat final. Pour Bruner, c'est à l'enseignant qu'incombe la tâche de nous encourager et de nous guider dans ce processus.

Dans un livre qu'il publia en 1960, *The Process of Education*, Bruner présenta son idée d'une participation active des enfants au processus d'éducation. Cet ouvrage devint une référence et fut à l'origine d'une ambitieuse réforme de l'enseignement aux États-Unis. ▪

Jerome Bruner

Né aveugle à New York dans une famille d'immigrants polonais, Jerome Seymour Bruner recouvra la vue à deux ans après une opération de la cataracte. Son père mourut d'un cancer quand il avait douze ans, et sa scolarité fut perturbée par les déménagements de sa mère. Il étudia la psychologie à l'université Duke, en Caroline du Nord, puis à Harvard, où il obtint son doctorat en 1941, en compagnie de Gordon Allport et Karl Lashley.

Durant la Seconde Guerre mondiale, Bruner servit dans une unité de renseignements de l'armée américaine, puis retourna à Harvard, où il collabora avec George Miller et fonda avec lui, en 1960, le premier centre de sciences cognitives. Il enseigna dix ans à l'université d'Oxford, en Angleterre, avant de revenir à l'université de New York. Titulaire de nombreuses récompenses, il reçut en 1987 le très renommé prix Balzan.

Ouvrages-clés

1966 *Savoir faire, savoir dire*
1987 *Comment les enfants apprennent à parler*
1996 *L'éducation, entrée dans la culture*

IL EST DIFFICILE DE FAIRE ÉVOLUER UN HOMME QUI A DES CONVICTIONS

LEON FESTINGER (1919-1989)

CONTEXTE

APPROCHE
Théorie de l'apprentissage

AVANT
1933 Le psychologue gestaltiste Kurt Lewin quitte l'École de psychologie expérimentale de Berlin pour émigrer aux États-Unis.

APRÈS
1963 Stanley Milgram publie ses travaux sur le niveau de soumission à l'autorité, même lorsque l'ordre est contraire à la morale de celui qui l'exécute.

1971 L'expérience de Stanford menée par Philip Zimbardo montre combien les gens s'adaptent rapidement aux rôles qu'on leur a assignés.

1972 Le psychologue anglais Daryl Bem développe la théorie alternative de l'auto-perception d'un changement d'attitude.

Années 1980 Elliot Aronson défend la théorie de Festinger et réalise des expériences sur les rites d'initiation.

Si nous voyons **nos fortes croyances** sapées par **des évidences contradictoires**…

↓

…nous nous retrouvons dans l'état inconfortable de **« dissonance cognitive »**.

↓

Si nous **acceptons la contradiction**, nous allons **souffrir de l'incohérence** entre nos croyances passées et les évidences présentes.

↓

Pour éviter cela, nous trouvons un moyen de **rendre les nouvelles évidences cohérentes** avec nos croyances passées.

↓

Il est difficile de faire évoluer un homme qui a des convictions.

Voir aussi : Kurt Lewin 218-223 ▪ Solomon Asch 224-227 ▪ Elliot Aronson 244-245 ▪ Stanley Milgram 246-253 ▪ Philip Zimbardo 254-255 ▪ Stanley Schachter 338

À la fin de la Seconde Guerre mondiale, la psychologie sociale était devenue un important domaine de recherche, dominé aux États-Unis par Kurt Lewin, qui avait fondé en 1945 au sein du MIT (Massachusetts Institut of Technology) le Research Center for Group Dynamics.

C'est dans ce centre que travaillait Leon Festinger, l'un des premiers et des plus fidèles étudiants de Lewin. Pendant ses recherches, Festinger observa que les gens cherchent sans cesse à mettre de l'ordre dans leur univers, qu'ils s'efforcent de rendre cohérent. Ils développent ainsi des habitudes et des routines – mangeant à heure fixe, par exemple, ou occupant toujours la même place dans les transports quotidiens – et se sentent mal à l'aise dès que ces habitudes sont perturbées. Festinger pensait qu'il en va de même pour les schémas de pensée et les croyances : si un fait vient contredire une opinion bien ancrée, cela crée une incohérence interne très inconfortable, que Festinger appelle « dissonance cognitive » et que, selon lui, on ne peut surmonter qu'en rétablissant d'une façon ou d'une autre une cohérence entre le fait et la croyance.

Des convictions inébranlables

En 1954, Festinger trouva dans un journal local l'occasion d'étudier les réactions à la dissonance cognitive : une secte prétendait avoir reçu des messages d'extraterrestres annonçant que, le 21 décembre suivant, un déluge entraînerait la fin du monde et que seuls les vrais croyants seraient sauvés grâce à des soucoupes volantes. Ayant réussi à se faire accepter par la secte, Festinger et quelques collègues de l'université du Minnesota interrogèrent ses membres avant la date présumée de l'apocalypse, puis après l'échec de la prédiction.

L'étude décrivant les réactions des fidèles de la secte est relatée dans l'ouvrage publié en 1956, *L'Échec d'une prophétie*, écrit par Festinger, Henry Riecken et Stanley Schachter. Le bon sens aurait voulu que les membres de la secte, confrontés à l'échec de la prédiction et donc à une dissonance cognitive, renoncent à leurs croyances. Ils déclarèrent au contraire avoir reçu un nouveau message des extraterrestres, expliquant que le monde avait été épargné grâce à la foi des fidèles. Festinger avait anticipé ce type de réaction : accepter l'évidence aurait, d'après lui, amplifié la dissonance entre la conviction des fidèles et le déni apporté par la réalité. L'effet aurait été d'autant plus dévastateur pour eux qu'ils avaient investi beaucoup – travail, argent et réputation – pour se préparer à la fin du monde.

Festinger en conclut que la dissonance cognitive, ou du moins son évitement, rend un homme ayant des fortes convictions incapable de changer d'opinion et résistant à toute contradiction : il est immunisé contre l'évidence et les arguments rationnels. Comme l'écrit Festinger : « Dites-lui que vous n'êtes pas d'accord, il vous tourne le dos. Montrez-lui les faits et les chiffres, il remet vos sources en question. Appelez-en à la logique, il ne voit pas où vous voulez aller ». ■

Leon Festinger

Né à Brooklyn dans une famille russe immigrée, Leon Festinger fréquenta le City College de New York et, en 1939, intégra l'université de l'Iowa, où il prépara, sous la direction de Kurt Lewin, un doctorat en psychologie de l'enfant qu'il obtint en 1942. Après la Seconde Guerre mondiale, il rejoignit Lewin au Research Center for Group Dynamics du MIT (Massachusetts Institute of Technology).

C'est pendant qu'il enseignait à l'université du Minnesota que Festinger réalisa sa célèbre étude sur la secte se préparant à la fin du monde. Il rejoignit l'université Stanford en 1955 pour y poursuivre ses travaux en psychologie sociale, mais dans les années 1960, il orienta ses recherches vers la perception. Il s'intéressa plus tard à l'histoire et à l'archéologie à la New School for Social Research de New York. Il fut emporté par un cancer du foie à soixante-neuf ans.

Ouvrages-clés

1956 *L'Échec d'une prophétie*
1957 *A Theory of Cognitive Dissonance*
1983 *The Human Legacy*

LE NOMBRE MAGIQUE SEPT, PLUS OU MOINS DEUX

GEORGE ARMITAGE MILLER (1920-2012)

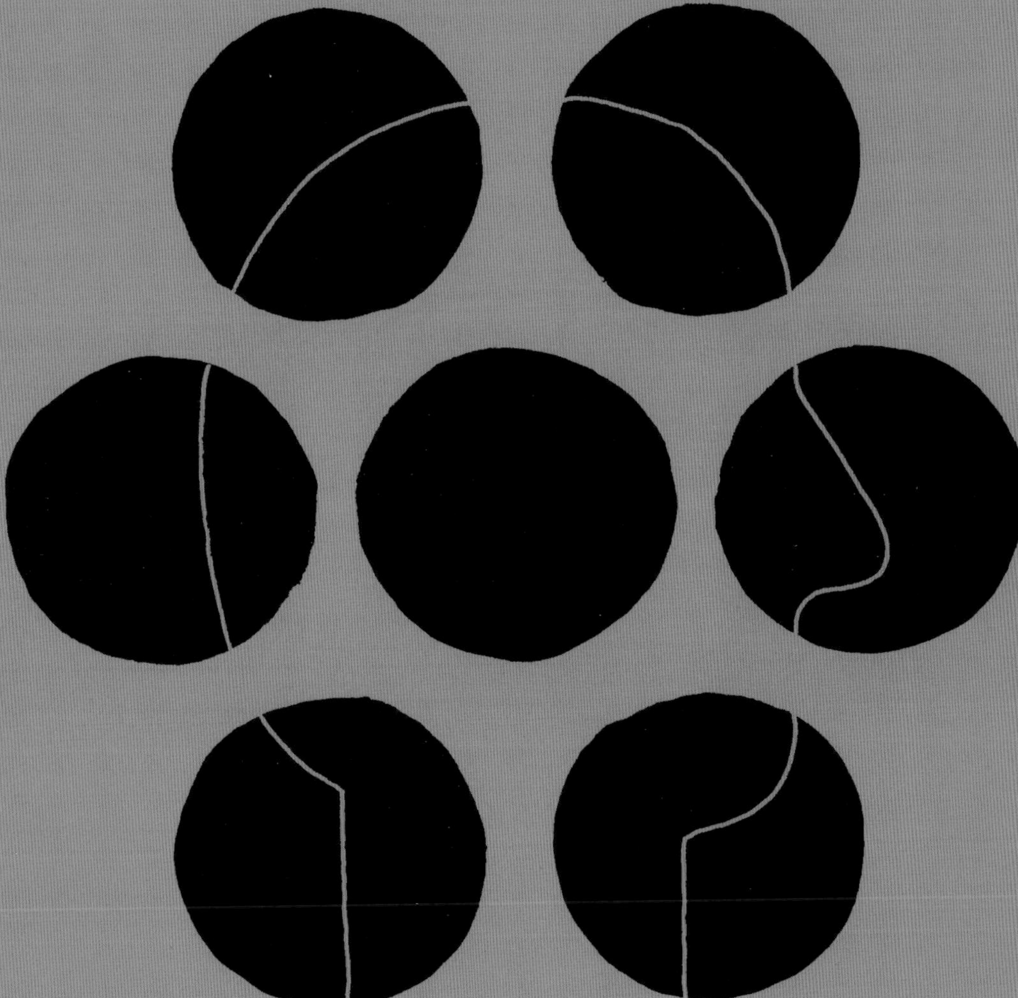

CONTEXTE

APPROCHE
Étude de la mémoire

AVANT
1885 Hermann Ebbinghaus publie son livre fondateur *La Mémoire. Recherches de psychologie expérimentale.*

1890 Dans *Principes de psychologie,* William James distingue la mémoire primaire (à court terme) de la mémoire secondaire (à long terme).

1950 Les travaux du mathématicien Alan Turing suggèrent qu'un calculateur peut être assimilé à une machine pensante.

APRÈS
1972 Endel Tulving distingue la mémoire sémantique de la mémoire épisodique.

2001 Dans *The Seven Sins of Memory,* Daniel Schacter identifie les sept façons – tels les « péchés capitaux » – de mettre en échec notre mémoire.

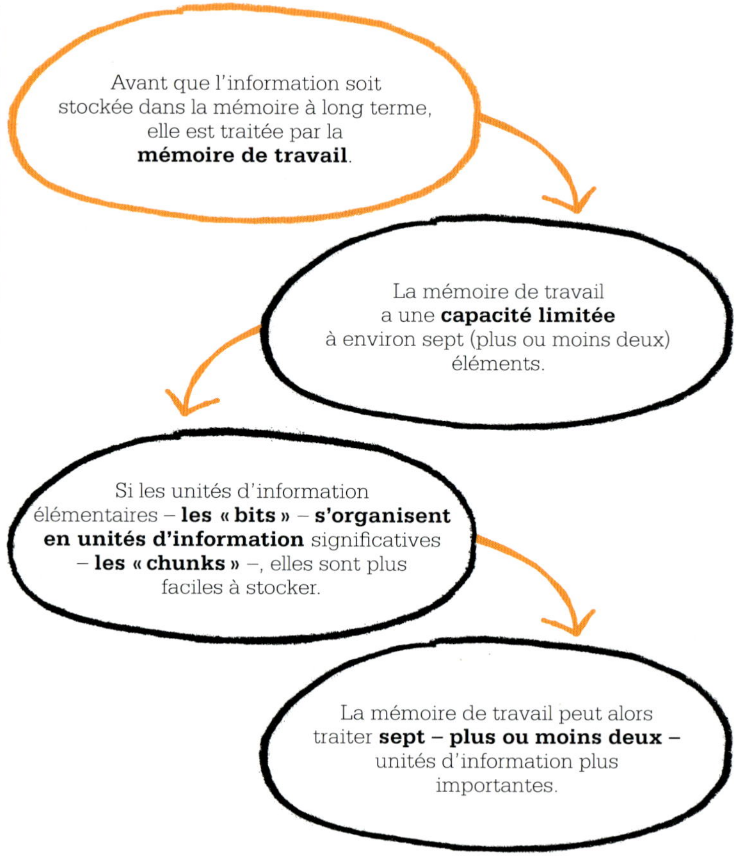

L'article intitulé *The Magical Number Seven, Plus or Minus Two: Some Limits on our Capacity for Processing Information* de George Armitage Miller commence par une célèbre complainte : « Mon problème est que je suis persécuté par un nombre entier. Depuis sept ans, ce nombre me suit partout ». L'auteur poursuit : « Il existe un schéma qui régit ses apparitions. Soit ce nombre a vraiment quelque chose d'inhabituel, soit je souffre d'un délire de persécution ». Malgré l'originalité de son titre et de son introduction, l'article est un texte sérieux considéré comme un jalon majeur dans l'histoire de la psychologie cognitive et de l'étude de la mémoire de travail – capacité à mémoriser et à utiliser des éléments d'information pendant un temps limité.

L'article de Miller fut publié dans la *Psychological Review* en 1956, époque où la psychologie cognitive prenait le pas sur le béhaviorisme. Cette nouvelle approche – à laquelle Miller adhérait de tout cœur – privilégiait l'étude de processus mentaux, comme la mémoire et l'attention. Parallèlement, les progrès en informatique avaient rendu l'idée d'intelligence artificielle plus réaliste et, tandis que les mathématiciens comme Alan Turing comparaient le cerveau humain à une unité de traitement informatique, les cognitivistes comme Miller s'engageaient sur la voie inverse : ils voyaient dans l'ordinateur un modèle pour expliquer le fonctionnement du cerveau humain et décrivaient les processus mentaux en termes de traitement de l'information.

À la suite des travaux sur la perception de la parole, qu'il avait menés pendant la Seconde Guerre

Voir aussi : Hermann Ebbinghaus 48-49 ▪ Bluma Zeigarnik 162 ▪ Donald Broadbent 178-185 ▪ Endel Tulving 186-191 ▪ Gordon H. Bower 194-195 ▪ Daniel Schacter 208-209 ▪ Noam Chomsky 294-297 ▪ Frederic Bartlett 335-336

> La persistance avec laquelle ce nombre me harcèle est beaucoup plus qu'un accident aléatoire.
> **George Armitage Miller**

mondiale et qui avaient servi de base à sa thèse de doctorat, Miller s'intéressa à la psycholinguistique, qui lui ouvrit le domaine des communications, en plein essor. Il s'initia ainsi à la théorie de l'information et s'intéressa plus particulièrement aux travaux de Claude Shannon, qui recherchait le moyen de traduire des messages en signaux électroniques. Toute la communication numérique s'appuie sur le modèle de communication de Shannon, impliquant la traduction d'idées en codes composés de chiffres binaires, les « bits ». C'est en traitant les processus mentaux de la même manière que Miller put établir les règles fondamentales de la jeune discipline de la psycholinguistique, qu'il publia en 1951 dans *Langage et Communication*.

Une limite arrêtée à sept

Miller transféra la méthode de mesure de l'information mise au point par Shannon ainsi que sa notion de « capacité de canal » – quantité d'informations pouvant être traitée par un système – sur le modèle de mémoire à court terme vu comme un processeur. C'est alors qu'il commença à se sentir « persécuté » par la récurrence du nombre sept ; le nombre était « parfois un peu plus grand, parfois un peu plus petit que d'habitude, mais ne changeait jamais assez pour être méconnaissable ».

Le nombre « magique » surgit pour la première fois au cours d'expériences visant à déterminer l'empan de jugement absolu – limite à la précision avec laquelle nous pouvons identifier de façon absolue l'amplitude d'une réponse à un stimulus unidimensionnel. Dans l'une des expériences citées par Miller dans son article, le physicien et acousticien Irwin Pollack jouait une suite de notes de musique et les participants devaient assigner un nombre à chacune des suites. Tant que le nombre de notes était inférieur à sept, les participants n'éprouvaient aucune difficulté. Mais, au-delà de sept notes (plus ou moins une ou deux), les résultats se détérioraient énormément.

Dans une autre expérience, conduite par Kaufman et Lord en 1949, les chercheurs projetaient un ensemble de points colorés sur un écran. En dessous de sept points, les participants dénombraient correctement le nombre projeté ; quand celui-ci dépassait sept, ils ne pouvaient qu'en donner une estimation. L'expérience suggérait que l'empan d'attention se situe autour de six, ce qui conduisit Miller à se demander si l'empan d'attention et l'empan de jugement absolu répondaient au même processus.

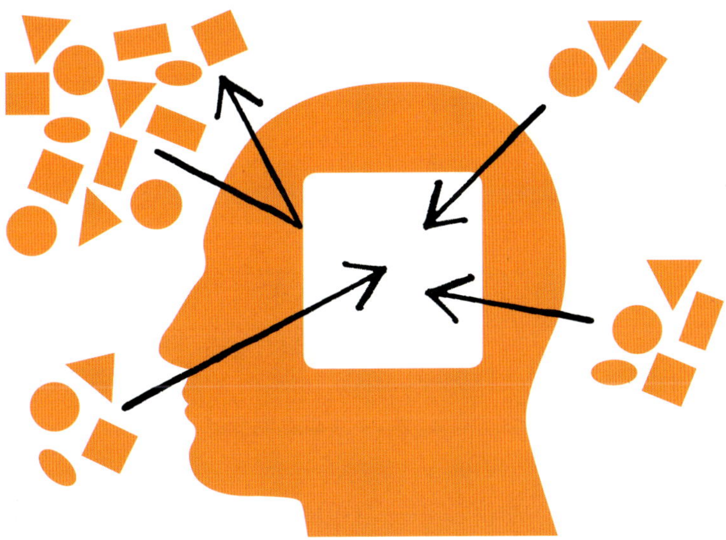

Dans une expérience sur la durée d'attention, Miller projetait sur un écran pendant une fraction de seconde un ensemble aléatoire de points. Les participants retrouvaient instantanément le nombre de points projetés dès lors qu'il y en avait moins de sept.

Les notes et les points étaient, pour Miller, des «stimuli unidimensionnels» ne différant les uns des autres que par un seul aspect; mais Miller s'intéressait à la quantité d'informations que nous pouvons effectivement traiter dans la parole et le langage, à travers les mots qui sont des «stimuli multidimensionnels». Il se pencha donc sur les dernières études de Pollack, dans lesquelles chaque note se distinguait par six variables – hauteur, durée, volume, etc. Bien que la nouvelle quantité d'informations à traiter eût été beaucoup plus importante, les résultats indiquaient encore la même limite: sept, plus ou moins deux. Cela signifie que la précision ne diminue que très peu à mesure qu'apparaissent de nouvelles variables, ce qui nous permet, selon Miller, de faire une évaluation rapide de plusieurs choses perçues simultanément. Nous sommes, par exemple, capables de reconnaître et de distinguer des entités aussi complexes que des mots ou des visages, sans avoir à traiter chaque son ou chaque trait de visage.

Pour Miller, l'esprit humain est un système de communication: lorsque le flux d'informations entrantes augmente, la quantité d'informations transmises au cerveau croît aussi dans un premier temps, puis atteint un plafond correspondant à la capacité de canal de l'individu. Miller appliqua alors cette notion de capacité de canal à la mémoire à court terme elle-même, une notion proposée par William James et qui, dans le modèle du système de traitement de l'information, s'insère entre l'entrée des informations sensorielles et la mémoire à long terme. Hermann Ebbinghaus et Wilhelm Wundt avaient déjà avancé que la mémoire à court terme avait une capacité limitée à environ sept – toujours ce nombre sept! –, tandis que Miller pensait que ce qu'il appelait la mémoire de travail avait une capacité correspond aux limites de l'empan de jugement absolu et de l'empan d'attention.

Des «bits» aux «chunks»

Si la mémoire de travail est limitée à environ sept éléments, il existe un goulet d'étranglement potentiel qui restreint la quantité d'information pouvant être transférée dans la mémoire à long terme. Miller suggéra qu'on ne devait pas s'intéresser qu'à la correspondance du nombre sept, quelle que soit la manière dont le chiffre apparaissait. Les stimuli multidimensionnels des expériences précédentes sont composés de plusieurs éléments d'information qui, lorsqu'ils sont apparentés, peuvent

> Le processus de mémorisation, n'est peut-être qu'une simple compilation de «chunks»... tant que le nombre de ces «chunks» reste suffisamment faible pour que l'on puisse en mémoriser les composants.
> **George Armitage Miller**

être regroupés en une seule unité. De même, la mémoire de travail organise les unités élémentaires d'information entrantes, les «bits», en unités plus conséquentes, les «chunks», pour surmonter le goulet d'étranglement engendré par notre capacité limitée de mémoire à court terme. Un chunk n'est pas un groupement arbitraire, mais une compilation de bits en unité signifiante. Ainsi, une série de 21 lettres, représentant 21 bits, peut être morcelée en 7 mots de 3 lettres, représentant 7 chunks. Le «chunking» dépend de notre faculté à identifier des modèles ou des liens dans les bits d'information. Ainsi, pour

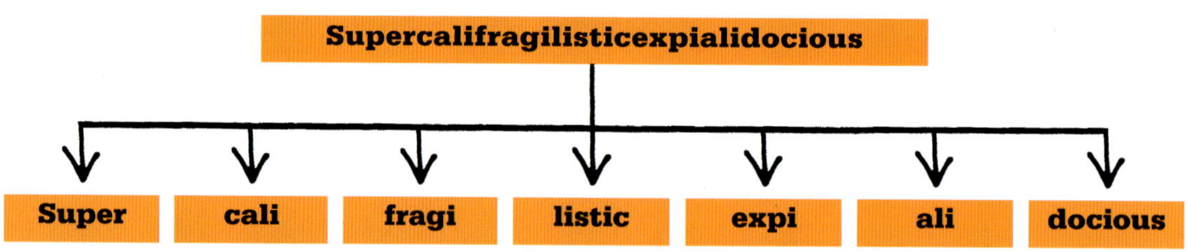

D'après la théorie du «chunking» de Miller, nous augmentons la capacité de notre mémoire de travail en construisant et réorganisant de longues séries de nombres ou de lettres en unités mémorisables, les «chunks».

Le code binaire permet de réencoder l'information en éléments de plus en plus compressés grâce à l'arithmétique multibase. Pour Miller, le processus de « chunking » agit de la même façon.

quelqu'un qui ne parle pas la même langue, les 7 mots précédents n'ont aucune signification, auquel cas ils ne forment pas 7 chunks mais restent simplement 21 bits.

La théorie de Miller était étayée par les travaux antérieurs d'autres psychologues. En 1954, Sidney Smith avait conduit des expériences sur la mémorisation d'une séquence de chiffres binaires – série de « 1 » etde « 0 » sans signification pour quiconque n'est pas familiarisé avec le système binaire. Smith avait fractionné la série en diverses unités, regroupant d'abord les chiffres en paires, puis en groupes de trois, quatre, cinq, jusqu'à les « réencoder » de manière à transformer les unités binaires en nombres décimaux : 01 devenait 1, 10 devenait 2, etc. Il découvrit que, grâce à ce système, il était possible de mémoriser et de reproduire sans erreur une série de plus de 40 chiffres binaires, à condition que le nombre de groupes ne dépasse pas l'empan de la mémoire de travail.

Le chunking et le réencodage sont à l'évidence très utiles quand il s'agit de mémoriser de grandes quantités d'information. Cela dépasse l'astuce mnémonique et, pour Miller, cette forme de réencodage constitue une « arme extrêmement puissante pour accroître la quantité d'information que nous pouvons traiter. » Le goulet informationnel s'en trouve desserré.

L'étude de la mémoire

Les recherches ultérieures de Miller l'éloignèrent du thème de la mémoire, mais d'autres affinèrent sa théorie. Pour Donald Broadbent, par exemple, la limite réelle de la mémoire de travail est inférieure à sept chunks, ce que confirmèrent les expériences de Nelson Cowan, qui les situait aux alentours de quatre, avec possibilité de varier en fonction de l'âge du sujet et de la complexité des chunks.

Dans la conclusion de son article, Miller minimise le nombre qui lui en a inspiré la rédaction : « Peut-être y a-t-il quelque profondeur derrière tous ces sept… mais je soupçonne qu'il ne s'agit que d'une pernicieuse coïncidence pythagoricienne ». ■

> Le type de réencodage linguistique auquel nous procédons me paraît être le fondement même des processus de pensée.
> **George Armitage Miller**

George Armitage Miller

George Armitage Miller naquit aux États-Unis à Charleston, en Virginie-Occidentale. Titulaire d'une licence en orthophonie de l'université de l'Alabama, il rejoignit Harvard pour préparer un doctorat de psychologie au laboratoire psychoacoustique de Stanley Stevens, avec Jerome Bruner et Gordon Allport. Lorsque la Seconde Guerre mondiale éclata, l'armée fit appel à ce laboratoire pour participer au brouillage radio.

En 1951, Miller quitta Harvard pour le Massachusetts Institute of Technology (MIT), puis y revint en 1955 pour travailler en étroite collaboration avec Noam Chomsky. En 1960, il fonda avec Jerome Bruner le centre d'études cognitives de Harvard. Plus tard, il travailla comme professeur de psychologie à l'université Rockefeller, à New York, et à l'université de Princeton. En 1991, il fut décoré de la National Medal of Science.

Ouvrages-clés

1951 *Langage et communication*
1956 *The Magical Number Seven, Plus or Minus Two*
1960 *Plans and the Structure of Behavior* (avec Eugene Galanter et Karl Pribram)

IL Y A PLUS DE CHOSES EN SURFACE QUE L'ŒIL NE PEUT EN VOIR

AARON BECK (NÉ EN 1921)

CONTEXTE

APPROCHE
Thérapie cognitive

AVANT
Années 1890 Sigmund Freud propose une approche analytique de la psychothérapie.

Années 1940 et 1950 Fritz Perls développe avec Laura Perls et Paul Goodman une approche cognitive de la psychothérapie : la gestalt-thérapie.

1955 Albert Ellis rompt avec la tradition de l'analyse en proposant la thérapie rationnelle émotive.

APRÈS
1975 Martin Seligman définit l'« impuissance apprise » dans *Helplessness : On Depression, Development, and Death.*

Années 1980 Des thérapies cognitivo-comportementales apparaissent, qui reprennent les idées de Beck et les thérapies comportementales de Joseph Wolpe.

Après que la psychologie se fut imposée comme un domaine d'étude distinct, deux grandes écoles de pensée avaient émergé au tournant du XXe siècle : le béhaviorisme, issu des expériences d'Ivan Pavlov et qui, aux États-Unis, rencontrait un énorme succès, dominait le champ de la psychologie expérimentale, tandis que la psychologie clinique était fondée sur l'approche psychanalytique de Sigmund Freud et de ses disciples. Les deux courants avaient, en fait, peu de choses en commun. Alors que les béhavioristes rejetaient l'approche philosophique et introspective des psychologues qui les avaient précédés au profit

Voir aussi: Joseph Wolpe 86-87 ▪ Sigmund Freud 92-99 ▪ Fritz Perls 112-117 ▪ Albert Ellis 142-145 ▪ Martin Seligman 200-201 ▪ Paul Salkovskis 212-213

La thérapie psychanalytique met l'accent sur la plongée dans **l'inconscient** d'un patient afin de résoudre ses troubles présents.

La thérapie cognitive met l'accent sur l'examen de **la perception** qu'a un patient de ses expériences.

La preuve de la réussite d'une thérapie psychanalytique repose plus sur des **rapports personnels** que sur des faits ou une recherche.

Il existe de **fortes preuves empiriques** témoignant du succès de la thérapie cognitive.

La clé d'un **traitement efficace** ne se situe pas dans l'inconscient, mais dans l'examen de la **façon dont un trouble se manifeste** dans les perceptions d'un patient.

Il y a plus de choses en surface que l'œil ne peut en voir.

des méthodes scientifiques, les psychanalystes défendaient les méthodes introspectives en s'appuyant sur des hypothèses théoriques bien plus que sur des preuves.

La révolution cognitive

Au milieu du XXe siècle, ces deux approches de la psychologie furent examinées de façon critique. Si le béhaviorisme commençait à être dépassé sur le plan expérimental par la psychologie cognitive, la sphère clinique n'offrait aucune alternative au modèle psychanalytique.
La psychothérapie avait évolué en plusieurs courants, mais tous restaient fondés sur la psychanalyse et l'exploration de l'inconscient, et certains psychologues, dont Aaron Beck, commencèrent à remettre en question la validité de ce type de thérapie.

Quand Aaron Beck obtint son diplôme de psychiatre, en 1953, la psychologie expérimentale se focalisait sur l'étude des processus mentaux : c'était la naissance de la «révolution cognitive». Toutefois, l'approche pratique des cognitivistes restait sensiblement la même que celle des béhavioristes, si ce n'est l'exigence d'une plus grande rigueur dans l'établissement de leurs théories. Beck n'y échappa pas : il avait étudié et pratiqué la psychanalyse, mais devenait de plus en plus sceptique quant à

Aaron Beck

Né aux États-Unis à Providence – État de Rhode Island – dans une famille juive d'immigrants russes, Aaron Temkin Beck perdit son insouciance d'enfant à huit ans, à l'occasion d'une grave maladie qui le porta à l'introspection et lui donna la crainte de tout ce qui est médical. Déterminé à surmonter ce problème, il entreprit des études de médecine à Yale en 1946. Beck travailla ensuite au Rhode Island Hospital, avant de se spécialiser en psychiatrie en 1953. Déçu par l'approche psychanalytique de la psychologie clinique, il s'orienta vers la thérapie cognitive, qu'il développa à l'université de Pennsylvanie, et créa plus tard, à Philadelphie, le Beck Institute for Cognitive Therapy and Research, aujourd'hui dirigé par sa fille Judith Beck.

Ouvrages-clés

1972 *Depression : Causes and Treatment*
1975 *La Thérapie cognitive et les troubles émotionnels*
1980 *Depression : Clinical, Experimental, and Theoretical*
1999 *Prisonniers de la haine : les racines de la violence*

> J'en conclus que
> la psychanalyse était une
> thérapie basée sur la foi.
> **Aaron Beck**

l'efficacité de cette thérapie. Il ne trouvait aucune étude fiable sur le taux de réussite de la psychanalyse, et seule une minorité de ses propres patients avait montré une amélioration en cours d'analyse : il semble que, pour l'ensemble des thérapeutes, un tiers des cas s'étaient améliorés, un tiers avaient empiré, et un tiers étaient restés stables.

Ce qui préoccupait Beck, c'était la résistance de nombreux psychanalystes à tout examen scientifique objectif : comparée à la psychologie expérimentale ou à la médecine, la psychanalyse semblait largement fondée sur la foi, et les résultats différaient beaucoup d'un praticien à l'autre. La réputation d'un analyste reposait fréquemment sur le charisme de l'homme. Beck en arriva à conclure que « la mystique psychanalytique était accablante » et à la comparer à un « mouvement évangélique ». Nombre de psychanalystes considéraient toute critique de leurs théories comme une attaque personnelle, et Beck découvrit bientôt que mettre en doute la validité de la psychanalyse, c'était s'exposer à être soi-même mis en cause. Ainsi, sa candidature à l'American Psychoanalytic Institute fut refusée au motif que son « désir de mener des études de manière scientifique indiquait qu'il n'avait pas été correctement analysé » car, pour certains analystes, quiconque remettait en cause l'idée d'analyse n'avait pas été au bout de sa propre analyse.

L'impasse dans laquelle débouchaient de tels arguments et le lien fait avec la personnalité du thérapeute ne firent qu'alimenter les doutes de Beck. Il entreprit d'examiner de manière approfondie tous les aspects de la thérapie analytique pour chercher à l'améliorer. Il mena ainsi une série d'expériences visant à évaluer le traitement de la dépression, l'une des raisons les plus fréquentes d'entreprendre une psychothérapie. Or, ses résultats, bien loin de confirmer l'idée que cette pathologie pouvait être traitée par un examen des émotions et des pulsions inconscientes, l'orientèrent vers une tout autre interprétation.

Changer la perception

Nombre de patients dépressifs de Beck exprimaient des représentations négatives d'eux-mêmes, de leur avenir et de la société, qui leur venaient de manière involontaire. Ces « pensées automatiques », comme les appelaient Beck, l'amenèrent à conclure que la façon dont les patients se percevaient – la cognition qu'ils avaient d'eux-mêmes – n'était pas seulement un symptôme de la dépression mais, aussi, la clé d'une thérapie efficace. Cette idée, formulée dans les années 1960, s'inscrivait dans le droit fil des développements de la psychologie expérimentale, qui avait réussi à imposer la psychologie cognitive par l'étude des processus mentaux, dont la perception.

En appliquant un modèle cognitif au traitement de la dépression, Beck découvrit que le premier pas pour surmonter cette maladie, c'était d'aider les patients à reconnaître et évaluer la distorsion de leurs perceptions. C'était là un affront à la psychanalyse conventionnelle puisque, dans le cadre de la « thérapie cognitive » qu'il mettait en œuvre, la recherche des pulsions, des émotions et des refoulements devenait inutile, voire contre-productive : il travaillait sur la perception même du patient, car, comme il se plaisait à le dire, « il y a plus de choses en surface que l'œil ne peut en voir ».

Ce que Beck entend par là, c'est que les manifestations immédiates de la dépression – les pensées automatiques négatives – fournissent les informations utiles à la thérapie : en les examinant et en les comparant avec une vision rationnelle et objective de la même situation, le patient peut reconnaître combien sa perception est déformée. Ainsi, un patient auquel on propose une promotion professionnelle peut exprimer une pensée négative – « Ce nouveau travail est trop difficile, je n'y arriverai pas » –, qui l'angoisse et l'empêche de se réjouir.

Un miroir déformant donne une vision du monde parfois terrifiante et horrible. De même, la dépression offre une perspective négative de la vie, qui accentue le sentiment de solitude de la victime.

> En corrigeant les croyances erronées, nous pouvons tempérer les réactions excessives.
> **Aaron Beck**

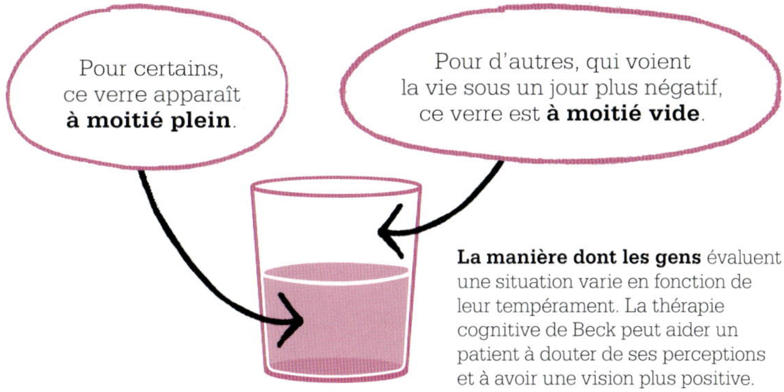

La manière dont les gens évaluent une situation varie en fonction de leur tempérament. La thérapie cognitive de Beck peut aider un patient à douter de ses perceptions et à avoir une vision plus positive.

Une façon plus rationnelle d'envisager cette promotion consisterait à y voir une récompense, ou même un défi. Ce n'est pas la situation qui provoque la dépression mais la perception qu'en a le patient. La thérapie cognitive peut l'aider à reconnaître ses préjugés et à voir la situation dans une perspective plus ouverte ou plus réaliste.

Des preuves empiriques

La thérapie cognitive de Beck fonctionnait pour un grand nombre de patients. Mieux, Beck était en mesure de démontrer qu'elle fonctionnait en établissant scientifiquement les preuves empiriques de ses résultats. Il avait conçu en effet des fiches d'évaluation permettant de suivre pas à pas les progrès de ses patients. Les résultats prouvaient que ceux qui étaient traités par la thérapie cognitive progressaient plus rapidement que ceux qui étaient traités par la psychanalyse traditionnelle. Beck tenait à ce que sa thérapie soit soumise à un examen objectif car il voulait éviter à tout prix le statut de gourou, dont se paraient la plupart des psychanalystes en vogue, et démontrer que le succès du traitement était imputable à la thérapie et non au thérapeute.

Beck ne fut ni le seul ni même le premier à souligner les limites de la psychanalyse traditionnelle, mais son recours au modèle cognitif était une innovation. Il avait sans doute été influencé par les travaux d'Albert Ellis, qui avait développé la thérapie comportementale rationnelle émotive au milieu des années 1950, ainsi que par les recherches des béhavioristes du monde entier, parmi lesquels les Sud-Africains Joseph Wolpe et Arnold A. Lazarus. Certes, les approches qu'ils avaient suivies étaient différentes, mais leurs thérapies partageaient avec celle de Beck une méthodologie scientifique et un rejet de l'importance accordée aux causes inconscientes des troubles mentaux et émotionnels.

Une fois reconnue l'efficacité de la thérapie cognitive, celle-ci fut de plus en plus utilisée pour traiter la dépression. Beck découvrit ensuite qu'elle donnait des résultats satisfaisants dans le traitement des troubles de la personnalité, et même de la schizophrénie. Toujours ouvert aux idées nouvelles – tant que leur efficacité pouvait être démontrée –, il intégra des éléments de la thérapie béhavioriste dans sa pratique, comme le firent bien d'autres thérapeutes dans les années 1980.

Ce mouvement donna le jour aux diverses formes de thérapies cognitivo-comportementales proposées aujourd'hui.

Les travaux d'Aaron Beck constituent un tournant pour la psychothérapie, et son influence demeure considérable. En proposant une approche cognitive à la psychologie clinique, il l'a soumise à un examen scientifique et a démontré les faiblesses de la psychanalyse. À la faveur de ses recherches, il a pu forger différents outils – Beck Depression Inventory (BDI), Beck Hopelessness Scale, Beck Scale for Suicidal Ideation (BSS), Beck Anxiety Inventory (BAI) – mondialement utilisés pour évaluer la nature et la sévérité de la dépression. ■

> Ne me croyez pas, testez-moi.
> **Aaron Beck**

NOUS NE POUVONS ÉCOUTER QU'UNE SEULE VOIX À LA FOIS

DONALD BROADBENT (1926-1993)

CONTEXTE

APPROCHE
Théorie de l'attention

AVANT
1640 René Descartes compare le corps humain à une machine dotée d'une âme.

Années 1940 Alors directeur de l'Unité de psychologie appliquée, le psychologue anglais Kenneth Craik prépare des diagrammes comparant les traitements de l'information humain et artificiel.

APRÈS
1959 Les travaux de G. A. Miller suggèrent que la mémoire à court terme ne peut traiter plus de sept éléments à la fois.

1964 La psychologue anglaise Anne Treisman suggère que les informations peu importantes ne sont pas éliminées au moment du filtrage mais atténuées (comme une baisse de volume), et qu'elles peuvent subsister dans le cerveau sous forme d'« ombres ».

Jusqu'à la Seconde Guerre mondiale, la psychologie en tant que discipline universitaire était restée en Grande-Bretagne dans le sillage de l'Europe et des États-Unis. La plupart des psychologues britanniques avaient rallié les écoles béhavioristes et cognitivistes qui avaient vu le jour sur les deux continents, et, dans les rares départements universitaires de psychologie, l'approche suivait celle des sciences naturelles : on y privilégiait les applications pratiques plus que les spéculations théoriques.

C'est dans ce contexte que Donald Broadbent, qui allait devenir l'un des cognitivistes les plus influents de l'époque, entreprit des études de psychologie après avoir quitté la Royal Air Force (RAF). Son expérience de la guerre comme ingénieur aéronautique et comme pilote lui donnait un avantage certain pour aborder les approches pratiques de la discipline.

La psychologie pratique

Broadbent s'était enrôlé dans la RAF à dix-sept ans et avait été envoyé aux États-Unis pour y être formé. C'est là qu'il découvrit la psychologie et le type de problèmes auxquels elle était confrontée, ce qui l'amena à réfléchir aux difficultés rencontrées par les pilotes : il réalisa que certaines pouvaient avoir des réponses psychologiques plutôt que des réponses mécaniques et, lorsqu'il quitta la RAF, en 1947, il rejoignit l'université de Cambridge pour y étudier la psychologie.

C'est à Cambridge que Broadbent rencontra son *alter ego* dans la personne de son mentor, Frederic Bartlett, qui était le premier professeur de psychologie expérimentale d'Angleterre. Scientifique rigoureux, Bartlett pensait que les découvertes théoriques majeures se font lorsqu'on recherche des solutions à des problèmes pratiques. Lorsqu'il rejoignit l'Unité de psychologie appliquée (APU), créée en 1944 à Cambridge, Broadbent le suivit tout naturellement. C'est à cette époque que Broadbent réalisa ses travaux les plus novateurs en se concentrant sur les problèmes pratiques qu'il avait rencontrés lorsqu'il était dans la RAF. Il arrivait notamment que les pilotes confondent des commandes assez similaires : ainsi, dans certains avions, le levier commandant le train d'atterrissage

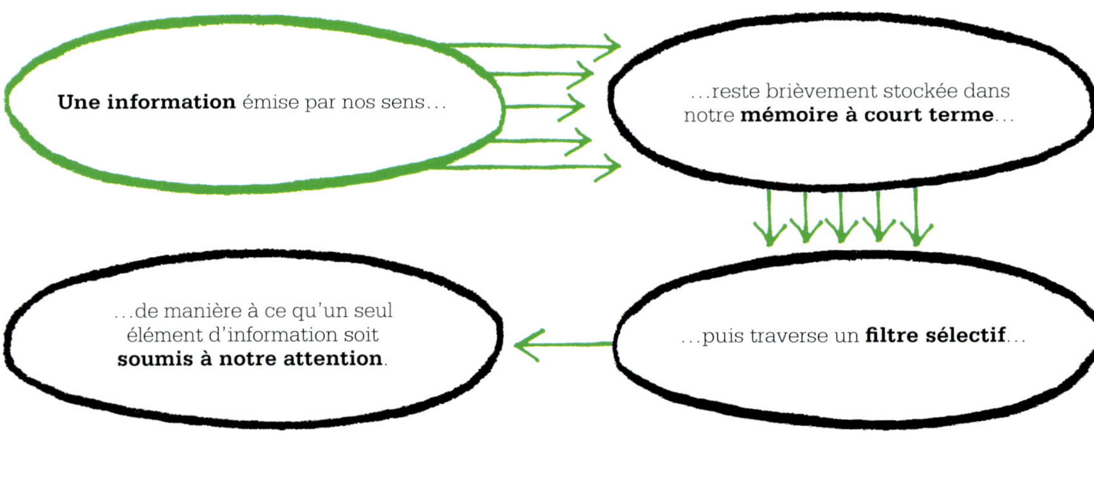

Voir aussi : René Descartes 20-21 ▪ George Armitage Miller 168-173 ▪ Daniel Schacter 208-209 ▪ Frederic Bartlett 335-336

Les tableaux de bord des avions de la Seconde Guerre mondiale éblouissaient les pilotes ; en recherchant comment ceux-ci privilégiaient l'information, Broadbent fut en mesure de les aider.

était identique à celui commandant les volets de fermeture, et tous deux étaient situés sous le siège, ce qui causait de fréquents accidents. Pour Broadbent, de tels incidents auraient pu être évités si les avis et les recommandations des pilotes avaient été pris en considération durant la phase de conception de l'avion.

Ce qui l'intéressait, c'était d'utiliser la psychologie pour mieux appréhender les aptitudes des pilotes, qui, à l'évidence, recevaient une grande quantité d'informations, puis devaient sélectionner les données pertinentes pour prendre les bonnes décisions. Il semblait à Broadbent que les erreurs survenaient souvent lorsque les sources d'informations entrantes étaient trop nombreuses.

Sa réflexion était influencée par la manière dont l'information était traitée par l'informatique et par l'« intelligence artificielle », deux produits qui s'étaient considérablement développés pendant la guerre. Le premier directeur de l'APU, Kenneth Craik, avait laissé d'importants manuscrits et diagrammes comparant le traitement de l'information par l'intelligence humaine et par l'intelligence artificielle, documents que Broadbent étudia avec le plus grand intérêt.

Parallèlement, le mathématicien Alan Turing s'était emparé du concept de traitement de l'information pour l'appliquer à l'idée de « machine pensante ». La comparaison entre l'ordinateur et le fonctionnement du cerveau était une puissante analogie, mais Broadbent inversa le concept pour envisager le cerveau humain comme une sorte de machine traitant l'information. Cette idée représente, fondamentalement, ce qui distingue la psychologie cognitive du béhaviorisme : l'une étudie directement les processus mentaux, tandis que l'autre s'intéresse à leurs manifestations dans le comportement.

Donald Broadbent

Né à Birmingham, en Angleterre, Donald Broadbent se prétendait gallois car il avait passé son adolescence au pays de Galles. Il obtint une bourse du prestigieux Winchester College, puis rejoignit à dix-sept ans la Royal Air Force, où il suivit une formation de pilote et d'ingénieur aéronautique.

Broadbent quitta la RAF en 1947 pour étudier la psychologie sous la direction de Frederic Bartlett à l'université de Cambridge, puis rejoignit la jeune Unité de psychologie appliquée (APU), dont il devint le directeur en 1958. Marié deux fois, Broadbent était un homme timide et généreux, dont le côté puritain le poussait à croire que son travail était un privilège et devait toujours avoir une réelle utilité. Décoré de l'ordre de l'Empire britannique en 1974, il enseigna au Wolfson College d'Oxford jusqu'à sa retraite en 1991. Il mourut deux ans plus tard d'une crise cardiaque.

Ouvrages-clés

1958 *Perception and Communication*
1971 *Decision and Stress*
1993 *The Simulation of Human Intelligence*

Pour étudier comment fonctionne l'attention, Broadbent devait concevoir des expériences à même de valider ou d'infirmer ses intuitions. Pour l'ancien ingénieur, toute théorie se devait d'être fondée sur des preuves, et la recherche devait avoir des applications pratiques. Dans son esprit, la psychologie appliquée ne faisait pas seulement référence à des applications thérapeutiques, mais à des applications dont la société tout entière devait pouvoir bénéficier – d'autant que ses recherches étaient financées par de l'argent public.

> Notre esprit est comparable à une radio recevant simultanément de nombreux canaux.
> **Donald Broadbent**

Une voix à la fois

L'une des expérimentations les plus importantes de Broadbent lui fut inspirée par sa propre expérience de régulation du trafic aérien. Les équipes au sol avaient souvent à traiter simultanément plusieurs flux d'informations entrantes, émis par les avions en phase de décollage et d'atterrissage, et arrivant aux opérateurs par radio à travers leurs écouteurs. Les contrôleurs aériens devaient prendre des décisions rapides à partir des informations reçues, mais Broadbent savait qu'ils ne pouvaient traiter efficacement qu'un message à la fois. Par quel processus mental étaient-ils capables de choisir le message le plus important à partir des différentes sources d'informations entrantes ? Broadbent avait l'intuition qu'il existait un mécanisme cérébral qui traitait l'information et faisait la sélection.

Connue sous le nom d'« écoute dichotique », l'expérience conçue par Broadbent fut l'une des premières conduites dans le domaine de l'attention sélective – processus par lequel notre cerveau filtre et élimine les informations non pertinentes des masses de données que nos sens nous envoient en permanence. Sur le modèle du contrôle aérien, il choisit de présenter aux sujets de l'expérience des informations sonores reçues à travers des écouteurs. Le système pouvait relayer deux flux d'informations à la fois : l'un vers l'oreille gauche, l'autre vers l'oreille droite. La capacité des sujets à retenir l'information était alors testée.

Comme le soupçonnait Broadbent, les sujets se révélèrent incapables de restituer toute l'information reçue par les deux canaux d'entrée. Son intuition que nous ne pouvons écouter qu'une voix à la fois était ainsi confirmée, mais la question demeurait de savoir précisément comment un sujet choisissait de retenir telle partie de l'information entrante et d'ignorer délibérément le reste.

Repensant à sa formation initiale d'ingénieur, Broadbent suggéra un modèle mécanique pour expliquer ce qui produisait dans le cerveau : en présence de sources d'informations entrantes multiples, un goulet d'étranglement se forme dès lors que le cerveau sature et n'est plus capable de tout traiter ; à ce point, intervient un « filtre » ne laissant passer qu'un canal entrant. L'analogie utilisée est éminemment pratique : Broadbent décrit un tuyau en Y, canalisant deux flux de balles de ping-pong. À l'embranchement, un volet s'abaisse pour bloquer l'un ou l'autre flux ; les balles du flux autorisé peuvent alors passer dans la partie principale du tuyau.

Les contrôleurs aériens doivent gérer une multitude de signaux simultanés. C'est en écoutant ces enregistrements que Broadbent fut en mesure d'identifier les processus d'attention.

Une question subsistait toutefois : à quel stade le filtre entre-t-il en action ? Par une série d'expériences, qui étaient en fait des variations des premières tâches d'écoute dichotique, Broadbent put établir que l'information reçue par les sens est transférée en totalité dans la mémoire à court terme. C'est donc à cet endroit que s'opère le filtrage. Connue sous le nom de « Broadbent Filter Model », sa description du filtre attentionnel témoigne d'une approche totalement nouvelle de la psychologie expérimentale, pas seulement en combinant la théorie avec la pratique, mais aussi en considérant le fonctionnement du cerveau comme une forme de traitement de l'information.

Le problème du cocktail

Broadbent n'était pas le seul à s'intéresser au problème de l'attention sélective. Dans les années 1950, un autre scientifique britannique, Colin Cherry, qui travaillait plus dans le domaine de la communication que dans celui de la psychologie, formula le « problème du cocktail » : comment, dans un cocktail où beaucoup de gens discutent, sélectionnons-nous les conversations auxquelles on prête attention et celles que l'on ignore ?

> L'une des deux voix est sélectionnée pour la réponse, sans aucune référence à sa justesse, tandis que l'autre est ignorée.
> **Donald Broadbent**

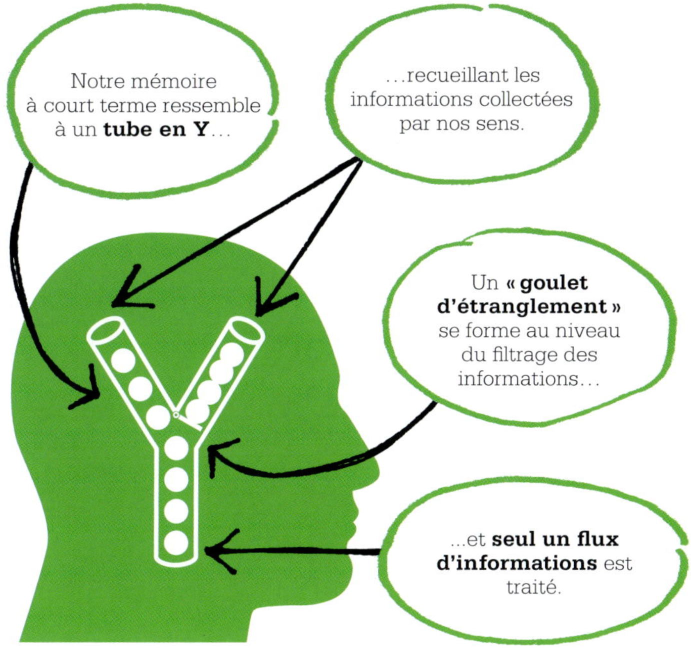

Et comment est-il possible que notre attention, centrée sur une conversation A, puisse se trouver soudain distraite par une conversation B ou C ?

Pour répondre aux questions posées par son collègue, Broadbent se pencha sur la nature du filtre opérant dans son modèle. Plus précisément, il tenta de déterminer quelles informations étaient rejetées. Par une expérimentation toujours rigoureuse, il mit en évidence que la sélection ne s'opère pas d'après le contenu de l'information – ce qui est dit – mais en fonction des caractéristiques physiques du message – la clarté ou le ton de la voix, par exemple. Ce qui suggère que, même si l'information est stockée très brièvement dans la mémoire à court terme, ce n'est qu'après avoir été filtrée qu'elle est traitée pour en extraire la signification, et véritablement comprise. Cette découverte a des implications importantes : pour revenir au contrôle aérien, elle signifie que des décisions peuvent être prises à partir d'informations non pertinentes ou erronées, et non hiérarchisées en fonction de leur signification et de leur importance.

Broadbent et Cherry travaillèrent ensemble sur de nombreuses expériences d'écoute dichotique visant à tester le filtrage et découvrirent que le processus est également affecté par les attentes du sujet. L'expérience consistait à faire entendre plusieurs séries de nombres, émises simultanément dans chaque oreille, à des participants, dont certains étaient prévenus qu'on les interrogerait d'abord sur tel canal d'entrée. Les résultats révélèrent que lorsque les participants savaient sur quel canal d'information ils allaient être questionnés, leur attention se portait sur celui-ci, alors que l'information entrant par l'autre oreille n'était pas mémorisée correctement. Dans tous les cas, l'information que les sujets choisissaient de se rappeler était traitée avec plus de précision que le reste du matériau, qui semblait quitter la mémoire à court terme avant même que les participants tentent de le restituer. En 1957, Broadbent écrivait : « Nous ne pouvons écouter qu'une voix à la fois, et les premiers mots que nous entendons sont ceux que nous mémorisons le mieux. »

Un modèle affiné

Broadbent publia les résultats de ses recherches en 1958, dans *Perception and Communication*. Il y proposait un cadre pertinent pour l'étude de l'attention, de la compréhension et de la mémoire, au moment même où la place accordée au béhaviorisme était réévaluée. L'ouvrage apparut en conséquence comme une contribution majeure au développement de la psychologie cognitive, et son auteur fut reconnu – au moins par ses pairs – comme le premier psychologue important que la Grande-Bretagne ait produit. La même année, Broadbent succédait à Bartlett à la direction de l'Unité de psychologie appliquée.

Plus qu'une consécration, Broadbent vit dans cette nomination l'opportunité de poursuivre ses travaux sur l'attention, d'élargir le champ de ses recherches et d'affiner sa théorie. Partant de son modèle de filtre sélectif, il revint au problème du cocktail, notamment à un phénomène qu'avait identifié Cherry, concernant la nature de l'information sélectionnée : quand une personne entend une information ayant quelque signification pour elle – un nom, par exemple – dans une conversation à laquelle elle ne participe pas, son attention se reporte vers cette conversation et se déconnecte de la conversation à laquelle elle participait auparavant.

De nouvelles expériences d'écoute dichotique vinrent corroborer les découvertes de Cherry : l'attention est filtrée par des caractéristiques physiques, mais aussi par le sens, le filtrage opérant à partir de réminiscences mémorielles, d'expériences antérieures ou d'attentes particulières. L'information est donc, d'une certaine manière, comprise avant même d'être sélectionnée comme objet de l'attention.

Lors d'un cocktail, les gens peuvent participer à une conversation mais reporter soudain leur attention sur une autre, si cette dernière traite d'informations qui les intéressent plus particulièrement.

> Le test d'une théorie psychologique, de même que sa justification morale, c'est son application à des préoccupations pratiques concrètes.
> **Donald Broadbent**

Broadbent pensait que la psychologie peut améliorer l'efficacité de certains procédés industriels complexes et s'était engagé à n'entreprendre que des recherches « utiles ».

Broadbent en conclut que son modèle de filtre devait être modifié, mais il en fut stimulé plus que perturbé. Pour lui, toute théorie scientifique était transitoire puisque fondée sur des preuves disponibles à un moment donné, et donc susceptible de changer à la lumière de nouvelles preuves. C'est ainsi, pensait-il, que la science progresse.

Ses travaux trouvèrent des applications de plus en plus étendues. Il étudia ainsi les effets du bruit, de la chaleur et du stress sur l'attention dans les environnements professionnels. À mesure de ses découvertes, il corrigeait ses conclusions. Ce faisant, il obtint le soutien du gouvernement et le respect de nombreuses industries dont les pratiques purent être améliorées. Ce qui l'encouragea à poursuivre de nouvelles recherches sur des thèmes tels que la différence attentionnelle entre individus, les moments d'inattention et leurs causes. Chaque fois, les résultats expérimentaux entraînèrent un affinement de la théorie. En 1971, dans *Decision and Stress*, Broadbent donnait ainsi une version plus complète de sa théorie du filtre attentionnel. Ce livre, comme le précédent, devint un des classiques de la psychologie cognitive.

L'approche cognitive

Si les ouvrages de Broadbent n'atteignirent guère le grand public, ils furent lus par de nombreux scientifiques de toutes disciplines. Plus l'informatique suscitait d'intérêt, plus sa comparaison du fonctionnement du cerveau humain avec les machines électroniques paraissait pertinente. Parallèlement, son modèle des étapes du traitement de l'information par l'homme – acquisition, stockage, récupération et utilisation – faisait écho aux travaux sur l'intelligence artificielle.

Figure fondatrice de la psychologie cognitive, Broadbent joua un rôle déterminant dans la mise en place de la Joint Council Initiative on Cognitive Science and Human-Computer Interaction, laquelle contribua à donner forme aux sciences cognitives. C'est grâce à ses travaux également que la démarche de la psychologie appliquée fut prise en compte dans la résolution de problèmes et se diffusa bien au-delà des murs des laboratoires. Et le champ d'investigation qu'il ouvrit grâce à ses recherches sur l'attention demeure aujourd'hui très fécond. ■

> Sa psychologie était destinée à la société et à ses problèmes, pas seulement à ceux qui vivent dans des tours d'ivoire.
> **Fergus Craik et Alan Baddely**

LA FLÈCHE DU TEMPS DÉCRIT UNE BOUCLE

ENDEL TULVING (NÉ EN 1927)

CONTEXTE

APPROCHE
Étude de la mémoire

AVANT
1878 Hermann Ebbinghaus réalise la première étude scientifique sur la mémoire humaine.

1927 Bluma Zeigarnik démontre que l'on se souvient mieux d'une tâche lorsqu'elle a été interrompue.

Années 1960 Jerome Bruner souligne l'importance de la catégorisation dans les processus d'apprentissage.

APRÈS
1979 Elizabeth Loftus étudie les distorsions de la mémoire dans *Eyewitness Testimony.*

1981 Gordon H. Bower fait le lien entre les événements et les émotions dans la mémoire.

2001 Daniel Schacter publie *The Seven Sins of Memory: How the Mind Forgets and Remembers.*

La mémoire épisodique stocke dans la mémoire à long terme le souvenir des événements et des expériences.

Elle est distincte de la **mémoire sémantique**, qui stocke dans la mémoire à long terme les faits et les connaissances.

Les souvenirs de nos expériences sont **associés à des moments et à des lieux particuliers**, qui peuvent eux-mêmes déclencher ces souvenirs.

De même, **des signaux sensoriels** comme une chanson ou une odeur particulière peuvent déclencher des souvenirs apparemment complets de certains événements passés.

Seuls les humains peuvent ainsi **« voyager dans le temps »** pour revenir sur leurs expériences passées…

…comme si la flèche du temps décrivait une boucle.

La mémoire constitua dès le XIXe siècle l'un des premiers champs d'étude de la psychologie car elle était étroitement associée au concept de conscience, pont entre la philosophie et la psychologie. Hermann Ebbinghaus, en particulier, y consacra la plus grande partie de ses travaux. Mais la génération suivante privilégia l'étude béhavioriste de l'apprentissage, et le conditionnement remplaça la mémoire au centre des préoccupations. Hormis quelques travaux isolés comme ceux de Bluma Zeigarnik et de Frederic Bartlett, dans les années 1920 et 1930, le thème de la mémoire fut quasiment ignoré jusqu'à la « révolution cognitive » qui suivit la Seconde Guerre mondiale. Sur la base du modèle cognitiviste considérant le cerveau comme un système de traitement de l'information, la mémorisation apparut comme un processus au cours duquel des éléments étaient transférés de la mémoire à court terme, ou mémoire de travail, à la mémoire à long terme.

Lorsque Endel Tulving acheva son doctorat, en 1957, la mémoire était à nouveau un domaine de recherche de premier plan. Contraint d'abandonner l'étude de la perception visuelle pour des raisons matérielles, Tulving rejoignit le domaine de recherche en vogue, armé d'un crayon, de papier et d'un jeu de fiches.

La méthode de libre rappel

Découvrant la mémoire à mesure de ses recherches, Tulving travaillait de manière peu orthodoxe, ce qui lui valut quelques critiques de ses pairs et rendit difficile la publication de ses résultats. Pourtant, ses

Voir aussi : Hermann Ebbinghaus 48-49 ▪ Bluma Zeigarnik 162 ▪ George Armitage Miller 168-173 ▪ Gordon H. Bower 194-195 ▪ Elizabeth Loftus 202-207 ▪ Daniel Schacter 208-209 ▪ Roger Brown 237 ▪ Frederic Bartlett 335

penchants non conformistes donnèrent naissance à des recherches vraiment novatrices. Une démonstration conçue à la hâte pour des étudiants, au début des années 1960, lui permit de concevoir notamment le modèle de nombreuses expériences ultérieures. Il lut aux étudiants une liste aléatoire de vingt mots courants puis leur demanda d'écrire autant de mots qu'il leur était possible de se remémorer. La plupart d'entre eux ne purent se souvenir que de la moitié environ des mots de la liste. Tulving posa alors des questions fournissant des indices sur les mots dont ils ne s'étaient pas rappelés – « N'y avait-il pas une couleur dans la liste ? » –, qui permirent aux étudiants de retrouver quasiment tous les mots proposés.

Tulving développa une série d'expériences basées sur cette méthode de libre rappel qui démontra que les gens tendent à regrouper les mots en catégories signifiantes ; mieux ils organisent l'information, plus ils sont capables de la mémoriser. Il démontra également qu'ils se rappellent encore plus facilement d'un mot quand ils lui associent une catégorie dans laquelle ils peuvent le classer – par exemple, « animaux » ou « végétaux ». De cette manière, presque tous les mots de la liste initiale pouvaient être mémorisés.

Les types de mémoire

Tandis que ses prédécesseurs s'étaient concentrés sur le processus de stockage de l'information et sur ses défaillances, Tulving fit la distinction entre deux processus différents, le stockage des informations, d'une part, la récupération des informations, d'autre part, et étudia comment ils étaient liés. Au cours de ses travaux, Tulving avait été frappé par le fait qu'il semblait y avoir différentes sortes de mémoire : la distinction entre mémoire à long terme et mémoire à court terme avait déjà été établie, mais il pressentait qu'il y avait plus d'un type de mémoire à long terme. Il proposa de diviser celle-ci en deux types distincts : la mémoire sémantique, regroupant les souvenirs basés sur la connaissance – faits et données –, et la mémoire épisodique, regroupant les souvenirs attachés à l'expérience personnelle de chacun – événements, conversations, etc.

Les expériences de Tulving avaient démontré, avec ses listes de mots, que l'organisation de l'information sémantique rendait sa réminiscence plus efficace, et il apparut qu'il en allait de même avec la mémoire épisodique. Mais, tandis que les souvenirs sémantiques s'organisent selon des catégories,

Dans l'une des expériences de Tulving, on demandait aux gens de mémoriser le plus de noms possible sur une liste. Les mots « oubliés » – qui revenaient généralement avec l'indice de catégorie – étaient toujours dans la mémoire mais temporairement inaccessibles.

Le souvenir est un voyage mental dans le temps.
Endel Tulving

Les événements émotionnels tels que les mariages relèvent de la mémoire épisodique. Ils sont stockés de manière à ce que la personne qui se souvient « revit » l'événement comme si elle exécutait un voyage dans le temps.

les souvenirs épisodiques s'organisent en fonction des circonstances au cours desquelles ils ont été mémorisés. Ainsi, le souvenir d'une conversation qui a eu lieu lors d'un dîner d'anniversaire sera stocké en association avec tout ce qui s'est passé à cette occasion. Et tout comme la catégorie « ville » peut être un repère du souvenir sémantique « Pékin », la mention « quarantième anniversaire » permettra la restitution de ce qui a été dit lors de ce dîner. Plus les souvenirs autobiographiques sont fortement associés à un contexte spatio-temporel, plus ils sont aisément accessibles. Les « souvenirs flashs », mémorisés à l'occasion d'un événement émotionnel particulièrement marquant – à l'instar des attentats terroristes du 11 septembre 2001 – en sont un exemple extrême.

Tulving décrit la réminiscence des souvenirs épisodiques comme « un voyage mental dans le temps » nous conduisant à revisiter le passé pour y accéder. Dans des travaux ultérieurs, il souligne que ce type de souvenir se caractérise par un rapport subjectif au temps. Spécifiquement humain, celui-ci implique la conscience de ce qui a été, mais aussi de ce qui peut advenir. Grâce à cette faculté unique, nous pouvons réfléchir à notre existence, faire des projets, et nous préoccuper d'événements n'ayant pas encore eu lieu. C'est ce qui permet à l'humanité de « tirer pleinement parti de sa conscience de la continuité de la vie dans le temps » et ce qui lui a permis de transformer le milieu naturel pour donner jour à la civilisation et à la culture. C'est par cette faculté que « la flèche du temps décrit une boucle ».

L'encodage de l'information

Ayant mis en évidence que l'organisation de l'information est la clé de la récupération des souvenirs, tant sémantiques qu'épisodiques, Tulving s'attacha à la manière dont le cerveau classe cette information. Il lui semblait que chaque élément d'information devait être classé avec

Endel Tulving

Fils d'un juge de Tartu, en Estonie, Endel Tulving s'intéressait plus aux sports qu'aux matières académiques, ce qui ne l'empêcha pas de faire une scolarité exemplaire dans un collège privé. Lorsqu'en 1944 l'Armée rouge envahit l'Estonie, alors occupée par les Allemands, Tulving et son frère gagnèrent l'Allemagne pour terminer leurs études et ne revirent leurs parents qu'après la mort de Staline, neuf ans plus tard. Après la Seconde Guerre mondiale, Tulving travailla comme traducteur pour l'armée américaine et fréquenta brièvement une école de médecine avant d'émigrer au Canada, en 1949. Inscrit comme étudiant à l'université de Toronto, il obtint sa maîtrise de psychologie en 1954, puis rejoignit Harvard où il présenta une thèse sur la perception visuelle. En 1956, Tulving retourna à l'université de Toronto, où il enseigne toujours.

Ouvrages-clés

1972 *Organization of Memory*
1983 *Elements of Episodic Memory*
1999 *Memory, Consciousness, and the Brain*

un élément qui lui était relié, de sorte que le cerveau puisse fonctionner de façon plus efficace en réduisant le champ de sa recherche. Le cerveau, conclut Tulving, encode chaque information destinée à être stockée dans la mémoire à long terme de telle manière que des souvenirs spécifiques puissent être localisés et récupérés à partir d'un indice plus général. Les indices déclenchant les souvenirs épisodiques sont en général d'ordre sensoriel. Un morceau de musique ou une odeur particulière peut ainsi faire surgir tout un pan de mémoire.

La théorie du « principe d'encodage spécifique » formulée par Tulving s'applique plus particulièrement à la mémoire épisodique. Les souvenirs d'événements particuliers sont encodés en fonction du contexte spatio-temporel dans lequel ces événements se sont déroulés, en même temps que d'autres indices contextuels. Tulving découvrit que l'indice le plus efficace pour rappeler un souvenir épisodique spécifique est celui qui recouvre le plus ce dernier, car l'un et l'autre sont stockés ensemble. Néanmoins, si les indices de rappel sont nécessaires, ils ne sont pas toujours suffisants pour permettre la récupération d'une information pourtant disponible dans la mémoire à long terme.

> Il n'est pas facile de relier ce que nous savons sur le fonctionnement de la mémoire aux structures neuronales sous-jacentes. C'est une véritable science.
> **Endel Tulving**

Pour Tulving, les différentes mémoires siégeant dans notre cerveau sont physiquement distinctes, car chacune se comporte et fonctionne d'une manière sensiblement différente des autres.

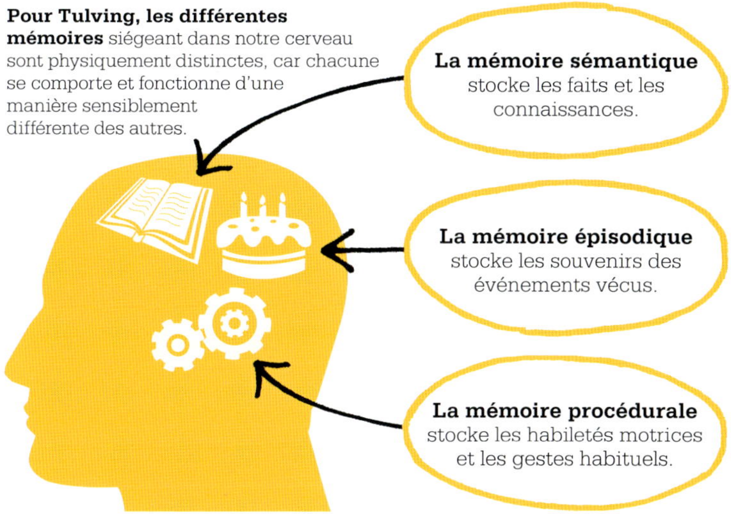

Tulving, une fois encore, se démarqua de ses prédécesseurs en opérant la distinction entre souvenir disponible et souvenir accessible. Quand on ne parvient pas à se rappeler une information, cela ne signifie pas qu'elle est « oubliée », c'est-à-dire effacée de la mémoire à long terme ; elle peut y être conservée, donc disponible : le problème a trait alors à la récupération, c'est-à-dire à l'accessibilité du souvenir.

Mémoire et cerveau

Les travaux de Tulving relatifs au stockage et à la récupération des souvenirs ouvrirent un tout nouveau domaine d'investigation psychologique. La publication de ses résultats dans les années 1970 coïncidait avec la volonté de plusieurs cognitivistes de confirmer leurs théories neuroscientifiques à l'aide des dernières techniques d'imagerie cérébrale. Tulving put, en collaboration avec eux, cartographier les zones du cerveau qui sont actives pendant l'encodage et la récupération des souvenirs, et établir ainsi que la mémoire épisodique est associée au lobe temporal médian du cerveau, et particulièrement à l'hippocampe.

Les intuitions et découvertes de Tulving inspirèrent d'autres psychologues, parmi lesquels d'anciens étudiants comme Daniel Schacter. Ses travaux sur le stockage et la récupération des souvenirs transformèrent notre conception de la mémoire, mais sa contribution la plus déterminante réside dans la distinction opérée entre mémoire sémantique et mémoire épisodique. Ses successeurs enrichirent le modèle de Tulving en y intégrant la mémoire « procédurale » – habiletés motrices et savoir-faire – et en distinguant la mémoire explicite – souvenirs dont nous sommes conscients – de la mémoire implicite – souvenirs dont nous ne sommes pas conscients mais qui nous affectent tout autant. Ces modèles présentent toujours pour les cognitivistes un immense intérêt. ■

LA PERCEPTION EST UNE HALLUCINATION VENUE DE L'EXTÉRIEUR

ROGER N. SHEPARD (NÉ EN 1929)

CONTEXTE

APPROCHE
Perception

AVANT
1637 Dans le *Discours de la méthode,* René Descartes reconnaît que, bien que nous soyons des êtres pensants dotés de connaissances innées, nos sens peuvent être trompés.

Années 1920 L'étude de la perception visuelle par les théoriciens de la Gestalt conclut que les gens tendent à voir un objet composé de divers éléments comme un tout.

1958 Avec *Perception and Communication,* Donald Broadbent propose une réelle approche cognitive de la psychologie de la perception.

APRÈS
1986 Le psychologue expérimental américain Michael Kubovy publie *The Psychology of Perspective and Renaissance Art.*

Philosophes et psychologues se sont toujours interrogés sur l'usage que fait notre esprit des informations qu'il reçoit du monde extérieur. Au début des années 1970, le scientifique féru de psychologie cognitive Roger Shepard formula de nouvelles théories concernant le traitement par le cerveau des informations recueillies par nos sens.

Shepard prétend que le cerveau ne se contente pas de traiter les données sensorielles, mais s'en sert pour créer un modèle interne du monde physique, au sein duquel nous pouvons visualiser les objets en trois dimensions. Pour prouver son hypothèse, Shepard présentait deux dessins de la même table vue sous deux angles différents à des sujets qui devaient dire s'il s'agissait de la même table. L'expérience montra que le cerveau humain est capable d'opérer « une rotation mentale », en l'occurrence de faire tourner une table pour la superposer à l'autre.

Shepard recourut par ailleurs à des illusions optiques ou sonores pour prouver que le cerveau interprète les données sensorielles à la fois à partir de notre connaissance du monde extérieur et de la visualisation mentale. Pour Shepard, la perception était « une hallucination venue de l'extérieur », et le rêve ou l'hallucination « une perception simulée intérieurement ».

La confusion créée par une illusion d'optique prouve que l'observateur ne fait pas que percevoir, mais qu'il tente aussi d'ajuster ses données sensorielles à ce que son cerveau a déjà interprété.

Shepard introduisit des techniques révolutionnaires pour identifier la structure cachée des représentations et des processus mentaux. Ses travaux sur la perception, l'imagerie et les représentations mentales ont influencé des générations de psychologues. ■

Voir aussi: René Descartes 20-21 ▪ Wolfgang Köhler 160-161 ▪ Jerome Bruner 164-165 ▪ Donald Broadbent 178-185 ▪ Max Wertheimer 335

ON EST CONSTAMMENT À LA RECHERCHE DE LIENS DE CAUSALITÉ

DANIEL KAHNEMAN (NÉ EN 1934)

CONTEXTE

APPROCHE
Théorie des perspectives

AVANT

1738 Le mathématicien suisse Daniel Bernoulli propose l'hypothèse de l'utilité espérée pour expliquer le choix d'une décision dans le cas d'une situation à risque.

1917 Wolfgang Köhler publie *L'Intelligence des singes supérieurs*, dans lequel il décrit la capacité d'apprentissage des chimpanzés.

Années 1940 Les travaux d'Edward Tolman sur le comportement animal ouvrent un nouveau champ de recherche sur la motivation et la prise de décision.

APRÈS

1980 L'économiste américain Richard Thaler publie le premier article traitant de la finance comportementale : *Toward a Positive Theory of Consumer Choice.*

Il y a encore peu de temps, la perception du risque et la prise de décision relevaient plus des statistiques et des probabilités que de la psychologie. Mais, lorsqu'elle s'intéressa aux processus mentaux, la psychologie cognitive trouva des solutions parfois surprenantes aux problèmes soulevés par les concepts de perception et de jugement. Ainsi, dans un article coécrit avec Amos Tversky et publié en 1974, *Judgment under Uncertainty: Heuristics and Biases*, l'Américano-israélien Daniel Kahneman reprit les théories sur la prise de décision dans un contexte d'incertitude. Il y réfute le postulat largement répandu selon lequel les gens fondent leurs décisions sur des calculs de statistiques et de probabilités, prétendant qu'ils suivent, pour décider, la « règle générale » basée sur des exemples particuliers ou représentant un petit échantillonnage. Il en résulte que les jugements, basés sur les informations venant le plus facilement à l'esprit plutôt que sur les événements les plus probables, sont souvent erronés.

> Après avoir observé une longue série de rouge à la roulette, la plupart des gens croient à tort que c'est le noir qui doit sortir.
> **Daniel Kahneman et Amos Tversky**

Cette méthode de résolution de problème basée sur l'expérience peut se schématiser ainsi : nous surestimons le risque d'événements peu probables – catastrophe aérienne – et sous-estimons le risque d'événements beaucoup plus probables – accident de voiture en état d'ébriété.

Ces découvertes fondent la théorie des perspectives proposée en 1979 par Kahneman et Tversky, à l'origine d'un nouveau champ interdisciplinaire, l'économie comportementale. ■

Voir aussi : Edward Tolman 72-73 ▪ Wolfgang Köhler 160-161

LES ÉVÉNEMENTS ET LES ÉMOTIONS SONT MÉMORISÉS ENSEMBLE

GORDON H. BOWER (1932-2020)

CONTEXTE

APPROCHE
Étude de la mémoire

AVANT
1927 Bluma Zeigarnik décrit l'« effet Zeigarnik » d'après lequel on se souvient mieux d'une tâche lorsqu'elle a été interrompue.

1956 *The Magical Number Seven, Plus or Minus Two* de George Armitage Miller offre un modèle cognitif du stockage dans la mémoire à court terme.

1972 Endel Tulving distingue la mémoire sémantique de la mémoire épisodique.

APRÈS
1977 Roger Brown invente le terme *flashbulb memory* – « souvenir flash » – pour définir un repère temporel dans la mémoire autobiographique.

2001 Dans *The Seven Sins of Memory*, Daniel Schacter identifie les façons de mettre en échec notre mémoire.

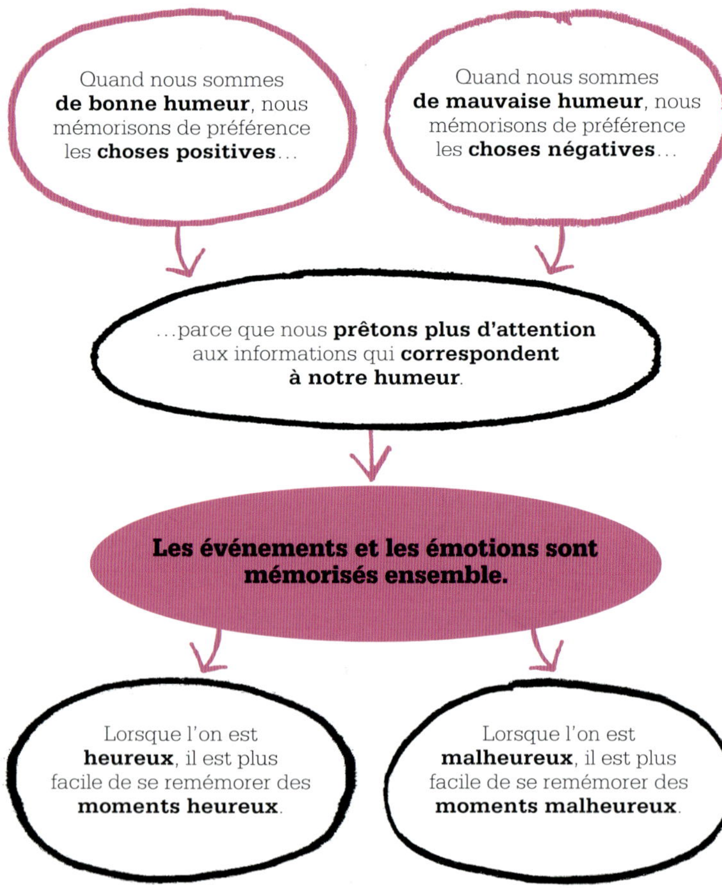

Voir aussi : Bluma Zeigarnik 162 ▪ George Armitage Miller 168-173 ▪ Endel Tulving 186-191 ▪ Paul Ekman 196-197 ▪ Daniel Schacter 208-209 ▪ Roger Brown 237

L'étude de la mémoire connut un regain d'intérêt dans les années 1950. Des modèles de plus en plus élaborés de la mémoire à court et à long terme furent alors construits pour expliquer comment l'information est sélectionnée, stockée et récupérée. On identifia également comment les souvenirs peuvent être oubliés ou déformés.

Mémoire et humeur

Dans les années 1970, on se mit à explorer les processus expliquant pourquoi certains souvenirs sont mieux conservés ou plus aisément remémorés que d'autres. Gordon H. Bower, l'un des pionniers dans ce domaine, avait noté que les émotions semblent avoir un impact sur la mémoire. Il conduisit plusieurs expériences au cours desquelles les participants, situés dans divers états émotionnels, devaient apprendre une liste de mots, puis la restituer lorsqu'ils se trouvaient à nouveau dans des dispositions d'esprit variables. Bower mit ainsi en évidence le phénomène de « mémoire dépendante de l'humeur » : une personne triste se souvient mieux de ce qu'elle a appris quand elle est à nouveau triste. Bower en conclut que l'émotion et l'information sont stockées ensemble dans la mémoire.

Bower découvrit également que les émotions contribuent à déterminer le type d'information que le cerveau stocke. Quand nous sommes heureux, nous avons tendance à remarquer et à mémoriser ce qui est positif ; à l'inverse, lorsque nous sommes malheureux, notre attention est attirée par les choses négatives, qui sont mémorisées plus facilement. Bower établit aussi que les individus malheureux se souviennent mieux des détails d'une histoire triste que ceux qui sont heureux en la lisant. Mais ce « traitement de l'information en cohérence avec l'humeur » s'applique surtout à la mémoire épisodique. Événements et émotions étant stockés ensemble, nous mémorisons mieux les événements qui s'accordent avec notre humeur, non seulement lorsqu'ils ont lieu mais aussi lorsqu'on se les rappelle. Ces résultats incitèrent Bower à filmer des gens dans des états émotionnels différents et à juger rétrospectivement leurs interactions avec les autres. Le souvenir qu'ils avaient de leur comportement passé et le jugement qu'ils portaient sur celui-ci variait encore avec leur humeur. Ces travaux permirent à Bower d'affiner ses idées sur les émotions et la mémoire, et inspirèrent des recherches ultérieures sur le rôle que jouent les émotions dans notre vie. ■

On se souvient plus facilement des moments heureux passés quand on est de bonne humeur. Les mauvais moments sont oubliés ou ne reviennent en mémoire que quand on se sent malheureux.

Gordon H. Bower

Originaire de Scio, dans l'Ohio, Gordon H. Bower était plus intéressé par le base-ball et le jazz que par les études, jusqu'à ce qu'un professeur lui fasse découvrir les travaux de Sigmund Freud. Il étudia la psychologie à l'université Case Western Reserve de Cleveland, puis prépara un doctorat sur la théorie de l'apprentissage à l'université Yale en 1959. Bower rejoignit alors le très renommé département de psychologie de l'université Stanford, en Californie, où il enseigna jusqu'à sa retraite en 2005. Ses travaux contribuèrent à développer le domaine des sciences cognitives, et, en 2005, Bower fut décoré de la National Medal of Science, remise par le président des États-Unis aux scientifiques pour la qualité de leur contribution.

Ouvrages-clés

1966, 1975 *Theories of Learning* (avec Ernest Hilgard)
1981 *Mood and Memory*
1991 *Psychology of Learning and Motivation* (Volume 27)

> Les gens heureux lors d'une première expérience retiennent mieux les événements heureux ; les gens en colère retiennent mieux les événements provoquant la colère.
> **Gordon H. Bower**

LES ÉMOTIONS SONT COMME UN TRAIN FOU

PAUL EKMAN (NÉ EN 1934)

CONTEXTE

APPROCHE
Psychologie des émotions

AVANT
Années 1960 Les travaux de l'anthropologue américaine Margaret Mead sur les tribus isolées suggèrent que les expressions faciales sont culturellement spécifiques.

Années 1960 Le psychologue américain (et mentor d'Ekman) Silvan Tomkins propose une théorie de l'affect distincte des pulsions freudiennes de base – sexe, peur et volonté de vivre.

Années 1970 Gordon H. Bower étudie les liens entre les états émotionnels et la mémoire.

APRÈS
Années 2000 Les systèmes de transport public intègrent dans leurs procédures de sécurité les conclusions des travaux d'Ekman sur les expressions faciales et la dissimulation.

L la psychothérapie accorda, dès ses débuts, une grande place aux émotions, et plus particulièrement aux troubles émotionnels, mais elle les considérait comme des symptômes à traiter plus que comme un objet d'étude. Paul Ekman fut l'un des premiers à prendre conscience, à travers ses recherches sur le comportement non verbal et les expressions faciales, que les émotions méritaient tout autant d'attention que les processus de pensées, les pulsions et le comportement.

Lorsqu'il commença ses recherches, dans les années 1970, il était admis que les émotions s'expriment physiquement en fonction de conventions sociales, différentes d'une culture à l'autre. Ekman voyagea à travers le monde entier, photographiant d'abord les habitants des pays « développés » ou « en voie de développement », comme le Japon ou le Brésil, avant de s'aventurer dans des endroits reculés comme les forêts de Papouasie-Nouvelle-Guinée. Il découvrit que les populations tribales présentaient les mêmes expressions

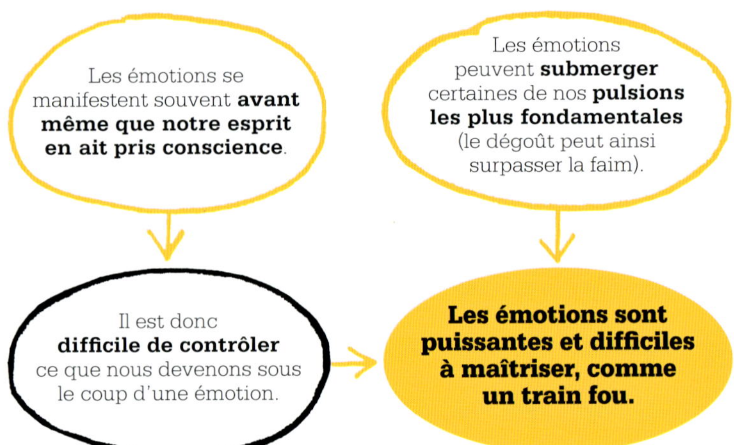

Voir aussi: William James 38-45 ▪ Sigmund Freud 92-99 ▪ Gordon H. Bower 194-195 ▪ Nico Frijda 324-325 ▪ Charlotte Bühler 336 ▪ René Diatkine 338 ▪ Stanley Schachter 338

Les six émotions de base

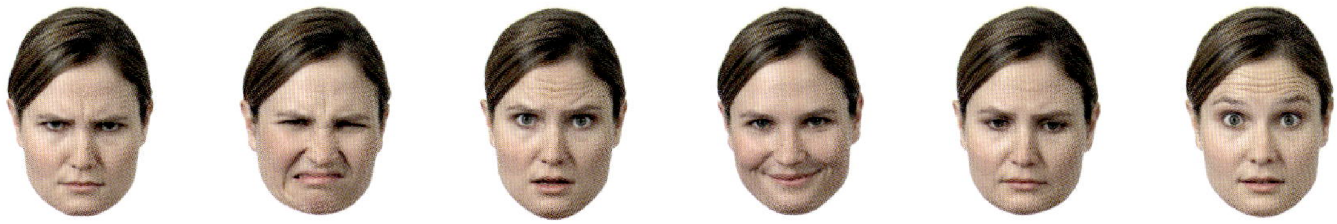

colère dégoût peur joie tristesse surprise

faciales que les habitants de pays plus ouverts sur le monde, ce qui suggérait que ces expressions sont un produit universel de l'évolution humaine.

Les émotions de base

Ekman repéra six émotions de base – la colère, le dégoût, la peur, la joie, la tristesse et la surprise –, dont l'universalité lui donna à penser qu'elles sont une composante essentielle de la constitution psychologique de l'être humain. Elles se manifestent par des mimiques involontaires: nous réagissons automatiquement à ce qui déclenche ces réponses émotionnelles et, souvent, avant même que notre conscience ait eu le temps d'enregistrer les causes de l'émotion. Ekman en déduisit non seulement que nos visages peuvent révéler notre état émotionnel intérieur, mais aussi que les émotions sont plus puissantes que ne le pensaient jusqu'alors les psychologues.

Dans *Emotions Revealed*, Ekman va jusqu'à affirmer que les émotions peuvent l'emporter sur des pulsions fondamentales comme le désir sexuel, la faim ou la volonté de vivre. La gêne ou la crainte peuvent ainsi prendre le pas sur la libido et empêcher une vie sexuelle satisfaisante ; de même une peine extrême peut oblitérer la volonté de vivre. Mesurant ainsi la puissance du « train fou » des émotions, Ekman suggère qu'une meilleure compréhension des émotions permettrait de traiter certains troubles mentaux. S'il nous est impossible de contrôler nos émotions, nous sommes peut-être capables d'intervenir sur ce qui les déclenche et modifier le comportement qui en découle.

Ekman a aussi initié la recherche sur les manières dont nous tentons de dissimuler nos émotions. Il a ainsi pu identifier les « micro-expressions » révélant que nous cachons quelque chose, consciemment ou inconsciemment. Ses travaux ont inspiré les mesures de sécurité publique adoptées dans le cadre de la lutte contre le terrorisme. ■

Paul Ekman

Né aux États-Unis à Washington, Paul Ekman passa son enfance à Newark, dans le New Jersey, puis, lorsqu'éclata la Seconde Guerre mondiale, dans l'État de Washington, dans l'Oregon et en Californie. À quinze ans, Ekman intégra l'université de Chicago, où il s'intéressa à Freud et à la psychothérapie, puis rejoignit l'université Adelphi, dans l'État de New York, pour préparer un doctorat en psychologie clinique. Après un bref passage dans l'armée américaine, il gagna l'université de Californie, à San Francisco, et y travailla sur la communication non verbale et les expressions faciales. Ces travaux le menèrent à étudier la dissimulation des émotions dans les expressions du visage et à approfondir le champ encore inexploré de la psychologie des émotions. Nommé professeur de psychologie à l'université de Californie en 1972, il y resta jusqu'à sa retraite, en 2004.

Ouvrages-clés

1985 *Telling Lies*
2003 *Emotions Revealed*
2008 *Emotional Awareness*

L'EXTASE EST UN PAS VERS UNE RÉALITE ALTERNATIVE

MIHÁLY CSÍKSZENTMIHÁLYI (NÉ EN 1934)

CONTEXTE

APPROCHE
Psychologie positive

AVANT
1943 Avec *A Theory of Human Motivation,* Abraham Maslow pose les bases de la psychologie humaniste

1951 Carl Rogers publie *Client-Centered Therapy*, une approche humaniste de la psychothérapie.

Années 1960 Aaron Beck propose la thérapie cognitive comme alternative à la psychanalyse.

Années 1990 Martin Seligman passe de l'« impuissance apprise » et de la dépression à la « psychologie positive ».

APRÈS
1997 Csíkszentmihályi travaille avec William Damon et Howard Gardner au GoodWork Project en publiant en 2002 *Good Work: When Excellence and Ethics Meet* et *Good Business: Leadership, Flow, and the Making of Meaning.*

Durant la « révolution cognitive », un mouvement de psychologie clinique se dégagea qui refusait de ne voir les patients qu'au travers de leurs troubles et prônait une approche plus holistique, plus humaniste. Des psychologues comme Erich Fromm, Abraham Maslow et Carl Rogers commencèrent à s'interroger sur ce qu'était une vie bonne et heureuse plutôt que de chercher systématiquement à alléger le fardeau de la dépression et de l'anxiété. C'est ainsi que naquit la psychologie positive, dont le but était de découvrir les moyens d'accéder à cette vie bonne et heureuse.

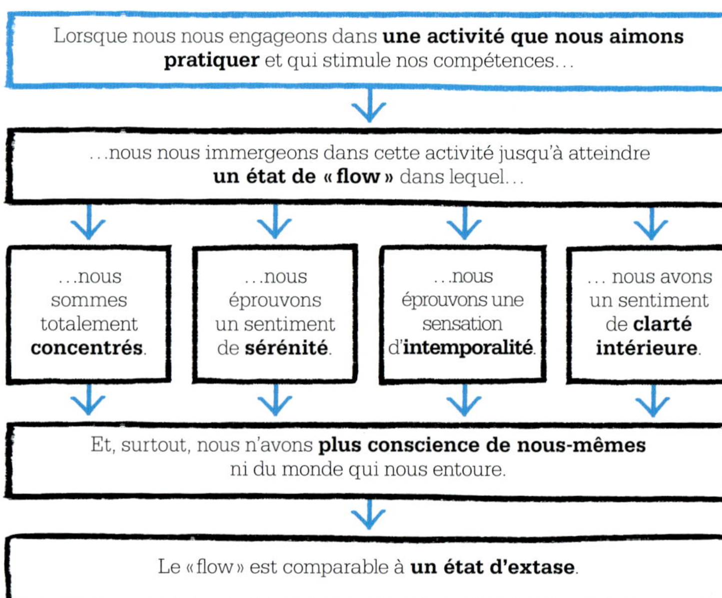

Voir aussi: Erich Fromm 124-129 ▪ Carl Rogers 130-137 ▪ Abraham Maslow 138-139 ▪ Aaron Beck 174-177 ▪ Martin Seligman 200-201 ▪ Jon Kabat-Zinn 210

Un bon musicien de jazz passe dans une état proche de la transe quand il joue. Plongé dans le sentiment extatique de «flow», il est totalement absorbé par sa musique et son interprétation.

La psychologie positive était alors centrée sur le concept de «flow», élaboré par Mihály Csíkszentmihályi dans les années 1970 et pleinement explicité dans son livre *Flow: The Psychology of Optimal Experience*, publié en 1990 et traduit en 2004 sous le titre *Vivre. La psychologie du bonheur*. Le concept émergea des entretiens de l'auteur avec des gens semblant avoir une vie épanouie, que ce soit dans le travail ou les loisirs, et venant de tous les horizons – artistes ou musiciens, chirurgiens ou hommes d'affaires, passionnés de sports ou de jeux. Csíkszentmihályi remarqua que tous prétendaient atteindre un état très particulier lorsqu'ils pratiquaient l'activité dans laquelle chacun excellait: ils perdaient la conscience d'eux-mêmes, les choses venaient à eux automatiquement, ils se sentaient entraînés par un courant... C'est ce courant que Csíkszentmihályi appela le flow. La personne qui le subit se sent impliquée, concentrée, absorbée; elle sait ce qui doit être fait et reçoit un retour d'information immédiat sur la manière dont elle fait les choses: le musicien sait instantanément si la note qu'il joue sonne juste et le joueur de tennis sait si la balle qu'il vient de frapper va atteindre son but.

L'état d'extase

Les gens ayant expérimenté le flow évoquent un sentiment de clarté et de sérénité associé à la disparition de la notion de temps, ce qui conduisit Csíkszentmihályi à parler d'état d'extase – du grec *ekstasis*, «être hors de soi». La jouissance que procure le flow provient pour une grande part de cette sensation d'être détaché des préoccupations de la vie quotidienne. Le flow, pour Csíkszentmihályi, c'est le moyen de profiter d'une activité de manière optimale au point de combler les attentes de la vie.

Mais comment atteindre l'état de flow? Csíkszentmihályi observa les gens qui parvenaient régulièrement à cet état extatique, et nota que le flow ne survient que lorsque l'activité exercée correspond aux compétences de l'individu; la tâche est réalisable mais exige néanmoins un surcroît de compétences et une totale concentration. C'est le juste équilibre entre compétences et difficulté qui conduit au flow. Si les compétences ne sont pas à la hauteur de la tâche, il en résulte de l'anxiété; si la tâche est trop facile, cela engendre ennui ou apathie.

Les tenants de la psychologie positive empruntèrent très vite à Csíkszentmihályi son concept de flow, devenu indissociable de ce nouveau courant optimiste. Pour Csíkszentmihályi, le flow est un élément vital qui rend un travail plus gratifiant et plus signifiant, quelle que soit l'activité exercée. ■

Mihály Csíkszentmihályi

Né à Fiume, en Italie – maintenant Rijeka, en Croatie –, Mihály Csíkszentmihályi est le fils d'un diplomate hongrois qui s'exila avec sa famille à Rome en 1948, lorsque la Hongrie devint communiste. Adolescent, il assista en Suisse à une conférence donnée par Carl Jung, qui orienta ses études vers la psychologie. Bénéficiaire d'une bourse, il émigra aux États-Unis et intégra l'université de Chicago, où il passa sa maîtrise en 1959 et son doctorat en 1965. Il épousa l'écrivain Isabella Selega en 1960 et obtint la citoyenneté américaine en 1968. Csíkszentmihályi demeura de 1969 à 2000 à l'université de Chicago, où il enseigna et développa sa théorie du «flow» et le concept d'«expérience optimale», puis fut nommé professeur de Psychologie et Gestion à l'université de Claremont, en Californie.

Ouvrages-clés

1975 *Beyond Boredom and Anxiety*
1990 *Flow: The Psychology of Optimal Experience*
1994 *The Evolving Self*
1996 *Creativity*

LES GENS HEUREUX SONT EXTRÊMEMENT SOCIABLES

MARTIN SELIGMAN (NÉ EN 1942)

CONTEXTE

APPROCHE
Psychologie positive

AVANT
Années 1950 Carl Rogers développe le concept et la pratique de la thérapie « centrée sur la personne ».

1954 Abraham Maslow utilise pour la première fois le terme « psychologie positive » dans *Devenir le meilleur de soi-même*.

Années 1960 Face aux faiblesses de la psychanalyse traditionnelle, Aaron Beck propose la thérapie cognitive.

APRÈS
1990 Mihály Csíkszentmihályi publie ses travaux sur les liens entre une activité passionnante et le bonheur dans *Flow: The Psychology of Optimal Experience*.

1994 Dans *Wherever You Go, There You Are*, Jon Kabat-Zinn prône la pratique de la pleine conscience pour faire face au stress, à l'anxiété, à la douleur et à la maladie.

Il y trois manières de vivre une « vie heureuse ».

Vivre pleinement en réalisant son épanouissement personnel jusqu'à atteindre l'état de flow.

Vivre intensément en se consacrant au service de quelque chose de plus grand que soi.

Vivre agréablement en se socialisant et en recherchant le plaisir.

Ces manières de vivre **procurent un bonheur durable**, mais qui ne peut être complet sans relations sociales.

Les relations sociales ne garantissent pas le bonheur suprême, mais aucun bonheur n'est complet sans elles.

Tandis que la psychologie expérimentale se concentrait après la Seconde Guerre mondiale sur les processus cognitifs, la psychologie clinique continuait à chercher comment traiter les troubles comme la dépression ou l'anxiété. Les nouvelles thérapies cognitives visaient encore à soulager le malheur plus qu'à promouvoir le bonheur. Martin Seligman, dont la théorie de « l'impuissance apprise » – renforcement des attitudes pessimistes dans des pathologies comme la dépression – avait débouché sur des traitements

Voir aussi : Erich Fromm 124-129 ▪ Carl Rogers 130-137 ▪ Abraham Maslow 138-139 ▪ Aaron Beck 174-177 ▪ Mihály Csíkszentmihályi 198-199 ▪ Jon Kabat-Zinn 210

> Les relations sociales sont, comme la nourriture ou la thermorégulation, universellement essentielles au bonheur humain.
> **Martin Seligman**

plus efficaces dans les années 1980, pensait que la psychologie pouvait faire mieux. Il pressentait qu'une thérapie doit s'intéresser aux forces autant qu'aux faiblesses, se consacrer à construire le meilleur autant qu'à réparer le pire. Ayant étudié la philosophie, il assimilait la tâche incombant à cette «psychologie positive» à la quête aristotélicienne de l'*eudaimonia* – «le bonheur». Comme les philosophes qui l'avaient précédé, Seligman savait qu'il ne s'agissait pas d'atténuer ou de supprimer ce qui nous rend malheureux, mais d'encourager et de favoriser les choses qui nous rendent heureux – et, en premier lieu, de les identifier.

Les « vies heureuses »

Les gens heureux et épanouis, qui se plaisent en société et recherchent la compagnie des autres, semblent mener la «vie agréable» identifiée par Seligman comme l'un des trois types de «vie heureuse» – avec la «vie pleine» et la «vie intense». Si la recherche optimale de plaisir résumant la vie *agréable* paraît apporter le bonheur, Seligman observa que celui-ci était souvent très éphémère. La vie *pleine*, caractérisée par le succès dans les relations, le travail ou les activités de loisirs offre, d'après lui, un bonheur plus profond et plus durable. De même, la vie *intense*, définie par l'engagement au service d'autrui ou de quelque chose de plus grand que soi, se traduit par une grande satisfaction et un réel épanouissement.

Seligman remarqua aussi que la vie *pleine* et la vie *intense* supposent une telle implication dans les activités qu'elles mènent à l'état de «flow» – état extatique défini par Mihály Csíkszentmihályi –, alors que la vie *agréable* n'entraîne manifestement aucun flow. Seligman souligna toutefois que, si les relations sociales font partie intégrante de la vie *agréable*, il avait observé que les gens extrêmement heureux – au sens l'*eudaimonia* – qui vivent une vie *pleine* ou *intense* sont tous également très sociables. Il en conclut que les relations sociales sont indispensables au bonheur, quelles que soient la force et l'intensité de celui-ci. ■

Aimer la compagnie des autres n'offre pas nécessairement une profonde satisfaction intellectuelle ou émotionnelle, mais, pour Seligman, c'est une condition indispensable au bonheur.

Martin Seligman

Né à Albany, dans l'État de New York, Martin Seligman passa en 1964 une maîtrise de philosophie à l'université de Princeton avant de s'orienter vers la psychologie. Il présenta un doctorat à l'université de Pennsylvanie en 1967, puis enseigna pendant trois ans à l'université Cornell, New York, avant de revenir en 1970 en Pennsylvanie, où il obtint une chaire de psychologie en 1976.

Les travaux de Seligman sur la dépression débouchèrent sur l'élaboration de la théorie de l'« impuissance apprise » et la recherche d'un moyen de contrer le pessimisme insidieux qui lui est associé. À la suite d'un incident avec sa fille, qui mit en évidence sa propre négativité, il finit par se persuader que la clé du bonheur réside dans la concentration des forces positives. Considéré comme l'un des pères fondateurs de la psychologie positive moderne, Seligman est l'instigateur du Centre de psychologie positive de l'université de Pennsylvanie.

Ouvrages-clés

1975 *Helplessness*
1991 *La Force de l'optimisme*
2002 *Authentic Happiness*

CE QUE NOUS CROYONS EN TOUTE BONNE FOI N'EST PAS NÉCESSAIREMENT LA VÉRITÉ

ELIZABETH LOFTUS (NÉE EN 1944)

CONTEXTE

APPROCHE
Étude de la mémoire

AVANT
1896 Sigmund Freud propose la notion de mémoire « refoulée ».

1932 Frederic Bartlett prétend que la mémoire est soumise à l'élaboration, à l'omission et à la distorsion dans *Remembering*.

1947 Les travaux de Gordon Allport et Leo Postman font état de divers cas de rapports erronés de bonne foi.

APRÈS
Années 1990 Publié en 1988, *The Courage to Heal*, livre d'Ellen Bass et Laura Davis sur la reconstruction des femmes abusées sexuellement durant l'enfance, popularise la thérapie de la mémoire recouvrée.

2001 Dans *The Seven Sins of Memory*, Daniel Schacter étudie les sept situations provoquant des dysfonctionnements de la mémoire.

À la fin du XIXe siècle, Sigmund Freud prétendait que l'esprit se défend des pensées et des pulsions inacceptables ou douloureuses par un mécanisme inconscient, le « refoulement », qui les enfouit en deçà de la conscience. Freud reformula ultérieurement sa réflexion et proposa une théorie plus générale des désirs et des émotions refoulés. Sans pour autant adhérer à la théorie freudienne, nombre de psychologues acceptèrent l'idée que le souvenir d'un événement traumatique pouvait être refoulé et conservé en deçà du conscient.

Le refoulement devint le centre d'intérêt des nouvelles psychothérapies du XXe siècle, et la psychanalyse, susceptible de faire ressurgir des souvenirs refoulés, prit une telle importance que les réalisateurs hollywoodiens la mirent au cœur de leurs scénarios. La mémoire était devenue un thème de recherche prisé par les psychologues expérimentaux, d'autant que le béhaviorisme avait commencé à décliner après la Seconde Guerre mondiale, et la « révolution cognitive » proposait des modèles pour expliquer le fonctionnement de la mémoire. Lorsqu'Elizabeth Loftus commença ses études, la mémoire à long terme constituait un champ de recherche particulièrement attractif, et, dans les années 1980 la mémoire refoulée allait devenir un thème scabreux avec l'irruption dans les tribunaux de nombreuses affaires d'enfants abusés sexuellement.

> La mémoire humaine ne fonctionne pas comme un magnétoscope ou une caméra.
> **Elizabeth Loftus**

Suggestibilité de la mémoire

Au fil de ses recherches, Loftus devenait de plus en plus sceptique quant à la fiabilité des souvenirs refoulés puis retrouvés. Frederic Bartlett, Gordon Allport et Leo Postman avaient déjà montré que, même en situation ordinaire, la

Elizabeth Loftus

Née aux États-Unis à Los Angeles en 1944, Elizabeth Fishman intégra l'université de Californie (UCLA) avec l'intention de devenir professeur de mathématiques. Parallèlement, elle suivit des cours de psychologie, et, en 1970, elle présenta un doctorat de psychologie à l'université Stanford. C'est là qu'elle rencontra son époux, Geoffrey Loftus – dont elle divorça plus tard –, et commença à s'intéresser aux dysfonctionnements de la mémoire à long terme. Elizabeth Loftus enseigna ensuite pendant vingt-neuf ans à l'université de Washington, à Seattle, comme professeur de psychologie et professeur adjoint de droit.

Nommée professeur émérite de l'université de Californie en 2002, Loftus est la femme la mieux classée dans la liste des 100 psychologues les plus influents du XXe siècle.

Ouvrages-clés

1979 *Eyewitness Testimony*
1991 *Witness for the Defense* (avec Katherine Ketcham)
1994 *Le Syndrome des faux souvenirs* (avec Katherine Ketcham)

Voir aussi: Sigmund Freud 92-99 ▪ Bluma Zeigarnik 162 ▪ George Armitage Miller 168-173 ▪ Endel Tulving 186-191 ▪ Gordon H. Bower 194-195 ▪ Daniel Schacter 208-209 ▪ Roger Brown 237 ▪ Frederic Bartlett 335-336

restitution d'une information n'est pas toujours fiable. Que penser alors de la restitution d'événements si traumatiques qu'ils avaient dû être refoulés – voire plus, étant donné la nature émotionnelle des événements?

Loftus commença ses recherches sur la fragilité de la mémoire retrouvée dans les années 1970, avec une série d'expériences sur la fiabilité des témoignages oculaires. Elle projetait des clips d'accidents de la circulation à des participants, qu'elle interrogeait plus tard sur ce qu'ils avaient vu. Loftus montra que la formulation des questions influençait significativement la manière dont les sujets rapportaient les événements. Lorsqu'on leur demandait, par exemple, d'estimer la vitesse des véhicules impliqués, leurs réponses variaient considérablement selon qu'on utilisait dans la question le verbe «heurter», «percuter» ou «fracasser». Interrogés ensuite sur la présence de verre brisé sur l a scène de l'accident, les sujets répondaient selon les termes qu'ils avaient employés dans la question précédente. Dans des versions ultérieures de l'expérience, on donnait verbalement des détails erronés de la scène – des panneaux de signalisation, par exemple – qui réapparaissaient dans les «souvenirs» relatés par les sujets.

Implications juridiques

Il devint clair pour Loftus que les souvenirs peuvent être déformés par des suggestions ou des questions formulées postérieurement à l'événement. De fausses informations peuvent ainsi être «implantées» dans le souvenir d'un observateur.

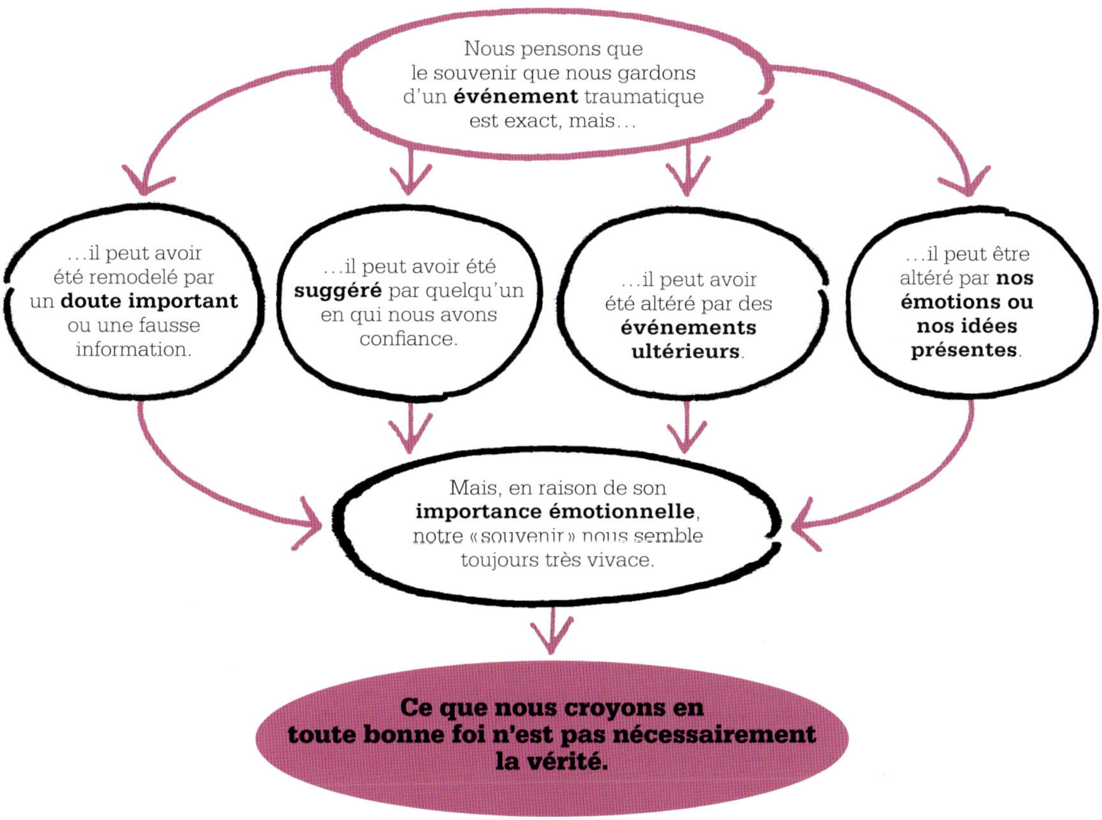

Dans une expérience de 1974, Loftus projetait aux participants des clips montrant des collisions de voitures, puis leur demandait à quelle vitesse les voitures «se heurtaient», «se percutaient» ou «se fracassaient». L'estimation de vitesse donnée par les participants variait en fonction du terme qu'elle avait utilisé dans sa question.

Loftus publia en 1979 le résultat de ses expériences dans *Eyewitness Testimony*, dont le titre – «déposition d'un témoin oculaire» – montre qu'elle était consciente des implications que cet «effet de désinformation» aurait sur le plan scientifique, mais aussi sur le plan juridique. Anticipant la controverse qui allait suivre, elle déclarait que le manque de fiabilité d'une preuve basée sur un témoignage oculaire pose un grave problème à l'administration de la justice tant pénale que civile.

Le syndrome des faux souvenirs

Dans les années 1980, Loftus fut citée en tant qu'expert dans plusieurs affaires criminelles dont les victimes étaient des enfants. Elle prit alors conscience que les souvenirs peuvent non seulement être déformés par des suggestions et par l'introduction de détails erronés, mais qu'ils peuvent aussi être totalement faux. Le cas de George Franklin illustre parfaitement les différents aspects du «syndrome des faux souvenirs». Franklin fut accusé en 1990 du meurtre, en 1969, de la meilleure amie de sa fille Eileen. Le témoignage oculaire de celle-ci, vingt ans après les faits, était «décisif» pour une condamnation. Loftus releva de nombreuses contradictions dans le récit d'Eileen et démontra que ses souvenirs n'étaient, par bien des aspects, ni justes ni fiables; le jury n'en jugea pas moins Franklin coupable.

Toutefois, la condamnation fut levée en 1995 par manque d'élément «décisif»: c'est sous hypnose qu'Eileen avait «recouvré» ses souvenirs. Loftus argumenta cette fois avec succès que la jeune femme croyait sincèrement avoir vu son père tuer son amie, mais qu'il s'agissait d'un faux souvenir, surgi du fait qu'Eileen avait effectivement été à plusieurs reprises témoin de comportements cruels de la part de son père: «une image brutale en avait recouvert une autre». Loftus convainquit le tribunal que les suggestions faites en cours d'hypnose et les réels souvenirs d'Eileen s'étaient combinés avec sa colère et son chagrin pour engendrer un «souvenir refoulé» totalement faux.

Le procès Ingram, dans lequel Loftus n'intervint pas, démontre aussi la force du phénomène des faux souvenirs. Arrêté en 1988 pour avoir abusé sexuellement de ses filles, Paul Ingram nia d'abord les accusations, avant d'avouer, au terme de plusieurs mois d'interrogatoires, et de confesser en plus d'autres viols et un meurtre. Gagné par le doute, le psychologue appelé sur l'affaire, Richard Ofshe, suggéra à Ingram qu'il était coupable d'un autre crime sexuel – totalement inventé par le psychologue: une fois de plus, Ingram nia avant de passer des aveux détaillés.

Perdu dans un centre

Cependant, la manipulation des faux souvenirs était encore anecdotique et loin d'être concluante. Comme elle faisait l'objet de vives critiques en raison de ses opinions considérées comme sujettes à controverse, Loftus décida de prouver sa thèse en implantant délibérément de faux souvenirs dans une expérience appelée «Perdu dans un centre», qu'elle mena en 1995.

Loftus présentait chacun des participants à l'aide de quatre histoires liées à son enfance, et dont les éléments avaient manifestement été relatés par des proches. En fait, seuls trois des quatre récits étaient authentiques; le quatrième, évoquant la perte du sujet dans un centre commercial, avait été fabriqué de toutes pièces avec la complicité des proches, qui y avaient glissé des détails plausibles sur le centre. Interviewé une semaine plus tard, puis encore deux semaines plus tard, chaque participant était interrogé sur les événements dont il se souvenait dans les quatre récits le concernant. Un quart des participants affirmait, lors des deux interviews, avoir des souvenirs de l'incident du centre commercial. Plus tard, on les informa que l'une des quatre histoires était fausse : sur les 24 participants, 19 désignèrent l'anecdote du centre commercial, mais les 5 autres étaient sincèrement persuadés d'avoir vécu cet événement moyennement traumatique.

Loftus avait donné un aperçu de la façon dont de faux souvenirs peuvent se former dans un contexte quotidien, mais ne pouvait, pour des raisons éthiques évidentes, concevoir une expérience afin de vérifier si le faux souvenir d'un événement vraiment traumatique (un abus sexuel, par exemple) serait remémoré plus vivement et cru plus sincèrement. Elle en était, pour sa part, persuadée tant il est vrai qu'on se souvient mieux d'un rêve très perturbant et qu'on peut même le prendre pour la réalité.

Toutefois, les psychologues John Yuille et Judith Cutshall avaient eu l'opportunité, en 1986, d'étudier les souvenirs de situations traumatisantes. Ils avaient observé que les témoins d'une fusillade gardaient, six mois après l'événement, des souvenirs remarquablement précis et résistaient aux tentatives des chercheurs de manipuler leur mémoire avec des questions fallacieuses.

Des thérapies remises en question

Loftus expliqua que ses travaux ne cherchent pas à nier les crimes et les abus qui ont eu lieu ou à prouver que la mémoire refoulée n'existe pas ; ils ne font que souligner la fragilité de la mémoire retrouvée et la nécessité pour les tribunaux de ne pas s'arrêter à cette preuve. Ils posent également la question de la validité de méthodes employées pour réactiver les souvenirs, et particulièrement des techniques psychothérapeutiques comme la régression, l'analyse des rêves et l'hypnose. Il est possible d'implanter par suggestion de faux souvenirs au cours de thérapie. De fait, dans les années 1990, plusieurs patients américains s'estimèrent victimes du « syndrome des faux souvenirs » et poursuivirent en justice leurs thérapeutes. Ce qui fut perçu comme une attaque contre le concept de mémoire refoulée provoqua la réaction d'autres thérapeutes, ce qui divisa les psychologues travaillant sur la mémoire. Le monde judiciaire se montra lui-même partagé, mais, une fois retombée l'hystérie suscitée dans les années 1990 par une série de scandales relatifs à des enfants abusés, nombre de systèmes judiciaires adoptèrent des directives inspirées des travaux de Loftus sur la fiabilité des témoignages oculaires.

Loftus fait désormais autorité dans le domaine des faux souvenirs, et ses théories ont inspiré d'autres recherches sur la faillibilité de la mémoire en général – notamment les travaux que Daniel Schacter a explicités dans *Science de la mémoire : oublier et se souvenir*. ■

Malgré la fragilité des témoignages oculaires, Loftus observa que, au moment du verdict, les jurés ont tendance à leur accorder plus de poids qu'à toute autre preuve.

> Jurez-vous de dire la vérité, toute la vérité… ou bien tout ce que vous pensez vous rappeler ?
> **Elizabeth Loftus**

> Dans la vie réelle comme dans un laboratoire, les gens parviennent à croire des choses qui ne sont jamais arrivées.
> **Elizabeth Loftus**

LES SEPT PÉCHÉS DE LA MÉMOIRE

DANIEL SCHACTER (NÉ EN 1952)

CONTEXTE

APPROCHE
Étude de la mémoire

AVANT
1885 Hermann Ebbinghaus décrit la « courbe de l'oubli » dans *La Mémoire. Recherches de psychologie expérimentale.*

1932 Frederic Bartlett liste dans son livre *Remembering* les sept cas dans lesquels le souvenir d'un fait peut être erroné.

1956 George Armitage Miller publie son article intitulé *The Magical Number Seven, Plus or Minus Two.*

1972 Endel Tulving distingue la mémoire sémantique de la mémoire épisodique.

APRÈS
1995 Elizabeth Loftus étudie la mémoire rétroactive dans *Le Syndrome des faux souvenirs.*

2005 La psychologue américaine Susan Clancy étudie le récit des « abductés » – gens pensant avoir été kidnappés par des extraterrestres.

Pour Daniel Schacter, l'oubli est une fonction essentielle de la mémoire humaine car elle lui permet d'être efficace. En effet, nous avons besoin de mémoriser nos expériences et les informations qui nous parviennent, mais nombre d'entre elles sont anecdotiques et accapareraient inutilement l'espace de stockage de notre mémoire si elles n'étaient « effacées » – pour reprendre l'analogie avec les ordinateurs prisée par la psychologie cognitive.

Il arrive toutefois que notre processus de sélection connaisse des défaillances : ce qui aurait dû être étiqueté comme donnée utile à conserver n'est pas mis en mémoire ou, à l'inverse, des informations sans intérêt ou indésirables se retrouvent stockées. Mais le stockage n'est pas la seule zone de la mémoire susceptible de dysfonctionnement : la récupération des informations peut aussi être source de confusion et entraîner une déformation des souvenirs.

Schacter dénombre sept cas – fugacité, absence, blocage, méprise, suggestibilité, préjugé, persistance –, où la mémoire peut être prise en défaut. Référence aux sept péchés capitaux de la Bible et clin d'œil au nombre magique 7 de George Armitage Miller, Schacter les appelle les sept péchés de la mémoire dans son livre *The Seven Sins of Memory* – traduit en français sous le nom de *Science de la mémoire : oublier et se souvenir*. Les trois premiers sont les « péchés d'omission », relatifs à l'oubli, les quatre autres les « péchés de commission », relatifs au souvenir.

Les péchés d'omission

La *fugacité* qualifie une détérioration liée au temps de la mémoire, en particulier de la mémoire épisodique. Elle se manifeste de deux manières : nous nous souvenons mieux d'un événement récent que d'un

> Nous ne voulons pas d'une mémoire qui stockerait la moindre parcelle de chacune de nos expériences. Nous serions submergés par un fatras de futilités inutiles.
> **Daniel Schacter**

Voir aussi : Hermann Ebbinghaus 48-49 ▪ Bluma Zeigarnik 162 ▪ George Armitage Miller 168-173 ▪ Endel Tulving 186-191 ▪ Gordon H. Bower 194-195 ▪ Elizabeth Loftus 202-207 ▪ Frederic Bartlett 335-336

événement lointain ; chaque fois que nous nous rappelons l'événement, il est retraité par le cerveau, ce qui l'altère légèrement. L'*absence*, qui se manifeste lorsqu'on égare ses clés ou qu'on oublie un rendez-vous, est essentiellement une erreur de sélection au moment du stockage : nous ne prêtons pas assez attention à ce que nous faisons, de sorte que l'information est considérée comme sans intérêt par le cerveau qui ne la stocke pas. À l'inverse, le *blocage* se traduit par l'impossibilité de mobiliser un souvenir stocké et résulte souvent de l'interférence d'un autre souvenir : c'est le cas quand nous avons « un mot sur le bout de la langue ».

Les péchés de commission

Les « péchés de commission » sont un peu plus complexes mais non moins courants. Lorsque nous commettons une *méprise*, nous mobilisons correctement l'information stockée mais nous nous trompons sur sa source. L'effet est semblable à celui de la *suggestibilité*, dans laquelle les souvenirs sont influencés par la manière dont ils sont réactivés, en réponse à une question orientée, par exemple. Le *préjugé* implique également une distorsion : le souvenir est faussé par les opinions et les sentiments que nous avons au moment où nous nous remémorons l'événement. Enfin, la *persistance* correspond à un trop bon fonctionnement de la mémoire : une information contrariante ou un événement pénible se rappelle à la conscience de façon intrusive et insistante.

Ces « péchés », insiste Schacter, ne sont pas des défauts, mais les revers inhérents à un système complexe qui, la plupart du temps, fonctionne exceptionnellement bien. ■

Les sept « péchés » de la mémoire

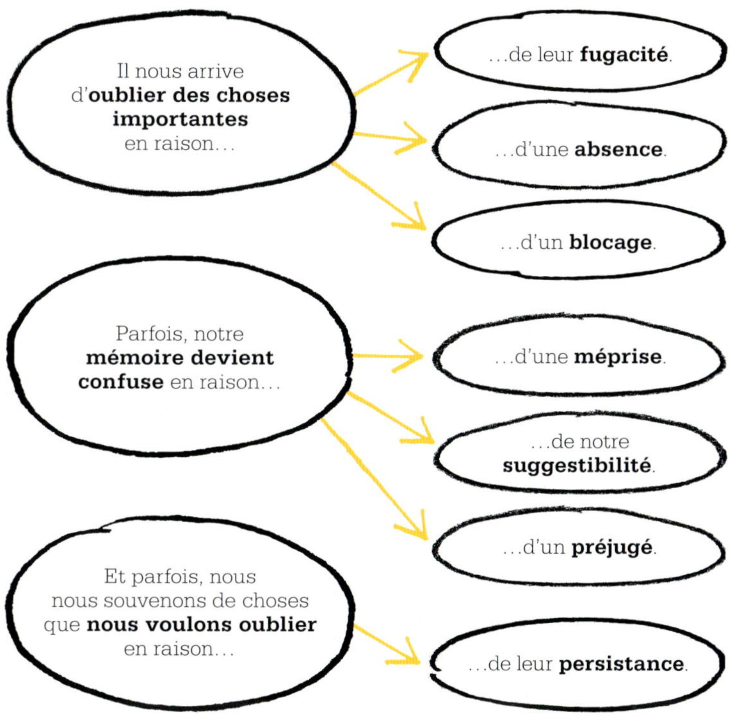

Daniel Schacter

Né aux États-Unis à New York en 1952, Daniel Schacter commença à s'intéresser à la psychologie au lycée et l'étudia à l'université de Caroline du Nord. Attaché pendant deux ans au Laboratoire de la perception et de la mémoire du Durham Veterans Hospital, Schacter put observer et tester des patients souffrant de troubles organiques de la mémoire. Il entreprit ensuite un doctorat à l'université de Toronto, au Canada, sous la supervision d'Endel Tulving, dont les travaux sur la mémoire épisodique alimentaient alors un vif débat avec les tenants de la mémoire sémantique. En 1981, il fonda avec Tulving et Morris Moscovitch une unité pour les troubles de la mémoire à Toronto. Dix ans plus tard, il devint professeur de psychologie à Harvard, où il créa le Schacter Memory Laboratory.

Ouvrages-clés

1982 *Stranger Behind the Engram*
1996 *À la recherche de la mémoire*
2001 *Science de la mémoire : oublier et se souvenir*

NOUS NE SOMMES PAS NOS PENSÉES

JON KABAT-ZINN (NÉ EN 1944)

CONTEXTE

APPROCHE
Méditation de pleine conscience

AVANT
v. 500 AV. J.-C. Siddhartha Gautama (le Bouddha) définit la pleine conscience comme le septième facteur du Noble chemin octuple, voie menant à la cessation de la souffrance.

Années 1960 Le moine bouddhiste vietnamien Thich Nhat Hanh popularise la méditation de pleine conscience aux États-Unis.

APRÈS
Années 1990 Zindel Segal, Mark Williams et John D. Teasdale développent la thérapie cognitive basée sur la méditation de pleine conscience, inspirée de celle de Kabat-Zinn, pour traiter la dépression.

1993 C'est avec la pleine conscience que la thérapie comportementale dialectique traite les gens trop perturbés pour s'adonner à la méditation.

Avec l'intérêt porté aux philosophies orientales après la Seconde Guerre mondiale, la pratique de la méditation se diffusa largement en Europe et aux États-Unis. Ses bénéfices thérapeutiques attirèrent l'attention du psychologue américain Jon Kabat-Zinn, qui développa une méthode intégrant la méditation dans le cadre de la psychologie cognitive et connue sous le nom de « réduction du stress par la pleine conscience ».

La méditation bouddhiste encourage la pratique de la pleine conscience depuis plus de 2000 ans, mais ses avantages psychiques et physiques n'ont été cliniquement prouvés qu'au début des années 1990.

La pratique de la pleine conscience

Centrale dans l'approche de Kabat-Zinn, la méditation de « pleine conscience » consiste à observer les pensées et les processus mentaux (autant que le corps et les processus physiques) avec un regard « décentré » et sans porter aucun jugement. On y apprend « à ne pas rejeter les choses, à ne pas se laisser entraîner par elles, simplement à les laisser exister ».

La méditation de pleine conscience nous apprend à observer calmement nos pensées, sans s'identifier à elles, et à prendre conscience que notre esprit a une vie qui lui est propre. La pensée d'un échec, par exemple, est vue comme un événement indépendant et non comme un tremplin menant à la conclusion : « Je suis un raté ». Le pratiquant apprend à voir l'esprit et le corps comme une seule entité. « Chacun d'entre nous, dit Kabat-Zinn, est davantage qu'un corps et davantage que les pensées qui traversent son esprit. » ■

Voir aussi : Joseph Wolpe 86-87 ▪ Fritz Perls 112-117 ▪ Erich Fromm 124-129 ▪ Aaron Beck 174-177 ▪ Neal Miller 337 ▪ John D. Teasdale 339

NOUS CRAIGNONS QUE LA BIOLOGIE NE DÉMYTHIFIE TOUT CE QUE NOUS AVONS DE SACRÉ

STEVEN PINKER (NÉ EN 1954)

CONTEXTE

APPROCHE
Psychologie évolutionniste

AVANT
1859 Le biologiste Charles Darwin suggère que l'émotion, la perception et la cognition sont des adaptations évolutionnistes.

Années 1960 Noam Chomsky affirme que le langage est une compétence innée.

1969 John Bowlby déclare que l'attachement du nourrisson à sa mère est génétiquement programmé.

1976 Dans *Le Gène égoïste,* le biologiste britannique Richard Dawkins prétend que le comportement culturel évolue sur une longue période de temps grâce aux interactions avec les autres.

APRÈS
2000 Dans *The Mating Mind,* le psychologue évolutionniste américain Geoffrey Miller dit que l'intelligence humaine est modelée par la sélection sexuelle.

Les penseurs s'interrogent depuis l'Antiquité sur la part de notre comportement relevant de l'inné et celle que l'on peut attribuer à notre environnement. Quelques cognitivistes prétendirent que non seulement nous héritons de certains traits psychologiques, mais que ceux-ci sont soumis à la sélection naturelle au même titre que nos traits physiques, soulignant que l'esprit est un produit du cerveau, lequel est façonné par la génétique.

La psychologie évolutionniste rencontra de fortes oppositions, et l'un de ses champions, le Canadien Steven Pinker, identifia les quatre craintes nous retenant d'accepter ce nouveau courant en dépit des preuves empiriques. La première de ces craintes est l'inégalité : si notre esprit à la naissance est une « ardoise blanche », nous naissons tous égaux, mais, si nous héritons de nos traits psychiques, certains d'entre nous sont privilégiés. La deuxième crainte est que, si certaines imperfections sont innées, elles ne changeront jamais, ce qui rendra vaine toute réforme sociale en faveur des plus désavantagés. La troisième crainte est que, si les gènes déterminent notre comportement, nous pouvons dès lors abdiquer toute responsabilité et imputer nos méfaits à notre constitution génétique. La quatrième crainte enfin, et la plus importante pour Pinker, est que, si nous acceptons d'être gouvernés par la psychologie évolutionniste, nos sensations « les plus fines » – perceptions, motivations, émotions – seront réduites aux processus de l'évolution génétique, et la biologie démythifiera dès lors tout ce que nous avons de sacré. ■

> Le concept d'« ardoise vierge » promettait d'abolir factuellement le racisme, le sexisme et les préjugés de classe.
> **Steven Pinker**

Voir aussi : Francis Galton 28-29 ▪ Konrad Lorenz 77 ▪ John Bowlby 274-277 ▪ Noam Chomsky 294-297

LE COMPORTEMENT COMPULSIF EST UNE TENTATIVE DE CONTRÔLE DES PENSÉES INTRUSIVES

PAUL SALKOVSKIS (NÉ EN 1956)

CONTEXTE

APPROCHE
Thérapie cognitivo-comportementale

AVANT
Années 1950 Joseph Wolpe applique les idées béhavioristes à la psychologie clinique avec des techniques comme la désensibilisation systématique.

1952 Hans J. Eysenck lance la controverse en affirmant que la psychothérapie n'a aucun effet bénéfique.

1955 Albert Ellis offre une alternative à la psychothérapie traditionnelle avec sa thérapie rationnelle émotive.

Années 1960 Doutant de l'efficacité de la thérapie psychanalytique, Aaron Beck continue à développer la thérapie cognitive.

APRÈS
Années 2000 La thérapie cognitivo-comportementale devient un traitement standard des troubles de l'angoisse.

La psychologie clinique s'est profondément transformée dans la deuxième moitié du XXe siècle. La psychanalyse, si peu scientifique au regard de nombreux psychologues, céda la place dans les années 1960 aux thérapies béhavioristes et à la thérapie cognitive développée par Aaron Beck pour le traitement de certains troubles. Ces approches se combinèrent dans les années 1980 pour donner naissance à la thérapie cognitivo-comportementale, que Paul Salkovskis, l'un des pionniers en Grande-Bretagne, appliqua avec succès au traitement des troubles obsessionnels compulsifs. Alors que la psychanalyse avait recherché en vain leur origine dans le refoulement ou les traumatismes passés, Salkovskis trouva un traitement efficace en abordant le problème en termes de psychologie cognitive.

Les activités compulsives sont une tentative de contrôle des pensées intrusives. C'est le cas du personnage shakespearien de Lady Macbeth qui, rongée par la culpabilité, ne cesse de se laver les mains.

Les obsessions

Pour Salkovskis, les troubles obsessionnels compulsifs trouvent leur origine dans les pensées importunes et intrusives qui nous traversent l'esprit de temps à autre – l'idée que quelque chose de terrible va se produire ou que nous allons être la victime ou la cause d'un grand malheur. La plupart du temps, nous parvenons à chasser ces pensées de notre esprit, mais il est parfois difficile de s'en débarrasser. À l'extrême, elles deviennent obsédantes quand elles s'accompagnent d'un sentiment d'effroi et de responsabilité.

Les gens prédisposés à ce genre de pensées obsessionnelles ne parviennent pas à les évaluer rationnellement : ils surestiment la probabilité d'une catastrophe ainsi que le niveau de contrôle à mettre en œuvre pour la prévenir.

Voir aussi: Joseph Wolpe 86-87 ▪ Fritz Perls 112-117 ▪ Albert Ellis 142-145 ▪ Aaron Beck 174-177

Nous avons tous des **pensées intrusives** importunes.

↓

Mais certaines personnes ont du mal à s'en débarrasser, et les pensées intrusives prennent une telle importance qu'**elles deviennent obsessionnelles**.

↓ ↓

Les gens surestiment **la menace** que ces pensées représentent.

Les gens se sentent **responsables** du mal découlant de ces pensées.

↓ ↓

Ils se sentent alors obligés de prendre des **mesures** pour contrer toute menace et contrôler leurs pensées intrusives.

↓

Le comportement compulsif est une tentative de contrôle des pensées intrusives.

L'obsession de contracter une maladie mortelle, par exemple, peut entraîner un besoin compulsif de se laver les mains. La pensée obsessionnelle s'accompagne aussi du sentiment de la responsabilité d'agir, même si l'action est disproportionnée au risque. Les actions compulsives qui en résultent peuvent se muer en rituels comportementaux accomplis de manière répétitive pour tenter de contrôler la menace ressentie.

Combinaison des techniques cognitives et comportementales, la thérapie cognitivo-comportemantale permet de traiter efficacement la cause et les symptômes des troubles obsessionnels compulsifs. La thérapie cognitive aide le patient à reconnaître les pensées obsessionnelles pour ce qu'elles sont et à évaluer de manière rationnelle le risque encouru et la manière de le prévenir, ce qui lui permet de réduire son angoisse. Parallèlement, les techniques comportementales comme la désensibilisation – exposition graduelle à ce qui est perçu comme une menace – aident le patient à contrôler son comportement compulsif. Salkovskis traite ainsi avec succès l'anxiété, les crises de panique et les phobies. ■

Paul Salkovskis

Diplômé de l'Institut de psychiatrie de Londres en 1979, Paul Salkovskis intégra l'université d'Oxford en 1985 pour travailler sur les crises de panique. Son intérêt pour la théorie cognitive appliquée au traitement de l'angoisse lui valut d'être nommé maître de conférence, puis professeur de Psychologie cognitive. Pendant son séjour à Oxford, il s'orienta vers le traitement des troubles obsessionnels compulsifs par les thérapies cognitivo-comportementales. À partir de 2000, il partagea son temps entre l'enseignement de la psychologie clinique à l'Institut de psychiatrie et la direction clinique du Maudsley Hospital Centre for Anxiety Disorders and Trauma.

Depuis 2010, Salkovskis travaille à l'université de Bath pour y établir un centre de traitement et de recherche sur les thérapies cognitivo-comportementales.

Ouvrages-clés

1998 *Panic Disorder*
1999 *Understanding and Treating Obsessive-Compulsive Disorder*
2000 *Causing Harm and Allowing Harm* (avec A. Wroe)

LA PSYCH
SOCIALE
PARTAGER LE MONDE DES AUTRES

OLOGIE

1917

Dans *The Need for Social Psychology*, **John Dewey** compare l'homme à un **« animal social »**.

Années 1940

Kurt Lewin soutient, dans sa **théorie du champ**, que le comportement d'un individu est déterminé par l'espace de vie que lui donne sa situation.

1954

En publiant *On the Nature of Prejudice*, Gordon Allport pose les base théoriques de **l'étude des préjugés**.

1961

Serge Moscovici introduit le concept de **représentation sociale**.

1935

Muzafer Sherif utilise l'« effet autocinétique » pour démontrer la tendance d'un groupe à converger vers une norme commune.

1951

L'expérience de Solomon Asch prouve que le **conformisme** peut pousser les gens à faire fi de leur propre jugement.

1959

Dans *La Mise en scène de la vie quotidienne*, Erving Goffman affirme que **l'interaction sociale est une représentation**.

1963

Dans *Behavioural Study of Obedience*, Stanley Milgram montre que les gens ignorent leurs propres valeurs morales pour **obéir à l'autorité**.

Lorsque la psychologie s'affirma comme discipline scientifique, son champ d'investigation fut d'abord limité à l'étude et au fonctionnement de l'esprit avant de s'étendre à l'étude du comportement. Pendant presque toute la première moitié du XXe siècle, on privilégia l'étude de l'esprit et du comportement des individus, ainsi que la réponse de ces derniers à leur environnement, jusqu'à ce que quelques psychologues réalisent de plus en plus clairement que cet environnement incluait aussi les autres.

La psychologie sociale émergea dans les années 1930, lorsque les psychologues commencèrent à explorer les interactions entre individus au sein des groupes et de la société dans son ensemble. Ils entreprirent d'étudier comment les structures sociales influent sur l'individu et comment elles sont elles-mêmes affectées par la psychologie de leurs membres. Ils se penchèrent sur les relations entre les individus d'un même groupe et entre les différents groupes. La psychologie s'enrichit ainsi de nouveaux thèmes d'étude : dynamique de groupe, attitudes, préjugés, conflits sociaux, conformisme, soumission, changement social, etc.

L'environnent social

Considéré comme « le père de la psychologie sociale », Kurt Lewin est un psychologue américain d'origine allemande, qui rajeunit l'approche béhavioriste, alors dominante, en considérant le comportement comme le résultat de l'interaction entre l'individu et son environnement, et en étudiant la nature de cet environnement. Par ses recherches sur les groupes restreints, il posa les fondations de travaux ultérieurs sur la dynamique de groupe et sur les modalités du changement social.

Lorsque le béhaviorisme tomba en désaffection après la Seconde Guerre mondiale, la génération suivante adopta avec enthousiasme les idées de Lewin sur les effets de l'environnement social. Le concept d'« attribution » – manière dont nous voyons et interprétons le comportement des autres – devint un thème de recherche spécifique, à l'origine des théories du conformisme et des normes culturelles comme celle de Solomon Asch. La célèbre théorie d'Erving Goffman, selon laquelle nous nous comportons de manière à conforter l'impression que nous voulons donner aux autres, est aussi

1965
William Glasser publie *Reality Therapy*, qui pose les bases de sa future **théorie du choix**.

1968
Robert Zajonc mène des expériences sur **l'effet de simple exposition**.

1971
Elliot Aronson développe la technique des **« classes puzzle »** pour diminuer les rivalités ethniques et encourager le processus de déségrégation.

1971
Philip Zimbardo mène l'**expérience de Stanford** sur les effets de la situation carcérale.

1972
Janet Taylor Spence et Robert Helmreich inventent l'**échelle des attitudes envers les femmes** (AWS).

1977
Les *Flashbulb Memories* – « souvenirs flashs » – de Roger Brown et James Kulik décrivent l'un des mécanismes particuliers de notre **mémoire biologique**.

1978
Constatant que nous sommes volontiers portés à croire que les gens ont ce qu'ils méritent, Melvin Lerner propose sa **théorie du monde juste**.

1994
Ignacio Martín-Baró appelle à la **« psychologie de la libération »** pour les pays pauvres et déchirés par la guerre.

le produit de cette nouvelle démarche axée sur l'interaction sociale.

Les recherches des années 1960 dévoilèrent des aspects plus obscurs du comportement humain. Melvin Lerner montra que des victimes peuvent être blâmées pour ce qu'elles ont subi, tandis qu'Elliot Aronson expliquait qu'un comportement aberrant peut résulter des circonstances et non de la folie. Plus controversées, à une époque où les atrocités de la guerre hantaient encore les esprits, les expériences menées par Stanley Milgram et Philip Zimbardo révélèrent à quel point le besoin d'obéissance et de conformité affecte notre comportement.

La psychologie appliquée

L'avènement de la psychologie cognitive ne fut pas sans influencer la psychologie sociale. Roger Brown et Robert Zajonc mirent en lumière les effets de processus cognitifs tels que la mémoire et les émotions, découvertes qu'exploitèrent largement les médias de masse et la publicité, dont la place dans la société moderne ne cessait de grandir. L'étude de leur influence grandissante sur les structures sociales allait d'ailleurs donner naissance au constructivisme social, représenté notamment par Serge Moscovici.

La psychologie sociale put dès lors s'appliquer à de nombreuses situations différentes. Elle influença notamment la psychothérapie à travers la « thérapie de la réalité » de William Glasser. Son impact s'est aussi étendu à d'autres disciplines, dont la sociologie et l'anthropologie, voire même la politique et l'économie. Les années 1960 virent l'essor du mouvement des droits civiques et du féminisme, et les questions soulevées par les préjugés, les normes culturelles et les croyances apparurent en premier plan. Les travaux de sociopsychologues tels que Janet Taylor Spence contribuèrent à modifier considérablement les attitudes envers les femmes, tandis que d'autres s'appuyaient sur les processus de transformation sociale de Lewin pour proposer des changements organisationnels. Les théories de ces pionniers sont aujourd'hui mises en pratique dans le monde des affaires, dans l'industrie et dans toutes sortes d'organisations. Plus récemment, elles furent utilisées comme moyen de parvenir à une réforme sociale et politique dans les sociétés opprimées, notamment avec la « psychologie de la libération » promue par Ignacio Martín-Baró. ■

ON NE PEUT COMPRENDRE
UN SYSTÈME
TANT QUE L'ON N'A PAS TENTÉ DE
LE CHANGER

KURT LEWIN (1890-1947)

CONTEXTE

APPROCHE
Théorie du champ

AVANT
Années 1900 Sigmund Freud et autres psychothérapeutes soutiennent que le comportement humain résulte de l'expérience passée.

Années 1910 Wolfgang Köhler et autres gestaltistes soutiennent que les gens doivent être appréhendés d'une manière holistique prenant en compte l'ensemble des éléments qui les définissent et leurs interactions avec le milieu environnant.

APRÈS
1958 Dans *The Dynamics of Planned Change*, Ronald Lippitt, Jeanne Watson et Bruce Westley élaborent une théorie du changement en sept étapes, qui se focalise plus sur l'élément déclencheur du changement que sur l'évolution même du changement.

Alors que les béhavioristes postulaient que le comportement n'est dicté que par l'environnement, Kurt Lewin affirmait dans les années 1920 que le comportement résulte à la fois de l'individu et de l'environnement. Ses idées révolutionnaires allaient l'amener à inaugurer l'étude de la dynamique de groupe, si précieuse pour nos organisations actuelles.

Dans ses travaux sur le comportement humain, Lewin développa la théorie du champ pour explorer les forces et les facteurs influençant une situation donnée. Le champ auquel s'intéresse Lewin est l'environnement psychologique de l'individu ou du groupe pris comme entité à un moment particulier : aux forces favorables, qui aident les individus ou le groupe à atteindre l'objectif fixé, s'opposent des forces de résistance, qui freinent tout mouvement vers l'objectif.

Le modèle de changement

Le modèle de changement proposé par Lewin, qui définit les conditions de réussite d'une transformation, personnelle ou organisationnelle, est basé sur la théorie du champ : pour qu'un processus de changement soit conduit avec succès, celui qui le conduit doit prendre en compte les diverses influences à l'œuvre, tant dans l'esprit que dans l'environnement des individus.

Lewin souligne qu'il s'agit de considérer la situation entière, ce qui inclut tous les détails personnels et environnementaux pertinents. Se focaliser sur des éléments isolés peut en effet conduire à une perception biaisée du contexte. Il faut non seulement appréhender la situation que l'on souhaite changer de manière

> « Une personne qui a compris à quel point son propre destin dépend de celui du groupe entier tient à assumer sa part de responsabilité dans le bien-être du groupe. »
> **Kurt Lewin**

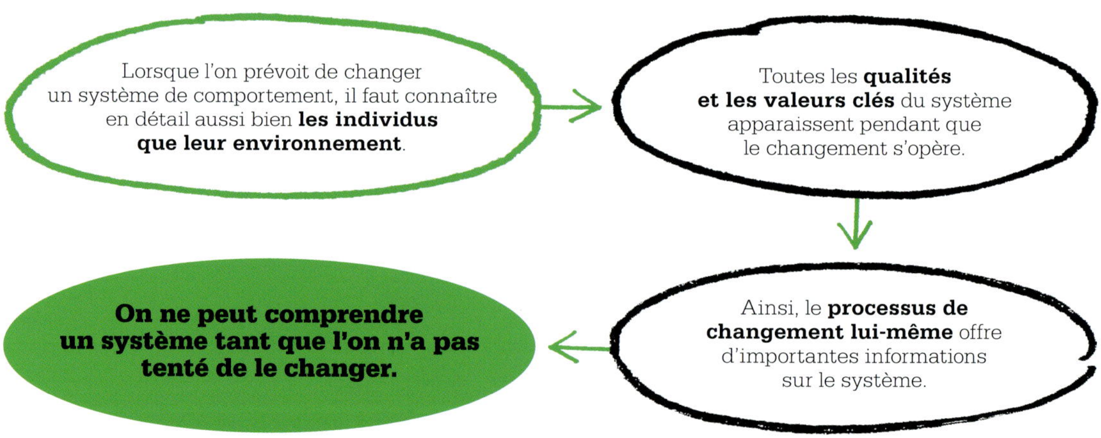

Voir aussi: Sigmund Freud 92-99 ▪ Wolfgang Köhler 160-161 ▪ Leon Festinger 166-167 ▪ Max Wertheimer 335 ▪ Elton Mayo 335

Le succès d'un changement organisationnel réside dans la qualité du recensement des gens impliqués et des forces en présence, et dans la compréhension de leurs interactions.

complète, holistique, mais cette compréhension s'approfondit à mesure que le changement s'opère: «On ne peut comprendre un système tant qu'on n'a pas tenté de le changer».

Le processus de changement se déroule en trois étapes. La première, ou phase de «décristallisation», correspond à la prise de conscience de la nécessité de changement: les croyances et les pratiques habituelles sont remises en cause. Le changement se produit lors de la deuxième étape; il s'accompagne souvent de confusion et de désarroi, dus à la destruction des schémas mentaux ou du système qui avaient cours. La troisième et dernière étape, dite de «recristallisation», s'accompagne d'un sentiment de confort et de stabilité à l'intérieur du nouveau cadre. Le changement est toujours difficile car il implique un désapprentissage douloureux, un réapprentissage ardu, et la restructuration des perceptions, des pensées, des sentiments et des attitudes.

> Nous avons tous besoin les uns des autres. Ce type d'interdépendance est le plus grand défi à la maturité de fonctionnement des individus et du groupe.
> **Kurt Lewin**

La phase de décristallisation

La phase de décristallisation est peut-être la plus complexe, car les individus sont naturellement enclins à résister lorsqu'il s'agit de changer leur façon de voir et leurs routines. Les efforts de changement au sein d'une entreprise échouent souvent parce que les employés n'ont pas été préparés de manière adéquate, ce qui augmente leur résistance au changement et réduit leur efficacité à l'intérieur du nouveau système. La préparation suppose de créer une vision positive du changement à laquelle les employés puissent se rallier, de communiquer efficacement sur sa nécessité et son urgence, de soutenir les employés et de leur permettre de participer activement au processus.

Sur le plan individuel, cette phase peut susciter une réaction défensive, car les gens rechignent à quitter leur cocon pour apprendre de nouvelles compétences ou intégrer de nouvelles croyances. Pour surmonter cette résistance naturelle, il faut les aider à accepter la nécessité et la validité du changement, en leur montrant qu'ils en tireront avantage et en les soutenant de manière à faire naître un sentiment de sécurité psychologique.

C'est au cours de la Seconde Guerre mondiale que Lewin put démontrer les effets positifs résultant de la création d'un environnement de sécurité psychologique et de la participation active des gens impliqués dans un processus de changement: il s'agissait de convaincre les ménagères américaines de changer leurs habitudes alimentaires en servant à table des abats – un plat qui, jusqu'alors, n'était consommé que par les familles à faible revenu. Mais, en ces temps de pénurie alimentaire, le gouvernement américain voulait s'assurer qu'aucun aliment nutritif n'était jeté, d'autant que les reins, le foie et le cœur sont des aliments très riches en protéines. Le département de l'Agriculture

> Le processus d'apprentissage est plus efficace lorsqu'il est actif plutôt que passif.
> **Kurt Lewin**

américain fit appel à Lewin pour convaincre les ménagères d'inclure ces viandes dans leurs menus. Au cours des entretiens qu'il mena avec des mères de famille, Lewin observa que la valeur nutritionnelle élevée de ces viandes représentait indéniablement une force favorable au changement. En revanche, l'idée que les abats n'étaient pas une viande appropriée à leur famille et, dans une moindre mesure, leur goût, représentaient des forces de résistance au changement.

Pour explorer la meilleure façon d'initier le changement, Lewin constitua deux groupes de femmes au foyer : aux premières, on ne fit que répéter que la consommation d'abats était bénéfique pour elles, tandis que les secondes furent organisées en petits groupes de discussion réfléchissant sur la possibilité de réduire la pénurie si des femmes comme elles acceptaient de servir des morceaux de second choix dans le cadre d'un programme national. Un tiers des femmes du deuxième groupe inclurent plus tard des abats dans leurs menus : Lewin en conclut que la probabilité de changer les attitudes et les comportements des gens augmente avec leur niveau de participation à ce changement. Si l'information répétée au premier groupe s'était révélée inefficace, il avait réussi à créer dans les groupes de discussion un environnement psychologique dans lequel les femmes se sentaient suffisamment en sécurité pour exprimer leurs préoccupations et leurs opinions. En parlant de leurs préjugés et des réalités de la pénurie alimentaire, il les avait aidées à changer d'opinion sur la qualité des viandes : les abats ne sont pas des viandes de second choix et peuvent être servis à la maison.

La phase de changement

Durant la deuxième étape de Lewin – le changement lui-même –, les gens sont confrontés à la mise en œuvre déroutante du nouveau système. Ils doivent renoncer à leurs routines pour acquérir de nouvelles compétences pouvant susciter un sentiment d'incertitude ou de peur de l'échec. Dans une organisation, le nouveau système est défini par la direction et est souvent lié à la technologie, à la structure, aux procédures ou à la culture. Il est capital à ce stade de fournir aux employés un soutien suffisant et d'éliminer les obstacles.

Lorsqu'il s'agit de changement personnel, les gens ne peuvent intégrer un nouveau système de croyances s'ils ne le découvrent et l'acceptent par eux-mêmes. Lorsqu'une vieille croyance s'est révélée fausse ou inefficace, nous sommes naturellement enclins à la remplacer pour combler le vide inconfortable laissé par la décristallisation. Pour ce faire, nous nous en remettons à nos sentiments instinctifs, étudions les divers modèles possibles et, plus généralement, consultons toutes les informations disponibles. Dès lors qu'un élément nouveau susceptible de valider le changement apparaît, nous avons de fait accepté et établi une nouvelle façon de voir les choses.

Dans le cas des ménagères américaines, les informations données par Lewin sur le goût et la valeur nutritionnelle des abats vinrent se substituer à leur opinion qu'il s'agissait d'une viande de second choix, et purent les convaincre que, en temps de guerre et de pénurie, il n'y avait aucune honte à les servir à leur famille – idée qui se substituait à celle qu'en servant des abats au menu, elles risquaient d'être socialement déconsidérées.

La phase de recristallisation

Pour que le changement mis en œuvre s'inscrive avec succès dans le long terme, il doit être intégré à la culture de l'organisation. Les nouveaux processus de pensée, les pratiques et comportements adoptés pendant la deuxième phase doivent devenir routiniers. La direction peut, à ce stade, alimenter les sentiments positifs à l'égard du changement en faisant connaître les bénéfices qui en découlent pour l'organisation et en récompensant les membres pour leur

L'apprentissage des technologies actuelles est facilité par la force de la motivation – possibilité de communiquer instantanément et à moindre coût avec ses amis et sa famille dans le monde entier.

Pendant la Seconde Guerre mondiale, les ménagères furent encouragées à changer leurs habitudes alimentaires et vestimentaires, mais aussi à accepter d'occuper des « emplois masculins ».

participation active. Ainsi, dans les années 1990, la compagnie aérienne Continental Airlines fut contrainte de déposer le bilan. Pour sauver l'entreprise, la direction initia un changement radical : au lieu de se concentrer sur les économies de coût, Continental Airlines devait désormais parier sur la qualité des services. Pour s'assurer que les employés se conforment aux nouvelles priorités et adoptent les nouvelles pratiques, il fut décidé qu'ils seraient récompensés par un bonus de 65 $ si la compagnie était classée parmi les cinq premières par le département des Transports américain. Le recours au modèle de Lewin permit ainsi à la Continental de passer de la compagnie aérienne présentant les plus médiocres performances au rang de Compagnie aérienne de l'année.

Au niveau individuel, la recristallisation correspond à une période durant laquelle les nouvelles croyances et pratiques sont mises à l'épreuve par un processus d'essais et d'erreurs qui renforcera le changement ou inaugurera un nouveau cycle. Ainsi, après avoir servi pendant une semaine des abats à la table familiale, la ménagère américaine de la Seconde Guerre mondiale était-elle en mesure d'évaluer si sa famille appréciait les repas, si ses proches paraissaient en bonne santé, comment ses choix alimentaires étaient jugés par les autres familles. Si les réponses à ses questions étaient globalement positives, elle continuerait à proposer des abats au menu. Sinon, elle allait renoncer aux abats et chercher d'autres moyens de nourrir sa famille, revenant au début du cycle des processus de changement.

Reconnu comme le fondateur de la psychologie sociale, Lewin fut le premier à étudier méthodiquement « la dynamique de groupe » et le développement organisationnel. En appliquant des méthodes scientifiques rigoureuses, il put ainsi mener à bien d'utiles transformations sociales. Ses recherches eurent une grande influence dans le domaine de la psychologie expérimentale et dans celui de la psychologie sociale. ■

> Il n'y a rien
> de plus pratique
> qu'une bonne théorie.
> **Kurt Lewin**

Kurt Lewin

Né en 1890 à Mogilno – ville polonaise appartenant alors au Royaume de Prusse – dans une famille juive de classe moyenne qui s'installa en 1905 à Berlin, Kurt Lewin entreprit des études de médecine à l'université de Fribourg et poursuivit des études de biologie à l'université de Munich. Il s'engagea dans la Première Guerre mondiale en 1914 et, blessé, revint en 1916 à Berlin pour terminer son doctorat.

De 1921 à 1933, il travailla à l'Institut de psychologie de Berlin, mais, face à la montée du national-socialisme, il décida d'émigrer aux États-Unis. Il travailla d'abord à l'université Cornell, dans l'État de New York, puis à l'université de l'Iowa. En 1944, il fut nommé directeur du Center for Group Dynamics du Massachusetts Institute of Technology (MIT). Il mourut d'une crise cardiaque trois ans plus tard.

Ouvrages-clés

1935 *A Dynamic Theory of Personality*
1948 *Resolving Social Conflicts*
1951 *Field Theory in Social Science*

QUEL EST LE POIDS DE LA CONFORMITÉ SOCIALE ?

SOLOMON ASCH (1907-1996)

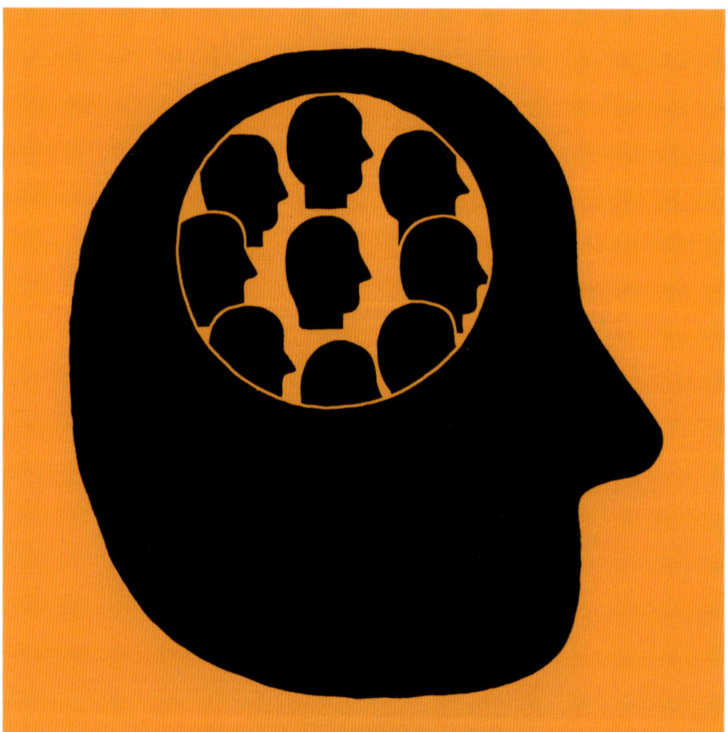

CONTEXTE

APPROCHE
Conformisme

AVANT
Années 1880 Le physicien français Hippolyte Bernheim fait appel à l'hypnose pour mettre en évidence le concept de « suggestibilité ».

1935 Les travaux sur le conformisme du psychologue turc Muzafer Sherif inspireront l'expérience de Asch.

APRÈS
1963 Les travaux de Stanley Milgram sur la soumission prouvent que les gens peuvent se conformer à l'autorité en dépit de tout conflit moral.

1976 Serge Moscovici soutient qu'une minorité cohérente peut avoir de l'influence.

1979 Le psychologue danois Knud S. Larsen prétend que le conformisme peut être lié au climat culturel.

Lorsqu'il conçut sa célèbre expérience sur le désir de conformité sociale, le sociopsychologue Solomon Asch voulait étudier les effets de la pression exercée par le groupe sur la prise de décision individuelle et la manière dont les attitudes individuelles sont influencées par les forces sociales. L'expérience prouva que, en présence d'une opinion majoritaire, notre besoin de conformité peut l'emporter sur ce que nous croyons vrai et que nous ne sommes peut-être pas aussi autonomes que ce que nous pensons. Asch détailla ses résultats en 1955 dans l'article *Opinions and Social Pressure*, où il étudiait en

Voir aussi : Serge Moscovici 238-239 ▪ Stanley Milgram 246-253 ▪ Philip Zimbardo 254-255 ▪ Max Wertheimer 335 ▪ Muzafer Sherif 337

détail les influences façonnant nos croyances, nos jugements et nos pratiques individuelles.

Le psychologue turc Muzafer Sherif avait déjà tenté, en 1935, de répondre à des questions similaires, en utilisant l'effet autocinétique, une illusion d'optique par laquelle un point lumineux fixe, projeté dans une pièce obscure, paraît se déplacer. Il prévenait les participants qu'il allait déplacer le point lumineux et leur demandait d'estimer l'ampleur du déplacement. Quand les participants étaient interrogés en groupe, leurs estimations convergeaient vers une norme de groupe, ce qui prouvait que chacun se référait aux estimations des autres. Sherif pensait avoir ainsi démontré le principe de conformité, mais Asch estimait qu'aucune conclusion définitive ne pouvait être tirée de cette expérience, puisqu'il n'y avait ni bonne ni mauvaise réponse à la question posée. La conformité ne pouvait, d'après lui, se mesurer que par la tendance d'un individu à se ranger à l'avis d'un groupe donnant unanimement une mauvaise réponse à un problème ayant une solution évidente. C'est à cet effet qu'il conçut l'expérience appelée « paradigme de Asch ».

Le paradigme de Asch

Asch recruta pour son expérience 123 hommes. Chacun des sujets étudiés fut affecté à un groupe de

Solomon Asch

Pionnier dans le domaine de la psychologie sociale, Solomon Elliott Asch naquit en 1907 dans une famille juive de Varsovie – qui faisait alors partie de l'Empire russe – et émigra à treize ans aux États-Unis. Il y entreprit des études de psychologie et obtint son doctorat en 1932 à l'université Columbia, où il fut très influencé par Max Wertheimer.

En 1947, Asch fut nommé au Swarthmore College, où il collabora étroitement avec Wolfgang Köhler, puis occupa divers postes – au Massachusetts Institute of Technology et à Harvard notamment, où il supervisa le doctorat de Stanley Milgram – avant d'être nommé à l'université de Pennsylvanie. Souvent récompensé – par l'American Psychological Association en particulier –, il s'éteignit à quatre-vingt-huit ans.

Ouvrages-clés

1951 *Effects of Group Pressure Upon the Modification and Distortion of Judgment*
1952 *Social Psychology*
1955 *Opinions and Social Pressure*
1956 *Studies of Independence and Conformity*

cinq à sept « complices » – des gens au courant du but de l'expérience mais présentés aux sujets comme de simples participants. On montrait au groupe une carte marquée d'une ligne, puis une autre carte marquée de trois lignes, A, B et C. Chacun des participants devait indiquer laquelle des trois lignes A, B ou C était similaire à la ligne étalon figurant sur la première carte.

L'espace était aménagé de manière à ce que le sujet soit toujours le dernier ou l'avant-dernier à s'exprimer. Sur un total de 18 essais, les complices avaient pour instruction de répondre correctement lors des 6 premiers essais, puis de donner une même réponse erronée lors des 12 autres essais. Il s'agissait de tester si le sujet allait alors donner une réponse correcte ou s'il allait aligner sa réponse sur la réponse erronée des complices. Asch s'attendait, en fait, à un très faible taux de mauvaises réponses. Après tout, la tâche était simple et les réponses évidentes ; d'ailleurs, au cours de l'étude pilote, seules 3 erreurs avaient été commises sur un total de 720 essais. Les résultats de l'expérience réelle furent donc une véritable surprise pour Asch : entourés d'un groupe de personnes donnant toutes la même réponse erronée, les sujets répondirent de manière erronée à 32 % des questions ; 75 % d'entre eux donnèrent une mauvaise réponse à au moins une question ; seul un d'entre eux s'aligna sur la fausse réponse donnée par le groupe dans 11 cas sur 12. Vu la simplicité de la tâche, ces chiffres indiquaient clairement un taux élevé de conformisme chez les sujets. Toutefois, pas un ne répondit conformément au groupe sur la totalité des essais, et 26 % d'entre eux ne furent jamais, lors d'aucun essai, influencés par la réponse erronée des complices.

Les résultats prouvaient que les sujets eux-mêmes étaient très cohérents. Ceux qui ne se pliaient pas à l'opinion du groupe et donnaient une réponse indépendante restaient les mêmes au cours des essais, tandis que ceux qui avaient choisi de se conformer à la majorité semblaient incapables de briser le schéma.

> Tous les sujets en cause sous-estimaient la fréquence à laquelle ils avaient cédé au conformisme.
> **Solomon Asch**

Dans l'expérience de Asch, un certain nombre de participants – tous complices sauf le sujet étudié – étaient conviés à un test de vision : chacun devait dire laquelle des 3 lignes A, B ou C était égale à la ligne de gauche. Les complices donnaient à l'unanimité une même fausse réponse avant de laisser le sujet s'exprimer : la majorité des sujets testés répondit correctement, mais 32 % se conformèrent à la fausse réponse unanime donnée par les complices.

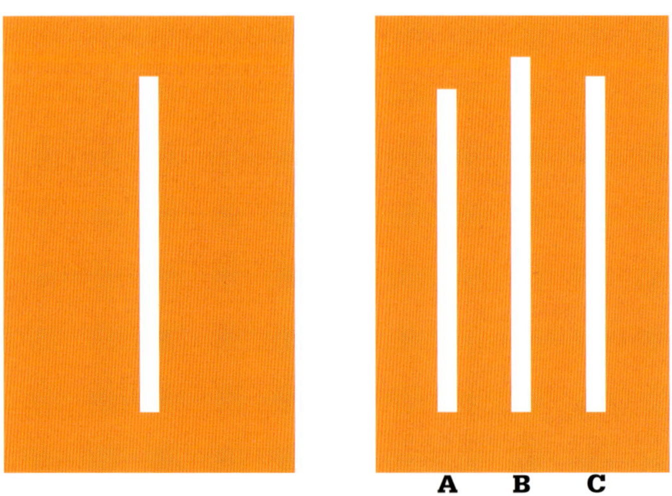

Explications

Pour mieux comprendre les résultats de son expérience, Asch s'entretint avec les sujets qui avaient donné de mauvaises réponses. Certains prétendirent avoir voulu satisfaire ce qu'ils croyaient être les souhaits de l'expérimentateur et éviter de perturber l'ensemble de l'expérience. D'autres invoquèrent une fatigue oculaire ou une perception déformée en raison de la place qu'ils occupaient au cours de l'expérience. D'autres encore admirent avoir sciemment donné de fausses réponses dans le but de s'intégrer : ils craignaient de se démarquer ou de paraître différents et stupides. Asch s'entretint aussi avec les sujets qui s'étaient tenus à de bonnes réponses, indépendamment du groupe, et découvrit que, s'ils n'avaient pas été indifférents à la pression de la majorité, ils avaient été néanmoins capables de surmonter le doute ressenti afin de rendre compte honnêtement de ce qu'ils voyaient.

Asch réalisa plusieurs variantes de son expérience pour déterminer si le taux de conformité dépendait de la taille du groupe. Il établit ainsi que l'influence exercée par un seul complice était pratiquement nulle, que celle de deux complices était faible et qu'au-delà de trois complices la tendance au conformisme commençait à se stabiliser. L'effet était d'autant plus puissant que les réponses des complices étaient unanimes : il suffisait qu'un seul fournisse une autre réponse pour que les sujets soient plus susceptibles de donner une réponse indépendante – et correcte. Ce résultat met en lumière le pouvoir que peut avoir une toute petite minorité dissidente. Par ailleurs, Asch découvrit que s'il permettait aux participants de donner leurs réponses en privé, en les notant sur une feuille de papier, par exemple, le taux de conformité diminuait notablement, et cela demeurait vrai même lorsque les complices continuaient de répondre à haute voix.

La chasse aux sorcières lancée dans les années 1950 par le sénateur américain Joseph McCarthy engendra un climat de peur et éleva le taux de conformité politique et sociale.

Normes culturelles

Certains psychologues avancèrent que les résultats obtenus par Asch reflétaient le climat culturel régnant dans l'Amérique maccarthyste des années 1950, où l'expression d'opinions dissidentes, considérées comme antiaméricaines, pouvait vous envoyer en prison. Reprise au début des années 1970 – époque de la pensée libérale et progressiste aux États-Unis –, l'expérience fit en effet apparaître des niveaux de conformité plus faibles, mais ceux-ci remontèrent à la fin de la décennie.

Le désir de conformité sociale varie également selon la civilisation : les cultures individualistes accordant plus de valeur au choix et à la réussite individuels – États-Unis et pays d'Europe occidentale, notamment – présentent un taux de conformité plus faible que les cultures collectivistes, où l'appartenance au groupe importe davantage, comme c'est le cas au Japon, dans les îles Fidji ou dans les pays africains.

Certains psychologues critiquèrent les méthodes de Asch parce que, prétendaient-ils, il se concentrait sur une version simplifiée du comportement de groupe, les interactions entre les participants étant pratiquement nulles, ou qu'il privilégiait l'étude des individus au sein d'un groupe plutôt que la dynamique du groupe. D'autres lui reprochèrent de surestimer le pouvoir d'influence de la majorité. Serge Moscovici, en particulier, convaincu qu'une minorité active peut influencer la majorité et être à l'origine du changement social, poursuivit des travaux qui démontrèrent qu'une minorité cohérente peut affecter la pensée de la majorité.

> Pour les membres d'une tribu anthropophage, le cannibalisme est une pratique normale et convenable.
> **Solomon Asch**

Asch reconnaît que la vie en société exige un certain degré de consensus, mais il souligne que celui-ci est plus constructif lorsque chacun le nourrit de sa propre vision et de sa propre expérience. Pour lui, le consensus ne devrait pas résulter de la peur ou du conformisme. Mais le fait que la tendance au conformisme est forte même chez des individus éduqués devrait nous interroger sur les valeurs sociétales et sur la qualité de l'éducation.

Dans ses conclusions, Asch souligne la force – et le danger – de l'influence sociale sur les croyances et les comportements individuels : dès lors que quelque chose devient la norme pour un groupe, la pression sociale en garantit le respect. Inspirée par la théorie de Asch, l'expérience de Stanley Milgram sur l'obéissance montra que des gens ordinaires se révèlent capables de cruauté sous la pression du conformisme. Toutefois, la majorité des gens qui participèrent à l'étude de Asch estimaient l'indépendance d'esprit, ce qui permit à ce dernier de rester optimiste sur l'humanité. ■

LA VIE EST UNE REPRÉSENTATION THÉÂTRALE

ERVING GOFFMAN (1922-1982)

L'interaction sociale est comparable à une pièce de théâtre.

↓

Comme les acteurs, les gens tentent de donner d'eux-mêmes une **impression favorable** en choisissant leur scénario, leur mise en scène, leurs costumes, leurs accessoires, etc.

Il y a la **« scène »** sur laquelle évolue le personnage public, et les **« coulisses »** réservées à la vie privée.

Il y a un **public** pour chaque prestation.

↓

La vie est une représentation théâtrale.

CONTEXTE

APPROCHE
Gestion de l'impression

AVANT
1890 William James est le premier à distinguer le moi-sujet (intérieur) du moi-objet (extérieur).

1902 Le sociologue américain Charles Cooley propose la théorie du « soi-miroir », qui stipule que le soi se réfléchit dans les réactions des autres.

APRÈS
1990 Les psychologues américains Mark Leary et Robin Kowalski définissent les trois cas dans lesquels la gestion de l'impression améliore le bien-être : appartenance, auto-amélioration et compréhension de soi.

1995 La psychologue Sarah Hampson soutient que notre comportement change en fonction des personnes avec qui nous sommes, et que des gens différents font ressortir des aspects différents de notre personnalité.

La théorie de l'interaction forgée par Erving Goffman a trait à la façon dont nous créons, maintenons et renforçons notre identité sociale. Le fait que nous nous efforcions, consciemment ou inconsciemment, de manipuler et de contrôler la perception que les autres ont de nous est, selon Goffman, l'un des aspects fondamentaux de l'interaction sociale. Chaque fois que nous interagissons avec d'autres personnes, nous présentons une image publique. Dans certaines circonstances, nous tentons d'influencer une personne – un recruteur, par exemple ; dans d'autres situations, nous essayons simplement de donner une image favorable de nous-mêmes. Dans *La Mise en scène de la vie quotidienne*, publié en 1959, Goffman établit un

Voir aussi : William James 38-45 ▪ William Glasser 240-241 ▪ Stanley Milgram 246-253 ▪ David C. McClelland 322-223 ▪ Walter Mischel 326-227

parallèle entre la façon dont nous gérons notre image et le théâtre : comme les comédiens sur scène, nous sommes, dans la vraie vie, en représentation. Toute interaction sociale est mue autant par notre souci d'impressionner le public que par celui d'exprimer honnêtement qui nous sommes.

D'après la théorie de Goffman, la personnalité est la somme des différents rôles qu'un individu est amené à jouer dans sa vie. Cela implique que le soi véritable n'est pas un phénomène privé ou intérieur, mais plutôt l'effet théâtral des façons dont chacun se présente en public. Pour Goffman, la vie est une représentation théâtrale : faire bonne impression requiert un décor, des accessoires, des costumes et des talents appropriés, et suppose une compréhension partagée de ce que signifie être en scène – sphère publique –, par opposition aux coulisses – sphère privée.

Nos talents d'acteur

Goffman pense que, dans la vie réelle, chacun peut choisir sa scène, ses accessoires et ses costumes pour se présenter au public. L'objectif principal de l'acteur social, comme du comédien, est de maintenir une cohérence dans ses interactions avec les autres acteurs. Ce but ne peut être atteint que lorsque tous s'accordent sur la « définition de la situation », sur les caractéristiques et les limites d'une représentation ou d'une interaction donnée, et se donnent mutuellement des indications quant aux manières de réagir et de s'intégrer dans le décor social.

Les gens doivent donc s'accorder sur leurs identités, sur le contexte social ainsi que sur les comportements que le groupe attend dans ce contexte. Par exemple, des célébrités assistant à une soirée de prestige s'accordent implicitement sur le fait qu'elles sont « des célébrités assistant à une soirée » : chacune accepte le rôle qu'elle a à jouer dans cette situation et encourage les autres acteurs, les observateurs et le public à accepter cette définition. Toutefois, si la définition de la situation est remise en cause – si la nourriture servie dans cette soirée se révèle n'avoir rien de spécial, par exemple, ou si tous les « anonymes » peuvent y participer –, les gens auront tendance à faire comme si les règles du jeu n'avaient pas changé : la crédibilité de la mise en scène est maintenue artificiellement pour « garder la face » ou maintenir le bon ordre des choses.

Goffman adorait tester les limites des règles présidant aux interactions, que ce soit au restaurant, dans un amphithéâtre ou en faisant la queue devant un cinéma. ■

Le personnel d'un hôtel occupe le « devant de la scène » lorsqu'il interagit avec le public. Son comportement est beaucoup moins formel « en coulisses », une fois que le service est terminé.

Erving Goffman

Issu d'une famille de juifs ukrainiens émigrés au Canada, Erving Goffman naquit à Mannville, dans la province de l'Alberta. Il entreprit des études de sociologie et d'anthropologie à l'université de Toronto, et obtint une maîtrise et un doctorat de sociologie à l'université de Chicago. Il intégra en 1958 Berkeley, l'université de Californie, où il devint professeur de sociologie en 1962 et, en 1968, il fut nommé au département d'anthropologie sociale de l'université de Pennsylvanie. Après avoir vécu en 1964 la tragédie du suicide de sa femme, Goffman se remaria en 1981. Il publia de nombreux ouvrages consacrés principalement aux interactions. Bien qu'il fût considéré comme un original, il fut élu président de l'American Sociological Association en 1982, mais mourut quelque mois plus tard, à soixante ans.

Ouvrages-clés

1959 *La Mise en scène de la vie quotidienne. La Présentation de soi*
1961 *Asiles*
1971 *La Mise en scène de la vie quotidienne. Les Relations en public*
1974 *Les Cadres de l'expérience*

PLUS ON LE VOIT, PLUS ON L'AIME

ROBERT ZAJONC (1923-2008)

CONTEXTE

APPROCHE
Familiarité

AVANT
1876 Le psychologue allemand Gustav Fechner suggère que la familiarité augmente le sentiment positif envers les objets d'art, mais que la « sursaturation » conduit à l'aversion.

1910 Edward B. Titchener décrit l'effet de simple exposition comme une « lueur de chaleur » que les gens perçoivent en présence de choses familières.

APRÈS
1971 Pour les psychologues T.T. Faw et D. Pien, les adultes et les enfants préfèrent un dessin inconnu à un motif familier.

1989 Robert Bornstein découvre que l'effet de simple exposition est renforcé par la brève présentation de stimuli inconnus.

L'exposition répétée à un stimulus nous le rend **familier**.

La familiarité entraîne un **changement d'attitude** envers le stimulus…

…qui se manifeste sous forme de **préférence**, **ou d'affection**.

Cette préférence est émotionnelle et prend naissance dans **notre subconscient** avant même que nous en ayons conscience.

Plus on le voit, plus on l'aime.

Jusqu'au milieu du xxe siècle, les chercheurs en sciences sociales n'expliquaient le comportement humain qu'à partir des seuls facteurs environnementaux. Mais pour le psychologue d'origine polonaise Robert Zajonc, il était nécessaire de prendre également en compte le fonctionnement de l'esprit. Zajonc s'intéressa surtout à la relation entre les sentiments et les pensées – l'intersection de l'émotion et de la cognition – et consacra l'essentiel de sa carrière à déterminer lequel de ces facteurs influence le plus fortement le comportement. Il conçut à cette fin, en 1968, une expérience pionnière permettant de mettre en évidence l'« effet de simple exposition », et qui reste sans aucun doute sa contribution la plus connue à la psychologie sociale.

L'expérience de la familiarité

La simple exposition, telle qu'elle est définie par Zajonc, fait référence à toute situation dans lequel un stimulus donné est accessible à la perception du sujet, qu'il en ait conscience ou non. L'effet de simple exposition avait été pressenti par le psychologue Edward B. Titchener qui, en 1910, décrivait la « lueur de chaleur » et le sentiment d'intimité que connaît un individu en présence de quelque chose qui lui est familier. Les théories de Titchener furent rejetées à l'époque, et ses idées tombèrent dans un relatif oubli.

L'intérêt de Zajonc pour l'effet de simple exposition fut éveillé par la lecture d'un article de journal décrivant une curieuse expérience conduite en 1967 dans l'université d'État de l'Oregon. L'article faisait état d'un « mystérieux étudiant » qui, depuis deux mois, assistait aux cours enveloppé dans un sac noir. Personne ne connaissait l'identité de celui qui se dissimulait sous le sac noir, sinon

Voir aussi : Leon Festinger 166-167 ▪ Edward B. Titchener 334 ▪ Stanley Schachter 338

En 1968, Zajonc testa l'effet de simple exposition sur des gens auxquels il projetait des diapositives de symboles avec une fréquence inégale de répétition ; les symboles que les gens préféraient en fin de test étaient, de fait, ceux qui revenaient le plus fréquemment.

le professeur, Charles Goetzinger, qui menait l'expérience et observa les réactions des étudiants au fil du temps. Dans un premier temps, ces derniers témoignèrent d'une franche hostilité envers le « sac noir » ; puis ils manifestèrent de la curiosité et finirent par se comporter de manière amicale avec la personne cachée dans le sac, adoptant même envers elle une attitude protectrice.

L'année suivante, en 1968, Zajonc publia dans *The Journal of Personality and Social Psychology* un article intitulé *Attitudinal Effects of Mere Exposure*. Il y décrivait une série d'expériences au cours desquelles il avait projeté aux participants une séquence d'images aléatoires : des formes géométriques, des idéogrammes chinois, des peintures et des visages. Les images défilaient si rapidement que les participants ne pouvaient mémoriser le nombre de fois où chacune apparaissait. Mais, lorsqu'on leur demanda par la suite quelles images ils préféraient, ils choisirent systématiquement celles auxquelles ils avaient été le plus fréquemment exposés sans en avoir conscience. Il apparaissait donc que la familiarité entraîne un changement d'attitude : elle fait naître une forme de préférence pour le stimulus familier, et l'effet augmente avec l'exposition : plus on est exposé à un stimulus, plus on ressent de l'inclination pour lui. Autrement dit, « plus on le voit, plus on l'aime ».

Depuis, les chercheurs travaillant sur le phénomène de simple exposition ont démontré que l'effet observé par Zajonc pouvait être recréé à partir de sons et non plus d'images. En 1974, le psychologue D. W. Rajecki prit pour sujets des œufs de poule fécondés, qu'il divisa en plusieurs groupes : il exposa chacun de ces groupes à un son de fréquence différente jusqu'à leur éclosion. Lorsqu'il repassa ces sons aux poussins, ceux-ci, sans exception, manifestèrent une préférence pour les sonorités qu'ils avaient entendues dans l'œuf.

Les préférences ne sont pas rationnelles

Les résultats obtenus par Zajonc indiquent que la préférence pour les choses familières est uniquement fondée sur l'exposition à celles-ci et n'est pas affectée par les croyances et les attitudes personnelles. Cela reste vrai même quand l'exposition se fait à un niveau subliminal, c'est-à-dire quand les sujets n'ont pas conscience qu'ils sont exposés à un stimulus. Cette découverte conduisit Zajonc à affirmer que « les préférences se passent d'inférences », ce qui signifie que le sentiment d'affection ne repose pas, contrairement à ce que la plupart des gens pensent, sur un jugement raisonné.

Dans un autre article écrit en 1980, *Feeling and Thinking*, Zajonc prétend que les sentiments et les pensées sont indépendants. Les sentiments ne précèdent pas seulement les pensées d'un individu répondant de manière complexe à un stimulus, ils déterminent puissamment les attitudes et les décisions de cet individu. L'article fit l'objet d'un vif débat et contribua à placer l'étude des émotions au premier plan des préoccupations de la psychologie occidentale, en partie

> La nouveauté est couramment associée à l'incertitude et au conflit – états susceptibles d'engendrer un affect plus négatif que positif.
> **Robert Zajonc**

> L'industrie de la publicité a toujours attribué à l'exposition un formidable potentiel publicitaire.
> **Robert Zajonc**

L'exposition répétée à une marque peut engendrer un penchant pour elle, même quand elle n'est accompagnée d'aucune information et n'implique pour celui qui la voit aucune prise de décision.

du fait des implications de cette théorie sur les processus de prise de décision. Elle suggère en effet que, contrairement à ce que nous pouvons croire, nos décisions ne sont pas guidées par la raison et la logique : nous faisons des choix rapides, instinctifs, fondés sur les émotions, avant même d'avoir eu l'opportunité d'examiner toutes les éventualités : nous jugeons en l'absence d'information. Si cela est vrai, il s'ensuit qu'un raisonnement logique ne vient que justifier les décisions que nous avons déjà prises, mais ne nous sert pas à faire notre choix.

> Le type d'expérience que nous avons fini par appeler « sentiment » accompagne toutes nos pensées.
> **Robert Zajonc**

Zajonc conclut que « l'affect est toujours présent comme compagnon de la pensée, alors que l'inverse n'est pas vrai pour la cognition ». Nous ne pensons jamais à quelque chose sans qu'il y ait un sentiment sous-jacent ; ainsi, nous ne voyons pas « une maison », mais « une jolie maison » ou « une maison prétentieuse ». Toute perception contient de l'affect, ou du sentiment. Le primat de l'affectif sur le cognitif est également apparent dans le fonctionnement de la mémoire, poursuit Zajonc, citant Frederic Bartlett : « Quand on demande à un sujet de se souvenir, très souvent la première chose qui surgit est de l'ordre de l'attitude ».

L'attraction interpersonnelle

Dans la sphère des relations interpersonnelles, l'effet de simple exposition trouve sa transposition dans « l'effet de proximité » : nous tendons à nouer des liens d'amitié ou des relations amoureuses avec des personnes que nous voyons régulièrement. Une des explications à ce phénomène est de type évolutionniste : un animal exposé pour la première fois à un stimulus répond souvent par la peur ou l'agressivité, mais, s'il est soumis à des expositions répétées – durant lesquelles il s'aperçoit que la menace perçue dans un premier temps ne se concrétise pas –, ses réponses sont de moins en moins négatives. Zajonc poussa plus loin l'étude de l'effet de proximité auprès de sujets humains : il mit en évidence les attitudes très négatives que nous développons pour un groupe imaginaire de gens auxquels nous attribuons nombre de défauts du seul fait qu'ils nous sont parfaitement étrangers. Une exposition répétée à ces gens entraînerait, comme pour les dessins et les symboles, une augmentation de la confiance et de l'affection.

Une autre explication de l'effet de proximité privilégie les nombreux facteurs jouant dans l'attraction interpersonnelle : entre autres, la familiarité, la similarité des attitudes, l'attraction physique, et l'affection réciproque. Des interactions fréquentes n'augmentent pas seulement le degré de familiarité ; elles renforcent aussi l'impression de similitude, donnant jour à des sentiments positifs et, finalement, à une attraction.

Exposition et publicité

La publicité est un autre domaine dans lequel l'effet de simple exposition joue un rôle crucial. Les études semblent suggérer que l'exposition répétée à une marque ou au nom d'une entreprise est à même de dynamiser les ventes. Mais cette conclusion paraît simpliste, faute de prendre en compte d'autres effets possibles d'une exposition fréquente.

Une étude testa l'effet de simple exposition sur des étudiants à partir de bandeaux publicitaires. Les sujets devaient lire un article sur un écran d'ordinateur en haut duquel défilaient des bandeaux. Les résultats indiquèrent que les étudiants exposés le plus fréquemment aux bandeaux évaluaient plus positivement les publicités concernées que ceux pour lesquels la fréquence d'exposition avait été plus faible, voire nulle. Une autre étude a toutefois établi que la familiarité avec une marque peut engendrer une attitude ambivalente. Cela s'expliquerait par le fait que les individus associent aux entreprises familières des images à la fois positives et négatives revenant à l'esprit à chaque exposition ; une exposition répétée renforcerait ainsi l'ambivalence. Il est donc difficile d'établir si la seule familiarité engendrée par une publicité fréquente est bonne pour les ventes.

Visages familiers

Zajonc découvrit que l'exposition n'influe pas seulement sur les sentiments qu'une personne porte à une autre mais que son visage peut s'en trouver changé. Avec plusieurs collègues, il compara des photos de couples prises la première année de mariage et vingt-cinq ans plus tard. Il leur apparut que les époux se ressemblaient davantage après de longues années de vie commune. Après avoir éliminé diverses explications, les chercheurs estimèrent que la cause la plus probable de cette ressemblance résidait dans l'empathie développée par les conjoints au fil du temps. Les êtres humains manifestant leurs émotions par des expressions faciales, le mari et la femme imitaient, par empathie, les expressions de l'autre jusqu'à ce qu'un même réseau de rides creuse les deux visages.

La contribution de Zajonc à la psychologie sociale est à la mesure de l'étendue de ses travaux sur le comportement. Ses recherches sur les émotions et la cognition l'ont conduit à aborder des thèmes comme le racisme, le génocide et le terrorisme, dans l'espoir que la recherche pourra un jour contribuer à empêcher la guerre et mettre fin à la souffrance humaine. ■

Les membres d'un couple finissent par se ressembler au fil du temps à force d'empathie : en se reflétant les unes sur les autres, leurs expressions faciales tendent en effet à unifier les traits de leur visage.

Robert Zajonc

Né à Łodz, en Pologne, en 1923, Robert Zajonc avait seize ans lorsque les troupes nazies envahirent la Pologne. Sa famille s'installa à Varsovie, où un bombardement tua ses parents et lui brisa les jambes. Après six mois d'hospitalisation, Zajonc fut arrêté par les Allemands et envoyé dans un camp de travail. Il s'en évada pour rejoindre la France, où il fut arrêté à nouveau, mais il réussit encore à se libérer pour gagner l'Irlande, puis l'Angleterre.

Après la Seconde Guerre mondiale, Zajonc émigra aux États-Unis, où il entreprit des études de psychologie et obtint un doctorat en 1955 à l'université du Michigan, où il travailla jusqu'à sa retraite en 1994. Nommé professeur émérite de l'université Stanford, où travaillait également son épouse, la psychologue Hazel Rose Markus, Zajonc fut emporté par un cancer à quatre-vingt-cinq ans.

Ouvrages-clés

1968 *Attitudinal Effects of Mere Exposure*
1975 *Birth Order and Intellectual Development*
1980 *Feeling and Thinking*

QUI AIME LES FEMMES COMPÉTENTES ?

JANET TAYLOR SPENCE (1923-2015)

CONTEXTE

APPROCHE
Études de genre

AVANT
1961 Albert Bandura développe la théorie de l'apprentissage social, selon laquelle garçons et filles se comportent différemment parce qu'ils sont traités différemment.

1970 Robert Helmreich et Elliot Aronson publient une étude montrant que les gens trouvent les hommes compétents plus sympathiques que les incompétents.

APRÈS
1992 La psychologue Alice Eagly constate que les femmes sont considérées négativement quand elles dirigent une équipe à la façon traditionnelle d'un homme.

2003 Simon Baron-Cohen suggère que le cerveau féminin est principalement programmé pour l'empathie, alors que le cerveau masculin privilégie les systèmes de compréhension.

Jusque dans les années 1970, époque à laquelle le mouvement de libération des femmes prit de l'ampleur, Janet Taylor Spence avait consacré ses recherches à l'anxiété. Elle se tourna vers les questions de genre après avoir lu une étude réalisée par deux de ses collègues sur la manière dont les hommes compétents sont appréciés. Choquée que les auteurs ignorent le sexe féminin, elle décida de mener une étude similaire sur les femmes et publia les résultats en 1972 dans un article intitulé *Who likes competent women ?*

En collaboration avec Robert Helmreich, Taylor Spence entreprit de tester si les gens – hommes et femmes – préfèrent les femmes compétentes aux autres. Supposant que seuls les gens convaincus de l'égalité des sexes exprimeraient leur préférence pour les femmes compétentes, les psychologues élaborèrent une échelle des attitudes envers les femmes à partir de questions portant sur l'éducation, le mariage, la vie professionnelle, les habitudes, le leadership intellectuel, et la liberté sociale et économique. Les résultats se révélèrent inattendus : non seulement les sujets interrogés manifestaient leur préférence pour les femmes compétentes, mais ils estimaient encore plus celles dont la compétence pouvait se définir conformément aux stéréotypes masculins.

Cette étude pionnière inaugura un nouveau champ de recherche au sein de la psychologie sociale : les études de genre. ■

> Même nos sujets conservateurs avaient une plus haute opinion des femmes compétentes dans des domaines considérés comme typiquement masculins.
> **Janet Taylor Spence**

Voir aussi: Sigmund Freud 92-99 ▪ Guy Corneau 155 ▪ Eleanor E. Maccoby 284-285 ▪ Albert Bandura 286-287 ▪ Simon Baron-Cohen 298-299

LES SOUVENIRS FLASHS SONT DÉCLENCHÉS PAR DES ÉVÉNEMENTS FORTEMENT ÉMOTIONNELS

ROGER BROWN (1925-1997)

CONTEXTE

APPROCHE
Étude de la mémoire

AVANT
1890 William James distingue la mémoire à court terme (primaire) de la mémoire à long terme (secondaire).

1932 Les travaux de Frederic Bartlett suggèrent que la mémoire épisodique n'est pas un simple problème de récupération ; c'est une reconstruction active des événements passés.

APRÈS
1982 Pour le psychologue américain Ulric Neisser, les souvenirs flashs ne font pas appel à un mécanisme spécial et peuvent être inexacts après de multiples « remémorisations » de l'événement.

1987 Dans *Autobiographical Memory*, le psychologue David Rubin suggère que nous nous souvenons des événements repères qui nous définissent en tant que personnes.

À la fin des années 1970, alors qu'il enseignait à Harvard, le psychologue Roger Brown cosigna avec son collègue James Kulik un article intitulé *Flashbulb memories*, qui devint un classique de la recherche sur la mémoire. Les auteurs forgèrent l'expression « souvenir flash » pour désigner un type de souvenir autobiographique, caractérisé par le fait que l'on se souvient de manière vivace et très détaillée du moment précis où l'on a appris un événement marquant.

Brown et Kulik suggèrent que les événements signifiants sur le plan culturel et personnel – l'assassinat de John Kennedy ou de Martin Luther King, par exemple – activent un mécanisme biologique de mémorisation de l'événement et des circonstances dans lesquelles nous en avons pris connaissance. Chacun se souvient, par exemple, de l'endroit où il était, des personnes avec qui il se trouvait et de ce qu'il faisait en apprenant la destruction des tours jumelles du World Trade Center, le 11 septembre 2001. Pour Brown et Kulik, ces souvenirs sont aussi durables, mais des chercheurs comme Ulric Neisser ont contesté l'idée d'un mécanisme spécifique, arguant que la longévité de ce type de souvenir vient plutôt du fait qu'ils sont repris en boucle après l'événement, tant par l'individu que par la société, et se trouvent ainsi constamment renforcés. ■

L'assassinat, en 1963, du président John F. Kennedy est le type d'événement choquant et culturellement signifiant, susceptible de provoquer, d'après Brown, la formation de « souvenirs flashs ».

Voir aussi: William James 38-45 ▪ Jerome Bruner 164-165 ▪ Endel Tulving 186-191 ▪ Frederic Bartlett 335-336 ▪ Ulric Neisser 339

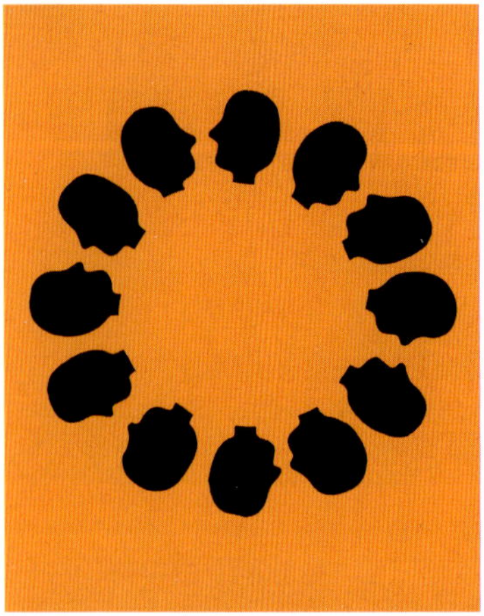

LE BUT N'EST PAS DE FAIRE AVANCER LA CONNAISSANCE, IL EST D'ÊTRE AU COURANT

SERGE MOSCOVICI (1925-2014)

CONTEXTE

APPROCHE
Constructivisme social

AVANT
1807 Pour le philosophe allemand Georg Hegel, nos idées et nos valeurs sont façonnées par le *Zeitgeist*, l'« esprit du temps », qui évolue constamment à mesure que les points de vue opposés se réconcilient.

1927 D'après le « principe d'incertitude » du physicien allemand Werner Heisenberg, l'observateur influence l'observé.

1973 La publication de *Social Psychology as History* du psychologue américain Kenneth Gergen marque la naissance du constructivisme social.

APRÈS
1978 Dans sa théorie de la zone proximale de développement, Lev Vygotski avance l'idée que l'apprentissage est une activité socialement médiatisée.

Nous entendons quelque chose qui **éveille notre curiosité**.

Cette information **se fond** avec les choses que nous savons ou avons vécues.

Nous en discutons avec les autres et **partageons nos points de vue**.

Nous sommes impatients de transmettre ce que nous savons et de **rester dans le cercle de la conversation**.

Les **conversations collectives** permettent à chacun d'en savoir plus.

Les attitudes s'organisent et les **valeurs s'établissent**.

La société fait appel à de nouvelles expressions, à de nouvelles images, pour décrire le **bon sens collectif**.

Le but n'est pas de faire avancer la connaissance, il est d'être au courant.

Voir aussi: Friedrich Herbart 24-25 ▪ Kurt Lewin 218-223 ▪ Solomon Asch 224-227 ▪ Lev Vygotsky 270

À la fin des années 1960, les tenants du constructivisme social reprochèrent à la recherche psychologique de ne pas écouter la voix des gens ordinaires. On considérait la perception qu'ils avaient de leur environnement social mais on n'envisageait pas qu'ils puissent aussi le construire. S'élevant contre cette tendance, le psychosociologue Serge Moscovici entreprit une étude, devenue un classique, relative à la manière dont les individus absorbent les idées et les concepts et comprennent le monde dans lequel ils vivent.

Dans *La Psychanalyse, son image et son public*, paru en 1961, Moscovici examine l'hypothèse selon laquelle toute pensée et toute compréhension se fondent sur les «représentations sociales» à l'œuvre dans un groupe ou une société. Par cette notion, il faut entendre les multiples concepts, opinions et explications élaborés à la faveur des interactions quotidiennes entre individus. Ces représentations sociales nous permettent de nous orienter dans notre environnement social et matériel et nous fournissent les outils pour communiquer au sein de notre communauté. Elles constituent «un sens commun» collectif, une version partagée de la réalité, construite par les médias, la science, la religion et les interactions entre groupes sociaux.

Pour tester sa théorie, Moscovici étudia comment les concepts de la théorie psychanalytique étaient intégrés dans la France de l'après-guerre. Il analysa ce qui était publié dans la presse grand public et mena une série d'entretiens afin de rechercher ce qui avait pénétré dans la conscience collective. Il découvrit que la psychanalyse s'était diffusée à la fois dans la culture de l'élite et au niveau du sens commun populaire: les concepts psychanalytiques faisaient l'objet de réflexions et de discussions apparemment ordinaires, mais avaient subi des transformations qui avaient conduit à leur simplification.

Modelés par le sens commun

La transposition de concepts ardus dans un langage accessible n'est pas en soi problématique car, explique Moscovici, «le but n'est pas de faire avancer la connaissance, il est d'être au courant» et de pouvoir s'inscrire activement dans le circuit collectif. Un tel processus rend familier ce qui ne l'est pas et permet aux concepts et résultats scientifiques d'être vulgarisés. C'est ainsi que les représentations sociales fournissent aux groupes un cadre d'intelligibilité du monde. Elles affectent aussi la manière dont les individus se comportent au sein d'une société donnée. L'importance et l'impact des représentations sociales deviennent manifestes dès lors qu'une question sociale – la légalisation de l'adoption par les homosexuels, par exemple – donne matière à débat.

Les représentations sociales, insiste Moscovici, sont d'authentiques formes de savoir et non des versions diluées d'un savoir supérieur. Ces pensées ordinaires, souligne-t-il, font sens (bien plus que leurs versions scientifiques, abstraites), parce que «les représentations partagées sont là pour constituer et construire une 'réalité commune', un sens commun qui devient 'la norme'». ■

Serge Moscovici

Né à Braila, en Roumanie, dans une famille juive, Serge Moscovici fut exclu en 1938 du lycée de Bucarest par les lois antisémites. Après avoir survécu au pogrom de Bucarest en janvier 1941, il fut soumis au travail obligatoire jusqu'en août 1944. C'est au cours de ces années qu'il apprit le français, au contact d'Isidor Goldstein notamment, avec lequel il fonda la revue *Da*, éditée fin 1944.

En 1947, Moscovici quitta la Roumanie pour la France, où il entreprit des études de psychologie, qu'il poursuivit à la Sorbonne grâce à une bourse de réfugié. Il présenta en 1961 une thèse sur la représentation sociale de la psychanalyse sous la direction de Daniel Lagache, et créa en 1965 le Laboratoire européen de psychologie sociale. Souvent invité dans les universités américaines et européennes, il publia de nombreux articles dans des revues scientifiques.

Ouvrages-clés

1961 *La Psychanalyse, son image et son public*
1976 *Reconversion industrielle et changements sociaux*
1981 *L'Âge des foules: un traité historique de psychologie des masses*

NOUS SOMMES, PAR NATURE, DES ÊTRES SOCIABLES

WILLIAM GLASSER (1925-2013)

CONTEXTE

APPROCHE
Théorie du choix

AVANT
v. 350 av. J.-C. Le philosophe grec Aristote dit nous sommes guidés par trois impulsions : l'appétit sensuel, la colère, et la *boulèsis* – désir rationnel du bien.

1943 Pour Clark L. Hull, le comportement humain obéit à quatre pulsions primaires : la faim, la soif, le sexe et la peur de la douleur.

1973 L'Américain William T. Powers développe la théorie du contrôle perceptuel, liant notre comportement à la manière dont nous contrôlons nos perceptions pour les maintenir à des niveaux de référence fixés intérieurement.

APRÈS
2000 Dans *Reclaiming Our Children*, le psychiatre américain Peter Breggin critique le recours aux médicaments psychiatriques pour « traiter » les enfants en difficulté.

Estimant que la plupart des troubles psychologiques s'inscrivent dans le spectre des expériences qu'un être humain en bonne santé est amené à vivre et peuvent être résolus par des changements comportementaux, William Glasser rejetait ouvertement la psychiatrie conventionnelle et le recours aux médicaments. Pour lui, le bonheur et l'accomplissement reposent sur le choix, la responsabilité et la transformation personnels.

Il avait développé en 1965 la thérapie de la réalité, une approche cognitivo-comportementale de la résolution de problème, qui encourageait le patient à identifier ses besoins réels au moment présent et à évaluer dans quelle mesure les

Nous sommes, par nature, des êtres sociables

L'amour et l'appartenance figurent parmi nos plus grands besoins – après ceux de survie.

Quand quelque chose vient perturber nos relations intimes, nous nous sentons **malheureux**.

Lorsque nous sommes extrêmement malheureux, nous pouvons présenter des symptômes communément associés à la **maladie mentale**.

Nous devons traiter nos problèmes psychologiques en **réparant nos relations interpersonnelles** ; les traitements psychiatriques sont inutiles.

Voir aussi : Emil Kraepelin 31 ▪ Sigmund Freud 92-99 ▪ David Rosenhan 328-329 ▪ Clark L. Hull 335

comportements qu'il avait choisis le rapprochaient ou l'éloignaient de l'accomplissement de ses objectifs.

La théorie du choix

Réalisant après des décennies de pratique de la thérapie de la réalité que son approche était fondée sur l'idée que les gens savent ce qu'ils doivent faire pour être satisfaits, Glasser développa la théorie du choix, qui postule que nos actes sont d'abord motivés par la recherche du plus grand plaisir et par le désir de réduire le plus possible la souffrance. Pour Glasser, le plaisir et la souffrance, quels qu'ils soient, découlent de nos efforts à satisfaire cinq besoins encodés dans nos gènes : la survie, l'amour et l'appartenance, le pouvoir, la liberté et le divertissement. Tout comportement satisfaisant l'un de ces besoins est source de plaisir, mais devient source de souffrance s'il échoue, et, finalement, ce n'est qu'à travers les relations sociales que nous pouvons satisfaire ces besoins : pour survivre, l'aide d'autrui ne peut que nous conforter ; pour satisfaire notre besoin d'amour et d'appartenance, il nous suffit d'avoir un ami ; pour ressentir quelque pouvoir, il suffit que quelqu'un nous écoute ; pour nous sentir libres, il suffit de nous libérer du contrôle des autres ; pour nous divertir, enfin, il est plus facile d'y parvenir à plusieurs. Et Glasser de conclure : « Nous sommes, par nature, des êtres sociables ».

> Améliorer nos relations, c'est améliorer notre santé mentale.
> **William Glasser**

Un conflit avec des proches entraîne des déchirements et des ressentiments provoquant des symptômes de maladie mentale ; ces problèmes sont, en fait, la conséquence logique de relations difficiles.

Il souligne que les problèmes psychologiques durables sont généralement dus à des problèmes relationnels plutôt qu'à un dysfonctionnement cérébral, et propose de mettre fin à la souffrance en améliorant nos relations plutôt qu'en ayant recours à des antidépresseurs. Glasser nous met aussi en garde de satisfaire notre besoin de pouvoir en essayant de contrôler les autres, ce qui serait voué à l'échec car, en fait, nous ne pouvons exercer un contrôle effectif que sur notre façon de penser et de nous comporter. Cela témoignerait en revanche d'un manque de respect pour autrui et serait source de souffrance. La théorie du choix apparaît donc comme une psychologie du contrôle de soi, conçue pour nous aider à trouver le bonheur dans nos relations sociales. ■

William Glasser

Né aux États-Unis à Cleveland, dans l'Ohio, en 1925, William Glasser entreprit des études de chimie avant de s'orienter vers la médecine, puis vers la psychiatrie, à Los Angeles, où il s'installa comme praticien en 1957. Suite aux articles publiés par William T. Powers sur la théorie du contrôle perceptuel, Glasser travailla sur les systèmes de la théorie du contrôle et fonda, en 1967, l'Institut de la Thérapie de la réalité – renommé aujourd'hui Institut William Glasser –, qui enseigne aux étudiants la théorie du choix.

Diffusé dans plus de 28 pays, Glasser a écrit des ouvrages sur les maladies mentales et sur la manière d'améliorer l'école. Il reçut de nombreuses récompenses, dont la nomination en 2005 de Maître thérapeute par l'American Psychotherapy Association.

Ouvrages-clés

1965 *Reality Therapy*
1969 *Schools Without Failure*
1998 *Choice Theory*
2003 *Warning: Psychiatry Can Be Hazardous to Your Mental Health*

ON CROIT QUE LES GENS ONT CE QU'ILS MÉRITENT

MELVIN LERNER (NÉ EN 1929)

CONTEXTE

APPROCHE
Théorie de l'attribution

AVANT
1958 Le psychologue autrichien Fritz Heider étudie le processus d'attribution – manière dont les gens jugent les facteurs qui influencent une situation.

1965 Pour les psychologues américains Edward E. Jones et Keith Davis, le but de l'attribution est de découvrir la nature d'une personne par son comportement et ses intentions.

APRÈS
1971 Le sociologue américain William Ryan explique comment ce qu'il appelle le « blâme de la victime » sert à justifier le racisme et l'injustice sociale.

1975 Les psychologues américains Zick Rubin et Letitia Peplau constatent un durcissement des partisans du monde juste, plus autoritaires, plus religieux et plus admiratifs des institutions sociales et politiques existantes.

Les gens veulent croire qu'ils vivent dans un monde sûr, **stable et ordonné**…

…où les « mauvaises » choses n'arrivent qu'aux « mauvaises » personnes, et où les « bonnes » choses n'arrivent qu'aux « bonnes » gens.

Les gens blâment les **victimes de l'infortune** en pensant se protéger du sentiment de **vulnérabilité**.

Nous agissons en supposant que « les gens ont ce qu'ils méritent » et qu'ils méritent ce qui leur arrive.

Les gens se sentent rassurés lorsqu'ils ont le sentiment de contrôler leur vie : en croyant qu'ils vivent dans un monde où les bons sont récompensés et les méchants punis, ils ont l'impression qu'il est possible de prévoir, d'orienter et, finalement, de contrôler les événements. Melvin Lerner appela cette tendance à croire que les gens ont ce qu'ils méritent l'« hypothèse du monde juste », mais, pour le psychologue, il s'agit là d'une conception dangereusement erronée car elle privilégie les traits de caractère supposés des individus au détriment de la situation réelle. Si une personne souffre ou endure un châtiment, il nous est plus facile de croire qu'elle a fait quelque chose pour mériter un tel traitement. La théorie du monde juste offre une possibilité rassurante de rationaliser ce qui est apparemment inexplicable et d'empêcher que le monde n'apparaisse chaotique. Elle permet aussi aux gens de croire que tant qu'ils sont « bons », il ne peut leur

Voir aussi : Dorothy Rowe 154 ▪ Elizabeth Loftus 202-207

Il est plus facile d'accepter, voire d'être indifférent, aux sans-abri et autres déshérités de la vie quand on croit qu'ils sont, en fin de compte, responsables de leurs propres malheurs.

arriver que de « bonnes » choses, ce qui engendre un faux sentiment de sécurité et de contrôle.

Dans *The Belief in a just world*, Melvin Lerner explique que nous demandons à nos enfants d'« être bons » et leur promettons qu'ils seront récompensés plus tard d'avoir mis de côté leurs pulsions et désirs naturels. Or, pour que ce contrat soit honoré, nous devons vivre dans un monde juste, une hypothèse à laquelle les enfants s'accrochent encore lorsqu'ils deviennent adultes.

Blâmer les victimes

En 1965, Lerner observa que des étudiants auxquels on disait qu'un de leurs camarades avait gagné à la loterie rationalisaient l'événement en se convainquant que le gagnant avait dû travailler plus dur qu'eux. La croyance en un monde juste permet ainsi aux gens d'ajuster les faits à une situation, ce qui s'avère très dangereux lorsqu'il s'agit d'un crime ou d'un abus sexuel : on suggérera, par exemple, qu'une femme victime de viol l'a cherché car elle portait une jupe courte ou se montrait aguicheuse, et on reportera la responsabilité du crime sur la victime. En blâmant cette dernière, les gens qui ne sont pas directement impliqués protègent leur sentiment de sécurité.

Lerner souligne que la croyance en un monde juste n'implique pas toujours le blâme de la victime. Aux yeux des gens qui la jugent, celle-ci sera tenue responsable ou non de son malheur en fonction de son apparence, de son charme, de son statut et de la manière dont ils peuvent s'identifier à elle.

L'hypothèse de Lerner engendra de nombreuses recherches sur la justice sociale et alimenta un débat sur les effets de la croyance en un monde juste : aide-t-elle les gens à mieux supporter les difficultés ? Ou, au contraire, nourrit-elle le sentiment que toute erreur, même involontaire, peut déboucher sur une catastrophe ? Pour la psychologue australienne Dorothy Rowe, un tel sentiment nous rendrait vulnérables à la dépression. ■

> Les gens ont besoin de croire qu'ils vivent dans un monde juste.
> **Melvin Lerner**

Melvin Lerner

Qualifié de « pionnier de l'étude psychologique de la justice », Melvin Lerner étudia la psychologie sociale à l'université de New York, où il présenta sa thèse de doctorat en 1957, puis rejoignit l'université Stanford, en Californie, pour se spécialiser en psychologie clinique.

De 1970 à 1994, Lerner enseigna la psychologie sociale à l'université de Waterloo, au Canada, tout en donnant des conférences dans diverses universités américaines – celles de Californie et de Washington notamment – et européennes – celles d'Utrecht et de Leyde, aux Pays-Bas –, puis travailla comme chercheur invité à l'université Florida Atlantic. Rédacteur de la revue *Social Justice Research*, Lerner reçut en 2008 le Lifetime Achievement Award décerné par l'International Society for Justice Research.

Ouvrages-clés

1980 *The Belief in a Just World : A Fundamental Delusion*
1981 *The Justice Motive in Social Behavior : Adapting to Times of Scarcity and Change*
1996 *Current Concerns about Social Justice*

LES GENS QUI FONT DES CHOSES INSENSÉES NE SONT PAS NÉCESSAIREMENT FOUS

ELLIOT ARONSON (NÉ EN 1932)

CONTEXTE

APPROCHE
Changement d'attitude

AVANT
1956 Le psychologue Leon Festinger expose sa théorie de la dissonance cognitive, selon laquelle celui qui a des opinions incompatibles éprouve un état de tension désagréable.

1968 Il est possible que le massacre de My Lai perpétré sur des civils vietnamiens résulte du fait que les soldats américains ont déshumanisé les victimes pour réduire la dissonance cognitive.

APRÈS
1978 Elliot Aronson invente la technique d'apprentissage de la *Jigsaw classroom* – « classe puzzle » – pour réduire les préjugés et la violence à l'école.

Années 1980 Les psychologues soutiennent qu'une expérience de dissonance ne reflète pas un changement d'attitude réel, mais un désir de cohérence pour se rendre socialement acceptable.

Dans le livre qu'il publia en 1972, *The Social Animal*, Elliot Aronson mit en exergue la « première loi d'Aronson » : les gens qui font des choses insensées ne sont pas nécessairement fous. Par « choses insensées », il entendait les actes de violence et de cruauté profondément traumatisants, des actes si excessifs qu'ils ne pouvaient avoir été perpétrés que par des déséquilibrés mentaux. Or, dit Aronson, s'il est certain qu'il existe des individus psychotiques, même des gens psychologiquement sains peuvent être conduits à des comportements si extrêmes qu'ils en

Dans certaines situations, les gens raisonnables font des choses insensées.

Si nous ignorons les **circonstances sociales** qui ont motivé leurs actions…

…nous sommes tentés de conclure que celles-ci résultent d'un **manque de caractère** ou d'une **crise de folie**.

Il faut se rappeler que les gens qui font des choses insensées ne sont pas nécessairement fous.

Voir aussi: Leon Festinger 166-167 ▪ Solomon Asch 224-227 ▪ Melvin Lerner 242-243 ▪ Stanley Milgram 246-253 ▪ Philip Zimbardo 254-255

paraissent fous. Il est donc essentiel, avant d'établir tout diagnostic de psychose, que les sociopsychologues s'efforcent de comprendre les situations auxquelles les gens se trouvent confrontés et les pressions qu'ils subissent lorsqu'ils se livrent à un comportement aberrant.

La dissonance cognitive

Pour illustrer son propos, Aronson rappelle l'événement survenu en 1970 sur le campus de l'université d'État de Kent, dans l'Ohio, aux États-Unis : des membres de la Garde nationale tirèrent sur des étudiants désarmés qui manifestaient pacifiquement contre l'invasion du Cambodge par les troupes américaines ou traversaient simplement le campus. Quatre étudiants, dont deux jeunes filles, furent tuées, et neuf autres blessés. Au lendemain de cette tragédie, un enseignant et des gardes nationaux déclarèrent que les victimes avaient mérité de mourir, et le bruit se mit à courir que les jeunes filles tuées étaient enceintes, avaient la syphilis ou étaient droguées. Pour Aronson, une telle rumeur n'est pas le produit d'esprits malades mais une tentative

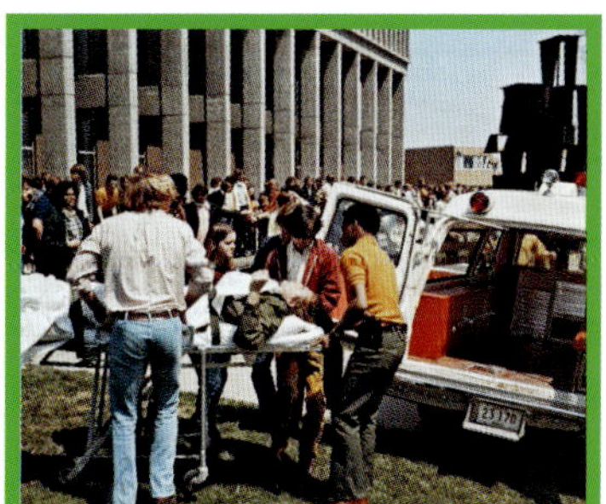

La fusillade de l'université d'État de Kent, où quatre étudiants furent tués par la Garde nationale de l'Ohio, poussa les habitants de la ville émotionnellement déchirés à dénigrer les victimes.

> Certaines variables situationnelles peuvent conduire beaucoup d'« adultes normaux » à se comporter de manière fort peu appétissante.
> **Elliot Aronson**

de soulager la tension engendrée par des sentiments conflictuels.

Le conflit dont il est question ici est celui de la « dissonance cognitive », un sentiment déplaisant que l'on éprouve lorsque certaines de nos croyances sont incohérentes. Pour réduire cette dissonance, les gens modifient leurs attitudes, leurs croyances et leurs actions, même si cela implique de justifier ou de nier quelque cruauté envers autrui. Pour Aronson, c'est ce qui arriva après le massacre de Kent : les habitants de la ville voulaient croire que les gardes nationaux étaient des gens bien, ce qui impliquait que les victimes avaient mérité leur sort. Le fait de les représenter comme des jeunes sales et dévergondés dénouait le conflit émotionnel engendré par l'idée que des étudiants innocents avaient été tués.

Pour Aronson, tout le monde peut se conduire ainsi dans de telles circonstances. En comprenant pourquoi les gens justifient ou nient l'usage de la cruauté, on est plus à même de la modérer ou de la prévenir dans un contexte de guerre ou d'émeute sociale. ■

Elliot Aronson

Elliot Aronson grandit aux États-Unis à Revere, dans le Massachusetts, durant la Grande Dépression. Ayant obtenu une bourse d'étude, il passa sa licence à l'université de Brandeis, dans le Massachusetts, sa maîtrise à l'université Wesleyenne, dans le Connecticut, et son doctorat à Stanford, en Californie. Il enseigna alors dans diverses universités, dont Harvard et Stanford.

Au cours de sa carrière, Aronson tenta d'utiliser les résultats de ses travaux pour améliorer la condition humaine et réduire les préjugés. Récompensé par le William James Award et le prix Gordon Allport, il figure dans la liste des 100 psychologues les plus influents du xxe siècle, publiée par la *Review of General Psychology*. Il est la seule personne à avoir gagné les trois récompenses offertes par l'American Psychological Association, respectivement pour son enseignement, ses écrits et ses recherches.

Ouvrages-clés

1972 *The Social Animal*
1978 *The Jigsaw Classroom*
2007 *Mistakes Were Made (but not by Me)*

LES GENS FONT CE QU'ON LEUR DIT DE FAIRE

STANLEY MILGRAM (1933-1984)

CONTEXTE

APPROCHE
Conformisme

AVANT
1939-1945 Durant la Seconde Guerre mondiale, près de 6 millions de Juifs sont systématiquement tués sur ordre de Hitler.

1950 Solomon Asch démontre à travers ses expériences le poids de la pression sociale sur le conformisme des gens.

1961 Le criminel de guerre nazi Adolf Eichmann déclare à son procès qu'il ne faisait que « suivre les ordres ».

APRÈS
1971 Les travaux de Philip Zimbardo sur le système carcéral montrent que, dans certaines situations, de braves gens deviennent des tortionnaires.

1989 Pour les psychologues Herbert Kelman et V. L. Hamilton, les membres d'un groupe obéissent à l'autorité dès lors qu'ils acceptent sa légitimité.

Lorsqu'il publia, en 1963, *Behavorial Study of Obedience*, le psychologue Stanley Milgram modifia profondément la manière dont nous envisagions la soumission à l'autorité. L'article relatait une expérience semblant indiquer que la majorité des gens sont susceptibles d'infliger d'extrêmes souffrances à autrui si cela leur est demandé par une figure d'autorité. L'expérience souleva aussi nombre de questions sur les limites éthiques de l'expérimentation psychologique.

Milgram s'intéressa plus particulièrement à l'étude de l'obéissance pendant le procès du criminel de guerre nazi Adolf Eichmann. La thèse qui prévalait dans les années 1950 privilégiait la spécificité du peuple allemand de la première moitié du XXe siècle ; des psychologues comme Theodor Adorno prétendaient ainsi que les Allemands possédaient certains traits de caractère susceptibles de les amener à commettre les atrocités de l'Holocauste. Eichman, de son côté, ne cessait d'affirmer qu'il n'avait fait que « suivre les ordres ». Milgram entreprit d'examiner si cela pouvait être vrai : un individu ordinaire peut-il faire fi de ce qu'il sait être bien ou mal simplement parce qu'on le lui ordonne ? Si elle mit en évidence des aspects essentiels de la relation entre obéissance et autorité, l'étude de Milgram reste l'une des expériences les plus controversées de l'histoire de la psychologie.

Le pouvoir du groupe

Milgram pensait que c'est la Seconde Guerre mondiale et l'impérative nécessité d'obéir – plutôt qu'une spécificité germanique quelconque – qui avaient permis la cruauté nazie. Il était convaincu que le comportement résulte directement de la situation, et que n'importe lequel d'entre nous aurait pu se comporter de même dans un contexte très semblable. À la fin des années 1950, Milgram avait collaboré aux travaux de Solomon Asch sur le conformisme et avait observé comment les sujets adhèrent aux décisions du groupe, même lorsqu'ils savent que celles-ci sont erronées. Ces expériences montraient que les individus sont prêts à dire ou faire des choses s'opposant à leur propre perception de la réalité. Permettraient-ils aussi que l'autorité d'un groupe ou d'une personne affecte leur propre jugement moral ?

L'expérience de Milgram

Milgram entreprit de tester si des individus naturellement aimables et gentils sont capables, sous la férule d'une autorité quelconque, d'agir contre leurs propres valeurs morales. Il conçut une expérience visant à mesurer le degré d'obéissance d'hommes « ordinaires » auxquels un représentant de l'autorité demandait d'envoyer des décharges électriques à une autre personne. L'expérience se déroula en 1961, dans un laboratoire de l'université Yale, où Milgram enseignait la psychologie. Les participants furent recrutés par petites annonces dans la presse. Les 40 sujets sélectionnés exerçaient

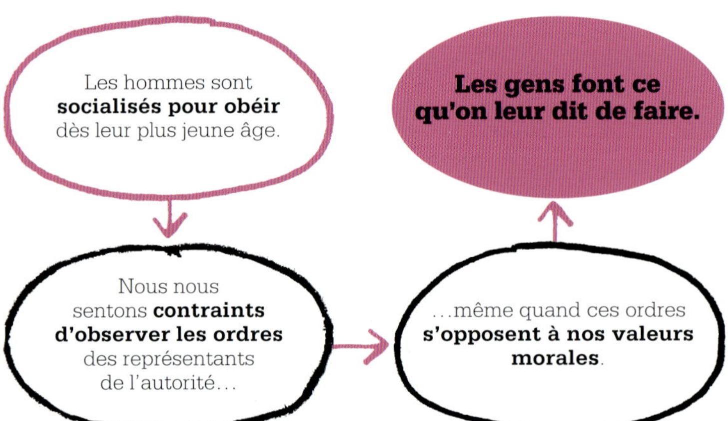

Voir aussi : Solomon Asch 224-227 ▪ Serge Moscovici 238-239 ▪ Philip Zimbardo 254-255 ▪ Walter Mischel 326-327

> La plus célèbre et la plus controversée de toutes les expériences sur l'obéissance.
> **Richard Gross**

des métiers très divers ; il y avait là des enseignants, des postiers, des ingénieurs, des ouvriers et des vendeurs. Chacun reçut 4,50 $ pour sa participation, somme qui leur fut versée dès leur arrivée au laboratoire et qu'on leur assura qu'ils conserveraient quoi qu'il puisse se passer durant l'expérience.

Milgram avait fabriqué un générateur d'électrochocs factice mais très réaliste et impressionnant. Il comportait 30 interrupteurs correspondant à une intensité augmentant par tranche de 15 volts, et pour chacun desquels l'intensité du choc était affichée : cela allait de « choc léger », à une extrémité du potentiomètre, jusqu'à « choc très intensité », « choc sévère : danger » et « XXX » enfin, à l'autre extrémité du potentiomètre.

Le rôle de l'expérimentateur, ou du « scientifique », était endossé par un professeur de biologie qui se présentait aux participants sous le nom de Jack Williams. Pour donner une impression d'autorité, il portait la tenue grise des techniciens de laboratoire et conservait, pendant toute la durée de l'expérimentation, une allure sévère et impassible.

On expliqua aux participants que l'étude visait à évaluer les effets de la punition en cours d'apprentissage. On les informa que, parmi deux volontaires, le tirage au sort désignerait un élève et un enseignant. En réalité, dans chaque couple de « volontaires », figurait non pas l'un des participants mais un complice, M. Wallace, comptable de son état, et qu'on avait entraîné à jouer le rôle de la victime. Chaque fois que

Câblé de façon convaincante, M. Wallace jouait les élèves volontaires innocents. Malgré ses hurlements, 65 % des participants lui envoyèrent la décharge électrique maximale de 450 V.

M. Wallace et un participant tiraient un papier dans un chapeau, le sort, dûment truqué, assignait à M. Wallace le rôle d'« élève ». Il était alors attaché sur une « chaise électrique » et, devant le participant qui assistait à toute la scène, on lui fixait au poignet une électrode reliée au générateur d'électrochocs situé dans

Stanley Milgram

Né à New York en 1933 dans une famille juive d'origine hongroise, Stanley Milgram fit ses études secondaires dans le Bronx à la James Monroe High School, en même temps que Philip Zimbardo. Brillant élève, il entreprit des études de sciences politiques au Queens College de New York, puis s'inscrivit à Harvard pour y préparer une thèse en psychologie sociale, sous la direction de Gordon Allport, qu'il soutint en 1960.

Il travailla d'abord avec Solomon Asch sur la conformité, puis rejoignit l'université Yale, où il réalisa ses expériences sur la soumission. En 1961, il épousa Alexandra Menkin, dont il eut deux enfants. En 1963, il retourna à Harvard, où sa titularisation lui fut refusée en raison de la controverse soulevée par ses travaux et rejoignit l'université de la Ville de New York, où il enseigna jusqu'à sa mort, à l'âge de cinquante et un ans.

Ouvrages-clés

1963 *Behavioral Study of Obedience*
1967 *The Small World Problem*
1974 *Soumission à l'autorité*

Les résultats de l'expérience de Milgram étaient totalement inattendus : les 40 psychiatres composant l'équipe prévoyaient qu'à peine 5 % des participants administreraient des chocs électriques de 300 volts ; en fait, tous les participants atteignirent ce niveau.

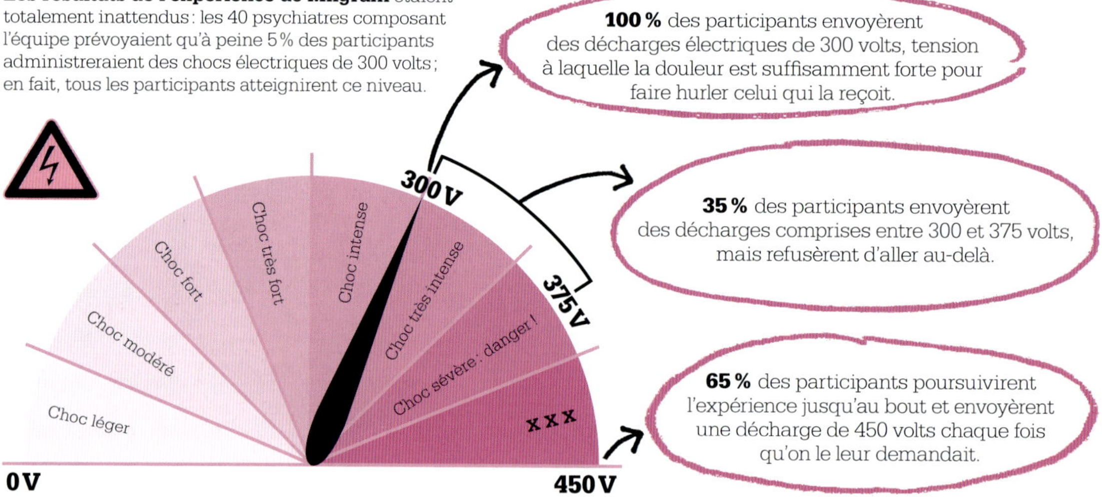

la pièce voisine. Le participant entendait ensuite le « scientifique » dire à l'« élève » que « si les chocs pouvaient être extrêmement douloureux, ils ne causaient pas de dommages irréversibles ». Pour plus de vraisemblance, le « scientifique » fixait une électrode au bras du participant et lui délivrait un choc de 45 volts, la seule intensité que pouvait produire la machine.

À ce stade, le participant gagnait la pièce où se trouvait le générateur et on lui demandait d'endosser le rôle de « l'enseignant ». Il devait lire à haute voix des paires de mots – par exemple bleu/fille, agréable/jour –, que l'élève devait mémoriser. Suivait une série de mots seuls : l'élève avait pour tâche de se rappeler le mot associé à chacun d'eux dans la série qu'il avait lue et donnait sa réponse en pressant sur un bouton qui allumait une lumière sur le générateur. Si la réponse était correcte, l'interrogation se poursuivait ; si elle était fausse, le participant avait pour instruction de donner la bonne réponse à l'élève, de lui annoncer l'intensité du choc qu'il allait recevoir et d'appuyer sur l'interrupteur correspondant. À chaque mauvaise réponse, il devait augmenter l'intensité de 15 volts, c'est-à-dire qu'il devait suivre l'échelle des chocs indiquée sur le potentiomètre.

L'administration des chocs

M. Wallace, le prétendu élève, devait donner une mauvaise réponse à une question sur quatre environ, de manière à ce que le participant progresse régulièrement dans l'intensité des décharges qu'il envoyait. Lorsque l'intensité supposée de l'électrochoc atteignait 300 V, l'« élève » était censé cogner sur le mur en criant : « Je refuse de continuer ! Laissez-moi partir ! Vous ne pouvez pas me retenir ici ! Faites-moi sortir ! » Plus l'intensité des chocs augmentait, plus l'« élève » hurlait frénétiquement jusqu'à ne plus émettre aucun son ; les questions ne recevaient pour toute réponse qu'un silence inquiétant. Mais l'expérimentateur disait au participant de traiter les questions laissées sans réponse comme des réponses incorrectes et de continuer à administrer des chocs d'intensité croissante. Si l'« enseignant » manifestait une quelconque appréhension à poursuivre l'expérience, le « scientifique » l'y incitait verbalement et l'aiguillonnait ainsi jusqu'à lui dire qu'il n'avait pas d'autre choix : s'il refusait d'obéir, l'expérience s'arrêterait aussitôt.

> Avec une régularité assommante, on voyait de braves gens céder à l'autorité et se mettre à exécuter des ordres durs et insensibles.
> **Stanley Milgram**

Avant le début de l'expérience, Milgram avait interrogé différents groupes de gens – des gens du grand public, mais aussi des psychologues et des psychiatres – pour savoir à quelle intensité ils estimaient que les participants arrêteraient l'expérience. La plupart des personnes interrogées pensaient que les sujets s'arrêteraient dès que le choc électrique deviendrait douloureux. Les psychiatres, pour leur part, n'imaginaient même pas qu'un sujet sur 1000 puisse atteindre le niveau d'intensité maximale. Tous furent confondus par les résultats : il s'avéra que la totalité des 40 participants obéirent aux injonctions de l'expérimentateur et administrèrent des chocs électriques jusqu'à 300 V, et seuls 5 d'entre eux refusèrent de poursuivre au-delà de ce seuil ; 65 % allèrent jusqu'au bout et administrèrent des chocs d'intensité maximale de 450 V.

Leur malaise à obéir était souvent évident : la plupart manifestèrent en cours d'expérience des signes de détresse, de tension et de nervosité extrêmes : ils bégayaient, tremblaient, transpiraient, gémissaient, éclataient d'un rire nerveux, et trois d'entre eux s'évanouirent. Tous doutèrent à un moment donné de la validité de l'expérience ; certains proposèrent même de rendre l'argent qu'ils avaient reçu. Les entretiens réalisés après les expériences confirmèrent que, à quelques exceptions près, tous étaient vraiment convaincus qu'ils avaient participé à une expérience liée à l'apprentissage.

Lorsqu'on leur apprit le véritable objectif de l'expérience, les participants eurent à répondre à un questionnaire visant à s'assurer qu'ils ne souffraient pas de séquelles émotionnelles. On les réunit aussi en présence de « l'élève », M. Wallace, afin qu'ils puissent s'assurer que celui-ci n'avait pas reçu de décharges électriques et n'avait jamais souffert.

La soumission à l'autorité

Milgram dégagea plusieurs raisons susceptibles d'avoir contribué à obtenir un tel niveau d'obéissance ; le cadre de la prestigieuse université Yale, par exemple, augmentait la crédibilité de l'expérience. Les participants croyaient que l'étude visait à faire progresser le savoir et on leur avait assuré que les chocs étaient douloureux mais pas dangereux. Le fait qu'ils se soient portés volontaires et qu'ils aient reçu de l'argent en contrepartie renforçait leur sentiment qu'ils étaient obligés d'obéir. Milgram vérifia ces explications en variant l'expérience, mais les modifications contextuelles n'affectèrent que peu les résultats.

Il s'agissait pour Milgram d'évaluer si l'inclination à obéir à des figures d'autorité peut devenir un facteur déterminant du comportement, même dans des circonstances extrêmes. Les réactions des participants indiquaient clairement qu'obéir au « scientifique » allait à l'encontre de leur sens moral et les affectait à la fois physiquement et émotionnellement, mais la pression de soumission était tout simplement trop forte pour être défiée.

Ce sens de l'obéissance découle, pour Milgram, de la socialisation de l'enfant qui, dès le plus jeune âge, apprend à se conformer aux ordres

> Des gens ordinaires, qui ne font que leur travail sans éprouver quelque hostilité particulière, peuvent devenir les agents d'un processus terriblement destructeur.
> **Stanley Milgram**

Dans les années 1960, l'université Yale jouissait d'une réputation prestigieuse, et il paraissait littéralement impossible pour ceux qui participèrent à l'étude de Milgram de remettre en cause son autorité.

– des parents et des enseignants. « L'obéissance, disait Milgram, est l'un des éléments les plus fondamentaux de la structure de la vie sociale [...] elle assure de nombreuses fonctions productives. » Et, poursuivait-il, la politique inhumaine des camps de la mort pendant la Seconde Guerre mondiale, « ne pouvait être appliquée à grande échelle que si un très grand nombre de personnes obéissait aux ordres ». Ses expériences ont démontré que des gens habituellement inoffensifs sont capables de cruauté si la situation les y contraint.

En rendant compte des résultats obtenus, Milgram eut recours à la théorie du conformisme qui veut que lorsqu'un individu n'est pas assez compétent pour prendre une décision, il s'en remet au groupe. Le conformisme est à même de limiter et déformer la réponse individuelle à une situation, et semble avoir pour résultat la dilution des responsabilités – un point crucial, selon Milgram, pour comprendre les atrocités perpétrées par les nazis. Le conflit entre la conscience individuelle et la pression exercée par une autorité extérieure engendre néanmoins une formidable tension interne, ce qui, pour le psychologue, explique l'extrême désarroi ressenti par les participants à son étude.

Les problèmes éthiques

L'étude de Milgram souleva de nombreux problèmes éthiques et, lorsqu'elle fut publiée, la controverse qui s'ensuivit fut telle que l'American Psychological Association lui retira le statut de membre pendant un an. Finalement, il fut réintégré et son livre, *Soumission à l'autorité*, qui parut en 1974, reçut le prix annuel de psychologie sociale.

Le principal reproche adressé à Milgram était d'avoir explicitement trompé les participants à l'expérience, à la fois sur la nature de l'étude et sur la réalité des électrochocs. Pour sa défense, Milgram avança qu'il n'aurait pu obtenir de résultats réalistes sans ces subterfuges, et rappela que les participants avaient reçu toute l'information nécessaire après l'expérience. La connaissance de soi, argumentait-il, est un atout précieux en dépit du malaise que l'on peut ressentir en réalisant qu'on est susceptible d'adopter un comportement jusqu'alors impensable.

La plupart des psychologues restaient dubitatifs, et l'étude de Milgram servit au moins à élaborer des normes éthiques pour la conduite des expériences de psychologie. Elle permit de définir certains principes, dont l'interdiction de tromper intentionnellement les participants et la nécessité de les protéger de toute souffrance émotionnelle.

La portée culturelle

On reprocha également au travail de Milgram le fait qu'il reposait sur un échantillon non représentatif : les hommes américains ne sont pas le reflet de la population mondiale. Milgram avait cependant prouvé que la soumission à l'autorité n'est pas une spécificité germanique mais une caractéristique plus universelle. L'expérience originale fut reproduite

Le comportement des nazis durant la Seconde Guerre mondiale fut attribué à la prévalence de « figures autoritaires » dans la population – une thèse remise en question par les expériences de Milgram.

> La soumission à l'autorité n'est pas un trait spécifique à la culture germanique, mais un trait apparemment universel du comportement humain.
> **Stanley Milgram**

> En temps de guerre, un soldat ne se demande pas si c'est bien ou mal de bombarder un village.
> **Stanley Milgram**

Les soldats américains racontèrent que leur comportement au Viêt Nam devint inacceptable par paliers – comme pour les décharges électriques – jusqu'à ce qu'ils se découvrent assassinant des innocents.

dans d'autres contextes culturels, avec des résultats remarquablement constants au sein de chaque société, sinon de légères différences d'un pays à l'autre. Les résultats des expériences conduites en Amérique du Nord et en Europe sont globalement très proches de ceux obtenus par Milgram, avec de très forts pourcentages d'obéissance. Ceux-ci sont encore plus élevés en Asie, en particulier en Asie de l'Est et dans les pays musulmans, alors que la soumission à l'autorité est bien moindre chez les populations africaines et latino-américaines, ainsi que chez les Inuits du Canada.

La torture virtuelle

En 2006, le psychologue Mel Slater voulut tester comment évolueraient les résultats de Milgram en informant les participants que la situation n'était pas réelle. Il recourut à la simulation par ordinateur : l'élève et l'administration d'électrochocs étaient virtuels, ce dont les participants étaient pleinement conscients. Il procéda à deux séries d'expériences. Dans la première, l'élève ne communiquait que par écrit, et les participants n'eurent guère de problèmes à le punir jusqu'au bout. Dans la seconde série, l'élève virtuel était visible à l'écran et manifestait sa souffrance : les participants se comportèrent exactement comme ils l'avaient fait dans l'expérience originale de Milgram.

Une nécessité sociale

La notion de société implique que l'individu doit sacrifier une partie de son autonomie au profit de gens dotés d'un statut social plus élevé et d'une plus grande autorité, qui prennent les décisions de portée générale s'inscrivant dans une perspective plus large. Même les sociétés les plus démocratiques exigent, pour l'intérêt commun, que les règles élaborées par une autorité légitime l'emportent sur les règles individuelles. Pour qu'une société fonctionne, ses membres doivent accepter d'obéir aux règles qui la régissent. La clé réside bien sûr dans la légitimité, et l'on ne compte plus les exemples historiques d'individus s'étant servi de leur autorité pour convaincre les autres de commettre des crimes contre l'humanité.

Mais, pour Milgram, ce n'est « pas tant le type de personnalité d'un homme que le type de situation dans lequel il se trouve qui détermine ses actes ». Pour expliquer les crimes, il vaut mieux analyser le contexte de la situation qu'étudier la personnalité des individus.

Si l'étude de Milgram suscita tant de critiques, c'est sans doute parce qu'elle offrait un portrait peu flatteur de l'être humain. Il est plus facile de croire qu'il existe des différences fondamentales entre les nazis et le reste de l'humanité que d'accepter que, dans certaines situations, nombre d'entre nous sommes capables de commettre des actes d'une extrême violence. Milgram a jeté une lumière crue sur le pouvoir et les conséquences que peut avoir notre soumission aux figures d'autorité et, ce faisant, il nous a absout en faisant de nous tous des méchants. ■

QUE SE PASSE-T-IL LORSQUE L'ON PLACE DES GENS BIEN DANS UNE MAUVAISE SITUATION ?

PHILIP ZIMBARDO (NÉ EN 1933)

CONTEXTE

APPROCHE
Conformité

AVANT
1935 Muzafer Sherif utilise l'effet autocinétique pour étudier expérimentalement le processus de normalisation.

Années 1940 Kurt Lewin montre que le comportement des gens change à mesure que leur situation change.

1963 Les travaux de S. Milgram sur l'obéissance montrent que les gens se soumettent à l'autorité jusqu'à commettre des actes d'une grande cruauté.

APRÈS
2002 Les psychologues Stephen Reicher et Alex Haslam prolongent l'étude de Zimbardo en explorant le comportement positif des groupes.

2004 Zimbardo défend un gardien de la prison irakienne d'Abu Ghraib en prétendant que la cruauté de son comportement est imputable aux circonstances.

Les travaux de Stanley Milgram avaient révélé que les gens peuvent obéir aux figures d'autorité jusqu'à agir contre leurs propres convictions morales. Dans la foulée, Philip Zimbardo entreprit d'étudier comment agissent des individus que l'on place dans une position d'autorité avec un pouvoir illimité. Usent-ils – ou abusent-ils – délibérément du pouvoir qui leur est conféré ? Le psychologue réalisa en 1971 la célèbre expérience « de la prison de Stanford », à laquelle prirent part 24 étudiants américains issus de la bourgeoisie et considérés comme mentalement sains.

Les sujets tirèrent à pile ou face les rôles de « gardien » ou de « prisonnier » et, peu de temps après,

Que se passe-t-il lorsque l'on place des gens bien dans une mauvaise situation ?

↓

Les gens sains et normaux commencent à se comporter selon le **rôle social** que l'on assigne à chacun d'eux.

↓ ↓

Ceux auxquels on donne un **poste de pouvoir** usent (et abusent) naturellement de leur autorité.

Ceux que l'on place dans une **position subordonnée** se soumettent à l'autorité.

↓ ↓

C'est le poids de leur **situation sociale**, plus que leurs dispositions naturelles, qui pousse les gens à **mal se comporter**.

Voir aussi : John B. Watson 66-71 ▪ Zing-Yang Kuo 75 ▪ Kurt Lewin 218-223 ▪ Elliot Aronson 244-245 ▪ Stanley Milgram 246-253 ▪ Muzafer Sherif 337

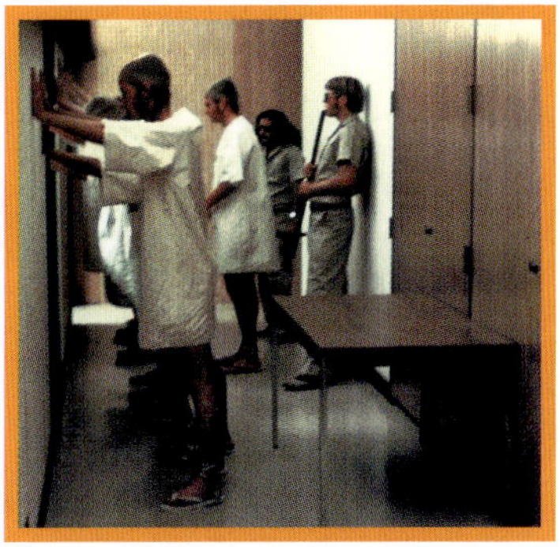

Lorsque les « prisonniers » se rebellèrent, les « gardes » adoptèrent une tactique plus agressive : ils scindèrent les prisonniers en groupes, dont certains étaient récompensés tandis que les autres étaient punis.

les « prisonniers » furent arrêtés à leur domicile un dimanche matin, conduits au poste de police, puis transférés dans le sous-sol du département de psychologie de l'université de Stanford, transformé pour l'occasion en prison.

L'environnent carcéral

Pour rendre l'expérience psychologiquement réelle, les « prisonniers » furent déshabillés, fouillés, épouillés, et reçurent un uniforme et une literie. Pour accroître le sentiment d'anonymat et de déshumanisation, ils se virent attribuer chacun un numéro d'identification, tandis qu'une chaîne fixée à la cheville leur rappelait leur manque de liberté.

Les « gardiens » portaient des uniformes de style militaire et des lunettes de soleil interdisant aux prisonniers de capter le moindre regard, et étaient équipés de clés, de sifflets, de menottes et de matraques. En service 24 heures sur 24, ils avaient un contrôle total sur les prisonniers et étaient autorisés à employer toute tactique qu'ils jugeaient bonne pour maintenir l'ordre.

À la stupéfaction des chercheurs, la situation se dégrada très vite, et l'environnement devint si menaçant pour les participants que l'étude dut être arrêtée au bout de six jours. Les gardiens étaient devenus violents et autoritaires ; privés de nourriture ou de literie, les prisonniers avaient été cagoulés, enchaînés, et obligés de nettoyer les cuvettes des toilettes à mains nues. Pour passer le temps, les gardiens les forcèrent à participer à des jeux dégradants. Après seulement 36 heures, un prisonnier présentant les symptômes d'une sévère dépression dut être libéré. Lorsque d'autres détenus manifestèrent des signes de détresse aiguë, Zimbardo mit fin l'expérience.

Il venait de prouver que des gens bien peuvent se comporter de la pire façon quand ils sont immergés dans « une situation totalitaire », régie par une idéologie apparemment légitime dans laquelle les rôles et les règles sont acceptés. Les implications sont colossales car, pour Zimbardo, « tout ce qu'un être humain a pu faire, même si c'est horrible, chacun de nous peut le faire selon qu'il est soumis à de bonnes ou de mauvaises contraintes situationnelles ». ■

> Notre étude révèle que c'est le pouvoir des forces sociales et institutionnelles qui pousse les hommes bons à s'engager dans de mauvaises actions.
> **Philip Zimbardo**

Philip Zimbardo

Né à New York en 1933 dans une famille d'origine sicilienne, Philip Zimbardo fit ses études secondaires dans le Bronx à la James Monroe High School, sur les mêmes bancs que Stanley Milgram. Il continua ses études au Brooklyn College de New York, et passa son doctorat à l'université Yale. Il travailla dans plusieurs universités et, en 1968, rejoignit Stanford, où il enseigne toujours la psychologie.

En 2000, Zimbardo se rangea aux côtés de George Miller pour « donner la psychologie au public » – une idée que reflète sa carrière puisque, dans les années 1980, il popularisa la psychologie en réalisant une série d'émissions de télévision. L'American Psychological Foundation le récompensa en 2000 pour avoir consacré sa vie à la psychologie et, deux ans plus tard, il fut élu président de l'American Psychological Association.

Ouvrages-clés

1972 *The Stanford Prison Experiment*
2007 *The Lucifer Effect*
2008 *The Time Paradox*
2010 *Psychology and Life*

LE TRAUMATISME DOIT ÊTRE APPRÉHENDÉ PAR LE BIAIS DES RELATIONS ENTRE L'INDIVIDU ET LA SOCIÉTÉ

IGNACIO MARTÍN-BARÓ (1942-1989)

CONTEXTE

APPROCHE
Psychologie de la libération

AVANT
1965 Les discussions de la conférence de Swampscott, dans le Massachusetts, donnent naissance à la psychologie communautaire, nouvelle discipline étudiant les relations entre individus et communautés.

Années 1970 La pertinence de la psychologie sociale – et des liens entre conditions sociales, émotions et comportements – est fortement remise en cause, notamment en Amérique latine.

APRÈS
1988 Fondation du Latin American Institute of Mental Health and Human Rights (ILAS).

1997 *Critical Psychology*, publié par les Américains Isaac Prilleltensky et Dennis Fox, souligne la manière dont la psychologie traditionnelle peut aider à supporter l'injustice et l'oppression sociale.

Témoin des injustices sociales et de la violence régnant au Salvador dans les années 1980, Ignacio Martín-Baró prônait que « le traumatisme doit être appréhendé par le biais des relations entre l'individu et la société ». Rejetant l'idée d'une approche universelle impartiale de la psychologie, il avait réalisé que les psychologues ne tiennent pas compte du contexte historique et social dans lequel vivent les personnes qu'ils étudient. Il considérait que, si certains troubles mentaux reflètent une réaction

Parce qu'il aspire à **l'impartialité et à l'universalité**, le courant principal de la psychologie ne tient pas compte du contexte et de l'environnement spécifiques à un individu et à sa santé mentale.

↓

Mais, pour comprendre et traiter les troubles mentaux, un psychologue doit connaître l'**environnement sociopolitique** de ses sujets et de ses patients.

↓

Le traumatisme doit être compris en termes de relations entre l'individu et la société.

Voir aussi: Lev Vygotsky 270 ▪ Jerome Kagan 339

anormale à des circonstances raisonnablement normales, les problèmes spécifiques aux groupes opprimés et exploités reflètent une réaction normale et parfaitement compréhensible à des circonstances anormales. Pour lui, les psychologues n'imaginent pas à quel point la vie dans un contexte difficile affecte la santé mentale alors qu'ils devraient aider la société qu'ils étudient à transcender son histoire d'oppression. C'est pour améliorer l'existence des populations marginalisées et opprimées qu'il fonda, au milieu des années 1980, la psychologie de la libération.

Les psychologues de la libération dénoncent les faiblesses de la psychologie traditionnelle qui, la plupart du temps, est incapable de proposer des solutions pratiques aux problèmes sociaux ; nombre de ses principes, développés à partir de facteurs artificiels dans les pays riches, ne peuvent être transposés dans des situations différentes. Elle ignore les qualités morales comme l'espérance, le courage ou l'engagement, et son principal objectif semble être de maximiser le plaisir plutôt que d'encourager le désir de justice ou de liberté.

Des sociétés traumatisées

Publié à titre posthume en 1994, *Writings for a Liberation Psychology* couvre plusieurs décennies des combats de Martín-Baró et traite de l'utilisation de la psychologie comme instrument de guerre et de manipulation politique, du rôle de la religion dans la guerre psychologique et de l'impact du traumatisme et de la violence sur la santé mentale. Martín-Baró travailla dans des régions où la dépendance économique et les fortes inégalités ne faisaient qu'accroître la pauvreté et l'exclusion sociale. Il étudia l'impact psychologique de la guerre civile et de l'oppression au Salvador, les dictatures chilienne et argentine, la pauvreté à Porto-Rico, au Brésil, au Venezuela et au Costa-Rica. Chaque problème impliquait des circonstances différentes affectant la population locale de manière spécifique. Martín-Baró en conclut que les troubles mentaux liés à un contexte donné reflètent l'histoire d'un lieu et son environnement sociopolitique, deux facteurs qu'il faut prendre en compte lorsque l'on traite les individus.

> Le défi, c'est de construire un nouvel individu dans une nouvelle société.
> **Ignacio Martín-Baró**

Les idées de Martín-Baró sont pertinentes partout où le quotidien est bouleversé par le chaos social et politique. Sa démarche passionnée et humaniste établit un lien crucial entre santé mentale et lutte contre l'injustice et tente de trouver des traitements plus efficaces aux troubles psychologiques qui y sont associés. ■

Ignacio Martín-Baró

Né en 1942 à Valladolid, en Espagne, Ignacio Martín-Baró rejoignit en 1959 l'ordre des Jésuites, qui l'envoya en Amérique du Sud, où il suivit des études à l'université catholique de Quito, en Équateur, et à l'université pontificale Javeriana de Bogotà, en Colombie. Devenu prêtre, Martín-Baró fut envoyé en 1966 au Salvador, où, en 1975, il obtint une licence de psychologie à l'université centraméricaine de San Salvador. En 1979, il présenta un doctorat de psychologie sociale et organisationnelle à l'université de Chicago et revint au Salvador pour y diriger le département de psychologie de l'université centraméricaine. Critiquant ouvertement les lois du Salvador, Martín-Baró fonda en 1986 l'Instituto Universitario de Opinión pública. En novembre 1989, il fut exécuté avec cinq autres prêtres par un escadron militaire pour avoir dénoncé la corruption des politiques et les injustices.

Ouvrages-clés

1983 *Acción e ideología*
1989 *Sistema, grupo y poder*
1994 *Writings for a Liberation Psychology*

LA PSYCHO
DÉVELOPP

DE L'ENFANT
À L'ADULTE

LOGIE DU EMEMENT

1915

Dans une nouvelle édition de *Trois essais sur la théorie sexuelle*, Freud ajoute une section exposant sa théorie du **développement psychosexuel**.

Années 1920

Le monde psychanalytique est **divisé à propos du développement de l'enfant** entre l'approche conservatrice d'Anna Freud et l'approche « révolutionnaire » de Melanie Klein.

Années 1930

Lev Vygotsky souligne **l'importance de la communauté** dans sa théorie socioculturelle de l'apprentissage et du développement.

1936

Jean Piaget suggère que les processus cognitifs se développent dans l'enfance à travers **une série de stades bien définis**.

1946

Kenneth et Mamie Clark fondent à Harlem, New York, le Northside Center for Child Development afin d'y étudier la formation des **préjugés raciaux**.

1950

Dans *Enfance et société*, Erik Erikson expose les huit stades successifs du **développement psychosocial**.

1957

Dans *Structures syntaxiques*, Noam Chomsky bouscule les théories traditionnelles de l'**apprentissage du langage**.

1958-1960

John Bowlby publie une série d'articles rejetant les théories psychanalytiques et comportementales de l'attachement.

Au début du XXe siècle, le développement psychologique de l'être humain, de l'enfance à l'âge adulte, était abordé selon deux approches : la théorie psychanalytique de Freud, qui rendait compte du développement psychosexuel de l'enfant, et le béhaviorisme, qui analysait le processus d'apprentissage. Mais l'étude du développement lui-même -- changements psychologiques, émotionnels et perceptuels survenant au cours de l'existence – stagna jusque dans les années 1930, époque où Jean Piaget remit en cause la vision conventionnelle de l'enfant considéré alors comme un « adulte miniature » dont le savoir augmentait à mesure qu'il grandissait.
Pour Piaget, l'enfant subissait parallèlement des transformations psychologiques radicales. Piaget posa certaines questions fondamentales. Le savoir s'acquiert-il progressivement ou par étapes ? Certaines facultés sont-elles innées ou acquises ? Comment l'environnement affecte-t-il le développement ? Il élabora une théorie attribuant à l'enfant un développement en plusieurs stades au cours desquels l'enfant apprend plus par la pratique que par l'instruction. Les idées de Piaget ouvrirent la voie au nouveau domaine de la psychologie du développement et façonnent encore à l'heure actuelle les programmes scolaires.

D'autres théories du développement virent bientôt le jour. En accord pour l'essentiel avec Piaget, Lev Vygotsky prônait la nécessité pour l'enfant d'être guidé par un adulte pendant les différentes périodes d'apprentissage en insistant sur l'importance de l'environnement socioculturel de l'enfant. S'appuyant également sur les idées de Piaget, Erik Erikson identifiait huit stades du développement psychosocial, dont la « crise d'identité » de l'adolescence, tandis que Lawrence Kohlberg définissait six stades de développement moral.

Avec la révolution cognitive qui suivit la Seconde Guerre mondiale, la question du développement fut réexaminée à la lumière des modèles de traitement de l'information. Albert Bandura formula notamment une théorie de l'apprentissage social, qui reprenait en partie les stades du développement proposés par Piaget ainsi que des éléments du constructivisme social de Vygotsky. La psychologie cognitive renouvela aussi les idées relatives à l'apprentissage, en particulier en ce qui concerne l'acquisition

1959
Les expériences sur les singes menées par Harry Harlow montrent qu'un **contact chaleureux** prime sur le substitut alimentaire dans la formation des attachements.

1961
Avec l'**expérience de la poupée Bobo,** Albert Bandura étudie l'apprentissage « vicariant » – par observation du comportement des autres.

1970
Mary Ainsworth met en évidence divers types d'attachements dans son expérience de **« situation insolite »**.

1971
Lawrence Kohlberg identifie les **six stades** du **développement moral** dans *Stages of Moral.*

1973
Françoise Dolto fonde à la Neuville-du-Bosc, dans l'Eure, une école où elle met en pratique ses théories sur l'éducation.

1974
Eleanor E. Maccoby mène une étude sur les **différences de genre** dans *The Psychology of Sex Differences.*

1991
Dans *The Narrative Construction of Reality,* **Jerome Bruner** étudie comment l'esprit structure le sens des réalités à mesure qu'il se développe.

1995
Dans *Mindblindness,* Simon Baron-Cohen étudie les implications de **l'autisme** dans le **développement de l'enfant.**

du langage, et la suggestion de Noam Chomsky qu'il s'agirait d'une capacité innée rouvrit l'éternel débat entre l'inné et l'acquis.

Théorie de l'attachement

Si l'apprentissage constituait le thème de recherche essentiel de la psychologie du développement, un autre centre d'intérêt émergea à la faveur des recherches conduites par le psychiatre britannique John Bowlby : ses travaux sur les enfants qui avaient été séparés de leur famille pendant la Seconde Guerre mondiale l'amenèrent à formuler la théorie de l'attachement traitant de l'importance des liens affectifs que les jeunes enfants tissent avec les personnes qui prennent soin d'eux et que Bowlby rattache à l'instinct de survie. Sa théorie fut étayée par les recherches menées par le psychologue américain Harry Harlow, qui mirent en évidence les effets de la séparation de l'enfant d'avec sa mère. Ses travaux démontrèrent que, pour avoir un bon développement cognitif et social, les nourrissons ont besoin de compagnie et de soins. Mary Ainsworth prolongea ces recherches en forgeant le concept de « base de sécurité » à partir de laquelle le jeune enfant peut explorer le monde. Bruno Bettelheim développa sa propre théorie, plus controversée, du développement infantile à partir de la théorie de l'attachement : l'étude qu'il mena auprès d'enfants élevés de façon communautaire dans les kibboutz israéliens le conduisit à rejeter l'importance accordée à la famille traditionnelle.

Dans les années 1960, les questions sociales soulevées par le mouvement des droits civiques et le féminisme alimentèrent la réflexion dans les domaines de la psychologie sociale et de la psychologie du développement. Les chercheurs afro-américains Kenneth et Mamie Clark s'intéressèrent à la façon dont s'acquièrent les préjugés et à quel stade du développement en travaillant sur des enfants vivant dans le quartier de Harlem, à New York. De son côté, la psychologue américaine Eleanor Maccoby ouvrit la voie aux études de genre en se penchant sur les différences de développement entre les sexes.

La psychologie du développement s'attache aujourd'hui à explorer les causes et le traitement de l'autisme et des troubles de l'apprentissage. Dans une société où l'on vit de plus en plus vieux, elle examine aussi les problèmes liés au grand âge. ■

L'OBJECTIF DE L'ÉDUCATION EST DE CRÉER DES HOMMES ET DES FEMMES CAPABLES DE FAIRE DE NOUVELLES CHOSES

JEAN PIAGET (1896-1980)

CONTEXTE

APPROCHE
Épistémologie génétique

AVANT
1693 Dans *Pensées sur l'éducation,* le philosophe anglais John Locke suggère que l'esprit d'un enfant est une ardoise vierge – *tabula rasa*.

Années 1780 Le philosophe allemand Emmanuel Kant introduit le concept de schème et suggère que la moralité se développe chez l'enfant, indépendamment des figures d'autorité, par interaction avec ses pairs.

APRÈS
1907 La pédagogue italienne Maria Montessori ouvre sa première école, qui encourage l'indépendance et le respect des étapes naturelles de développement chez l'enfant.

Années 1970-1980 Nombre de systèmes d'éducation occidentaux recentrent sur l'enfant l'approche de l'apprentissage.

Entre sa passion de jeunesse pour la biologie et sa fascination ultérieure pour l'épistémologie, Jean Piaget définit son propre champ d'investigation qu'il appela « épistémologie génétique » – étude de l'évolution de l'intelligence de l'enfant à mesure qu'il grandit. Piaget ne cherchait pas à comparer le niveau d'intelligence entre des enfants d'âges différents – changement cognitif quantitatif –, mais s'intéressait au développement naturel des compétences mentales de l'enfant au fil du temps – changement cognitif qualitatif. Il voulait explorer les différents types, expériences et qualités d'apprentissage chez les enfants, ce qui exigea une recherche « qualitative ». Rompant avec le modèle béhavioriste dominant qui prônait que le développement de l'enfant dépend entièrement de facteurs environnementaux, Piaget décida de partir à la découverte des capacités innées qui, pensait-il, guident la progression de l'enfant à travers une série de stades de développement définis par l'âge.

Piaget était convaincu que les enfants apprennent de façon active et autonome en mobilisant leurs sens pour interagir avec le monde environnant. Il est primordial, pensait-il, de guider les enfants dans leur voyage tout en leur laissant la liberté de mener leurs propres explorations et de vivre leurs propres expériences par un processus individuel d'essais et d'erreurs. La tâche de l'enseignant consiste simplement à soutenir les enfants dans leur progression à travers les différents stades de développement, en encourageant constamment leur créativité et leur imagination, car « l'objectif de l'éducation est de créer des hommes et des femmes capables de faire de nouvelles choses ».

Un apprentissage actif

L'idée que l'apprentissage est un processus personnel et actif domine toute la théorie de Piaget. Pour lui, l'apprentissage découle du désir naturel de l'enfant de sentir, d'explorer, de bouger et de maîtriser. Cette conviction explique les nombreux doutes que Piaget entretenait à l'égard des tests standardisés, qui donnent une mesure quantitative de l'intelligence à partir des réponses « correctes » fournies à des épreuves préformatées. Au début des années 1920, alors qu'il travaillait sur des tests

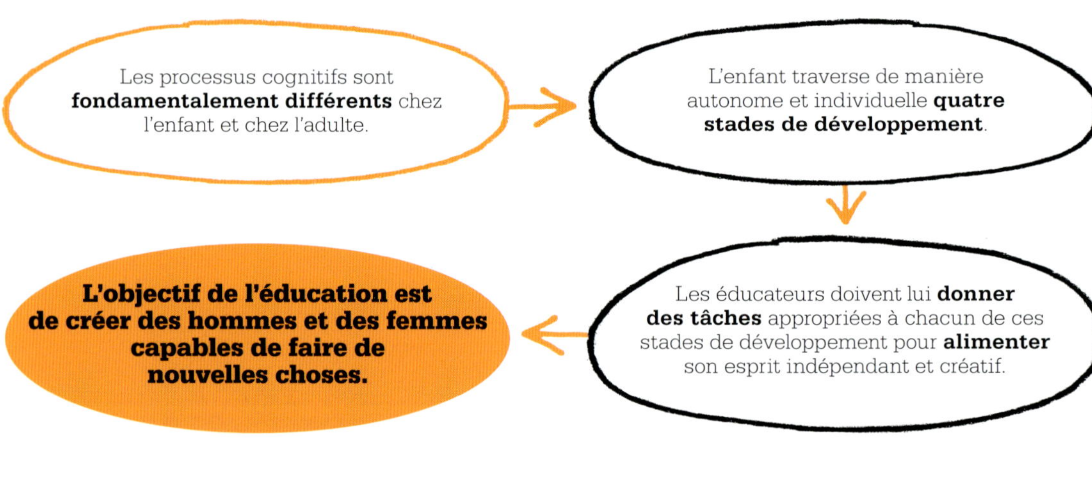

Voir aussi: Alfred Binet 50-53 ▪ Jerome Bruner 164-165 ▪ Lev Vygotsky 270 ▪ Erik Erikson 272-73 ▪ Françoise Dolto 279 ▪ Lawrence Kohlberg 292-293 ▪ Jerome Kagan 339

psychométriques avec Alfred Binet, il s'intéressait moins à la capacité des enfants à répondre correctement qu'à la manière dont ils élaboraient leurs réponses. Les explications des enfants eux-mêmes lui révélèrent que leur compréhension du fonctionnement du monde est très différente de celles des adultes. Piaget en déduisit que non seulement les enfants ne pensent pas comme les adultes mais aussi que des enfants d'âges différents ont des modes de pensée différents.

Évolution de l'esprit

Depuis le XVIIe siècle, on considérait que l'enfant est un adulte miniature: les tenants de la philosophie empiriste postulaient que le cerveau de l'enfant fonctionne exactement comme celui d'un adulte, sinon qu'il effectue moins d'associations, tandis que les nativistes affirmaient que certains concepts – notions de temps, d'espace, de nombre – sont innés, comme «imprimés» dans le cerveau, et que les enfants naissent avec la possibilité de les utiliser. Radicalement opposée à ce point de vue, l'hypothèse de Piaget selon laquelle les processus mentaux des enfants – de la naissance à l'adolescence – diffèrent fondamentalement de ceux des adultes suscita la controverse.

Pour Piaget, il était crucial de comprendre comment se forme et évolue l'intelligence si l'on veut appréhender complètement le savoir humain. Il eut l'inspiration brillante de recourir aux techniques psychothérapeutiques d'entretien pour amener les enfants à expliquer leurs réponses aux tests d'intelligence. Ces outils devaient lui être utiles dans toutes ses recherches. Plutôt que de s'en tenir à une liste de questions standard et impersonnelles, il attendait que les réponses de l'enfant déterminent la question suivante. En suivant ainsi le cheminement de la pensée enfantine, Piaget pensait pouvoir mieux comprendre les processus sous-jacents à celle-ci, et son rejet de la notion d'intelligence quantitative ou mesurables mena à certaines théories révolutionnaires sur le développement cognitif de l'enfant.

> L'éducation, dans la vision courante, consiste à essayer de rendre l'enfant conforme au type d'adulte de la société à laquelle il appartient.
> **Jean Piaget**

Les enfants ne sont pas des adultes miniatures n'ayant pas encore acquis tout leur savoir ; ils voient le monde différemment et entretiennent avec lui des relations totalement distinctes.

Développement de l'intellect

Piaget pensait initialement que le développement intellectuel de l'enfant dépend pour l'essentiel de facteurs sociaux, dont les échanges verbaux et les contacts avec les membres de sa famille et ses pairs. En observant les nourrissons, il prit conscience que le langage a pour eux peu d'importance et que c'est leur propre activité qui prime : dans les tout premiers jours de vie, leurs mouvements corporels se résument aux pleurs et à la succion, mais, bientôt, ils cherchent à attraper un objet. Piaget en conclut qu'à ce stade, c'est l'action, plus que l'interaction sociale, qui est source de la pensée.

Cette découverte s'inscrit dans le cadre de sa théorie selon laquelle tout enfant passe par plusieurs stades de développement cognitif de qualité différente, qui sont hiérarchisés : il faut qu'un stade soit achevé pour que l'enfant passe au stade suivant. Ses études et observations permirent à Piaget de déterminer que les stades se succèdent selon une séquence identique pour tous les enfants, sans qu'aucun ne soit jamais sauté et sans qu'il y ait jamais régression à un stade précédent. Mais ce processus ne peut être accéléré et, bien que les enfants de même âge se trouvent généralement au même stade, chacun d'entre eux a son propre rythme de développement.

Les quatre stades définis par Piaget correspondent à des niveaux de développement de l'intelligence,

Les quatre stades de développement chez l'enfant

1 Stade sensori-moteur: le bébé découvre le monde à travers le toucher et les autres sens.

2 Stade préopératoire: l'enfant commence à disposer les objets de manière logique.

3 Stade des opérations concrètes: l'enfant apprend qu'une même quantité peut prendre différentes formes.

4 Stade des opérations formelles: développement du raisonnement verbal et de la pensée hypothétique.

qui offrent chacun une liste spécifique de «schèmes»: Piaget appelle «schème» la représentation mentale d'un ensemble d'idées, de perceptions et d'actions, formant une structure qui permet à l'enfant d'organiser les expériences passées et de préparer les expériences à venir. Au stade du nourrisson, le schème peut être simplement «ce que je peux manger». À mesure que l'enfant grandit, les schèmes se complexifient et lui permettent d'appréhender ce qui va, par exemple, représenter «une cuisine», un «meilleur ami» ou un «gouvernement démocratique». Pour Piaget, l'intelligence du comportement correspond à un enrichissement de la collection des schèmes.

> Le savoir est un système de transformations qui s'adapte progressivement.
> **Jean Piaget**

Les quatre stades de développement

Le premier stade défini par Piaget, dit sensori-moteur, couvre les deux premières années de la vie. Pendant cette période, le nourrisson découvre le monde à travers ses sens et ses mouvements. Ne pouvant voir le monde que de son seul point de vue, il est égocentrique. Au début de cette période, il agit automatiquement, sans compréhension ni intention; plus tard, il étend ses mouvements et coordonne ses automatismes avec les objets. Puis, il coordonne ses sens de façon à anticiper les événements: par exemple, il est capable d'imaginer un objet qui n'est pas présent ou de découvrir un objet caché. Enfin, il commence à tester l'usage des objets, à se fixer des objectifs sur la manière de les utiliser et à réfléchir à un problème avant d'agir. Ces derniers développements marquent l'achèvement du premier stade.

À mesure que se développe la conscience de soi, l'enfant dispose d'outils de représentation mentale lui permettant de développer et d'utiliser des images internes, des symboles et le langage. C'est le deuxième stade, dit préopératoire: l'enfant s'intéresse avant tout à l'aspect et à la forme des objets. Il est capable de classer des objets de façon logique, en fonction de leur taille, par exemple, ou de comparer deux objets en repérant leurs attributs communs, mais ne peut porter son attention que sur une caractéristique perceptuelle à la fois, la taille ou la couleur, par exemple. De deux à quatre ans, l'enfant pense en termes absolus – «grand» ou «le plus grand» –; de quatre à sept ans, il commence à utiliser des termes relatifs: «plus grand que», «plus lourd que». Son aptitude à raisonner logiquement reste toutefois limitée, et l'enfant demeure égocentrique car il ne peut voir les choses du point de vue d'autrui.

Le troisième stade, dit des opérations concrètes, commence lorsque l'enfant acquiert la capacité de réaliser des opérations logiques, mais seulement à partir d'objets concrets, réels. Il saisit maintenant la notion de conservation et comprend qu'une quantité peut demeurer identique même si l'apparence physique change. Ainsi, il réalise que, si l'on transfère une quantité de liquide d'un verre large et bas à un verre haut et étroit, cette quantité ne varie pas bien que la hauteur du liquide soit différente. Il comprend également que les objets peuvent être triés en fonction de plusieurs attributs à la fois : une bille peut être grosse, verte et claire. L'enfant apparaît désormais moins égocentrique car il commence à relativiser sa manière de voir.

Le quatrième stade, dit des opérations formelles, débute quand l'enfant commence à manipuler des idées et peut raisonner sur la seule base d'énoncés verbaux. Il n'a plus besoin de se référer à des objets concrets et peut suivre une argumentation. Il commence à faire des raisonnements hypothétiques, et ses nouvelles capacités d'imagination et d'abstraction révèlent qu'il est désormais à même de prendre en compte un autre point de vue.

L'équilibration

Piaget identifia plusieurs aspects fondamentaux du processus de développement requis pour la traversée de chacun des quatre stades : assimilation, accommodation, équilibration. L'assimilation est le processus d'intégration de nouvelles données dans les schèmes existants. L'accommodation est nécessaire lorsque, au cours de l'assimilation, nous découvrons qu'il nous faut modifier ou ajuster des connaissances ou des compétences existantes. Un enfant capable d'assimiler avec succès la plupart des nouvelles expériences est dit en état d'équilibre. Si, à l'inverse, les schèmes existants ne sont pas adaptés pour que l'enfant gère avec succès de nouvelles situations, il se trouve en état de déséquilibre cognitif et doit développer des schèmes afin d'intégrer l'information nécessaire. Cette équilibration se fait pour l'essentiel à travers un processus d'adaptation, l'une des formes les plus fondamentales de l'apprentissage.

L'impact sur l'éducation

Les travaux de Piaget permirent l'évolution des systèmes d'éducation européens et américain dans les années 1970 et 1980, au profit d'une pédagogie et d'un enseignement davantage centrés sur l'enfant. Enseignants et éducateurs ne devaient plus désormais apprendre aux enfants à se comporter et à penser comme des adultes mais ils devaient les inciter à s'approprier des modes de pensée nouveaux, et personnels. Pour Piaget, l'éducation doit encourager les individus à créer, inventer et innover en les dissuadant activement de se conformer à des lignes directrices au détriment de leur imagination. Si le processus naturel d'apprentissage est, dès la petite enfance, individuel, actif et exploratoire, il doit en être de même d'un système éducatif guidant officiellement le développement intellectuel des enfants.

Un autre aspect essentiel d'une éducation centrée sur l'enfant est la prise de conscience du concept de « préparation », ce qui implique des limites à l'apprentissage d'un enfant cohérentes avec le stade de développement dans lequel il se trouve. L'une des contributions les plus durables de Piaget dans le domaine éducatif – dans les disciplines

> L'intelligence est notre dernier recours quand nous ne savons pas comment faire face à une situation.
> **Jean Piaget**

Piaget (ci-contre) pensait qu'un éducateur ne doit pas imposer à l'enfant sa manière de faire ou de comprendre quelque chose, mais encourager ses processus d'apprentissage naturel.

Les écoles Montessori donnent vie aux idées de Piaget : on y encourage l'enfant à construire son propre apprentissage à partir d'activités pratiques et d'échanges multiples avec les autres enfants.

scientifiques notamment –, est d'avoir fait admettre que les enseignants doivent prendre en compte les capacités de chaque enfant à assimiler une nouvelle expérience ou à absorber de nouvelles informations. Les tâches proposées par les enseignants doivent être aussi adaptées que possible aux compétences cognitives de chaque élève.

Les enseignants, selon Piaget, doivent également s'adapter au mode d'apprentissage des enfants, qui est actif et non fondé sur l'observation passive. L'interaction entre les élèves est donc primordiale, et, puisqu'il a été établi qu'un des meilleurs moyens de fixer le savoir est de le transmettre, les enfants approfondiront et consolideront mieux les connaissances acquises s'il leur est permis de discuter entre eux des divers sujets abordés plutôt que d'écouter passivement un cours magistral.

L'éducation morale

Pour Piaget, le développement moral passe, comme le développement intellectuel, par différents stades que les enfants traversent, pour la plupart, de manière autonome. La véritable croissance morale ne résulte pas de l'enseignement des adultes mais découle des propres observations de l'enfant. Ce sont ses pairs, et non les parents ou toute autre figure d'autorité, qui nourrissent le développement moral de l'enfant en lui permettant d'appréhender des concepts tels que réciprocité, égalité ou justice. C'est la raison pour laquelle Piaget encourageait vivement l'interaction entre les élèves d'une classe comme une partie intégrante de l'expérience d'apprentissage.

> Les enfants ne comprennent vraiment bien que ce qu'ils inventent eux-mêmes.
> **Jean Piaget**

Dans une classe centrée sur l'enfant comme la recommande Piaget, le rôle de l'enseignant devient donc celui d'un mentor et non d'un professeur traditionnel, qui doit évaluer soigneusement le niveau de développement cognitif de chaque élève pour pouvoir lui proposer des tâches motivantes. Il faut souligner que l'enseignant doit aussi créer chez les élèves un déséquilibre cognitif afin de les aider à passer au stade de développement suivant, leur offrant

Jean Piaget

Né en 1896 à Neuchâtel, en Suisse, Jean Piaget manifesta dès son plus jeune âge une passion pour la nature et écrivit à onze ans son premier article consacré au moineau albinos. Il entreprit des études de sciences naturelles à l'université de Neuchâtel, où il obtint un doctorat à vingt-deux ans, puis s'initia à la psychanalyse à Zurich avant de rejoindre à Paris le laboratoire d'Alfred Binet, où il développa ses théories de l'épistémologie génétique. Appelé en 1921 à l'Institut Jean-Jacques Rousseau de Genève, il épousa en 1923 Valentine Châtenay, dont il eut trois enfants, sur lesquels il étudia les phases du développement cognitif. Il fonda en 1955 le Centre international d'Épistémologie génétique, qu'il dirigea jusqu'à sa mort, en 1980. Reconnu dans le monde entier, Piaget reçut beaucoup d'hommages et de récompenses.

Ouvrages-clés

1932 *Le Jugement moral chez l'enfant*
1936 *La Naissance de l'intelligence chez l'enfant*
1951 *La Genèse de l'idée de hasard chez l'enfant*
1966 *La Psychologie de l'enfant*

ainsi de réelles opportunités de découvertes. L'enseignant doit se concentrer sur le processus d'apprentissage plutôt que sur les résultats finaux, et encourager les élèves à poser toujours plus de questions et à multiplier les expériences, même si cela implique des erreurs de parcours. Par-dessus tout, il a pour mission de créer un espace d'échange au sein duquel les élèves apprennent les uns des autres.

Critiques de l'œuvre de Piaget

Malgré la popularité de Piaget et l'influence de ses travaux en matière de psychologie du développement, d'éducation, de morale, d'évolution, de philosophie et même d'intelligence artificielle, ses idées ne furent acceptées qu'après avoir été soumises à un examen critique. Comme pour toutes les théories très influentes, des années d'exploration et de recherche ont mis en lumière les faiblesses de la théorie de Piaget. Sa notion de l'égocentrisme du jeune enfant, notamment, fut remise en cause à la suite des travaux de la psychologue américaine Susan Gelman, qui, en 1979, démontra que des enfants de quatre ans sont capables de clarifier leurs explications pour guider une personne qui a les yeux bandés. De même, ils simplifient leur langage pour s'adresser à des enfants plus jeunes, ce qui contredit la description de Piaget d'un enfant égocentrique qui n'a pas conscience des besoins des autres.

Le portrait brossé par Piaget d'enfants capables de construire de manière autonome leur savoir et leur compréhension du monde suscita également quelque résistance, car il semblait ignorer la contribution apportée par d'autres chercheurs au développement cognitif de l'enfant. Les travaux du psychologue Lev Vigotsky, notamment, prouvaient que le savoir et la pensée sont essentiellement de nature sociale, ce qui désavouait l'hypothèse de Piaget que l'enfant ne fait pas vraiment partie de l'ensemble social. Pour Vigotsky, le développement humain se fait sur trois niveaux : culturel et interpersonnel autant qu'individuel. Concentrant ses travaux sur les deux premiers niveaux, il répondit à Piaget en développant la théorie de la « zone proximale de développement », qui stipule que les enfants ont besoin d'adultes ou d'enfants plus âgés pour mener à bien certaines tâches.

L'universalité supposée des stades de développement identifiés par Piaget donna également lieu à des investigations. Si, à son époque, Piaget ne disposait guère de preuves solides pour étayer son affirmation, des recherches transculturelles récentes – l'étude conduite par Pierre Dasen en 1994, notamment – ont prouvé que les sous-stades proposés par Piaget sont bien, en effet, universels, même si des facteurs environnementaux et culturels semblent affecter le rythme auquel les enfants franchissent ces étapes.

L'œuvre de Piaget a ouvert la voie à de multiples investigations sur la nature du développement de l'enfant et du développement cognitif humain. Elle forme le contexte d'un vaste corps de recherche, toujours en cours d'élaboration au XXIe siècle, et a transformé de manière radicale la nature de l'éducation dans le monde occidental. ■

Pierre Dasen observa que les jeunes aborigènes vivant dans les contrées isolées de l'Australie centrale passaient, entre huit et quatorze ans, par les stades de développement identifiés par Piaget.

> Les structures profondes et les processus cognitifs de base sont en fait universels.
> **Pierre Dasen**

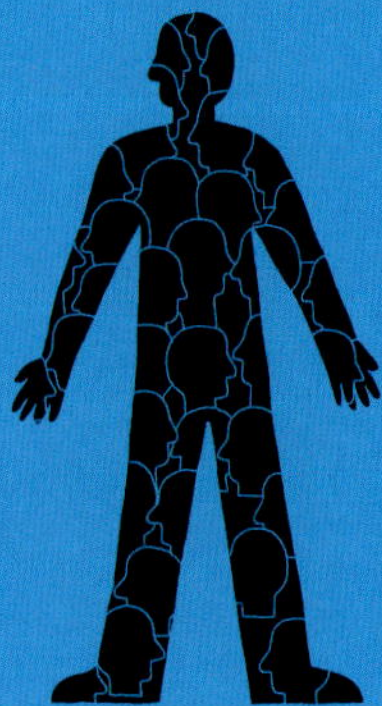

C'EST À TRAVERS LES AUTRES QUE L'ON DEVIENT SOI-MÊME

LEV VYGOTSKY (1896-1934)

CONTEXTE

APPROCHE
Constructivisme social

AVANT
Années 1860 Francis Galton ouvre le débat entre l'inné et l'acquis en recherchant lequel a le plus d'influence sur la personnalité.

APRÈS
1952 Jean Piaget soutient que la capacité d'un enfant à absorber et à traiter les informations se développe par l'interaction de ses aptitudes innées et de son environnement.

1966 Jerome Bruner prétend que l'on peut tout apprendre à un enfant, quel que soit son stade de développement.

1990 Le psychologue Robert Slavin propose un modèle d'apprentissage coopératif, le STAD *(Student Teams Achievement Divisions)*, qui souligne les bienfaits du travail en équipe plutôt que le travail individuel basé sur la compétition.

Pour le psychologue russe Lev Vygotsky, les compétences nécessaires au raisonnement et à la mémoire découlent des expériences que l'enfant partage avec ses parents, ses enseignants et ses pairs. Affirmant que le développement se fait sur trois niveaux – culturel, interpersonnel et individuel –, il s'intéresse spécialement aux deux premiers, convaincu que les expériences les plus formatrices sont d'ordre social et que « c'est à travers les autres que l'on devient soi-même ».

> Toutes les fonctions psychologiques supérieures résultent de l'intériorisation de relations d'ordre social.
> **Lev Vygotsky**

Vygotsky pensait que les enfants absorbent la sagesse, les valeurs et le savoir technique accumulés par les générations précédentes à travers leurs interactions avec ceux qui les élèvent et utilisent ces « outils » pour aborder le monde de manière efficace. Mais ce n'est qu'à travers l'interaction sociale que les enfants peuvent découvrir et s'approprier ces outils culturels. Même notre capacité à penser et à raisonner au niveau individuel découle d'activités sociales qui favorisent, dans le cadre de notre développement, nos capacités cognitives innées.

Pour Vygotsky, le rôle des enseignants est de guider les élèves et de les enrichir sans cesse, afin d'améliorer leurs capacités d'attention, de concentration et d'apprentissage et de favoriser l'acquisition de compétences. Les théories de Vygotsky ont encouragé, surtout vers la fin du XXe siècle, le passage d'un enseignement centré sur l'élève à un enseignement plus soucieux de l'acquisition des savoirs scolaires et qui laissait une place plus importante aux méthodes d'apprentissage collaboratif. ■

Voir aussi : Francis Galton 28-29 ■ Jerome Bruner 164-165 ■ Jean Piaget 262-269

L'ENFANT N'EST REDEVABLE À AUCUN PARENT EN PARTICULIER

BRUNO BETTELHEIM (1903-1990)

CONTEXTE

APPROCHE
Système parental

AVANT
1945 Le psychanalyste René Spitz dénonce les effets désastreux de l'éducation dans les institutions.

1951 John Bowlby affirme que le nourrisson a besoin d'une relation intime et continue avec sa mère.

1958 Dans *Children of the Kibbutz*, l'anthropologue Melford Spiro constate que le modèle occidental d'éducation, qui donne à la mère le rôle principal, est celui qui fonctionne le mieux dans toutes les civilisations.

APRÈS
1973 Les psychiatres Charles M. Johnston et Robert Deisher soutiennent que l'éducation communautaire offre des avantages avec lesquels peu de familles nucléaires peuvent rivaliser.

Alors qu'il dirigeait un centre d'accueil pour enfants en difficulté, Bruno Bettelheim commença à remettre en question l'idée communément répandue que l'éducation d'un enfant est d'autant plus réussie que le lien qui l'unit à sa mère est étroit. Il pensait que le monde occidental peut s'inspirer des systèmes d'éducation communautaire, comme celui qui prévaut dans les kibboutz israéliens, où les enfants sont élevés dans des maisons particulières, loin du foyer familial.

En 1964, Bettelheim passa sept semaines dans un kibboutz et publia, trois ans plus tard, *Les Enfants du rêve*, dans lequel il notait que « l'enfant des kibboutz n'est redevable à aucun parent en particulier » et que, si le système limite les relations intimes, il encourage les amitiés et offre une vie sociale plus active.

Des adultes accomplis

Avant son séjour, Bettelheim pensait que les enfants élevés en kibboutz seraient des adultes médiocres, sans grande influence sur la société. Il découvrit que les kibboutznikim deviennent souvent des adultes accomplis, et un journaliste constata, dans les années 1990, que nombre d'enfants étudiés par Bettelheim avaient réussi professionnellement.

Bettelheim en conclut que la démarche communautaire des kibboutz est un grand succès. En publiant ses résultats, il espérait améliorer les systèmes de garde d'enfants aux États-Unis. ■

Bettelheim estime que les enfants des kibboutz forgent des liens plus forts entre eux qu'avec des adultes. Cette aptitude relationnelle pourrait expliquer leur succès professionnel en tant qu'adultes.

Voir aussi : Virginia Satir 146-147 ▪ John Bowlby 274-1277

TOUT ÊTRE QUI GRANDIT LE FAIT EN VERTU D'UN PLAN FONDAMENTAL

ERIK ERIKSON (1902-1994)

CONTEXTE

APPROCHE
Développement psychosocial

AVANT
Années 1910 Développant sa théorie du développement psychosexuel, Sigmund Freud distingue cinq étapes à travers lesquelles l'enfant progresse jusqu'à la maturité sexuelle.

1936 Jean Piaget propose une théorie du développement cognitif fondée sur des étapes distinctes.

APRÈS
1980 Poursuivant les travaux d'Erikson, le psychologue américain James Marcia étudie la formation d'identité au cours de l'adolescence.

1996 Dans son livre à succès *New Passages*, l'essayiste américaine Gail Sheehy constate que les adultes prolongent leur adolescence jusqu'à la trentaine, repoussant les étapes du développement de l'adulte définies par Erikson d'une dizaine d'années.

Erik Erikson appréhende le développement humain à partir du principe épigénétique, qui stipule que tout organisme naît dans un but particulier et que la réussite de son développement est liée à l'accomplissement de ce but. « Tout être qui grandit, écrit-il, le fait en vertu d'un plan fondamental, dont émergent les diverses parties. » Pour lui, la personnalité humaine se déploie et évolue à travers huit stades prédéterminés, ce développement impliquant une interaction constante entre l'hérédité et les facteurs environnementaux.

Les huit stades

Le premier stade (de 0 à 18 mois) oppose la confiance à la défiance : si les besoins du nourrisson ne sont pas correctement satisfaits, il développe un sentiment de défiance qui peut ressurgir dans ses relations futures.

Le deuxième stade (de 18 mois à 3 ans) oppose l'autonomie à la honte et au doute : tandis qu'il commence à explorer le monde, l'enfant doit composer avec des sentiments de honte et de doute résultant de ses échecs et des réprimandes de ses parents. En apprenant à négocier ses réussites et ses échecs, il développe sainement sa volonté.

Le troisième stade (de 3 à 6 ans) oppose l'initiative à la culpabilité : l'enfant apprend à agir de façon créative et ludique, mais dans un but défini. Il découvre que ses actions peuvent affecter négativement quelqu'un d'autre. Des punitions sévères infligées à ce stade peuvent engendrer un sentiment paralysant de culpabilité.

Le quatrième stade (de 6 à 12 ans) oppose l'industrie à l'infériorité : l'enfant se concentre sur l'éducation et l'apprentissage de compétences sociales, mais, s'il accorde trop d'importance à son travail, il risque d'être tenté de mesurer sa valeur à l'aune de sa productivité.

> L'espoir est à la fois la première et la plus indispensable vertu inhérente au fait d'être vivant.
> **Erik Erikson**

Voir aussi : G. Stanley Hall 46-47 ▪ Sigmund Freud 92-99 ▪ Kurt Lewin 218-23 ▪ Jean Piaget 262-269 ▪ Lawrence Kohlberg 292-293

Tout être qui grandit le fait en vertu d'un plan fondamental, dont émergent les diverses parties.

↓

La personnalité humaine évolue de la naissance à la mort à travers **huit stades distincts et prédéterminés**.

↓

Si **chaque stade se déroule correctement**, notre développement sera celui d'un individu mentalement sain.

Si l'un des stades se déroule mal, nous accuserons toute notre vie une **faiblesse psychique** – un manque de confiance, par exemple, ou un écrasant sentiment de culpabilité.

Le cinquième stade (de 12 à 20 ans) oppose l'identité à la confusion des rôles : c'est le stade de l'adolescence, où l'enfant peut enfin développer une conception cohérente de soi, en prenant en compte son passé, son présent et son avenir. Mal négocié, ce stade peut, à l'inverse, déboucher sur ce qu'Erikson a appelé une « crise d'identité ».

Le sixième stade (de 20 à 34 ans) oppose l'intimité à l'isolement : c'est l'époque où nous construisons des relations intimes et expérimentons l'amour. Durant le stade suivant (de 35 à 65 ans), qui oppose la régénération à la stagnation, nous sommes appelés à nous engager dans des activités sociales ou culturelles au profit des générations présentes et futures.

Le huitième et dernier stade, qui commence vers 65 ans et oppose l'intégrité au désespoir représente l'heure du bilan : l'individu satisfait accepte la vieillesse avec sérénité ; l'individu désespéré refuse la dégradation physique et l'évidence de la mort. En résolvant cette crise, il atteint la sagesse. ■

Pour Erikson, nous acquérons au cours de nos dernières années un sentiment de « plénitude personnelle » d'autant plus vif que nous avons franchi avec succès les étapes antérieures.

Erik Erikson

Né de père inconnu en 1902, à Francfort-sur-le-Main, en Allemagne, Erik Erikson porta à partir de trois ans le nom de son beau-père – Homberger –, qu'il conserva jusqu'à ce qu'il obtienne la naturalisation américaine, à trente et un ans. Encouragé à suivre des études de médecine, il préféra se consacrer aux arts et entreprit un tour de l'Italie. Mais, confronté à une « grave crise d'identité », il se rendit à Vienne où il découvrit la psychanalyse et fut lui-même analysé par Anna Freud. En 1933, il épousa Joan Serson, avec laquelle il émigra aux États-Unis, à Boston, où il fut le premier psychanalyste pour enfants de la ville. Il demanda aussitôt la nationalité américaine et prit le nom d'Erik Erikson – « Erik, fils d'Erik » : ce n'est donc pas un hasard si, toute sa vie, il travailla sur les mécanismes de la construction identitaire, tout en enseignant dans diverses universités – Harvard, Yale et Berkeley.

Ouvrages-clés

1950 *Enfance et société*
1964 *Insight and Responsibility*
1968 *Adolescence et crise. La quête de l'identité*

LE COMPORTEMENT D'ATTACHEMENT FAIT PARTIE INTÉGRANTE DE LA NATURE HUMAINE

JOHN BOWLBY (1907-1990)

CONTEXTE

APPROCHE
Théorie de l'attachement

AVANT
1926 Sigmund Freud propose la théorie psychanalytique de l'« amour intéressé », suggérant que le nourrisson s'attache à quiconque satisfait ses besoins physiologiques.

1935 Konrad Lorenz montre que les jeunes animaux s'attachent au premier objet mobile qu'ils rencontrent.

APRÈS
1959 Harry Harlow démontre que les jeunes macaques développent des problèmes sociaux et émotionnels quand ils sont séparés de leur mère.

1978 Michael Rutter montre que les enfants peuvent développer des liens d'attachement avec de nombreuses figures – père, frères et sœurs, pairs ou objets inanimés.

Dans les années 1950, la théorie dominante de l'attachement reposait sur le concept psychanalytique de l'« amour intéressé », selon lequel le nourrisson noue des liens affectifs avec quiconque satisfait ses besoins physiologiques, alimentaires notamment. Parallèlement, les travaux de Konrad Lorentz montraient que les jeunes animaux s'attachent au premier objet mobile rencontré – habituellement la mère.

C'est dans ce contexte que John Bowlby appréhenda l'attachement d'un point de vue radicalement évolutionniste. Il prétendait que c'est pour assurer sa survie que le nouveau-né, totalement impuissant, est génétiquement programmé à

Voir aussi : Konrad Lorenz 77 ▪ Sigmund Freud 92-99 ▪ Melanie Klein 108-109 ▪ Anna Freud 111 ▪ Kurt Lewin 218-223 ▪ Lev Vygotsky 270 ▪ Bruno Bettelheim 271 ▪ Harry Harlow 278 ▪ Mary Ainsworth 280-281 ▪ Michael Rutter 339

Le nourrisson et sa mère sont **biologiquement programmés** pour être unis l'un à l'autre par une relation d'attachement…

→ …au cours d'une **période critique** correspondant aux 24 premiers mois de la vie de l'enfant.

→ Si cet attachement est rompu durant la période critique, le développement de l'enfant risque d'être affecté de **manière sérieuse et permanente**.

→ **Le comportement d'attachement fait partie intégrante de la nature humaine.**

former un attachement avec sa mère. De même, la mère est programmée pour maintenir un contact physique avec son bébé et ressent la nécessité de le savoir tout près d'elle. Tout ce qui menace de séparer la mère de son bébé active des comportements d'attachement instinctifs et des sentiments d'insécurité et de peur.

C'est à partir de ces idées que Bowlby développa sa théorie de l'attachement en soulignant l'importance du lien mère-enfant qui persiste tout au long de la vie, ainsi que les difficultés psychologiques affectant les enfants lorsque ce lien est abîmé ou rompu.

La priorité de la mère

L'un des aspects les plus controversés de la théorie de Bowlby est qu'elle postule que le nouveau-né s'attache toujours à une femme, jamais à un homme. Même si cette femme n'est pas la mère biologique, elle représente néanmoins la figure maternelle. Bowlby parlait de « monotropie » pour désigner cette tendance et soulignait que, si le nourrisson peut avoir plusieurs figures d'attachement, son attachement à la figure maternelle est différent et plus important que tout autre lien qu'il nouera au cours de sa vie. L'enfant et la mère se comportent aussi de façon à consolider cet attachement : lorsqu'il tète, par exemple, l'enfant se fait câlin, appelle le regard, sourit ou pleure afin de modeler et contrôler le comportement de celle qui prend soin de lui, et celle-ci, de son côté répond aux besoins de l'enfant. Ainsi, les deux systèmes de comportement se façonnent l'un l'autre et créent un lien particulier qui persistera la vie durant.

Pour Bowlby, ce lien est si profondément formateur que s'il n'est pas correctement établi ou s'il est rompu dans les toutes premières années de la vie, l'enfant risque d'en souffrir très gravement plus tard. Il définit également une période critique pendant laquelle cet attachement sécurisant doit se développer entre la mère et l'enfant : ce lien doit se nouer dans la première année de la vie de l'enfant, ou au plus tard avant ses deux ans. Toute tentative de maternage au-delà de trois ans est inutile, et l'enfant est condamné à souffrir des effets de la carence maternelle.

La carence maternelle

En 1950, l'Organisation mondiale de la santé chargea Bowlby de mener une étude auprès des enfants ayant souffert de carence maternelle pendant la Seconde Guerre mondiale, suite à une évacuation ou à un bombardement. On lui demanda d'étudier les effets qu'avaient sur les enfants le fait d'avoir été élevés dans des institutions spécialisées ou en orphelinat. Dans le rapport qu'il remit à l'OMS en 1951, *Maternal Care and Mental Health,* Bowlby constatait que les enfants qui avaient été privés de soins maternels sur de longues périodes dans la prime enfance développaient un retard intellectuel, social ou émotionnel.

Cinq ans plus tard, Bowlby consacra une nouvelle étude à des enfants de sept à treize ans qui avaient passé de cinq mois à deux

> L'amour reçu de la mère dans la prime enfance est aussi important pour la santé mentale que le sont les vitamines et les protéines pour la santé physique.
>
> **John Bowlby**

Bowlby avait prévu – à juste titre – que les enfants évacués durant la Seconde Guerre mondiale souffriraient de problèmes d'attachement à long terme dus à la séparation d'avec leur mère.

ans en sanatorium, sans aucun mode de maternage, alors qu'ils avaient moins de quatre ans. Les enfants étudiés se montraient brutaux dans leurs jeux, tendaient à être surexcités, faisaient preuve de moins d'initiative et d'esprit de compétition que les enfants ayant reçu une éducation plus traditionnelle.

Bowlby découvrit que, dans les cas extrêmes, la carence maternelle peut entraîner une « psychopathie de privation affective », état clinique caractérisé par l'incapacité de se soucier des autres et d'établir des relations personnelles significatives. Cette pathologie est associée à une incidence élevée de délinquance juvénile et à des comportements antisociaux n'engendrant aucun remords, car ceux qui en souffrent sont incapables d'éprouver le moindre sentiment de culpabilité. Déjà en 1944, Bowlby avait détecté 14 cas de psychopathie de privation affective sur un panel de jeunes voleurs, dont beaucoup avaient été séparés de leur mère pendant plus de six mois alors qu'ils n'avaient pas encore cinq ans.

> Le comportement d'attachement caractérise les êtres humains du berceau à la tombe.
> **John Bowlby**

Pour Bowlby, l'attachement primaire sécurisant est très important car il joue un rôle essentiel dans le développement d'un modèle de fonctionnement interne, un cadre que l'enfant utilisera pour se comprendre lui-même et appréhender les autres et le monde. Ce modèle orientera ses pensées, ses sentiments et ses attentes dans toutes ses relations personnelles jusqu'à l'âge adulte. L'attachement primaire sert de prototype à toutes les relations futures, et sa qualité va déterminer la confiance que l'enfant va développer envers les autres, son estime de soi et son assurance en société. Ce modèle de fonctionnement interne résiste au changement ; une fois formé, il détermine le comportement de l'individu et le type de lien qu'il tissera avec ses propres enfants.

Le rôle du père

On a reproché à Bowlby d'exagérer l'importance de la relation mère-enfant et de sous-estimer le rôle du père. Au regard de Bowlby, en effet, le père semble ne pas avoir d'importance émotionnelle directe sur le nourrisson, et sa contribution se limite à soutenir la mère financièrement et émotionnellement. Le postulat évolutionniste sur lequel repose la théorie de Bowlby veut que la femme, naturellement encline à devenir mère, soit guidée dans le processus d'éducation des enfants par son instinct maternel, tandis que l'homme est naturellement adapté à subvenir aux besoins de sa famille.

Cependant, le psychologue britannique Rudolph Schaffer, qui travaillait sous la direction de Bowlby à la Tavistock Clinic de Londres, démontra que les hommes s'impliquent différemment dans leur rôle de père en fonction du contexte culturel. De nos jours, les pères sont de plus en plus nombreux à assumer le rôle de parent principal, ce qui suggère que les rôles parentaux découlent plus des conventions sociales que de la biologie.

Si la vision de Bowlby minimisait systématiquement le rôle parental des hommes, les recherches conduites par Schaffer et la psychologue américaine Ross Parke ont montré que les hommes sont aussi capables que les femmes de sensibilité et de chaleur à l'égard des nourrissons. Schaffer et Parke constatèrent aussi que le développement de l'enfant n'est pas déterminé par le sexe du parent

Les observations effectuées sur des hommes assumant leur rôle de père montrent qu'ils peuvent offrir autant de chaleur et de sensibilité que les femmes.
H. Rudolph Schaffer

principal, mais par la force et la qualité du lien forgé avec celui-ci. Dans une autre étude, Schaffer et Peggy Emerson révélèrent que les nourrissons et les jeunes enfants présentent un large éventail de comportements d'attachement – une configuration qui semble être la règle plutôt que l'exception.

Ces travaux eurent de fortes répercussions sur le travail des femmes, car la théorie de Bowlby impliquait que les femmes devaient renoncer à travailler après une maternité pour rester auprès de leur enfant et favoriser l'établissement d'un attachement primaire sécurisant. Cette idée culpabilisa des générations de femmes actives, mais, depuis, de nombreux travaux ont remis en question cet aspect de la théorie de Bowlby. Ainsi, dans les années 1970, les psychologues Thomas Weisner et Ronald Gallimore ont montré que les mères ne prennent soin de manière exclusive de leurs enfants que dans un très petit pourcentage de sociétés, et qu'il n'est pas rare que des groupes de gens (incluant parentèle et amis) partagent la responsabilité d'élever les enfants. Schaffer souligna aussi que les enfants dont les mères sont épanouies professionnellement semblent mieux se développer que ceux dont les mères sont frustrées de rester à la maison.

Une œuvre révolutionnaire

Malgré les critiques et les révisions dont il a fait l'objet, le travail de Bowlby demeure à ce jour la théorie de l'attachement la plus complète et la plus influente, inspirant notamment les expériences révolutionnaires de Harry Harlow et Mary Ainsworth. Les psychologues ont utilisé les schémas de base de Bowlby pour approfondir les modèles d'attachement chez l'enfant et développer des théories de l'attachement chez l'adulte en explorant comment le lien entre parent et enfant peut influencer le lien entre deux futurs conjoints. Les théories de Bowlby ont également eu de nombreux effets bénéfiques sur divers aspects de l'éducation des enfants, l'amélioration notamment de la prise en charge institutionnelle et la préférence accordée à l'alternative des familles d'accueil. ■

Bowlby prétendait que les crèches ne sont pas appropriées au soin des tout-petits – la carence maternelle menant à la délinquance juvénile –, ce qui créa un vrai dilemme pour les mères qui travaillaient.

John Bowlby

Né en 1907 dans une famille de la grande bourgeoisie londonienne, John Bowlby était le quatrième de six enfants. Il fut élevé par une nurse jusqu'à l'âge de quatre ans, puis envoyé à sept ans dans un internat. Ces expériences le sensibilisèrent particulièrement à la douleur des enfants souffrant de problèmes d'attachement. Il étudia la psychologie au Trinity College de Cambridge, puis s'occupa pendant quelque temps d'enfants délinquants avant de se spécialiser comme psychanalyste. En 1938, il épousa Ursula Longstaff, qui lui donna quatre enfants, et passa la Seconde Guerre mondiale dans le Royal Army Medical Corps. En 1946, il intégra la Tavistock Clinic, qu'il dirigea jusqu'à sa retraite. En 1950, l'OMS lui confia une étude sur les besoins des enfants orphelins, dont le rapport suscita un vif intérêt. Il mourut à quatre-vingt-trois ans.

Ouvrages-clés

1951 *Maternal Care and Mental Health* (Rapport de l'OMS)
1959 *Separation Anxiety*
1969, 1973, 1980 *Attachement et perte* (trois volumes)

LA CHALEUR DU CONTACT PRIME A UNE ÉCRASANTE MAJORITÉ

HARRY HARLOW (1905-1981)

CONTEXTE

APPROCHE
Théorie de l'attachement

AVANT
1926 Dans sa théorie psychanalytique de l'« amour intéressé », Sigmund Freud suggère qu'un nourrisson ne s'attache à une personne que parce qu'elle le nourrit.

1935 Konrad Lorenz affirme que les juvéniles s'attachent au premier objet mobile qu'ils rencontrent – souvent la mère.

1951 John Bowlby prétend que le lien d'attachement unique qui lie une femme à son bébé est génétiquement programmé.

APRÈS
1964 Les Britanniques Rudolf Schaffer et Peggy Emerson montrent que les nourrissons s'attachent à des gens ne leur donnant ni nourriture ni soins.

1978 Michael Rutter montre que les enfants ont des liens d'attachement avec diverses figures, dont des objets inanimés.

De nombreux psychologues pensaient que le nourrisson s'attache à toute personne qui satisfait ses besoins alimentaires. John Bowlby avait contesté sur le plan théorique cette thèse de « l'amour intéressé », mais Harry Harlow voulait la récuser expérimentalement.

Harlow sépara de jeunes macaques rhésus de leurs mères pour les mettre en cage avec des substituts maternels : l'un, en fil de fer, équipé d'un biberon, l'autre, en tissu éponge moelleux, mais dépourvu de biberon. D'après la théorie de « l'amour intéressé », les bébés singes auraient dû rester avec la « mère » auprès de laquelle ils pouvaient se nourrir. En fait, ils passaient la plupart du temps auprès du substitut maternel en tissu, base de sécurité à laquelle ils s'accrochaient dès qu'un objet menaçant était introduit dans la cage. Lorsque la mère en tissu fut, en plus, équipée d'un balancier et d'un biberon, les bébés singes manifestèrent un attachement encore plus fort. Harlow en déduisit que le contact physique constitue sans doute la principale fonction du maternage.

L'expérience d'Harry Harlow sur les macaques montra que les bébés singes développent un lien d'attachement avec des mamans factices en tissu doux et moelleux mais incapables de les nourrir.

Les travaux d'Harlow eurent un retentissement d'autant plus fort qu'ils sortirent à une époque où les psychologues et les médecins déconseillaient aux parents de prendre dans les bras et de bercer un enfant qui pleure et transformèrent radicalement l'approche de la parentalité dans le monde occidental. ■

Voir aussi : Konrad Lorenz 77 ▪ Sigmund Freud 92-99 ▪ Abraham Maslow 138-139 ▪ John Bowlby 274-277 ▪ Mary Ainsworth 280-281 ▪ Michael Rutter 339

NOUS PRÉPARONS LES ENFANTS POUR UNE VIE DONT NOUS NE SAVONS PAS CE QU'ELLE SERA

FRANÇOISE DOLTO (1908-1988)

CONTEXTE

APPROCHE
Psychanalyse

AVANT
1924 Sigmund Freud théorise l'angoisse de la castration qu'éprouve le jeune enfant et qui, pour Dolto, intervient dans l'image inconsciente de notre propre corps.

1969 Jacques Lacan étudie l'altérité, qui devient le thème central des travaux de Dolto sur les caractères distinctifs des individus.

APRÈS
1973 Une école appliquant les théories de Dolto est ouverte à la Neuville-du-Bosc, en Normandie; privilégiant le bien-être, l'école propose des activités sous forme d'« ateliers ».

1979 Ouverte à Paris sur une idée de Dolto, la Maison Verte est un lieu d'accueil et d'écoute des tout-petits, accompagnés de leurs parents, pour les préparer à la séparation d'avec leur mère.

Ayant eu elle-même une enfance difficile, la pédiatre et psychanalyste française Françoise Dolto décida de consacrer sa vie à aider les enfants à découvrir et libérer leurs désirs, convaincue que c'était là la clé pour prévenir les névroses. Elle avait remarqué que les adultes semblent souvent incapables de comprendre les enfants, bien qu'ils aient été enfants eux-mêmes, et pensait que certaines maladies infantiles courantes traduisent, en réalité, un manque de connexion entre les parents et leur progéniture.

Un avenir unique

Dolto était convaincue que chaque enfant possède un avenir unique, que l'éducation traditionnelle cherche à étouffer. Elle condamnait tout système moral ou éducatif cherchant à contrôler les enfants par l'obéissance ou l'imitation, et ne pouvait se satisfaire de la manière dont l'avenir des enfants est anticipé, au sein du foyer familial ou à l'école, car cet avenir est, par essence, impossible à connaître: les enfants, soutenait Dolto, sont différents des adultes qui les éduquent, simplement parce que les expériences qui les attendent sont des expériences que la génération précédente ne pouvait connaître au même âge.

Pour Dolto, la finalité de l'éducation était de laisser à l'enfant la liberté d'explorer ses penchants naturels. L'adulte doit servir de modèle et proposer un exemple plutôt qu'imposer ses méthodes. Le rôle de l'éducateur se limite donc, à ses yeux, à apprendre aux enfants à conduire leur propre vie. ■

> Il est trop tard pour faire une différence avec les adultes ; le travail doit se faire sur les enfants.
> **Françoise Dolto**

Voir aussi : Sigmund Freud 92-99 ▪ Alfred Adler 100-101 ▪ Jacques Lacan 122-223 ▪ Daniel Lagache 336-337

UNE MÈRE SENSIBLE CRÉE UN ATTACHEMENT SÉCURISANT

MARY AINSWORTH (1913-1999)

CONTEXTE

APPROCHE
Théorie de l'attachement

AVANT
Années 1950 John Bowlby souligne l'importance du lien unissant la mère à l'enfant.

1959 Les travaux d'Harry Harlow sur les jeunes macaques montrent qu'ils utilisent une figure d'attachement comme base de sécurité pour explorer leur environnement.

APRÈS
1980 Le psychologue américain Brian E. Vaughn montre que la figure d'attachement peut changer en fonction des modifications de l'environnement familial.

1990 La psychologue Mary Main identifie un quatrième type d'attachement, l'attachement « désorganisé », pour décrire le nourrisson qui se montre craintif tant avec son environnement qu'avec la figure d'attachement.

C'est en travaillant avec John Bowlby sur la théorie de l'attachement, au début des années 1950, que Mary Ainsworth s'intéressa plus particulièrement au lien qui relie la mère au nourrisson. En 1969, elle expérimenta une procédure, connue sous le nom de « situation insolite », pour étudier comment des bébés, soumis à divers degrés de stress, équilibrent leur besoin d'attachement et leur besoin d'exploration. Dans chaque expérience, Ainsworth installait une mère et son bébé d'un an dans une pièce où l'enfant pouvait jouer,

Lorsqu'un nourrisson est **séparé de sa mère**, il manifeste l'un de ces trois types d'attachement.

S'il ne montre aucun signe de détresse et qu'un étranger peut le consoler, l'attachement est **« anxieux-évitant ».**

S'il montre d'intenses signes de détresse mais refuse le contact de sa mère lorsqu'elle revient, l'attachement est **« anxieux-ambivalent ».**

S'il montre des signes de détresse mais utilise sa mère lorsqu'elle revient comme base de sécurité pour ses explorations, l'attachement est « sécurisant ».

Voir aussi : Sigmund Freud 92-99 ▪ John Bowlby 274-277 ▪ Harry Harlow 278 ▪ Jerome Kagan 339 ▪ Michael Rutter 339

> Le comportement d'attachement se manifeste d'autant plus fort que la figure d'attachement est inaccessible.
> **Mary Ainsworth**

et observait leurs interactions avant et après l'introduction dans la pièce d'une personne étrangère. La « situation » incluait aussi des périodes durant lesquelles la mère s'absentait, laissant le bébé seul avec l'inconnu, avant de revenir dans la pièce.

Ainsworth découvrit que l'information la plus importante sur le lien existant entre la mère et l'enfant venait de la réaction du bébé non pas au départ de sa mère mais au retour de celle-ci. Elle dégagea, à partir des couples mère-bébé qu'elle étudia, trois types d'attachement : sécurisant (70 % des cas étudiés), anxieux-évitant (15 % des cas) et anxieux-ambivalent (15 % des cas).

Les types d'attachement

L'enfant qui manifeste un attachement « sécurisant » utilise sa mère comme une « base de sécurité » pour ses explorations : stressé quand elle quitte la pièce, il joue avec plaisir, même en présence d'un étranger, tant qu'elle reste dans son champ de vision.

L'enfant qui manifeste un attachement « anxieux-évitant » semble indifférent à la présence de sa mère et est à peine affecté par son départ ; il se laisse aussi facilement réconforter par un étranger que par elle.

L'enfant qui présente un attachement « anxieux-ambivalent » reste méfiant vis-à-vis de l'étranger, même en présence de sa mère. Il manifeste une intense détresse quand elle quitte la pièce mais se met en colère et résiste au contact physique quand elle revient.

Dans les cultures non-occidentales, les mères restent souvent en contact permanent avec leurs nourrissons. Ce genre de coutume peut affecter l'incidence des différents types d'attachement dans une communauté.

Pour Ainsworth, le type d'attachement est largement déterminé par la sensibilité de la mère : la mère sensible qui comprend les besoins de l'enfant et y répond de façon appropriée crée un attachement sécurisant.

Critique de la théorie

Les détracteurs de la thèse d'Ainsworth avançaient que le type d'attachement tissé entre la mère et l'enfant peut évoluer. Les différences culturelles furent également soulignées : une étude menée au Japon en 1990 révéla un pourcentage inhabituellement élevé d'« anxieux-ambivalents », ce qui s'explique par le fait que les bébés japonais sont moins habitués à être séparés de leur mère que les bébés américains. La « situation insolite » n'en demeure pas moins considérée comme l'une des études les plus importantes sur le thème de l'attachement, et continue à être reproduite aujourd'hui. ■

Mary Ainsworth

Née aux États-Unis à Glendale, dans l'Ohio, Mary Ainsworth partit vivre au Canada à cinq ans. Elle obtint en 1939 son doctorat de psychologie à l'université de Toronto, puis enseigna avant de rejoindre le Canadian Women's Army Corps en 1942. Après la Seconde Guerre mondiale, elle retourna à l'université de Toronto, où elle rencontra Leonard Ainsworth, qu'elle épousa en 1950. Le couple s'installa à Londres, où Mary travailla avec John Bowlby à la Tavistock Clinic. En 1954, Leonard accepta un poste en Ouganda, et Mary profita de l'occasion pour étudier les liens mère-enfant dans les sociétés tribales. De retour aux États-Unis en 1956, elle poursuivit sa carrière académique et termina comme professeur à l'université de Virginie en 1975.

Ouvrages-clés

1967 *Infancy in Uganda*
1971 *Infant Obedience and Maternal Behavior*
1978 *Patterns of Attachment*

QUI APPREND À UN ENFANT À HAÏR ET À CRAINDRE CEUX QUI APPARTIENNENT À UN AUTRE GROUPE RACIAL ?

KENNETH CLARK (1914-2005)

CONTEXTE

APPROCHE
Attitudes racistes

AVANT
1929 Bruno Lasker propose, dans *Race Attitudes in Children*, des méthodes psychologiques pour étudier le regard porté par les enfants sur la « race ».

Années 1930 Le psychologue canadien Otto Klineberg se bat avec des avocats pour que les enseignants noirs des écoles publiques obtiennent l'égalité des salaires.

APRÈS
1954 L'arrêt de la Cour suprême des États-Unis *(Brown contre Bureau de l'éducation)* déclare la ségrégation raciale inconstitutionnelle dans les écoles.

1978 Elliot Aronson invente les *Jigsaw classrooms* – les « classes puzzle » –, dans lesquelles les élèves travaillent en totale interdépendance – une méthode susceptible de réduire les préjugés raciaux dans les classes mixtes.

À la fin des années 1930, Kenneth Clark et sa femme Mamie Phipps Clark entreprirent d'étudier les effets psychologiques de la ségrégation sur les écoliers afro-américains, sur l'image qu'ils avaient d'eux-mêmes notamment. Ils conçurent à cette fin le « test de la poupée ». Travaillant avec des enfants âgés de trois à sept ans, ils utilisèrent quatre poupées d'apparence identique, hormis la couleur de peau qui variait du blanc au brun foncé. Les enfants révélèrent une indéniable conscience des différences raciales : ils identifièrent correctement les poupées en fonction de leur couleur de peau et s'identifièrent eux-mêmes en termes raciaux, en choisissant la poupée leur ressemblant le plus.

Pour comprendre la forme des attitudes raciales chez les enfants, les Clarks leur demandèrent de désigner chacun la poupée qu'ils préféraient, celle qui avait la plus jolie couleur et celle qui était la plus moche. Au grand désarroi des chercheurs, les enfants noirs manifestèrent une nette préférence pour la poupée blanche et un rejet des poupées noires, ce qui pouvait être interprété comme un rejet d'eux-mêmes. Convaincus qu'un tel choix reflète la tendance des enfants à intégrer les préjugés raciaux de la société dans laquelle ils vivent, les Clark posèrent la question fondamentale : « Qui apprend à un enfant à haïr et à craindre ceux qui appartiennent à un autre groupe racial ? »

L'expérience des poupées de Clark prouva à la fin des années 1930 que, en préférant la poupée blanche, les enfants des écoles réservées aux Noirs avaient intégré les préjugés dominants.

La transmission des préjugés

En étudiant la manière dont se forgent les préjugés en Amérique, les Clarks montrèrent que, pendant qu'ils apprennent à évaluer les différences raciales selon les normes de la société, les enfants sont tenus de s'identifier à un groupe racial spécifique

Voir aussi : Elliot Aronson 244-245 ▪ Muzafer Sherif 337

Dès trois ans, les enfants ont **conscience des différences raciales** et peuvent déjà avoir des **préjugés**.

Dans l'Amérique des années 1930, les enfants blancs et une partie des enfants noirs affichaient une préférence pour le blanc et **rejetaient le noir**.

Qui apprend à un enfant à haïr et à craindre ceux qui appartiennent à un autre groupe racial ?

La ségrégation et les influences sociales – parents, enseignants, copains, médias – poussent les enfants à intérioriser des attitudes racistes.

possédant un statut implicite au sein de la hiérarchie sociale. En préférant la poupée blanche, les jeunes enfants noirs prouvèrent qu'ils avaient internalisé la préférence accordée aux blancs dans la société américaine et reproduisaient les attitudes des adultes de leur communauté.

Les Clark conclurent que ces attitudes étaient le produit de diverses influences : parents, enseignants, amis, télévision, bandes dessinées. S'il est rare que des parents inculquent délibérément à leurs enfants la haine raciale, beaucoup d'entre eux transmettent inconsciemment les attitudes sociales dominantes : ainsi, en décourageant leurs enfants de jouer avec des copains noirs, les parents blancs leur apprennent implicitement à se méfier et à éviter les enfants noirs.

Dans le résumé de ses recherches, publié en 1950, Kenneth Clark soulignait les conséquences néfastes de la ségrégation pour la personnalité des enfants aussi bien blancs que noirs. Il contribua à la déségrégation et au mouvement pour les droits civiques, en témoignant comme expert dans l'affaire Brown et autres contre le Bureau de l'éducation, dont le jugement, prononcé en 1954, établissait que la ségrégation dans les écoles publiques américaines est inconstitutionnelle. ■

> La ségrégation est une manière pour la société de dire à un groupe d'êtres humains qu'ils sont inférieurs.
> **Kenneth Clark**

Kenneth Clark

Né dans la Zone du canal de Panamá, Kenneth Clark partit vivre à Harlem, New York, à cinq ans. Sa mère ayant refusé la décision d'orientation qui limitait sa scolarité à des écoles de commerce ou à des écoles professionnelles, Clark intégra le lycée, puis poursuivit des études de psychologie à l'université Howard de Washington. C'est là qu'il rencontra sa femme, Mamie, qu'il épousa en 1937. Premiers Afro-américains à passer un doctorat de psychologie à l'université Columbia, à New York, ils travaillèrent ensemble toute leur vie et fondèrent à Harlem des centres de développement et d'accueil pour les jeunes. Clark fut aussi le premier Afro-américain à obtenir une chaire permanente à l'université de la Ville de New York et à être élu président de l'American Psychological Association.

Ouvrages-clés

1947 *Racial Identification and Preference in Negro Children*
1955 *Prejudice and Your Child*
1965 *Dark Ghetto*
1974 *Pathos of Power*

LES FILLES OBTIENNENT DE MEILLEURES NOTES QUE LES GARÇONS

ELEANOR E. MACCOBY (1917-2018)

CONTEXTE

APPROCHE
Psychologie féministe

AVANT
Début du xxe siècle Premières recherches sur les différences de genre par des femmes psychologues.

Années 1970 Les études de genre tendent à souligner les différences entre les hommes et les femmes.

APRÈS
Années 1980 Les recherches suggèrent des différences structurelles entre le cerveau de l'homme et celui de la femme.

1993 À partir des graduations biologiques existant entre le « mâle » et la « femelle », Anne Fausto-Sterling identifie cinq sexes différents le long du spectre.

2003 Simon Baron-Cohen soutient que le cerveau féminin est plutôt câblé pour l'empathie, tandis que le cerveau masculin privilégie la compréhension des systèmes.

Il n'y a pas de différence significative entre le **potentiel intellectuel** des garçons et celui des filles.

→ Mais, comme elles ont tendance à faire plus d'efforts à l'école, à manifester plus d'intérêt et à avoir de meilleures habitudes de travail…

→ **…les filles obtiennent de meilleures notes que les garçons.**

L'émergence de psychologues féministes raviva dans les années 1970 l'intérêt pour l'étude des différences entre sexes, terni par l'essor du béhaviorisme. Frustrée par la tendance de la littérature psychologique à souligner les différences entre hommes et femmes plutôt que leurs ressemblances, la psychologue américaine Elanor Maccoby se pencha avec une de ses étudiantes, Carol Jacklin, sur plus de 1 600 études consacrées aux différences de genres. Les deux femmes publièrent leurs résultats dans *The Psychology of Sex Differences* (1974) dans le but de démontrer que ce que la plupart des gens considèrent comme des différences essentielles entre sexes relève du mythe et que beaucoup de stéréotypes de genre sont faux. Certaines études, entre autres, prétendaient que les garçons sont plus agressifs, plus à l'aise en mathématiques et qu'ils appréhendent mieux l'espace que les filles, plus douées que les garçons en matière de verbalisation, mais des recherches ultérieures montrèrent que ces différences sont négligeables ou bien plus complexes qu'il n'y paraît.

La différence qui apparaissait constante et irréfutable, c'est que les filles obtiennent des meilleures notes que les garçons à l'école. Maccoby trouvait cela d'autant plus intéressant que les filles n'obtiennent pas les meilleurs scores aux tests d'aptitude relatifs aux domaines abordés.

Voir aussi : Janet Taylor Spence 236 ▪ Simon Baron-Cohen 298-299

Selon Maccoby, c'est parce que les filles se montrent plus réactives que les garçons aux attentes des professeurs et plus enclines à travailler qu'elles réussissent mieux à l'école.

Par ailleurs, des recherches antérieures avaient montré que les garçons sont plus motivés que les filles à réussir. Il semble qu'ils soient plus concernés par leur propre épanouissement que les filles, plus impliquées dans leur travail et davantage intéressées par l'exploration : elles s'attachent avant tout à réussir leurs relations interpersonnelles en cherchant à faire plaisir aux autres et en manifestant, dans nombre de tâches, un faible degré de confiance en elles-mêmes.

Un défi aux stéréotypes

Maccoby démonta systématiquement ces affirmations, soulignant que les filles font de meilleures études que les garçons, qu'elles manifestent plus d'intérêt à l'école dès le plus jeune âge, et qu'elles sont moins susceptibles d'abandonner leurs études secondaires.

Elle concluait que la qualité des notes obtenues par les filles reflète la qualité de leurs efforts, de l'intérêt qu'elles portent aux études et de leurs habitudes de travail. L'écart existant entre filles et garçons en termes de motivation à réussir ne reflète nullement la motivation scolaire, laquelle devrait avoir de l'importance tout au long de la vie des filles car les performances scolaires impliquent des performances professionnelles.

> Le développement intellectuel des filles est favorisé par leur assurance et leur activité.
> **Eleanor E. Maccoby**

Le débat sur les différences inhérentes au genre demeure biaisé par des questions de politique générale sur l'organisation sociale et les rôles que les hommes et les femmes sont « naturellement » enclins à jouer. En soulignant combien la littérature psychologique privilégie les différences plutôt que les ressemblances entre hommes et femmes, Maccoby lutta contre l'affectation des hommes et des femmes à des emplois stéréotypés. ■

Eleanor E. Maccoby

Née à Tacoma, dans l'État de Washington, Eleanor Emmons (future épouse Maccoby) fit ses études à l'université de Washington et obtint son doctorat de psychologie expérimentale à l'université du Michigan. Dans les années 1940, elle travailla au Département d'agriculture, puis à l'université Harvard, où elle supervisait les recherches sur les méthodes d'éducation. Réalisant qu'elle était freinée par la discrimination sexuelle, elle rejoignit l'université Stanford, où elle fut la première femme à obtenir une chaire dans le département de Psychologie.

Maccoby, dont les travaux sur les stéréotypes sont essentiels pour comprendre la socialisation des enfants et les différences de genre, reçut un prix de l'American Psychology Foundation, et l'American Psychological Association créa une récompense à son nom.

Ouvrages-clés

1966 *The Development of Sex Differences*
1974 *The Psychology of Sex Differences*
1996 *Adolescents after Divorce*

LE COMPORTEMENT HUMAIN S'APPREND ESSENTIELLEMENT PAR « MODELAGE »

ALBERT BANDURA (NÉ EN 1925)

CONTEXTE

APPROCHE
Théorie de l'apprentissage social

AVANT
1938 Le béhavioriste B. F. Skinner théorise le conditionnement opérant, qui définit l'apprentissage par renforcements positifs ou négatifs.

1939 Le psychologue John Dollard soutient que l'agression est toujours une conséquence de la frustration et que la frustration mène toujours à l'agression.

APRÈS
1966 Le psychologue Leonard Berkowitz prétend que des signes environnementaux, comme ceux qui sont associés à un comportement agressif, doivent être présents pour que l'agression suive la colère.

1977 Le psychologue Robert A. Baron suggère que l'expérience de Bandura implique que la violence dans les médias contribue à la violence dans la société.

Dans les années 1940 et 1950, l'apprentissage était surtout appréhendé à travers la théorie du conditionnement opérant de B. F. Skinner, reposant sur le système de renforcements – à base de récompenses et de punitions. C'est dans ce contexte qu'Albert Bandura commença à envisager l'agressivité chez l'enfant comme un comportement appris, mais il jugeait le sujet trop complexe pour l'expliquer en termes de conditionnement opérant.

L'hypothèse de Bandura était que les enfants apprennent l'agressivité en imitant les actes violents des adultes – notamment les membres de leur famille. Il pensait que la clé du problème se trouve à l'intersection de la théorie du conditionnement opérant de Skinner et de la théorie freudienne de l'identification, qui étudie comment les gens intègrent les caractéristiques des autres à leur propre personnalité. Les travaux de Bandura culminèrent avec sa célèbre expérience, en 1961, de la poupée Bobo et la publication, en 1977, de *Social Learning Theory*.

La théorie de l'apprentissage social

Bandura fonda le cœur de sa théorie sur l'idée que les gens apprennent non par un processus de renforcement basé sur la récompense ou la punition mais en observant les autres. Pour lui, l'apprentissage se fait en s'entraînant mentalement à imiter les actions de personnes représentant des modèles de comportement approprié ou acceptable, et il soutenait que le comportement humain s'apprend essentiellement par « modelage ».

Bandura associait quatre conditions nécessaires à la réussite du modelage : l'attention, la rétention, la reproduction et la motivation. L'apprentissage exige en effet de celui qui apprend qu'il soit d'abord attentif au comportement de son modèle, qu'il mémorise ce qu'il voit et ce qu'il entend, qu'il soit physiquement capable de reproduire le comportement observé et, enfin, qu'il ait une motivation suffisante – l'attente d'une récompense, par exemple.

Si le concept de récompense restait présent dans le cadre de sa théorie de l'apprentissage social, Bandura s'éloignait radicalement du béhaviorisme pour ce qui concernait la nature de la relation entre le comportement d'un individu et son environnement. Pour les béhavioristes, le milieu détermine entièrement le comportement, tandis que, pour

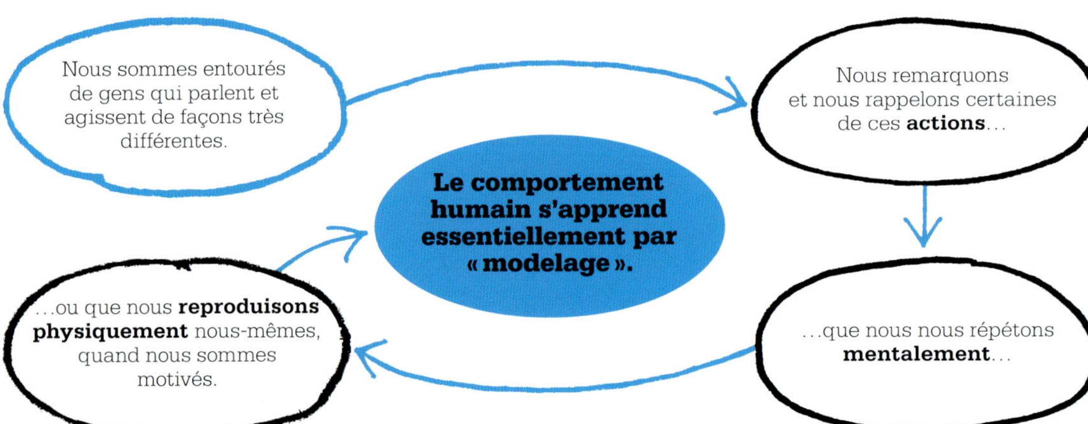

Voir aussi: Konrad Lorenz 77 ▪ B. F. Skinner 78-85 ▪ Sigmund Freud 92-99 ▪ Lev Vygotsky 270

Bandura, il existe un «déterminisme réciproque»: l'individu influence l'environnement tout autant qu'il est influencé par ce dernier. En fait, Bandura concevait la personnalité comme l'interaction de trois éléments différents: l'environnement, le comportement et les processus psychologiques comme l'utilisation du langage ou la réception d'images mentales. Il estimait que ces éléments permettent d'expliquer l'agressivité des enfants comme un comportement appris par observation et imitation des adultes.

L'expérience de la poupée Bobo

C'est sur la théorie de l'apprentissage social que repose l'expérience de la poupée Bobo, conduite en 1961 par Bandura: il s'agissait d'expliquer le développement des comportements agressifs, de rechercher ce qui déclenche l'agressivité des gens et de vérifier si leur comportement agressif persiste. En prouvant que l'enfant imite le comportement d'un modèle adulte, l'expérience démontra le poids des exemples d'agression de la société.

> Le comportement crée en partie l'environnement, et l'environnement qui en résulte influence à son tour le comportement.
> **Albert Bandura**

Enfants attaquant la poupée Bobo dans l'expérience de Bandura sur le comportement agressif. Certains créèrent de nouveaux modes d'attaque en utilisant les jouets de la pièce.

L'expérience fut réalisée sur 36 garçons et 36 filles de trois à six ans de l'école maternelle de l'université Stanford. Les enfants furent divisés en trois groupes, comprenant chacun 12 garçons et 12 filles. Le premier groupe servit de groupe témoin et n'observa aucun modèle adulte; le deuxième fut exposé à un adulte se comportant de manière agressive envers une poupée Bobo réalisée dans un matériau increvable; le troisième fut exposé à un adulte au comportement passif. Tous les enfants furent testés individuellement afin de ne pas subir l'influence des autres.

Chaque enfant du deuxième groupe voyait entrer dans la salle de jeux où il se trouvait un adulte qui se mettait à agresser physiquement et verbalement la poupée Bobo: il la frappait avec un maillet, la jetait en l'air puis la piétinait au sol. Lorsque l'enfant se retrouvait seul dans la salle avec tous les jouets, il se mettait à imiter la plupart des gestes agressifs de l'adulte, inventant même de nouveaux actes de violence à l'encontre de la poupée. Les enfants de ce groupe se montraient, en général, moins inhibés que ceux des autres groupes, et manifestèrent notamment une attirance pour les armes factices, bien que l'adulte ne les ait jamais manipulées.

À l'inverse, les enfants appartenant au groupe témoin ou exposés à l'adulte passif ne manifestèrent que rarement de l'agressivité physique ou verbale. Bandura admettait l'éventualité que l'observation d'actes agressifs minimise les inhibitions déjà

La violence dans les jeux électroniques et les médias est-elle une source potentielle de modèle de comportement ? Il semblerait que cette thèse ne résiste pas à une étude sérieuse.

installées chez les enfants, auxquels on interdit habituellement de se comporter violemment, mais le fait qu'ils reproduisent exactement certains gestes observés validait l'idée d'un processus d'apprentissage par observation.

La violence des médias

L'étude de Bandura souleva de nombreuses questions relatives à la prévalence de la violence dans les médias. Si un étranger se livrant à des actes agressifs peut représenter un modèle de comportement pour les enfants, que penser des programmes télévisés ? Les films et les séries retransmis aujourd'hui véhiculent de nombreux comportements violents, souvent présentés comme acceptables ou du moins attendus, que les enfants régulièrement exposés aux médias pourraient être enclins à imiter. Cette idée alimente toujours un débat passionné. De nombreuses études indiquent que l'exposition à des images violentes n'augmente pas les tendances à la violence chez les enfants. Certaines suggèrent même qu'une telle exposition est susceptible de faire diminuer l'agressivité des jeunes spectateurs. Cette théorie – connue sous le nom d'effet cathartique – suggère qu'un individu peut, en s'identifiant à un personnage violent de l'écran, libérer des sentiments négatifs – « se défouler » – et devenir moins agressif qu'il ne l'était avant la projection.

D'autres psychologues, en revanche, estiment que la télévision est un outil éducatif et défendent l'idée qu'il faut proposer des modèles positifs de héros, auxquels les enfants s'identifient souvent, pour réduire le niveau général de violence dans la société.

Si Bandura lui-même ne croyait pas en l'effet cathartique des scènes de violence, il eut la prudence de signaler qu'il y a une distinction entre l'apprentissage et le passage à l'acte : les enfants, remarque-t-il, peuvent certainement apprendre un comportement agressif à partir de la visualisation de scènes de violence, mais la connaissance d'un comportement ne mène pas nécessairement à l'acte. Il faut donc se garder de faire une relation de cause à effet entre la violence dans les médias et la violence réelle.

> L'exposition à un modèle agressif n'est guère cathartique.
> **Albert Bandura**

La théorie de l'apprentissage social implique la cognition dans le processus du modelage, car les facteurs cognitifs jouent un rôle de médiation entre l'observation de la violence et son imitation. La perception que l'enfant a de la violence télévisuelle, l'interprétation qu'il en fait et le réalisme du programme sont autant de variables à prendre en compte. Les facteurs environnementaux interviennent également dans l'apprentissage social de l'agressivité : ainsi, les individus habitant des quartiers à fort taux de criminalité sont plus susceptibles de violence que ceux qui vivent dans des quartiers résidentiels.

La théorie des genres

La théorie de l'apprentissage social a de fortes implications dans l'appréhension du développement de l'identité sexuelle. Selon la théorie du développement sexuel, l'une des raisons pour lesquelles les garçons et les filles manifestent des différences comportementales réside dans le fait qu'ils sont traités différemment par leur entourage – parents, professeurs, amis, etc. Il est reconnu que les gens adaptent involontairement leur comportement envers les enfants, y compris les nourrissons, en fonction de leurs propres attentes et coutumes, ce qui encourage les enfants à se comporter conformément aux normes des genres.

Les travaux de Bandura établirent que les enfants apprennent aussi comment se comporter par le renforcement et l'observation. Ils ont, en effet, de grandes chances de recevoir des renforcements positifs lorsqu'ils imitent le type de comportement considéré comme le plus approprié à leur sexe. Les comportements jugés inappropriés seront à l'inverse découragés, de façon directe ou plus subtile.

Si les travaux de Bandura ont été critiqués – on s'est notamment demandé si ses idées constituent véritablement une théorie du développement cognitif –, ses conclusions et ses théories sont encore citées et débattues un demi-siècle plus tard, ce qui reflète la portée de son influence. Jetant une passerelle entre les théories béhavioristes et les théories cognitives qui leur ont succédé, ses idées avant-gardistes ont couvert de nombreux domaines de la psychologie, dont la théorie sociale cognitive, la théorie de la personnalité et même les pratiques thérapeutiques.

L'accent mis par Bandura sur les processus comme l'attention, la mémoire et la motivation pour comprendre les processus d'apprentissage a marqué le déplacement des foyers de recherche des variables observables et mesurables chères aux béhavioristes à la sphère mentale. Il est, pour cette raison, considéré par beaucoup de psychologues comme l'un des plus remarquables et des plus influents d'entre eux. ■

L'image que l'on se fait du comportement d'un enfant selon son sexe – indépendance chez un garçon ou empathie chez une fille, par exemple – est souvent renforcée positivement par l'attente des parents autant que par le phénomène poussant l'enfant à imiter les adultes et ses pairs.

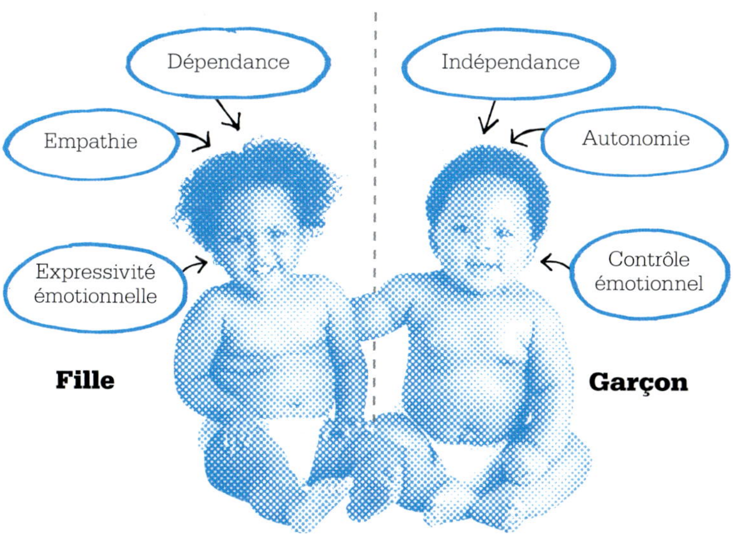

Albert Bandura

Né de parents polonais au Canada, dans la petite ville de Mundare, en Alberta, Albert Bandura fréquenta l'université de Colombie britannique avant de rejoindre l'université de l'Iowa, où il passa son doctorat et se spécialisa dans la théorie de l'apprentissage social. En 1953, il obtint un poste d'enseignant à l'université Stanford, en Californie, où il est professeur émérite.

Considéré comme l'un des psychologues les plus éminents et les plus influents du monde, Bandura reçut de nombreuses récompenses, dont le Thorndike Award for Distinguished Contributions of Psychology to Education, en 1999, et un Lifetime Achievement Award de l'Association for the Advancement of Behavior Therapy, en 2001. Détenteur de plus de 16 doctorats *honoris causa*, il fut élu en 1974 président de l'American Psychological Association.

Ouvrages-clés

1973 *Aggression : A Social Learning Analysis*
1977 *Social Learning Theory*
1986 *Social Foundations of Thought and Action : A Social Cognitive Theory*

LE SENS MORAL SE DÉVELOPPE EN SIX STADES

LAWRENCE KOHLBERG (1927-1987)

CONTEXTE

APPROCHE
Développement moral

AVANT
1923 Sigmund Freud fait un compte rendu psychanalytique du développement moral.

1932 Jean Piaget soutient que le sens moral se développe à partir de deux sources : l'une soumise aux règles des autres, l'autre soumis aux seules règles de l'individu.

APRÈS
1977 Le psychologue de l'éducation William Damon suggère, avant Kohlberg, que les jeunes enfants sont capables de prendre en compte les besoins des autres.

1982 La psychologue américaine Nancy Eisenberg affirme que, pour comprendre le développement moral d'un enfant, il faut examiner son raisonnement quand il doit affronter un conflit entre ses propres besoins et les besoins des autres.

Lawrence Kohlberg pensait que le sens moral se développe progressivement au fil de l'enfance et de l'adolescence. Pour valider son hypothèse, il entreprit en 1956 une étude mobilisant 72 garçons âgés de dix à seize ans, auxquels il soumit des dilemmes moraux impliquant le choix entre deux options, dont aucune ne pouvait être considérée comme totalement acceptable : est-ce bien ou mal, par exemple, qu'un homme à court d'argent vole les médicaments dont sa femme, très malade, a un besoin urgent ? Kohlberg poursuivit cette étude sur vingt ans, avec 58 garçons qu'il testait tous les trois ans afin

Le sens moral se développe en six stades à travers l'enfance, l'adolescence et la vie adulte.

↓

Le comportement moral des **deux stades préconventionnels** est caractérisé par les concepts de punition, de récompense et de réciprocité.

↓

Le comportement moral des **deux stades conventionnels** s'accorde à faire ce que les autres croient juste, à soutenir les lois et à maintenir l'ordre social.

↓

Dans les **deux stades post-conventionnels**, l'individu est le juge suprême du comportement moral, basé sur sa propre conscience et sur les principes moraux universels plutôt que sur les normes sociales.

Voir aussi : Sigmund Freud 92-99 ▪ Jean Piaget 262-269 ▪ Albert Bandura 286-291

> On peut considérer que la pensée morale génère en partie ses propres données à mesure qu'elle progresse.
> **Lawrence Kohlberg**

d'observer comment leurs inclinations morales évoluaient avec l'âge. À partir des réponses données par les sujets, Kohlberg identifia six stades de développement moral couvrant trois niveaux de raisonnement : préconventionnel, conventionnel et post-conventionnel.

Les niveaux de raisonnement

Le niveau de raisonnement moral préconventionnel (de 2 à 7 ans) considère que les règles sont fixes et absolues. Au premier stade de ce niveau, celui de l'obéissance et de la punition, l'enfant détermine si ses actions sont bonnes ou mauvaises selon qu'elles entraînent ou non une sanction. Au deuxième stade, celui de l'intérêt personnel, le bien et le mal sont définis par l'obtention éventuelle d'une récompense. Les désirs et les besoins des autres ne sont reconnus que s'ils sont accompagnés de réciprocité.

Le niveau de raisonnement moral conventionnel (de 7 à 15 ans) commence avant l'adolescence et peut se prolonger au-delà. L'enfant entrevoit l'intention sous-jacente au comportement, et non plus les seules conséquences. Au premier stade de ce niveau, celui des relations interpersonnelles et de la conformité, il classe les comportements moraux selon leur utilité ou le plaisir qu'ils procurent. Le but est d'apparaître comme quelqu'un de bien. Au deuxième stade, celui de l'autorité et du maintien de l'ordre social, l'adolescent acquiert le sens du respect de la loi et de l'autorité, pour protéger et soutenir la société.

Mahatma Gandhi est l'un des rares hommes à avoir atteint le sixième stade de développement moral défini par Kohlberg : toute sa vie, il estima qu'il était de son devoir d'ignorer les lois injustes et oppressives.

Si l'on atteint le niveau de raisonnement moral post-conventionnel, c'est que l'on peut dépasser le conformisme, mais, d'après Kohlberg, seuls 10 à 12 % d'entre nous y parviennent. Au premier stade de ce niveau, celui du contrat social, nous respectons toujours l'autorité mais nous prenons conscience que la vie humaine est plus sacrée que la soumission aux règles et que les droits individuels peuvent primer sur des lois injustes ou oppressives. Au sixième et dernier stade, celui des principes éthiques universels, notre conscience devient le juge ultime, et nous nous engageons en faveur de l'égalité des droits et du respect de tous. La désobéissance civile peut même apparaître comme un juste recours.

En affirmant que la moralité n'est pas imposée aux enfants, la théorie de Kohlberg allait à l'encontre des thèses psychanalytiques ; elle rompait également avec le béhaviorisme pour lequel la moralité permet d'éviter les sentiments inconfortables. Pour Kohlberg, les enfants acquièrent un code moral à travers leurs interactions et leur conscience du respect, de l'empathie et de l'amour. ■

Lawrence Kohlberg

Dernier d'une famille de quatre enfants, Lawrence Kohlberg naquit à Bronxville, dans l'État de New York. Il termina ses études secondaires à la fin de la Seconde Guerre mondiale et s'engagea dans la Marine, où il fit passer des réfugiés juifs en Palestine.

En 1948, il intégra l'université de Chicago, où il passa sa licence en un an, puis prépara, tout en enseignant, un doctorat qu'il présenta en 1958. Il enseigna également à l'université Yale, puis à l'université Harvard. En 1971, alors qu'il travaillait au Belize, Kohlberg contracta une infection parasitaire dont il ne devait jamais se débarrasser. Il lutta contre la douleur et la dépression jusqu'au 19 janvier 1987. Ce jour-là, il quitta l'hôpital du Massachusetts, où il était traité, et se suicida en se noyant dans le Port de Boston.

Ouvrages-clés

1969 *Stage and Sequence*
1976 *Moral Stages and Moralization*
1981 *The Philosophy of Moral Development*

L'ORGANE DU LANGAGE SE DÉVELOPPE COMME TOUT AUTRE ORGANE DU CORPS HUMAIN

NOAM CHOMSKY (NÉ EN 1928)

CONTEXTE

APPROCHE
Nativisme

AVANT
1958 Arguant que les enfants apprennent des mots et des expressions par le renforcement, B. F. Skinner explique le développement du langage par le conditionnement opérant.

1977 Albert Bandura soutient que les enfants peuvent imiter la forme générale des phrases et les compléter avec des mots spécifiques.

APRÈS
1994 Steven Pinker prétend que le langage est un instinct issu d'un programme inné câblé dans le cerveau, qui apparut parce qu'il était adapté à la survie humaine.

2003 Pour les psychologues Stan Kuczaj et Heather Hill, les parents offrent aux enfants de meilleurs exemples de phrases grammaticales que ceux que Chomsky suggère.

Au milieu du XXe siècle, le concept de développement du langage reposait essentiellement sur la théorie de l'apprentissage proposée par B. F. Skinner et Albert Bandura. Pour ces béhavioristes, le langage résultait, comme toute faculté humaine, d'un apprentissage lié aux stimulations de l'environnement et développé par les techniques de renforcement au cœur du conditionnement opérant. Skinner avait noté que, lorsque les enfants imitent les sons et forment correctement un mot, ils reçoivent un renforcement immédiat, l'approbation des parents, qui les motive à apprendre de nouveaux

Voir aussi: B. F. Skinner 78-85 ▪ Jerome Bruner 164-165 ▪ Steven Pinker 211 ▪ Jean Piaget 262-269 ▪ Albert Bandura 286-291

Les jeunes enfants **utilisent spontanément des règles grammaticales** qu'on ne leur a jamais apprises.

Les jeunes enfants peuvent **comprendre la signification** d'une phrase entière sans comprendre celle de tous les mots.

L'imitation verbale associée à l'admiration et aux éloges n'explique pas **la productivité et la créativité** du langage.

L'aptitude humaine à comprendre la grammaire est **innée et biologique**.

L'organe du langage se développe comme tout autre organe du corps humain.

mots et de nouvelles expressions. Bandura avait élargi le concept en remarquant que, en plus des mots, les enfants reproduisent la forme et la structure générales des phrases en remplissant des modèles avec des mots spécifiques.

Mais le linguiste Noam Chomsky estimait que le conditionnement opérant ne suffit pas à expliquer la productivité, la créativité et l'innovation du langage. Il ne peut expliquer non plus l'usage spontané par les enfants de règles grammaticales qu'ils n'ont jamais apprises, pas plus que leur aptitude à saisir le sens d'une phrase entière sans connaître le sens de tous les mots. Pour Chomsky, cette faculté est innée chez l'homme, et le linguiste assimile l'organe du langage, qui « se développe comme tout autre organe du corps humain », aux autres fonctions acquises par hérédité.

Le nativisme

Chomsky admet que l'environnement fournit à l'enfant le contenu du langage, mais il soutient, en revanche, que la grammaire est une faculté humaine innée biologiquement déterminée. Pour illustrer son point de vue, il se réfère à d'autres aspects du développement humain que nous acceptons comme le produit inévitable de l'hérédité. Il compare ainsi la « croissance » de l'organe du langage à l'apparition de la puberté : nous acceptons que la puberté soit une étape déterminée génétiquement, et, si le moment où elle survient et ses diverses manifestations peuvent être influencés par des variables environnementales, le processus fondamental demeure le même pour toute l'espèce humaine. Nous prenons pour acquis qu'il s'agit d'un résultat de la programmation biologique de base. La croissance du langage, souligne Chomsky, est une autre fatalité génétiquement programmée du développement humain, au même titre que les processus qui font que nous avons des bras et non des ailes ou qui régissent la structure de notre système circulatoire.

S'il fait partie intégrante du processus de croissance, le langage n'est donc pas le résultat d'un apprentissage. En proposant ce concept essentiel, Chomsky adoptait la perspective nativiste, centrée sur les aspects hérités du comportement et minimisant l'importance des facteurs environnementaux. Il estimait, toutefois, que l'environnement joue un rôle dans la direction spécifique que suit le développement du langage, dans

> Le langage est un processus de création libre.
> **Noam Chomsky**

la mesure où l'organe du langage s'oriente en fonction des premières expériences. Chomsky lui-même, qui avait grandi à Philadelphie, dans l'État de Pennsylvanie, avait absorbé le dialecte anglais propre à cet endroit, et la structure de son organe du langage s'était adaptée à ces conditions environnementales. Il en va de même pour chacun d'entre nous, que l'on grandisse à Paris, à Tokyo ou à Londres.

Une grammaire universelle

Existe-t-il preuve que l'acquisition du langage est un trait inné et ne résulte pas d'un apprentissage? Selon Chomsky, l'élément le plus convaincant de cette thèse est que certains aspects de la grammaire sont si intuitifs et évidents qu'ils n'ont pas à être explicités ou appris pour être compris: ils font partie de notre héritage biologique. Ainsi, dans la langue anglaise, le pronom peut être éludé dans certaines constructions mais non dans d'autres. La différence est subtile et, pourtant, les jeunes anglophones savent, dès l'âge de six ans, utiliser sans erreur ces diverses constructions. Cela implique que certains aspects de la grammaire ne nécessitent aucune instruction pour être compris, et que leur connaissance est innée. C'est la seule façon d'expliquer les performances grammaticales des gens et l'utilisation si créative du langage par des enfants de six ans.

Chomsky affirme que cette «grammaire universelle» existe dans le monde entier, avec des modifications relatives à chaque langue maternelle. Il s'agit d'un mécanisme prédéfini, qui sert de base à l'acquisition d'une langue quelconque. Il suffit de voir la facilité avec laquelle un enfant est capable d'apprendre n'importe quelle langue à laquelle il est exposé. Chomsky pense qu'un ensemble commun de traits linguistiques – comprenant des éléments de grammaire, de sémantique et de phonation – est inscrit héréditairement dans l'organe du langage. C'est ce qui nous permet de parler et d'apprendre les langues humaines – et pourrait nous interdire d'apprendre un langage qui violerait ces principes.

> Nous sommes conçus pour apprendre des langues à partir d'une base commune de principes, que l'on peut appeler grammaire universelle.
> **Noam Chomsky**

Le mécanisme du langage

Chomsky proposa de nommer cet «organe» inné du langage «mécanisme d'acquisition du langage». Son existence est fondée sur trois constantes: le fait que les enfants naissent avec la faculté de formuler et de comprendre tous les types de phrases, sans les avoir jamais apprises; l'identification au sein de toutes les langues humaines d'éléments universels; l'acquisition par les individus de certains principes grammaticaux indépendamment de leur culture ou de leur intelligence. La biologie fournit d'autres arguments: ainsi, nos organes vocaux, notre appareil respiratoire, notre système auditif

Noam Chomsky

Linguiste, philosophe et intellectuel engagé, Noam Chomsky naquit de parents juifs à Philadelphie en Pennsylvanie. Il étudia la philosophie et la linguistique à l'université de Pennsylvanie, où il soutint sa thèse de linguistique en 1955. Il rejoignit alors le MIT (Massachusetts Institute of Technology) où il enseigna durant toute sa carrière et accéda en 1976 au titre rare d'*Institute Professor*.

Reconnu comme l'un des pères de la linguistique moderne, Chomsky fut aussi un dissident politique de sensibilité anarchiste. Sa critique radicale de la politique étrangère des États-Unis fit de lui une figure très controversée. Détenteur d'une trentaine de diplômes honorifiques, il reçut de nombreux prix, dont le Distinguished Scientific Contribution Award, le prix de la paix Dorothy Eldridge, le prix Orwell, etc. Le couple qu'il forma avec sa femme, la linguiste Carol Schatz, décédée en 2008, dura cinquante-neuf ans.

Ouvrages-clés

1957 *Structures syntaxiques*
1965 *La Linguistique cartésienne*
1968 *Le Langage et la pensée*

Les enfants sourds communiquent à travers le langage gestuel, qui a les mêmes caractéristiques que le langage parlé, ce qui suggère que la connaissance de la grammaire et de la syntaxe est innée.

et notre cerveau sont tous spécialisés pour la communication parlée. Seule l'existence d'un mécanisme d'acquisition du langage peut expliquer, pour Chomsky, que les enfants paraissent posséder les règles grammaticales en dépit de la fréquence à laquelle ils sont exposés à des énoncés grammaticalement incorrects ou incomplets, prononcés par leurs parents et les autres adultes. Les études portant sur les enfants sourds vont dans le même sens : elles révèlent l'émergence d'un « langage gestuel » obéissant aux mêmes principes de base que le langage parlé.

Évaluation

Le cognitiviste Steven Pinke partage avec Chomsky l'idée que le langage est une faculté instinctive inscrite dans le cerveau humain, mais suggère que cette faculté est le produit de l'évolution, une adaptation qui a permis à nos ancêtres de survivre. Chomsky conteste cette explication sur l'évolution du langage : pour lui, le langage est un module mental distinct, propre aux êtres humains et complètement indépendant de l'habileté cognitive générale.

De même, la linguiste Jean Aitchison partage avec Chomsky l'idée que les enfants ont une connaissance innée des règles grammaticales, mais ajoute que l'enfant possède également des capacités innées de résolution de problèmes lui permettant de traiter les données linguistiques comme tout autre type d'information. Chomsky maintient que la faculté de langage existe indépendamment des autres capacités humaines et que, l'esprit étant constitué d'organes mentaux semblables aux organes corporels, on peut aisément isoler le langage des autres facultés mentales.

Pour Robin Chapman, spécialiste des troubles de la communication, la critique vient du fait que l'étude du développement du langage ne tient pas compte des interactions sociales des enfants : elle rappelle que les structures du langage s'acquièrent par paliers, sur plusieurs années, et qu'il existe d'importantes variations dans le rythme d'acquisition, ce qui suggère que l'environnement social peut aussi être un facteur. On peut également s'interroger sur l'affirmation de Chomsky selon laquelle le langage est propre à l'espèce humaine : les études portant sur le langage des chimpanzés et des gorilles laissent, en effet, penser que la différence de langage est plus d'ordre quantitatif que qualitatif.

L'œuvre de Chomsky a exercé une influence considérable en linguistique, en psychologie, en philosophie et même dans le domaine des mathématiques. Si l'idée que les enfants sont prédisposés à apprendre une langue est largement acceptée, sa thèse selon laquelle ils ont une connaissance innée du langage, que les parents n'influencent que très peu, reste controversée. Chomsky est considéré comme le représentant le plus extrême du nativisme dans l'histoire de la psychologie. Quand bien même l'existence de traits biologiques paraît mieux rendre compte du développement du langage que le conditionnement opérant, l'image demeure toutefois incomplète. De fait, les travaux de Chomsky ont conduit à l'émergence de points de vue plus nuancés, qui, à n'en pas douter, encourageront de nouvelles recherches. ■

Les travaux relatifs à la communication entre les chimpanzés montrent que les grands singes disposent d'un langage complexe, moins riche et moins varié toutefois que le langage humain.

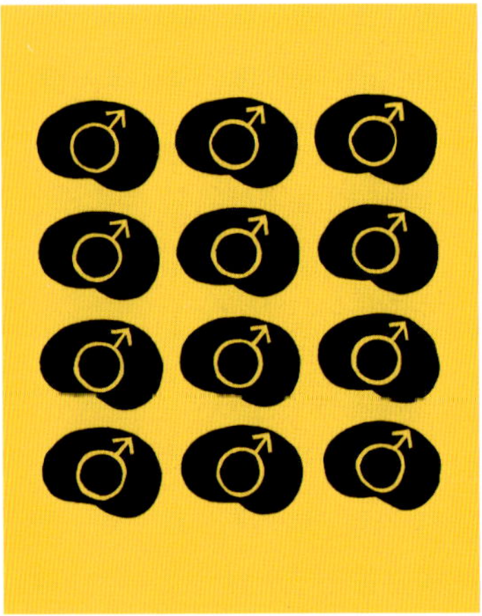

L'AUTISME EST UNE FORME EXTRÊME DU CERVEAU MASCULIN

SIMON BARON-COHEN (NÉ EN 1958)

CONTEXTE

APPROCHE
Théorie de l'esprit

AVANT
1943 Le psychiatre américain Leo Kanner identifie l'autisme et suggère qu'il résulte d'une éducation froide et insensible.

1944 Le pédiatre autrichien Hans Asperger décrit l'autisme comme une « variante extrême de l'intelligence masculine ».

1979 Les psychiatres anglais Lorna Wing et Judith Gould découvrent un vaste éventail de troubles autistiques.

APRÈS
1989 La physiologiste d'origine allemande Uta Frith établit que les individus autistes sont enclins à remarquer le détail d'une situation plutôt que son ensemble.

1997 Le psychologue britannique Peter Mitchell estime que la « théorie de l'esprit » de Baron-Cohen ne peut expliquer la mémoire exceptionnelle de certains autistes.

L'autisme est un trouble du développement affectant les capacités de communication et d'interaction sociale. Les enfants autistes réagissent souvent à leur environnement d'une manière particulière qui surprend les autres. L'interaction sociale avec ces enfants tend à constituer un défi, car beaucoup d'entre eux ne parlent pas ou ne manifestent que peu d'intérêt pour autrui. L'autisme touche en grande majorité des garçons et persiste le plus souvent à l'âge adulte. On en a donné diverses explications : l'une des plus récentes et des plus influentes est la « théorie de l'esprit » formulée par Simon Baron-Cohen, qui pense, à partir des observations des différences de développement cérébral entre les sexes, que « l'autisme est une forme extrême du cerveau masculin ».

> Une personne dotée d'un cerveau hyperféminin souffrirait de « cécité systémique ».
> **Simon Baron-Cohen**

Les types de cerveau

En 2003, Baron-Cohen développa la théorie empathisation-systémisation, qui affecte à chacun, indépendamment de son sexe, un type de cerveau particulier – « masculin » ou « féminin » – en fonction de sa capacité d'empathie ou de systématisation. Ses travaux suggèrent, en effet, que le cerveau féminin est prédisposé à l'empathie, les femmes étant généralement plus à l'écoute des autres et manifestant plus de sensibilité aux expressions faciales et à la communication non verbale. Le cerveau masculin serait, en revanche, plus apte à comprendre et à construire des systèmes ; intéressé par le fonctionnement des choses, leur structure et leur organisation, il est meilleur dans les tâches nécessitant des compétences de décodage.

La théorie n'implique pas une nette séparation des sexes : les expériences de Baron-Cohen ont montré que près de 17 % des hommes ont un « cerveau empathisant », 17 % des femmes un « cerveau systématisant », et la plupart

Voir aussi : Roger W. Péri 337-338 ▪ Heinz Heckhausen 338-339 ▪ Michael Rutter 339

Le **cerveau masculin** est principalement câblé pour comprendre et construire des systèmes.

Le **cerveau féminin** est principalement câblé pour l'empathie.

Les autistes ne pensent qu'à comprendre et à **travailler avec des systèmes** mais ne sont **pas « outillés » pour l'empathie**.

L'autisme est une forme extrême du cerveau masculin.

des gens un cerveau « équilibré » développant les deux aptitudes de manière équitable.

La théorie de l'esprit

Pour Baron-Cohen, l'autisme résulterait d'une absence de théorie de l'esprit – capacité d'interpréter les émotions et les actions d'autrui. Les sujets autistes sont donc incapables d'évaluer l'état d'esprit ou les intentions des autres. Ils manifestent souvent des intérêts obsessionnels, généralement axés sur un système quelconque – un interrupteur, par exemple. Ils se focalisent sur les plus infimes détails d'un système ou apprennent tout ce qu'il y a à savoir sur un sujet particulier, avec une remarquable précision. Ce mélange d'obsession pour les systèmes et de faible empathie, combiné à la forte proportion de sujets masculins parmi les autistes, a conduit Baron-Cohen à conclure que les autistes ont un cerveau « hypermasculin ».

L'autisme est l'un des troubles psychiatriques infantiles les plus graves, et les travaux de Baron-Cohen ont permis d'en faciliter le dépistage et d'en améliorer le traitement. ■

Les enfants autistes montrent parfois de remarquables aptitudes dans certains domaines, ceux notamment qui exigent une observation pointue des détails, comme les mathématiques, le dessin ou la peinture.

Simon Baron-Cohen

Né à Londres en 1958, Simon Baron-Cohen se qualifia en psychologie clinique à l'Institut de psychiatrie de l'université de Londres et obtint son doctorat au University College de Londres.

En 1995, il devint maître de conférence en psychologie expérimentale au Trinity College, à Cambridge, où il enseigne actuellement la psychopathologie du développement et où il dirige le Centre de recherche sur l'autisme.

Il compte parmi ses nombreuses distinctions le President's Award et la Spearman Medal de la British Psychological Society, ainsi que le Boyd McCandless Award de l'American Psychological Association.

De 2009 à 2011, Baron-Cohen fut vice-président de l'International Society for Autism Research et vice-président de la National Autistic Society.

Ouvrages-clés

1993 *Autism : The Facts*
1995 *Mindblindness*
1999 *Teaching Children with Autism to Mind-Read*
2003 *The Essential Difference*

LA PSYCH
DIFFÉREN
PERSONNALITÉ
ET INTELLIGENCE

OLOGIE
TIELLE

1871

Dans *La Filiation de l'homme et la sélection liée au sexe*, **Charles Darwin** soutient que les variations de capacités intellectuelles ont tendance à être héréditaires.

1884

Francis Galton est le premier à étudier scientifiquement les **différences individuelles** à l'aide de questionnaires à grande échelle.

1904

En appliquant l'analyse factorielle aux performances à diverses tâches intellectuelles, **Charles Spearman** propose un facteur d'intelligence général, le **facteur g**.

1905

Alfred Binet et Théodore Simon élaborent le **premier test d'intelligence**, connu sous le nom de test Binet-Simon.

1921

Floyd et Gordon Allport publient *Personality Traits : their Classification and Measurement*.

1937

Gordon Allport publie son livre le plus important, *Personality : psychological interpretation*.

1941

Raymond Cattell suggère que nos capacités cognitives résultent de deux formes d'intelligence : **l'intelligence fluide et l'intelligence cristallisée**.

1942

Katherine Briggs et Isabel Briggs Myers proposent un test psychométrique, aujourd'hui largement répandu, le **MBTI (Myers Briggs Type Indicator)**.

Bien que la psychologie théorique s'attache surtout à étudier les aspects de l'esprit et du comportement communs aux êtres humains, les philosophes et les savants ont toujours su qu'il existait des différences dans la constitution psychologique des individus. Quelques philosophes de l'Antiquité expliquèrent les différences de personnalités par la théorie des humeurs – ou des tempéraments –, mais il fallut attendre le XXe siècle pour que la personnalité devienne un objet d'étude scientifique.

Les béhavioristes considéraient la personnalité comme un produit du conditionnement, tandis que la théorie psychanalytique la décrivait comme l'effet sur l'inconscient des expériences passées – mais leurs explications s'inséraient dans la conclusion de théories plus générales et ne représentaient pas une réelle étude de la personnalité. Le premier psychologue à proposer une approche systématique de la personnalité fut Gordon Allport : pionnier de ce qu'on appelle aujourd'hui la « théorie des traits », il identifia un certain nombre de traits de personnalité, pouvant se classer en trois niveaux différents et se combinant de façon unique pour définir une personnalité propre à chaque individu. Le concept de trait devint une notion centrale de la psychologie de la personnalité, un nouveau champ d'étude de la psychologie qui se développa dans le sillage des travaux d'Allport.

Les traits de personnalité

De nouvelles méthodes d'analyse permirent d'affiner la théorie d'Allport en réduisant le nombre de traits constitutifs de la personnalité. Recourant à l'analyse factorielle, Raymond Cattell identifia seize facteurs de personnalité. La plupart des modèles proposés intégraient la dimension extraversion-introversion parmi les facteurs déterminants de la personnalité. Cette dimension est notamment l'un des trois facteurs de personnalité – avec le névrosisme et le psychotisme – définis par Hans Eysenck.

La théorie des traits suggérait des comportements stables dans des situations changeantes, mais cette thèse fut remise en question par Walter Mischel, qui démontra que des situations différentes peuvent induire des comportements différents. Il suggéra de replacer les traits de personnalité dans un contexte situationnel, en prenant en compte les perceptions et les réactions de l'individu dans des circonstances

1947-années 1970
Hans Eysenck développe un **modèle de psychothérapie** fondé sur **trois dimensions**.

1950
Avec le modèle **SOI (Structure of Intellect)**, J. P. Guilford suggère que tout acte intellectuel comporte trois dimensions : opération, contenu, produit.

1954
Dans *Les Trois visages d'Eve*, Corbett H. Thigpen et Hervey M. Cleckley décrivent un cas de **trouble de la personnalité multiple**.

1955
David Wechsler développe un test d'intelligence pour adultes, le **WAIS (Wechsler Adult Intelligence Scale)**.

1968
Dans *Personality and Assessment*, **Walter Mischel** suggère que le comportement est déterminé par les traits de la personnalité **indépendamment de la situation et du contexte.**

1973
David Rosenhan critique la validité des diagnostics psychiatriques avec des **« pseudo-patients »** simulant des hallucinations auditives.

1986
Dans *The Emotions*, **Nico Frijda** décrit les émotions comme les changements survenant chez un individu qui se prépare à l'action.

années 1990
La recherche met en évidence les **cinq traits** centraux de la **personnalité**, les ***Big Five*** : ouverture à l'expérience, conscienciosité, extraversion, agréabilité, neuroticisme.

variées. En fait, la personnalité est beaucoup moins stable qu'on l'avait suggéré au début puisqu'on découvrit qu'un même individu peut posséder plusieurs personnalités distinctes. Les psychiatres Corbett H. Thigpen et Hervey M. Cleckley popularisèrent un cas de trouble de la personnalité multiple – ou trouble dissociatif de l'identité – dans leur livre, *Les Trois visages d'Eve*, porté à l'écran sous le même titre.

Le facteur d'intelligence

Autre facteur de distinction entre les individus, l'intelligence est étudiée depuis la naissance de la psychologie mais reste difficile à définir et à mesurer, et ses études sont souvent matière à controverse. Le débat entre inné et acquis occupe toujours une place prépondérante dans les études sur l'intelligence. Tandis que des psychologues comme Cattell et Eysenck défendaient, à la suite de Darwin et Galton, l'idée d'une intelligence héritée – thèse qui véhicula son lot de stéréotypes raciaux et nourrit l'eugénisme –, d'autres estimaient que l'intelligence, comme tous les traits de personnalité, est soumise à l'influence de l'environnement ; d'autres encore se plaignaient que les tests d'intelligence souffrent d'un biais culturel conduisant à une distorsion des résultats.

Au début du XXe siècle, le psychologue britannique Charles Spearman proposa une évaluation plus objective et plus scientifique de l'intelligence en recourant aux techniques statistiques. Il identifia ainsi un facteur unique, le « facteur g », censé refléter l'ensemble des aptitudes mentales constituant « l'intelligence générale ». Cette idée d'une mesure unique de l'intelligence fut remise en cause par Joy Paul Guilford, pour qui l'intelligence est constituée d'aptitudes différentes, idée qui conduisit Cattell à distinguer l'intelligence fluide de l'intelligence cristallisée – deux niveaux de raisonnement et de pensée critique.

L'étude des différences psychologiques fut également alimentée par les travaux de Paul Ekman et Nico Frijda sur les émotions et les expressions faciales, et ceux de David Rosenhan sur les troubles psychologiques – qui montrèrent qu'il est difficile de distinguer les gens « normaux » des gens « anormaux ». En fait, les différences individuelles ressemblent plus à des points sur un spectre qu'à des divisions bien tranchées – ce qui souligne la complexité et la diversité de la psychologie humaine. ■

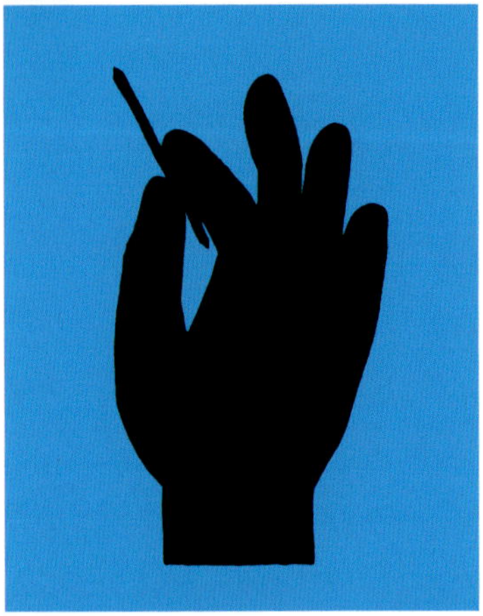

CITEZ TOUS LES USAGES QUE L'ON PEUT FAIRE D'UN CURE-DENTS

J. P. GUILFORD (1897-1987)

CONTEXTE

APPROCHE
Psychométrie

AVANT
XIXe siècle Wilhelm Wundt, Gustav Fechner et Francis Galton pensent que les différences individuelles de capacités cognitives peuvent se mesurer empiriquement.

1904 Le psychologue britannique Charles Spearman prétend que l'intelligence peut se résumer à un seul nombre.

1938 Le psychologue britannique L.L. Thurstone identifie sept facteurs indépendants composant les capacités primaires – ou intelligence – d'un individu.

APRÈS
1969 Le Britannique Philip E. Vernon estime que 60 % de l'intelligence est innée.

1974 Les tests de créativité qu'élabore le psychologue américain Ellis Paul Torrance sont aujourd'hui les plus utilisés.

Bien que l'intelligence alimentât déjà les débats dans la Grèce antique, la première méthode systématique de mesure de l'intelligence ne fut développée qu'en 1905 par le psychologue français Alfred Binet, auquel on avait demandé de détecter les élèves en difficulté à l'école. Avec le psychologue Théodore Simon, Binet élabora une échelle métrique de l'intelligence, le test Binet-Simon, qui résumait, à partir d'exercices de mémoire, d'attention et de résolution des problèmes, les capacités intellectuelles d'un enfant en lui attribuant un « âge mental ».

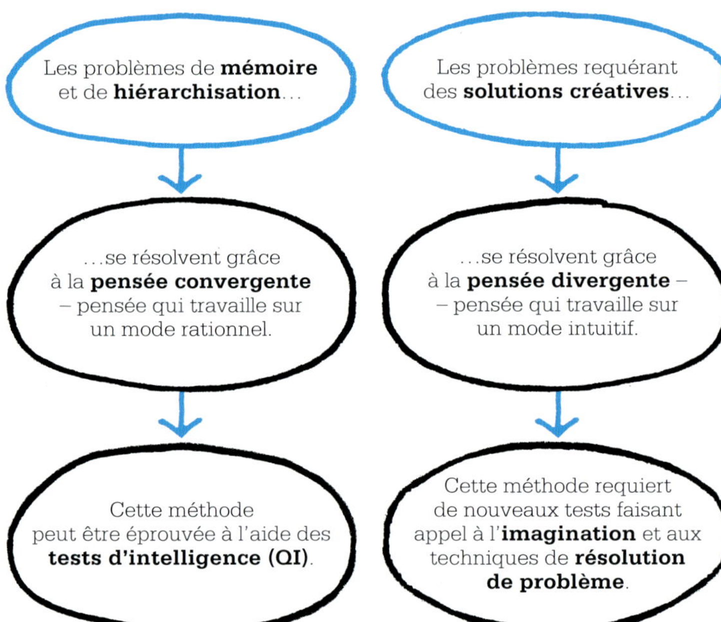

Voir aussi: Alfred Binet 50-53 ▪ Raymond Cattell 314-315 ▪ Hans J. Eysenck 316-321 ▪ William Stern 334 ▪ David Wechsler 336

Un esprit créatif imagine des centaines d'usages à un cure-dents. Le test des «usages alternatifs» de Guilford évalue les gens sur leur capacité à proposer des alternatives originales et diversifiées.

Le quotient intellectuel (QI) fut défini comme le rapport entre l'âge mental et l'âge réel, et multiplié par 100 pour des raisons de commodité. En moyenne, près de 95% de la population a un QI compris entre 70 et 130, et on estime à 0,5% la proportion de gens frôlant le génie avec un QI supérieur à 145.

La construction des tests de QI ne repose sur aucune théorie complète, et leurs résultats ne donnent qu'une indication sur le potentiel intellectuel des individus, mais le psychologue américain J. P. Guilford leur reprochait surtout d'ignorer la créativité.

La mesure de la créativité

Pour Guilford, les tests traditionnels d'intelligence exigent une pensée débouchant sur une réponse unique, qu'il appelle pensée «convergente», tandis que la créativité met en œuvre un type de pensée différente, qu'il qualifie de «divergente», car elle explore plusieurs directions pour produire des solutions multiples à un problème donné.

Guilford ne doutait pas que la créativité fût mesurable: elle est indiquée par le nombre de directions qu'explore la pensée d'un individu. Il élabora plusieurs tests dont celui des «usages alternatifs» – chaque participant devait noter tous les usages qu'il imaginait à un cure-dents, à une brique et à une agrafe – et celui «des conséquences», où il demandait aux participants d'imaginer tout ce qui pourrait se produire si toutes les lois étaient soudain abrogées. Guilford notait chaque test en fonction de quatre dimensions clés: originalité, fluidité, flexibilité, élaboration.

Refusant de réduire l'intelligence à un facteur général, Guilford prétendait qu'elle est constituée de trois différents groupes d'activités: les «opérations» définissant les processus intellectuels mis en œuvre – on en compte 6, dont la mémoire, la cognition et l'évaluation; les «contenus» définissant les types d'informations mobilisés – on en compte 5, dont le contenu visuel et le contenu auditif; les «produits» définissant les résultats des opérations appliquées aux contenus – on en compte 6, dont les classes et les relations. En combinant les trois groupes d'activités, on obtient (6 x 5 x 6) soit 180 types d'intelligence différents, dont une centaine ont déjà été validés.

Du fait de leur complexité, les tests de Guilford demeurent d'usage moins courant que les tests de QI standardisés, mais ses travaux ont fortement influencé les études sur l'intelligence et sur la créativité. ■

J. P. Guilford

Joy Paul Guilford naquit dans une ferme du Nebraska, aux États-Unis. Élève intelligent se retrouvant systématiquement en tête de sa classe, il entreprit une licence de psychologie, interrompue par un séjour dans l'armée, puis prépara un doctorat à l'université Cornell, dans l'État de New York. En 1928, il retourna au Nebraska comme professeur adjoint, puis rejoignit en 1940 l'université de Californie du Sud, où il travailla jusqu'à sa retraite, en 1967 – excepté durant la Seconde Guerre mondiale.

Homme d'une grande intégrité, généreux et dévoué à sa famille, Guilford était si timide qu'on l'avait surnommé dans l'armée le « fantôme gris ». Chercheur influent et prolifique, il écrivit près de 25 livres, publia quelque 300 articles et élabora une trentaine de tests.

Ouvrages-clés

1936 *Psychometric Methods*
1967 *The Nature of Human Intelligence*

> L'individu capable de proposer un grand nombre d'idées par unité de temps a plus de chances d'avoir des idées brillantes.
> **J. P. Guilford**

ROBINSON CRUSOÉ AVAIT-IL TOUS SES TRAITS DE PERSONNALITÉ AVANT L'ARRIVÉE DE VENDREDI ?

GORDON ALLPORT (1897-1967)

CONTEXTE

APPROCHE
Théorie du trait de personnalité

AVANT
IIe siècle av. J.-C. Galien classe le tempérament humain selon quatre humeurs.

1890 Dans *Principes de psychologie*, William James fait une première tentative de définition de la personnalité comme une combinaison du « Moi », objet connu, et du « Je », sujet connaissant.

APRÈS
1946 Raymond Cattell développe le test de personnalité 16PF basé sur l'hypothèse lexicale d'Allport et Odbert.

Années 1970 Hans J. Eysenck crée le test de personnalité PEN (psychotisme, extraversion, neuroticisme).

1993 Le psychologue américain Dan P. McAdams explicite la méthode idiographique dans son livre *The Stories We Live By.*

Gordon Allport est présenté comme l'un des fondateurs de la psychologie de la personnalité car il fut le premier psychologue des temps modernes à se consacrer à l'étude de la personnalité. Il semble, en effet, que, depuis la théorie des humeurs d'Hippocrate (v. 400 av. J.-C.), reprise par Galien (v. 150 apr. J.-C.), il n'y avait eu aucune étude sérieuse sur la personnalité. Le terme était à peine mentionné dans les ouvrages de psychologie du XIXe siècle, alors que le « soi » et l'« ego » bénéficiaient déjà d'une abondante littérature.

Au début du XXe siècle, les deux écoles dominant la psychologie, la psychanalyse et le béhaviorisme, offraient des approches radicalement opposées : toutes deux se développèrent considérablement et, bien que souvent controversées, restent puissantes à ce jour. Uniquement intéressé par l'acquisition des comportements, le béhaviorisme n'évoque jamais la personnalité ; s'appuyant sur l'approche introspective, la psychanalyse affirme l'existence d'un inconscient contrôlant notre personnalité, mais auquel nous n'avons pas accès sinon accidentellement à travers les lapsus et les rêves.

> Les gens sont occupés à mener leur vie dans le futur, tandis que la psychologie est occupée, la plupart du temps, à retracer leur passé.
> **Gordon Allport**

Le psychologue américain Gordon Allport était fondamentalement insatisfait de ces deux approches. Il reprochait au béhaviorisme d'ignorer la « personne » sujet d'un apprentissage, car chaque personne est unique et ses perceptions font partie du processus. La psychanalyse lui semblait tout aussi inadaptée pour expliquer la personnalité et le comportement d'un individu, car elle accordait trop d'importance à son passé, en ignorant le contexte du moment et ses motivations. La visite

Voir aussi: Galien 18-19 ▪ William James 38-45 ▪ Sigmund Freud 92-99 ▪ Carl Rogers 130-137 ▪ Abraham Maslow 138-139 ▪ Martin Seligman 200-201 ▪ Paul Salkovskis 212-213 ▪ Raymond Cattell 314-315 ▪ Hans J. Eysenck 316-321 ▪ William Stern 334

qu'il rendit à Sigmund Freud, à Vienne, lorsqu'il obtint son diplôme, ne fit que renforcer son point de vue. Lors de leur première rencontre, Allport raconta incidemment à Freud que, dans le train qui l'amenait, il avait vu un petit garçon qui avait si peur de se salir qu'il refusait de s'asseoir à côté de quelqu'un de négligé malgré les encouragements de sa mère. Peut-être, suggéra Allport, le garçonnet devait-il cette phobie à sa mère, une femme soignée et plutôt dominatrice? Freud lui demanda alors: «Et ce petit garçon, c'était vous?» En ramenant une simple observation à quelque épisode inconscient de l'enfance d'Allport, Freud semblait faire peu de cas des motivations et des intentions de son interlocuteur. Allport devait toujours affirmer la prééminence du présent sur le passé, et, s'il revint vers la psychanalyse, ce fut pour y trouver un complément à d'autres méthodes.

De fait, il aborda l'étude de l'apprentissage et de la personnalité selon une démarche à la fois raisonnée, éclectique et ouverte. Il emprunta aux approches dominantes ce qui lui semblait pertinent sans jamais rien céder de sa conviction profonde: chaque individu est unique, et sa personnalité se forge en grande partie, mais pas exclusivement, à travers ses relations.

La théorie de la personnalité

La personnalité telle qu'elle est définie par Allport représente une structure complexe faisant intervenir les traits, les relations humaines, le contexte du moment et la motivation. Allport identifia deux approches de la personnalité, l'approche nomothétique et l'approche idiographique, dues aux philosophes allemands Wilhelm Windelband et Wilhelm Dilthey, et mises en pratique pour la première fois par son directeur universitaire William Stern. La démarche nomothétique, qui se veut aussi objective et scientifique que possible, fut appliquée à l'étude de l'intelligence humaine. Comme la méthode ne s'applique qu'à de grandes populations – c'est celle qu'utilisa B. F. Skinner lorsqu'il travailla sur le comportement des rats –, elle servit à étudier les grands traits de personnalité tels que l'introversion et l'extraversion. Les résultats furent soumis à une analyse sophistiquée permettant de dégager un certain nombre de conclusions générales, telles que les pourcentages de personnes extraverties et introverties et les variations liées à l'âge, au sexe et à la géographie. En revanche, l'approche nomothétique n'a pas vocation de commenter de quelque façon que ce soit les traits d'un individu.

L'approche idiographique se situe à l'opposé de la précédente. Elle s'attache à l'étude approfondie et détaillée d'un individu; elle prend en compte sa biographie, ses traits de personnalité et ses relations, aussi bien que la façon dont il est perçu par les autres. Cette démarche apparaît ainsi plus proche de la méthode psychanalytique.

Allport soulignait que la démarche nomothétique sert à décrire les traits de personnalité mais ne permet pas d'expliquer un individu, à l'inverse de la démarche idiographique, qui exclut toute possibilité de généralisation mais permet d'éclairer en détail la personnalité d'un individu. L'œuvre d'Allport n'est pas centrée, loin s'en faut, sur la recherche empirique: c'était avant tout un théoricien, presque un philosophe. Toutefois, son premier article, *Personality Traits: Their Classification and Mesurement*, qu'il écrivit en collaboration avec son frère Floyd, constitue un excellent exemple d'approche nomothétique. Et l'une de ses dernières grandes contributions, l'analyse de Jenny Masterson, demeure une illustration remarquable de l'approche idiographique.

L'hypothèse lexicale

La première étude publiée par Gordon et Floyd Allport rend compte de leurs travaux sur les traits de personnalité. Les deux frères avaient demandé à chaque participant de remplir un questionnaire de personnalité, puis avaient soumis ce même questionnaire à trois personnes les connaissant bien – une démarche qui souligne leur conviction que la personnalité se forge à travers les relations interpersonnelles. Des résultats obtenus, ils conclurent qu'il est possible d'identifier et de mesurer les traits de personnalité. Ils pensaient avoir mis au point un outil de mesure de la personnalité qui soit à la fois sensible et exhaustif.

En 1936, Allport et son collègue H. S. Odbert suggérèrent que les différences individuelles les plus saillantes et les plus pertinentes pour rendre compte de la vie des

> Les types n'existent ni chez les gens ni dans la nature, mais dans le regard de l'observateur.
> **Gordon Allport**

L'hypothèse lexicale d'Allport et Odbert repose sur l'idée que les différences de personnalité les plus importantes et les plus pertinentes sont reflétées par la langue ; ils ont ainsi identifié 18 000 mots anglais pouvant servir à distinguer un être humain d'un autre.

gens s'expriment à travers la langue : plus la différence est significative, soulignaient-ils, plus elle est susceptible d'être exprimée par un seul mot. Cette idée, baptisée hypothèse lexicale, les conduisit à mener une étude systématique des dictionnaires d'anglais les plus complets de l'époque pour en extraire les mots susceptibles de décrire la personnalité : ils en trouvèrent 18 000. Ils ramenèrent cette liste à un lexique de 4 500 qualificatifs désignant des traits de personnalité observables et stables.

> On dit d'un homme qu'il a un trait de personnalité, pas un type de personnalité.
> **Gordon Allport**

Les traits cardinaux

À partir de cette étude lexicale, Allport définit trois catégories de traits : les traits cardinaux, les traits centraux et les traits secondaires. Les traits cardinaux définissent fondamentalement un individu et gouvernent sa vision de la vie. Tous les gens ne possèdent pas nécessairement un trait cardinal, expliquait Allport, mais une telle disposition, lorsqu'elle existe, peut devenir indissociable de celui qu'elle caractérise, au point que le nom de la personne finit par désigner le trait en question : les qualificatifs « freudien », « calviniste », « machiavélique » sont ainsi passés dans le vocabulaire. À un niveau moins iconique, un individu peut avoir pour trait cardinal l'anticommunisme, une conviction si essentielle pour lui qu'elle oriente et gouverne sa vie, consciemment et inconsciemment.

Vers la fin de sa vie, Allport considérait que les traits cardinaux contribuent à ce qu'il appelait le « proprium » – la quintessence des besoins, des désirs et des motivations de l'individu. Ce concept dépasse la notion de tempérament et s'apparente davantage à un objectif impérieux. Allport citait pour exemple l'explorateur norvégien Roald Amundsen qui, dès l'âge de quinze ans, fut animé par une passion dominante : l'exploration des régions polaires. Lorsque les obstacles lui semblaient insurmontables, il était tenté de renoncer à ses rêves, mais son proprium le lui interdisait et, après chaque succès, élevait d'un cran son aspiration. Après avoir ouvert le passage du Nord-Ouest, l'explorateur entreprit avec succès la conquête du pôle Sud. Puis, après des années de préparation, Amundsen fut encore le premier à survoler le pôle Nord en dirigeable. Son engagement ne faillit jamais, et il mourut en essayant de secourir un explorateur moins expérimenté.

Traits centraux et secondaires

Contrairement aux traits cardinaux, les traits centraux sont des caractéristiques générales partagées par un grand nombre d'individus – l'honnêteté, par exemple. Ce sont des blocs qui façonnent nos comportements – moins fondamentalement que les traits cardinaux – et se développent en grande partie en réponse à l'influence parentale. Produit de l'acquis, ils sont partagés par nombre d'individus au sein d'une même culture, avec des variations de degrés : l'agressivité, par exemple, est un trait central dont le degré varie d'une personne à l'autre. D'après Allport, la personnalité de la plupart des individus est formée de cinq à dix traits centraux s'exprimant suffisamment fort pour devenir des « caractéristiques remarquables ».

Avec le temps, ces traits centraux peuvent atteindre une « autonomie

> Toute théorie prétendant que la personnalité est stable, figée ou invariable est fausse.
> **Gordon Allport**

fonctionnelle » : alors que nous entreprenons une chose pour une raison particulière, nous la continuons avec un objectif tout à fait différent. Cela s'explique par le fait que les motivations du moment ne dépendent pas constamment du passé. On peut ainsi décider d'apprendre à dessiner pour rivaliser en popularité avec un autre élève de la classe et, finalement, être motivé par le seul désir de se perfectionner, pour la beauté de l'art. Cela signifie que la façon dont nous pensons et agissons aujourd'hui n'est qu'indirectement affectée par notre passé. L'autonomie fonctionnelle expliquerait également les pensées et les actes obsessionnels et compulsifs : ils seraient la manifestation de traits fonctionnellement autonomes d'un individu qui n'a aucune idée de la raison pour laquelle il fait une chose, mais ne peut s'empêcher de la faire.

Les traits secondaires, qui forment la troisième catégorie définie par Allport, exercent une influence bien plus faible que les traits cardinaux ou centraux. Ils ne sont visibles que dans des circonstances particulières car ils sont déterminés par le contexte ou la situation. On peut, par exemple, dire d'un parent qu'« il se fâche dès qu'on le chatouille » ou parler d'une amie en précisant que « prendre l'avion la rend nerveuse ». Ces traits expriment des préférences ou des attitudes susceptibles de changer. Tout en étant présents, ces traits sont quasiment indécelables quand l'individu est seul. Venant en complément des traits cardinaux et centraux, ils dessinent un portrait exhaustif de la complexité humaine.

Traits et comportement

Allport s'intéressait à la manière dont les traits individuels sont forgés et comment ils sont liés au comportement. Notre comportement, avançait-il, est influencé par une combinaison de forces internes et externes. Certaines forces internes, les « génotypes », régissent la mise en mémoire de l'information et la manière dont nous l'utilisons pour interagir avec le monde extérieur. Parallèlement, des forces externes, les « phénotypes », déterminent comment nous nous accommodons de notre environnement et dans quelle mesure nous laissons les autres influencer notre comportement. Pour Allport, ces deux types de forces fournissent le canevas à partir

Les traits sont génotypiques ou phénotypiques selon qu'ils se manifestent spontanément ou en présence de stimuli venus de l'extérieur.

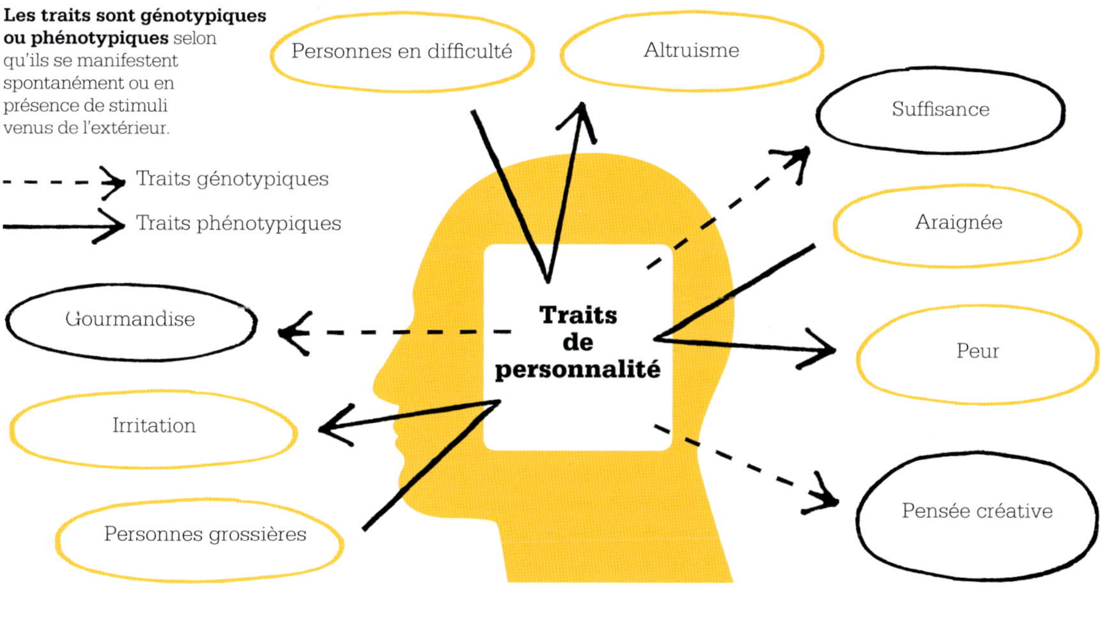

Pour Allport, Robinson Crusoé dut toujours avoir de nombreux traits de personnalité distincts, mais certains ne se manifestèrent qu'à l'occasion de son naufrage et de sa rencontre avec Vendredi.

duquel émergent les traits de personnalité de chaque individu.

En appliquant ces idées à l'histoire de Robinson Crusoé, Allport constata que, avant l'arrivée de Vendredi, ce furent les génotypes de Robinson – ses ressources intérieures – et certains de ses phénotypes qui l'aidèrent à survivre seul sur l'île déserte devant laquelle il avait fait naufrage. Il surmonta par résilience son désespoir initial, et alla chercher des armes et des outils sur le navire avant qu'il ne coule. Il construit une enceinte clôturée autour d'une grotte et y installa un calendrier. Il vécut en chassant, en cultivant le maïs et le riz, et en élevant des chèvres. Il apprit à faire de la poterie, adopta un perroquet et devint religieux en lisant la Bible. Ces activités reflètent les traits génotypiques de Crusoé et les comportements qui en résultent.

Toutefois, c'est n'est qu'avec l'arrivée de Vendredi que d'autres aspects de son comportement phénotypique purent s'exprimer : il aida Vendredi à s'échapper ; il lui donna un nom ; il eut suffisamment de patience et de persévérance pour lui apprendre l'anglais et le convertir au christianisme. En fait, ces traits avaient toujours été présents chez Crusoé, mais ils n'avaient pas eu l'occasion de s'exprimer avant l'arrivée de Vendredi. L'idée renvoie à la fameuse énigme philosophique : l'arbre qui tombe dans la forêt où il n'y a personne fait-il ou non du bruit ? Pour Allport, les traits assurent la stabilité du comportement ; ils sont toujours présents, même s'il n'y a personne pour les évoquer ou pour observer les actions qu'ils produisent.

Une étude idiographique

Après avoir publié, en 1937, *Personality: A Psychological Interpretation*, Allport s'intéressa à la religion, aux préjugés et à l'éthique. Il revint à la personnalité en 1965, en entreprenant une étude idiographique des traits de personnalité de Jenny Masterson, qui vécut de 1868 à 1937. Pendant les onze dernières années de sa vie, Jenny écrivit 300 lettres à un couple d'amis. Allport demanda à 36 personnes de définir les traits de personnalité de Jenny à partir de ces lettres. La majorité des lecteurs s'accorda à définir 198 traits, que l'on pouvait regrouper en 8 thèmes : querelleuse/suspicieuse ; centrée sur elle-même ; indépendante/autonome ; théâtrale/intense ; sens de l'esthétique/artiste ; agressive ; cynique/morbide ; sentimentale.

Cette analyse parut cependant insuffisante à Allport qui la poursuivit en recourant à d'autres cadres d'analyse, dont ceux proposés par Freud et Adler. Il appliqua aussi au matériel épistolaire dont il disposait une « analyse de contenu » informatisée, conduite avec deux de ses étudiants, Jeffrey Paige et Alfred Baldwin : l'ordinateur était programmé pour dénombrer les occurrences de mots ou d'expressions associés à un sujet ou à une émotion. Allport fut très impressionné par la puissance d'analyse de données idiographiques de cette nouvelle méthode, qui renforçait sa conviction que l'approche idiographique est à même d'identifier des subtilités de caractère que les questionnaires seuls ne peuvent révéler.

> La personnalité est une chose bien trop complexe pour être corsetée dans un costume conceptuel rigide.
> **Gordon Allport**

Dans un article publié en 1966, *Traits revisited*, Allport suggérait que l'étude de la personnalité ne doit pas avoir pour but la microanalyse des traits individuels, mais l'étude de l'organisation psychique de la personne considérée dans son ensemble. Il déclarait avoir rédigé ses premiers écrits à une époque d'« innocence psychologique », sans renier l'idée que les traits de personnalité constituent un bon point de départ pour décrire la personnalité.

L'influence d'Allport

L'œuvre d'Allport est à l'origine de nombreuses écoles de pensée contemporaines par filiation indirecte. La plupart des questionnaires de personnalité, en effet, sont issus des travaux de Raymond Cattell et Hans Eysenck, lesquels ont tous deux puisé dans l'étude lexicale d'Allport et Odbert. Cattell a notamment dégagé les 16 facteurs de personnalité de son modèle d'une analyse informatisée de la liste des 4500 qualificatifs d'Allport.

La psychologie humaniste, sur laquelle reposent la plupart des pratiques et conseils thérapeutiques, s'est aussi fortement inspirée des recherches et des idées d'Allport, retenant en particulier sa démarche idiographique et sa conviction que chaque personne est unique. L'attention accrue portée à la relation praticien-client comme véhicule de l'expression et du développement de la personnalité découle de la thèse d'Allport selon laquelle la personnalité est largement fonction des relations.

Allport fut également l'un des premiers à pointer le fait que même les théories psychologiques se donnant pour objectif d'explorer les expériences humaines positives reposent « en grande partie sur le comportement d'individus malades et anxieux ou sur les cabrioles de rats désespérés en captivité. » Il se demandait pourquoi il n'existe pas de théorie fondée sur l'étude d'êtres humains en bonne santé ou de gens qui s'efforcent de faire de l'existence quelque chose qui vaille la peine d'être vécu. La plupart des études, soulignait-il, portent sur les criminels, et non sur ceux qui respectent les lois ; elles s'intéressent à la peur plutôt qu'au courage, se focalisent sur l'aveuglement des humains et non sur leur clairvoyance. Le récent courant de la psychologie positive, avec Martin Seligman pour figure de proue, s'est emparé de cette idée pour développer une psychologie scientifique des expériences positives.

En 1955, lorsqu'Allport écrivit *Becoming*, sa pensée avait encore évolué : il considérait désormais que le vrai moteur de la personnalité humaine est l'aspiration à un niveau de conscience et de réalisation plus élevé. Ce concept de motivation supérieure fut développé par Carl Rogers, puis par Abraham Maslow, qui parlait d'« auto-réalisation ». Même si l'œuvre d'Allport est moins fréquemment citée que celles de figures plus célèbres, elle a exercé une influence profonde et durable sur la psychologie. ■

> Allport incitait les psychologues à étudier les traits de personnalité et à laisser l'étude du caractère aux philosophes.
> **Martin Seligman**

Gordon Allport

Benjamin d'une famille de quatre garçons, Gordon Willard Allport naquit aux États-Unis à Montezuma, dans l'Indiana, en 1897. Timide et studieux lorsqu'il était enfant, il devint à l'âge de l'adolescence rédacteur du journal de son école, dont il assura lui-même l'impression. Dégagé des obligations militaires de la Première Guerre mondiale, il obtint une bourse à l'université Harvard pour étudier la philosophie et l'économie. Diplômé en 1919, il enseigna un an en Turquie, puis revint à Harvard, où il obtint son doctorat de psychologie en 1922. Un voyage d'étude en Europe lui permit de s'initier à la Gestalt en Allemagne et de passer un an à Cambridge.

De retour à Harvard, Allport donna en 1924 les premiers cours américains d'étude de la personnalité. Excepté les quatre années qu'il passa au Dartmouth College, dans le New Hampshire, il resta à Harvard jusqu'à sa mort, en 1967.

Ouvrages-clés

1937 *Personality: A Psychological Interpretation*
1954 *The Nature of Prejudice*
1955 *Becoming*
1961 *Pattern and Growth in Personality*

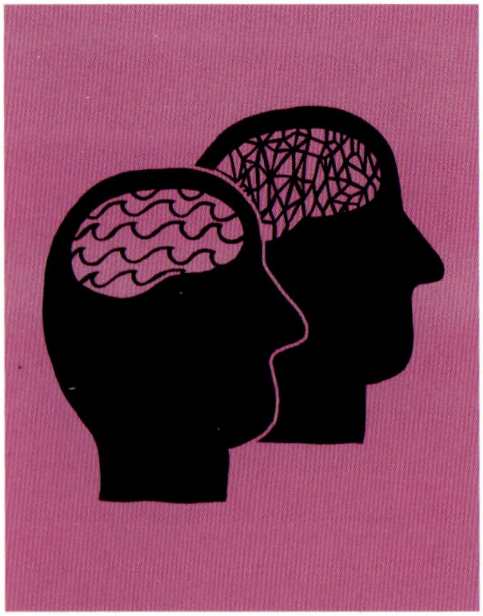

L'INTELLIGENCE GÉNÉRALE EST UNE COMBINAISON D'INTELLIGENCE FLUIDE ET D'INTELLIGENCE CRISTALLISÉE

RAYMOND CATTELL (1905-1998)

CONTEXTE

APPROCHE
Théorie de l'intelligence

AVANT
Années 1900 Alfred Binet affirme que l'intelligence peut se mesurer et introduit le terme de « quotient intellectuel » (QI).

1904 Charles Spearman identifie le « facteur g » comme une propriété sous-jacente de l'intelligence.

1931 Dans *The Measurement of Intelligence,* Edward Thorndike prétend qu'il y a trois ou quatre principaux types d'intelligence.

APRÈS
1950 J. P. Guilford recense quelque 150 types différents d'aptitudes intellectuelles.

1989 Le psychologue américain J. B. Carroll propose un modèle psychométrique de l'intelligence en trois strates, comprenant les compétences « étroites » (niveau 1), les compétences « larges » (niveau 2) et le facteur g de Spearman.

Considéré comme l'un des dix plus grands psychologues du XXe siècle, Raymond Cattell travailla sur l'intelligence humaine, la motivation et la personnalité. Il s'intéressa à l'intelligence dès le début de sa carrière, quand il était l'élève de Charles Spearman, le psychologue britannique qui définit le facteur g d'intelligence générale, à la base de tout apprentissage.

En 1941, Cattell développa le concept et distingua deux types d'intelligence entrant dans la composition de l'intelligence générale : l'intelligence fluide et l'intelligence cristallisée. La première recouvre les aptitudes de raisonnement et de réflexion s'appliquant à n'importe quel problème ou « contenu ». C'est l'intelligence à laquelle nous avons recours face à un nouveau problème : elle entre en jeu automatiquement dans les processus de résolution de problème ou de reconnaissance des formes et serait étroitement liée à notre mémoire de travail.

Cattell suggérait qu'elle est héréditaire, ce qui expliquerait les différences individuelles. Elle passe par un maximum au début de l'âge adulte avant de décliner régulièrement

L'intelligence générale sous-jacente – le facteur g – est caractérisée par deux facteurs.

L'intelligence fluide est la capacité à penser logiquement et à résoudre des problèmes dans des situations nouvelles, indépendantes de l'acquisition de connaissances.

L'intelligence cristallisée est la capacité à utiliser les compétences, les connaissances l'expérience et la capacité de jugement que l'on acquiert au fil des ans.

Voir aussi: Alfred Binet 50-53 ▪ J. P. Guilford 304-305 ▪ Hans Eysenck 316-321 ▪ William Stern 334 ▪ David Wechsler 336

avec les changements cérébraux liés au vieillissement. Une lésion du cerveau peut aussi l'affecter, ce qui suggère qu'elle serait de nature physiologique.

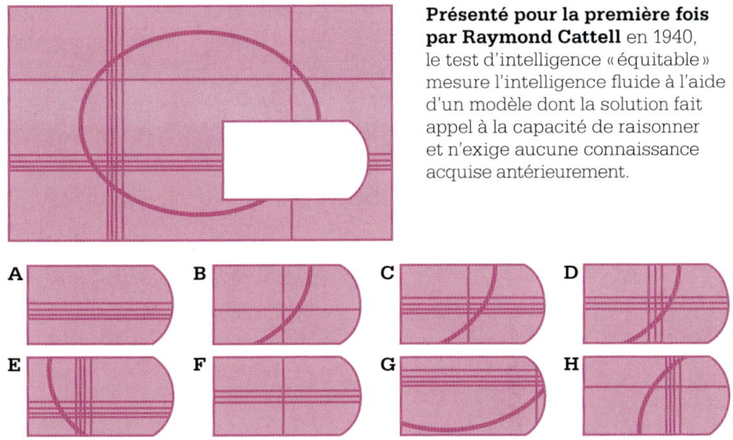

Présenté pour la première fois par Raymond Cattell en 1940, le test d'intelligence « équitable » mesure l'intelligence fluide à l'aide d'un modèle dont la solution fait appel à la capacité de raisonner et n'exige aucune connaissance acquise antérieurement.

L'intelligence cristallisée

Ayant mobilisé notre intelligence fluide pour résoudre des problèmes, nous accumulons peu à peu des connaissances et des hypothèses de travail sur notre environnement. Ce stock constitue l'intelligence cristallisée, décrite par Cattell comme « l'ensemble des capacités de jugement » acquises en mobilisant l'intelligence fluide. Ces expériences d'apprentissage varient considérablement en fonction de la classe sociale, de l'âge, de la nationalité et du contexte historique.

L'intelligence cristallisée inclut des compétences telles que la compréhension verbale et les aptitudes numériques, qui se fondent sur des connaissances acquises – règles de grammaire, opérations d'addition et de soustraction, etc. Cette forme d'intelligence se développe progressivement et demeure relativement stable avant de décliner aux alentours de soixante-cinq ans.

Pour Cattell, les deux types d'intelligence sont relativement indépendants, mais il reconnaît que le fait d'avoir une intelligence fluide élevée favorise le développement rapide et exhaustif de l'intelligence cristallisée, sous réserve de facteurs liés à la personnalité et aux motivations.

Comme les tests d'intelligence standardisés ne différencient pas l'intelligence fluide de l'intelligence cristallisée, Cattell développa le test dit « d'intelligence équitable » permettant d'isoler l'intelligence fluide. Proposant des questions à choix multiple de type non-verbal, ce test ne requiert aucun apprentissage préalable et peut donc être utilisé pour tester des enfants ou des adultes de toutes origines culturelles. ■

Raymond Cattell

Né en Angleterre dans le comté de Staffordshire, Raymond Bernard Cattell reçut en 1921 une bourse pour étudier la chimie à l'université de Londres. Diplômé à dix-neuf ans, il s'orienta vers la psychologie et obtint son doctorat en 1929 tout en enseignant à l'université d'Exeter. Pendant cinq ans, il travailla à Leicester, où il organisa l'un des premiers centres psychopédagogiques d'Angleterre. Invité par Edward Thorndike à l'université Columbia, il s'installa en 1937 aux États-Unis, où il demeura le reste de sa vie, travaillant à l'université Clark, à Harvard, à l'université de l'Illinois, puis à l'université de Hawaii, où il s'était retiré en 1977. En 1997, l'American Psychological Association voulut le décorer du Lifetime Achievement Award. Mais l'intérêt qu'il avait porté aux théories eugénistes de F. Dalton déclencha une cabale. Après avoir publiquement déclaré qu'il abhorrait le racisme, il refusa le prix qu'on devait lui décerner et mourut l'année suivante.

Ouvrages-clés

1971 *Abilities*
1987 *Intelligence*

IL EXISTE UNE ASSOCIATION ENTRE LA FOLIE ET LE GÉNIE

HANS J. EYSENCK (1916-1997)

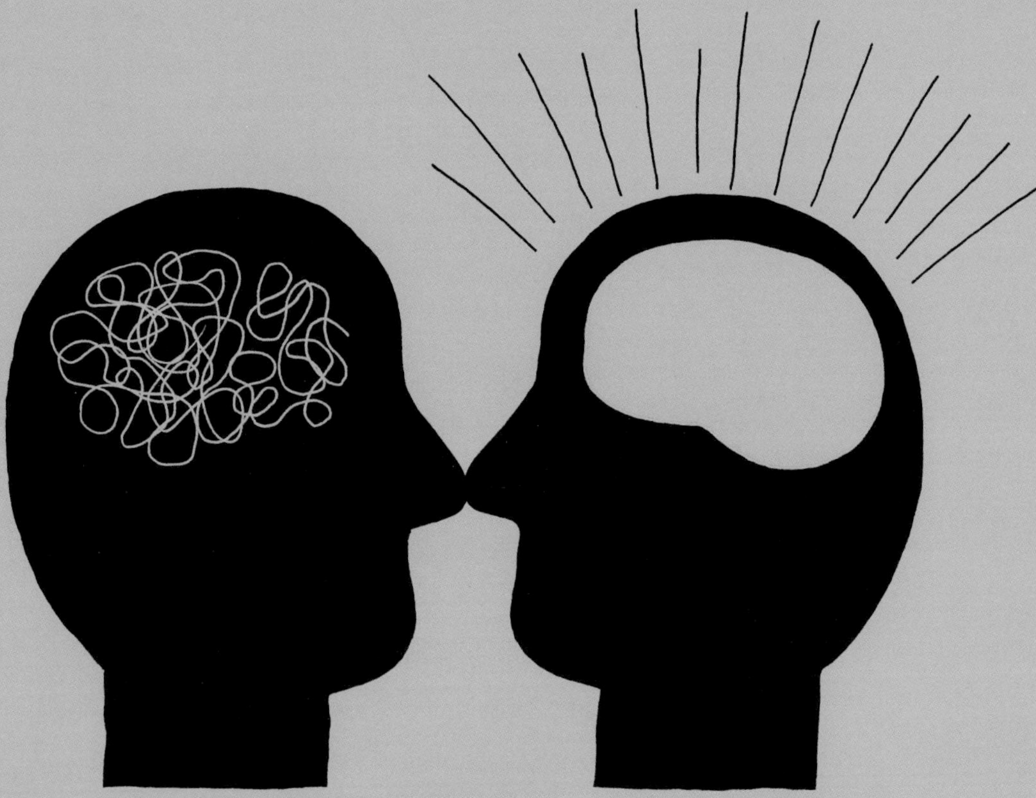

CONTEXTE

APPROCHE
Personnalité

AVANT
1926 La psychologue américaine Catharine Cox teste l'intelligence et la personnalité de 300 génies : elle découvre que leur QI moyen est de 165 et que leurs caractéristiques principales sont la persistance et la motivation.

1956 J. P. Guilford développe le concept de pensée divergente pour étudier la créativité.

APRÈS
2009 Dans *Genius 101: Creators, Leaders, and Prodigies*, le psychologue américain Dean Keith Simonton démontre que les génies sont le résultat de bons gènes et d'un bon environnement.

2009 Le psychologue suédois Anders Ericsson attribue la performance d'un expert à 10000 heures de pratique.

Les débats sur le génie ont toujours été dominés par le problème de l'inné et de l'acquis. En d'autres termes, naît-on génial ou le devient-on ? Avant le xxe siècle, on abordait ce thème à partir d'individus considérés comme des génies, tels que Léonard de Vinci ou Beethoven, mais, déjà depuis Aristote, on associait le génie créatif à la folie, tous deux supposés être en grande partie génétiques. En 1904, le psychologue britannique Henry Havelock Ellis tenta, dans *A Study of British Genius*, d'établir un lien entre psychotiques et créatifs, à partir d'une série d'études comparatives. Soixante-dix ans plus tard, le psychologue allemand Hans Eysenck réexamina les éléments présentés et en conclut que le génie n'est pas associé à la psychose – maladie mentale parfaitement cernée – mais au psychotisme, qu'il définit comme une disposition latente à développer des symptômes psychotiques.

> Il existe une base génétique commune au potentiel créatif et à la déviance psychologique.
> **Hans J. Eysenck**

Tempérament et biologie

De nombreux psychologues ont défini et mesuré les traits de personnalité, mais Eysenck s'intéressait plus au tempérament humain qu'aux caractéristiques constitutives de la personne entière. Il était biologiste et, comme bien d'autres avant lui, notamment les médecins de la Grèce antique Hippocrate et Galien, il pensait que le tempérament dépend de facteurs physiologiques. Hippocrate avait suggéré que le type de personnalité est dû à un excès ou à un déficit de fluides corporels – les humeurs –, et Galien avait développé le concept en proposant quatre types de tempérament : sanguin, colérique, flegmatique et mélancolique.

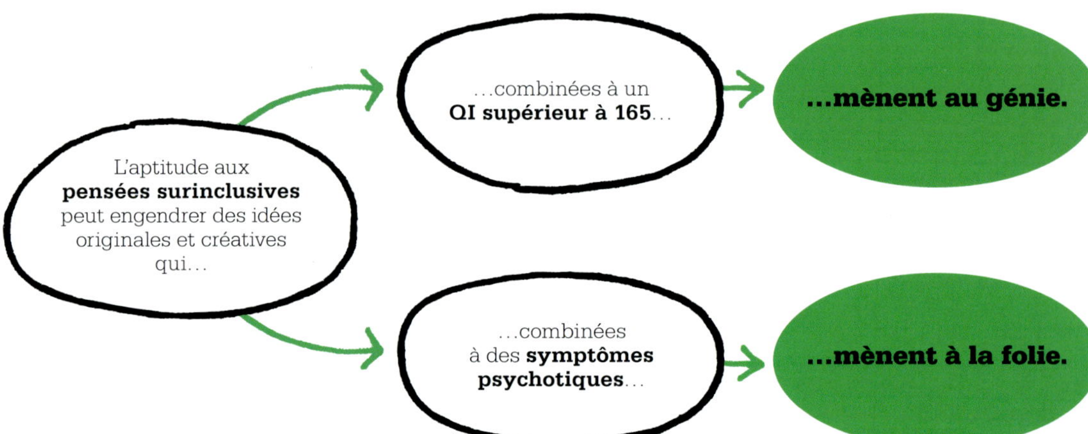

Voir aussi: Galien 18-19 ▪ Francis Galton 28-29 ▪ J. P. Guilford 304-305 ▪ Gordon Allport 306-313 ▪ Raymond Cattell 314-315 ▪ Walter Mischel 326-327 ▪ David Rosenhan 328-329

Présentant un excès de sang, les individus sanguins étaient enjoués et optimistes ; présentant un excès de bile jaune, les individus colériques étaient fougueux et passionnés ; présentant un excès de phlegme, les individus flegmatiques étaient lents, calmes et timides ; présentant un excès de bile noire, les individus mélancoliques étaient tristes, craintifs et dépressifs.

L'approche biologique de Galien plaisait à Eysenck, qui pensait que le tempérament est physiologique et génétiquement déterminé. Il proposa un modèle de personnalité organisé autour de deux dimensions, le neuroticisme et l'extraversion, deux « super-facteurs » regroupant les traits de personnalité qui, lorsqu'on les combine, permettent de retrouver les quatre tempéraments de Galien.

Le modèle de personnalité d'Eysenck offre un paradigme de recouvrement pour définir le tempérament. Les deux dimensions fondamentales – l'extraversion et le neuroticisme – sont composées de plusieurs traits centraux et se combinent pour donner naissance à quatre catégories dans lesquelles on retrouve les quatre tempéraments de Galien.

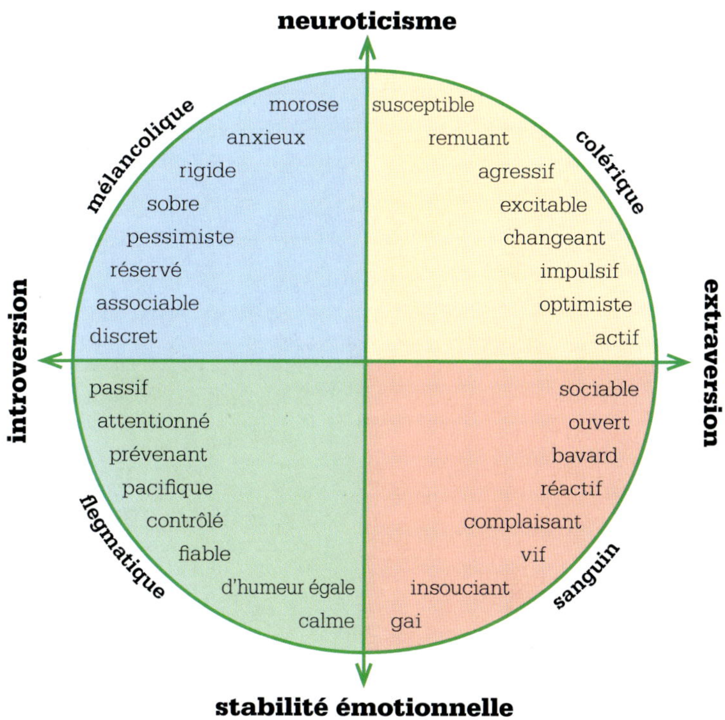

Le modèle à deux dimensions

Par neuroticisme, Eysenck désigne une dimension fondamentale de la personnalité allant d'un état de calme et de stabilité émotionnelle jusqu'à un état de grande nervosité et d'irritabilité. Chez les individus présentant un neuroticisme élevé, le seuil d'activation du système nerveux sympathique – déclenchant ce qu'on appelle la réponse « de fuite ou de lutte » – est faible. Ils réagissent à une menace mineure comme s'il s'agissait d'un grave danger : leur tension artérielle augmente, leur rythme cardiaque s'accélère, leur transpiration se fait plus abondante, etc. Ils sont également plus exposés aux troubles névrotiques, mais tous ne développent pas nécessairement une névrose. Les termes d'extraversion et d'introversion, utilisés pour définir la deuxième dimension de la personnalité dans le modèle d'Eysenck, ont une signification très similaire à celle que l'on utilise dans le langage courant : les extravertis sont ouverts et bavards, tandis que les introvertis sont timides et réservés. Une fois encore, Eysenck recourt à l'activité cérébrale pour expliquer cette différence : les introvertis, dont le cortex cérébral est stimulé à l'excès de manière chronique, recherchent la tranquillité et la solitude pour calmer l'activité de leur cerveau et la nervosité qui en découle. Les extravertis, en revanche, ont besoin de trouver auprès des autres des stimulations externes pour éveiller leur cortex cérébral, en état de sous-stimulation chronique, et pour chasser l'ennui qui en résulte.

Le psychotisme

Eysenck testa d'abord son modèle sur de grands groupes d'individus, mais, réalisant que certains pans de la société échappaient à ses recherches, il poursuivit celles-ci

> Les introvertis ayant un niveau d'activité supérieur à celui des extravertis, leur niveau d'éveil cortical est constamment supérieur à celui des extravertis.
> **Hans J. Eysenck**

au sein d'hôpitaux psychiatriques. Il put ainsi identifier une troisième dimension du tempérament, le « psychotisme » – terme qui a largement remplacé le mot « folie » dans l'usage général. C'était là une orientation nouvelle dans le champ de la personnalité, la plupart des théories cherchant plutôt à définir et mesurer la personnalité normale. Pour Eysenck, le psychotisme, comme le neuroticisme ou l'extraversion, est une dimension qui se mesure et s'évalue à partir de tests de traits de personnalité.

Eysenck découvrit que le psychotisme résulte de l'association de plusieurs traits de personnalité : les sujets obtenant un score élevé sur cette échelle sont en général agressifs, égocentriques, froids, antisociaux, dépourvus d'empathie, créatifs et déterminés. Un tel score ne signifie pas que la personne soit réellement psychotique ni que la psychose soit inéluctable. Elle partage seulement des traits avec les patients psychotiques. Des études comparatives, comme celle dirigée par le psychologue norvégien Dan Olweus en 1980, ont mis en évidence une corrélation entre la composante agressive du psychotisme et des taux élevés de testostérone.

L'étude du génie

Il est délicat de donner une définition psychologique claire de la créativité, mais il est largement admis que la créativité implique originalité et innovation, et dépend à la fois des aptitudes intellectuelles et de la personnalité de l'individu. Dans *Creativity and Personality: Suggestions for a Theory*, Eysenck tente d'éclairer la nature de la créativité en étudiant ses relations avec l'intelligence, la personnalité et le génie.

Tenu pour l'expression la plus élevée de la créativité, le génie implique une intelligence très développée, correspondant à un QI supérieur à 165. Mais le QI ne suffit pas : il doit s'accompagner d'une autre composante de l'intelligence, un processus que l'on utilise pour trouver des solutions, réunir les idées stockées en mémoire pour produire des réponses à de nouveaux problèmes. Il s'agit d'effectuer un balayage mental guidé par des idées de pertinence pour rechercher, dans les idées et les expériences passées, de nouvelles solutions. Cette aptitude est indépendante du QI. Elle s'évalue sur un axe allant de la pensée étroite, qui n'envisage que peu de réponses à un nouveau problème, à la pensée surinclusive, qui offre un large éventail de réponses à ce problème ; le milieu de l'axe correspond à une vision plus conventionnelle de ce qui peut s'appliquer à un problème donné.

L'aptitude à ce type de pensée surinclusive peut être mesurée par des tests recourant à l'association de mots, en analysant le nombre de réponses fournies pour un mot donné et l'originalité des réponses. Par exemple, au mot « pied », les individus

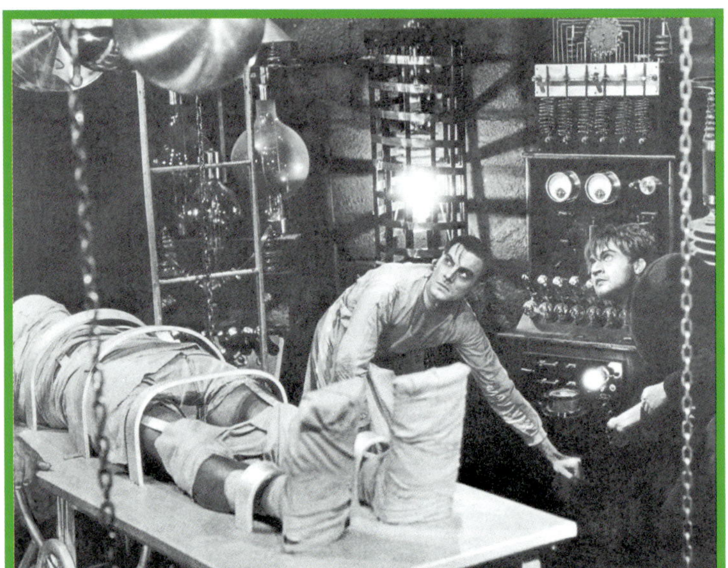

Le professeur Frankenstein, qui crée un monstre dans le roman de Mary Shelley, manifeste les symptômes psychotiques classiques : imprudence, mépris des conventions, rigidité psychique.

Les génies créatifs comme Vincent van Gogh présentent des traits caractéristiques du psychotisme (l'une des dimensions de la personnalité d'Eysenck) : indépendance, pensée surinclusive, non-conformité.

peu créatifs associeront le mot « chaussure » ; ceux dont la créativité est un peu plus étendue pourront proposer « main » ou « orteil », tandis que ceux ayant une aptitude aux pensées surinclusives ajouteront « soldat », « plaie », « septième ciel », etc. Ce type de test permet de mesurer la créativité d'un individu.

Eysenck démontra que l'aptitude aux pensées surinclusives est un trait commun au psychotisme et à la créativité. La combinaison de pensées surinclusives, génératrices d'idées créatives et originales, mène à une forme de génie, tandis que la coexistence de pensées surinclusives et de symptômes psychotiques est, en revanche, susceptible de déboucher sur une psychose plus ou moins sévère.

Créativité et personnalité

La créativité constitue, pour Eysenck, un trait de personnalité nécessaire à l'accomplissement créatif, mais la réalisation de ce potentiel réside dans la dimension psychotique – en l'absence de psychose. L'impulsion pour accomplir un acte de créativité, la réalisation d'une œuvre d'art, par exemple, est fournie par certains aspects du tempérament psychotique, notamment par l'aptitude aux pensées surinclusives. Eysenck se garde d'établir un lien de causalité entre génie et aliénation, mais constate que le trait qu'ils ont en commun – l'aptitude aux pensées surinclusives – se combine avec d'autres dispositions menant soit au génie, soit à l'aliénation.

Les recherches portant sur la créativité se heurtèrent à diverses difficultés, car nombre de chercheurs pensent que la créativité ne peut s'évaluer qu'à l'aune de ce qu'elle produit. Renonçant à formuler une théorie aboutie de la créativité, Eysenck n'en proposa qu'une ébauche en associant, disait-il, « plusieurs théories floues ». Il effectua des recherches dans d'autres domaines, mais ses travaux sur la personnalité et l'intelligence restent les plus marquants : son modèle à trois dimensions – le modèle PEN (Psychotisme, Extraversion, Neuroticisme) – exerça une influence considérable et inspira la majeure partie des recherches ultérieures sur les traits de personnalité. ■

> En l'absence de psychose, le psychotisme est l'élément essentiel qui permet au trait de créativité potentiel (l'originalité) de s'accomplir dans la réalité.
> **Hans J. Eysenck**

Hans J. Eysenck

Fils d'une actrice de cinéma connue et d'un comédien, Hans Jurgen Eysenck naquit à Berlin, en Allemagne, en 1916. Ses parents se séparèrent peu de temps après sa naissance et il fut élevé par sa grand-mère maternelle. En 1934, il réalisa qu'il ne pourrait poursuivre des études à l'université de Berlin que s'il intégrait le parti nazi et décida d'émigrer en Angleterre, où il s'inscrivit à l'University College de Londres pour y étudier la psychologie.

Il se maria en 1938 et, après avoir échappé de peu à la prison pendant la Seconde Guerre mondiale en raison de sa citoyenneté allemande, il termina son doctorat et commença à travailler comme psychologue dans un hôpital réservé aux urgences. Plus tard, il fonda puis dirigea l'Institut de psychiatrie à l'université de Londres. Remarié en 1950, Eysenck obtint la citoyenneté britannique en 1955 et mourut d'une tumeur cérébrale en 1997.

Ouvrages-clés

1967 *The Biological Basis of Personality*
1976 *Psychoticism as a Dimension of Personality*
1983 *The Roots of Creativity*

IL EXISTE TROIS MOTIVATIONS PRINCIPALES LIÉES À LA PERFORMANCE PROFESSIONNELLE

DAVID C. McCLELLAND (1917-1998)

CONTEXTE

APPROCHE
Théorie des besoins

AVANT
1938 Le psychologue américain Henry Murray développe sa théorie de la personnalité basée sur des besoins psychogéniques.

1943 Dans *A Theory of Human Motivation*, Abraham Maslow présente sa hiérarchie des besoins.

1959 Dans *Motivation to Work*, le psychologue Frederick Herzberg affirme que l'accomplissement motive plus les gens que l'argent.

APRÈS
1990 Dans *Flow: The Psychology of Optimal Experience*, Mihály Csíkszentmihályi analyse la motivation de l'accomplissement.

2002 Martin Seligman étudie la motivation comme une expression de la force de caractère.

2004 Dans *Leadership That Gets Results*, le psychologue Daniel Goleman applique les idées de McClelland au milieu des affaires.

La **motivation** est un élément clé de la performance professionnelle.

Mais la manière dont les gens l'expriment **ne doit pas être prise à la lettre**...

...car les motivations sont en grande partie **inconscientes**.

Les tests révèlent qu'il existe trois motivations principales liées à la performance professionnelle.

Le besoin d'accomplissement: moyen d'exceller et de s'améliorer dans toutes ses actions.

Le besoin de pouvoir: moyen d'influencer et de gérer d'autres personnes.

Le besoin d'appartenance: moyen de former et d'entretenir des relations chaleureuses avec les autres.

Voir aussi : Abraham Maslow 138-139 ▪ Mihály Csíkszentmihályi 198-199 ▪ Martin Seligman 200-201

Dans les années 1960 et 1970, la décision de recruter unc personne se fondait généralement sur son niveau d'études et sur les résultats obtenus aux tests d'intelligence et de personnalité. David McClelland suggéra que les motivations d'un candidat sont le meilleur indicateur de sa réussite professionnelle. Ses recherches le conduisirent à identifier trois motivations principales liées à la performance professionnelle : le besoin de pouvoir, le besoin d'accomplissement et le besoin d'appartenance. Chez le candidat possédant ces trois motivations, l'une d'entre elles prendra le pas sur les autres et façonnera ses performances au poste de travail le plus approprié.

Trois besoins essentiels

Pour McClelland, la motivation la plus importante d'un cadre ou d'un dirigeant est le besoin de pouvoir – exercer un contrôle sur autrui – à condition que ce besoin s'exerce au profit de l'entreprise. Un individu mû par un besoin de pouvoir personnel ferait un piètre équipier.

Pour un poste nécessitant un travail de grande qualité, le besoin d'accomplissement est un meilleur indicateur de performance que l'intelligence, car il confère à l'individu l'esprit de compétition, l'incite à se fixer de nouveaux objectifs et à s'améliorer.

Quant au besoin d'appartenance – besoin d'entretenir de bonnes relations avec les autres –, il permet aux individus de bien travailler en équipe. McClelland soulignait que les individus dont la motivation principale est le besoin d'appartenance sont peu susceptibles d'être de bons cadres.

Pour McClelland, la motivation découle de traits de personnalité profondément ancrés dans l'inconscient. Mais nous ne sommes pas pleinement conscients de nos motivations, et la manière dont nous les exprimons lors d'un entretien d'embauche ne doit pas être prise à la lettre. McClelland recommandait le recours à un test – le Thematic Apperception Test (TAT) – mis au point dans les années 1930 par les psychologues Henry Murray et Christiana Morgan aux fins d'étudier l'inconscient. Ce test, rarement utilisé dans le cadre professionnel, propose une série d'images à partir desquelles le sujet doit improviser une histoire. Ces improvisations sont censées révéler les capacités et les motivations sous-jacentes du sujet. McClelland élabora une méthode novatrice d'analyse des réponses au TAT permettant de comparer l'adéquation de différents candidats à un poste spécifique.

Ces idées révolutionnèrent l'approche du recrutement et, si les méthodes d'évaluation ont perdu quelque peu de leur popularité, les principes de base sont toujours appliqués. La motivation est aujourd'hui considérée comme un critère essentiel de la performance professionnelle. ■

McClelland encouragea l'utilisation du TAT (Thematic Apperception Test) pour évaluer les candidats à un travail : il recherchait leurs motivations dans le récit qu'ils improvisaient à partir d'images.

David C. McClelland

Né en 1917 aux États-Unis à Mount Vernon, dans l'État de New York, David Clarence McClelland passa sa licence à l'université Wesleyenne du Connecticut, sa maîtrise à l'université du Missouri, et obtint un doctorat de psychologie expérimentale à l'université Yale en 1941. Il enseigna dans diverses universités avant d'accepter un poste à Harvard en 1956. Il y demeura pendant trente ans et devint président du Département de Relations Sociales.

En 1963, McClelland fonda un cabinet-conseil en gestion des affaires, où il appliquait ses théories pour aider les cadres d'entreprises à évaluer et à former leur personnel. En 1987, il rejoignit l'université de Boston où il fut distingué par l'American Psychological Association et où il resta jusqu'à sa mort, à quatre-vingts ans.

Ouvrages-clés

1953 *The Achievement Motive*
1961 *The Achieving Society*
1973 *Testing for Competence Rather Than for Intelligence*
1987 *Human Motivation*
1998 *Identifying Competencies with Behavioral-Event Interviews*

L'ÉMOTION EST UN PROCESSUS ESSENTIELLEMENT INCONSCIENT

NICO FRIJDA (1927-2015)

CONTEXTE

APPROCHE
Psychologie des émotions

AVANT
1872 Le naturaliste Charles Darwin publie la première étude scientifique des émotions humaines dans *L'Expression des émotions chez l'homme et les animaux*.

1884 William James et le physiologiste danois Carl Lange proposent une théorie des émotions selon laquelle les émotions sont le résultat et non la cause des modifications corporelles.

1929 Dans la théorie élaborée par les physiologistes américains W. Cannon et P. Bard, l'excitation physiologique et l'émotion sont vécues en même temps.

APRÈS
1991 Dans *Emotion and Adaptation*, le psychologue Richard Lazarus affirme qu'une pensée doit précéder toute émotion ou toute excitation physiologique.

Les émotions et les sentiments sont si spécifiques à chaque individu, si subjectifs et entourés d'une telle aura de mystère que leur étude ne progressa que très lentement. La situation changea dans les années 1930, lorsque les découvertes scientifiques sur le «siège» des émotions ravivèrent le sujet. Les tenants de la psychologie évolutionniste s'intéressèrent à leur tour au problème: quelle est la finalité des émotions? Comment nous aident-elles à survivre et à prospérer?

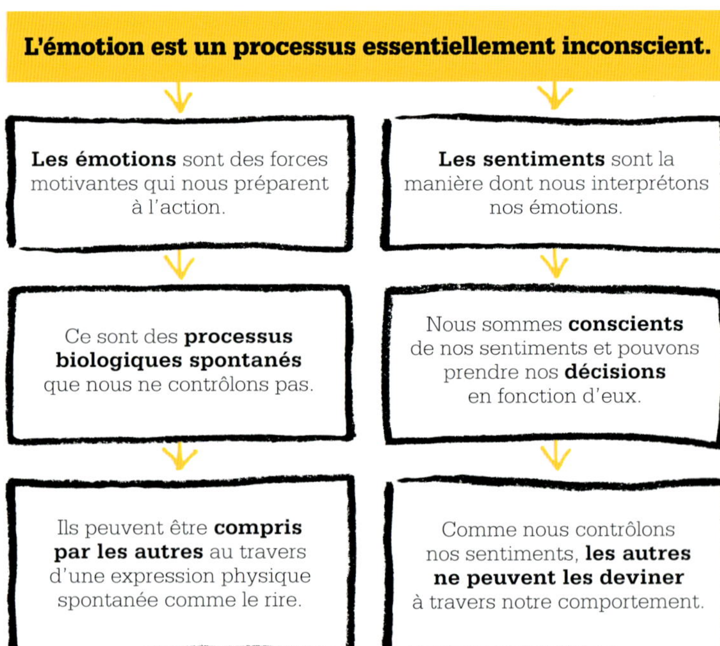

Voir aussi: William James 38-45 ▪ Albert Ellis 142-145 ▪ Gordon H. Bower 194-195 ▪ Charlotte Bühler 336 ▪ René Diatkine 338 ▪ Stanley Schachter 338

Dans son livre révolutionnaire, *The Laws of Emotion*, Nico Frijda étudie la nature des émotions et les lois qui les régissent. Pour lui, les émotions relèvent à la fois de processus biologiques et cognitifs. Certaines, comme la peur, sont innées ; ce sont des émotions basiques que nous partageons avec les animaux. D'autres accompagnent des pensées et ont clairement une base cognitive ; elles peuvent même être façonnées par la culture, comme c'est le cas pour l'indignation ou l'humiliation.

Frijda distingue nettement les émotions des sentiments. Les premières échappent à notre contrôle ; elles surgissent spontanément et se manifestent par des sensations physiques – l'estomac noué par la peur, par exemple. Pour Frijda, « l'émotion est un processus essentiellement inconscient ». Les sentiments, en revanche, sont l'interprétation des émotions que nous subissons et recèlent un élément conscient : quand nous éprouvons un sentiment, nous sommes capables d'y réfléchir et, à partir de là, de prendre des décisions. Nous ne sommes pas submergés par les sentiments comme nous le sommes par les émotions.

Action et pensée

Émotions et sentiments, souligne Frijda, se traduisent différemment. Les émotions nous préparent à l'action : la peur, par exemple, est une force préparant le corps à fuir ou à se défendre. N'importe qui peut deviner nos émotions à partir de notre comportement. Nos sentiments, en revanche, ne sont pas trahis par notre comportement car nous pouvons choisir de les dissimuler.

Frijda estime que les émotions de base sont une opportunité d'améliorer la conscience de soi. Elles s'accompagnent, en effet, d'une excitation biologique qui doit nous rendre plus attentifs à nos sentiments. Si nous en tenons compte honnêtement dans les choix que nous faisons, nous pouvons améliorer notre conscience. Mais Frijda réduit les émotions de base à la colère, la joie, la honte et la peur. Les autres, comme la jalousie ou la culpabilité, ne relèvent pas du même impératif biologique.

Pour Frijda, les émotions comme la peur sont toujours dues à « quelque chose ». Ce sont des réponses spontanées à des modifications de l'environnement qui sont souvent très révélatrices.

En décrivant l'ensemble de lois qui régissent les émotions, Frijda montre qu'elles émergent, culminent puis s'évanouissent de manière prévisible. La raison les interprète comme le ferait un baromètre, pour garantir notre bien-être mental : « Nos moi émotionnels et nos moi raisonnables ne sont pas compartimentés, dit Frijda. Ils sont, au contraire, bien plus liés qu'il n'y paraît ». ■

Nico Frijda

Né à Amsterdam en 1927 dans une famille d'enseignants juifs, Nico Henri Frijda vécut son enfance dans la clandestinité pour éviter les persécutions de la Seconde Guerre mondiale. Il étudia la psychologie à la Gemeente Universiteit, à Amsterdam, et présenta en 1956 une thèse de doctorat sur la compréhension des expressions faciales. Il attribuait son intérêt pour les émotions à son amour d'étudiant pour « une fille très expressive ».

De 1952 à 1955, Frijda travailla comme psychologue clinicien au Centre des névroses de l'armée néerlandaise avant de revenir à la recherche et à l'enseignement. Il enseigna pendant dix ans à l'université d'Amsterdam comme professeur assistant avant d'obtenir la chaire de psychologie expérimentale et théorique. Il fit également des conférences dans toutes les grandes universités européennes. Il mourut à l'âge de 87 ans, le 11 avril 2015.

Ouvrages-clés

1986 *The Emotions*
2006 *The Laws of Emotion*
2011 *Emotion Regulation and Free Will*

HORS DE SON CONTEXTE, LE COMPORTEMENT EST ABSURDEMENT CHAOTIQUE

WALTER MISCHEL (1930-2018)

CONTEXTE

APPROCHE
Théorie de la personnalité

AVANT
v. 400 av. J.-C. Le médecin grec Hippocrate suggère que la personnalité dépend du niveau des quatre humeurs corporelles.

1946 Raymond Cattell commence à développer son modèle de personnalité en 16 facteurs.

1961 Les psychologues américains Ernest Tupes et Raymond Christal proposent le premier modèle de personnalité de type *Big Five*.

APRÈS
1975 Le test de personnalité d'Hans J. Eysenck identifie deux dimensions de la personnalité indépendantes fondées sur la biologie.

1980 Les psychologues Robert Hogan, Joyce Hogan et Rodney Warrenfeltz développent les tests de personnalité basés sur un modèle de type *Big Five*.

Jusqu'à la fin des années 1960, la personnalité était décrite comme un ensemble de traits comportementaux génétiquement hérités. Estimant que ces traits sont déterminants pour prévoir le comportement d'un individu, les psychologues cherchèrent à les définir et à les mesurer. Raymond Cattell identifia ainsi 16 traits de personnalité mesurables, qu'Hans J. Eysenck ramena à 3 dimensions. En 1961, Ernest Tupes et Raymond Christal proposèrent à leur tour un modèle basé sur 5 dimensions, les *Big Five* : ouverture à l'expérience, conscienciosité, extraversion, agréabilité et neuroticisme. En 1968, Walter Mischel scandalisa les théoriciens de la personnalité

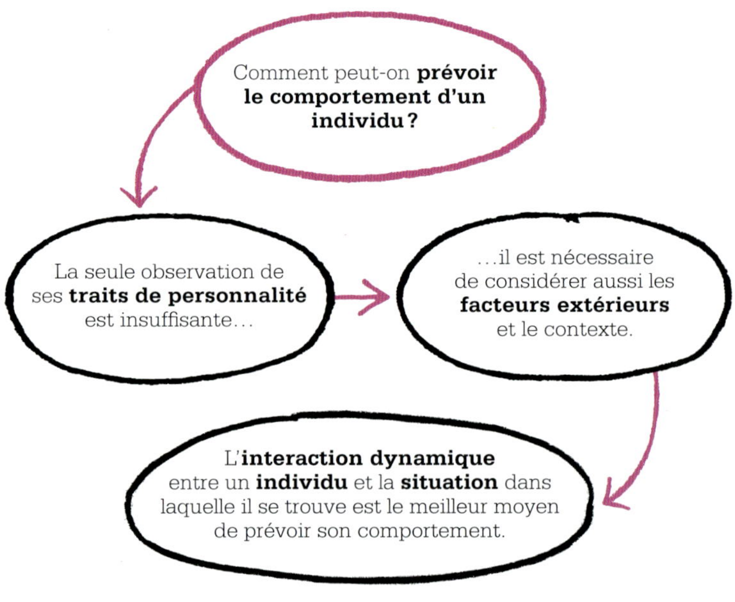

Voir aussi : Galien 18-19 ▪ Gordon Allport 306-307 ▪ Raymond Cattell 314-315 ▪ Hans J. Eysenck 316-321

en affirmant, dans *Personality and Assessment*, que les tests classiques de personnalité n'avaient aucune valeur. Il avait passé en revue les nombreuses études s'attachant à prévoir le comportement à partir des tests de personnalité, et estimait que leur fiabilité n'excédait pas 9 %.

Les facteurs externes

Mischel attira l'attention sur le rôle joué par les facteurs externes et le contexte situationnel dans la détermination du comportement. Il estimait qu'il est impératif d'examiner l'interaction dynamique entre les gens et la situation dans laquelle ils se trouvent : imaginez l'absurdité d'un comportement considéré indépendamment des facteurs externes. Il proposa de définir, plutôt qu'une liste figée de traits, une signature distinctive de personnalité en analysant le comportement d'un individu dans différentes situations, réitérées à de nombreuses reprises. Il suggérait également de prendre en compte l'interprétation par l'individu de chaque situation.

Plus tard, Mischel explora les habitudes de pensée qui peuvent persister dans le temps au travers de situations variées. Il testa ainsi la volonté d'enfants de quatre ans au cours d'une expérience célèbre : les enfants avaient le choix entre manger immédiatement un marshmallow ou ne pas y toucher pendant vingt minutes et en avoir deux. Certains furent capables d'attendre, d'autres non. Mischel suivit les enfants jusqu'à l'adolescence et constata que ceux qui avaient été capables de résister à la tentation réussissaient mieux à l'école, manifestaient des compétences sociales plus grandes et avaient une meilleure estime de soi. Il démontrait aussi que l'aptitude à reporter la gratification semble un meilleur indicateur de réussite qu'un quelconque trait de personnalité.

À la suite des recherches de Mischel, l'étude de la personnalité, qui cherchait jusqu'alors à prévoir le comportement à partir de la personnalité, s'attacha à définir la personnalité à partir du comportement. L'utilisation des tests de personnalité à des fins de recrutement changea également : il est désormais admis que leurs résultats doivent être interprétés en fonction des diverses situations susceptibles de se présenter dans l'activité professionnelle. ■

D'après les études de Mischel sur le comportement des jeunes enfants, la capacité d'un enfant à savoir résister à la tentation indique souvent qu'il sera mieux armé pour réussir dans la vie.

> Que nous apprend vraiment un test de personnalité sur un individu ?
> **Walter Mischel**

Walter Mischel

Né à Vienne, en Autriche, en 1930, Walter Mischel émigra avec sa famille aux États-Unis en 1938. Il grandit à Brooklyn et obtint en 1956 son doctorat de psychologie clinique à l'université d'État de l'Ohio. Il enseigna à l'université du Colorado jusqu'en 1958, à Harvard jusqu'en 1962, à Stanford jusqu'en 1983, et est aujourd'hui le Robert Johnston Niven Professor of Humane Letters dans le département de psychologie de l'université Columbia.

Mischel reçut nombre de distinctions parmi lesquelles le Distinguished Scientific Contribution Award et le Distinguished Scientist Award de l'American Psychological Association, ainsi que, en 2011, le prestigieux Grawemeyer Award en psychologie. Mischel était aussi un artiste de talent reconnu.

Ouvrages-clés

1968 *Personality and Assessment*
1973 *Is Information About Individuals More Important Than Information About Situations?*
2003 *Introduction to Personality*

ON NE DISTINGUE PAS LES INDIVIDUS SAINS DES MALADES MENTAUX DANS LES HÔPITAUX PSYCHIATRIQUES

DAVID ROSENHAN (1929-2012)

CONTEXTE

APPROCHE
Antipsychiatrie

AVANT
1960 Dans *Le Moi divisé*, Ronald D. Laing souligne que la famille est une source de maladie mentale.

1961 Les psychologues E. Zigler et L. Phillips mettent en évidence les énormes chevauchements présentés par les symptômes des différentes catégories de troubles psychiatriques.

1961 En publiant *Le Mythe de la maladie mentale*, le psychiatre américano-hongrois Thomas Szasz devient une figure célèbre et controversée.

1967 Le psychiatre britannique David Cooper présente le mouvement antipsychiatrique dans son livre *Psychiatry and Anti-Psychiatry*.

APRÈS
2008 Thomas Szasz publie *Psychiatry: The Science of Lies*.

Les psychiatres prétendent que **les troubles mentaux peuvent être diagnostiqués avec précision** grâce à des symptômes qui peuvent être classés en maladies.

Ils devraient donc être en mesure de **faire la différence** entre un individu sain d'esprit et un fou.

Une première expérience montra que des gens sains d'esprit avaient été considérés comme des malades mentaux.

Une seconde expérience montra que des gens souffrant de réels troubles mentaux avaient été considérés comme des simulateurs.

On ne distingue pas les individus sains des malades mentaux dans les hôpitaux psychiatriques.

Les diagnostics psychiatriques ne sont pas objectifs, et n'existent que dans l'esprit des observateurs.

Voir aussi : Emil Kraepelin 31 ▪ R. D. Laing 150-151 ▪ Leon Festinger 166-167 ▪ Elliot Aronson 244-245

Au cours des années 1960, les principes fondant la psychiatrie furent vivement remis en cause par le mouvement antipsychiatrique, rassemblant des psychiatres, des psychologues et des soignants, qui reprochaient à la psychiatrie d'être un modèle médical de santé mentale caractérisé par le manque de symptômes physiques et des protocoles de traitement ignorant les besoins et les comportements des patients.

En 1973, David Rosenhan mena aux États-Unis une étude visant à mettre à l'épreuve la validité du diagnostic psychiatrique. La conclusion fut accablante puisqu'elle révéla qu'on ne distinguait pas les individus sains des malades mentaux dans les hôpitaux psychiatriques.

Dans la première partie de son étude, Rosenhan constitua un groupe de 9 hommes et femmes mentalement sains (dont lui-même), d'âge et de profession variés, qui devaient se faire admettre dans divers hôpitaux psychiatriques, répartis dans cinq États américains, après avoir pris rendez-vous par téléphone sous un faux nom. Au bureau des admissions, les pseudo-patients devaient se plaindre d'hallucinations auditives en prétendant entendre des mots comme « vide » et « bruit sourd » – supposés suggérer une crise existentielle. En dehors de leur nom – et de leur profession pour ceux qui travaillaient dans le secteur de la santé –, ils ne travestissaient rien de leur histoire personnelle.

Tous furent admis à l'hôpital avec un diagnostic de schizophrénie bien qu'ils ne manifestassent aucun symptôme. Leur séjour dura en moyenne dix-neuf jours durant lesquels ils se comportèrent normalement et tinrent ouvertement un journal. Alors qu'il tentait de démontrer qu'un comportement normal peut être interprété comme un signe d'aliénation, Rosenhan découvrit que la rédaction de ce journal était mentionnée dans les dossiers médicaux comme une manifestation de la maladie mentale.

En décrivant leur expérience personnelle, les pseudo-patients rapportèrent tous une importante dépersonnalisation et une invasion dégradante dans leur vie privée. La moyenne de leurs contacts avec un médecin fut de 7 minutes par jour, et aucun membre du personnel hospitalier ne soupçonna l'imposture, contrairement à certains autres patients. Pour obtenir leur libération, ils durent accepter le verdict du psychiatre – reconnaître donc être mentalement malade – et s'engager à prendre des antipsychotiques – ce qu'ils ne firent pas, bien entendu.

Des malades non reconnus

Dans le deuxième volet de son étude, Rosenhan proposa au personnel d'un hôpital universitaire, au courant des résultats de la première expérience, d'identifier les pseudo-patients qui allaient tenter de se faire admettre au cours des trois mois suivants. En fait, aucun faux patient ne se présenta. Pourtant, sur 193 admissions, 41 malades furent considérés comme des imposteurs et 42 comme suspects.

L'étude de Rosenhan déclencha une très vive controverse et conduisit de nombreuses institutions à prendre des mesures pour améliorer les soins. ■

David Rosenhan

Né aux États-Unis en 1929, David Rosenhan obtint une licence de psychologie au Yeshiva College de New York, puis rejoignit l'université Columbia pour y passer sa maîtrise et son doctorat. Il se spécialisa en psychologie clinique et sociale et devint un expert en procédures juridiques légales. De 1957 à 1970, il enseigna au Swarthmore College et au Haverford College, en Pennsylvanie, et à l'université de Princeton, dans le New Jersey. Il enseigna ensuite pendant près de trente ans à Stanford, où il continua à donner des cours de psychologie et de droit comme professeur émérite. Il donna des conférences à Oxford en tant que membre de l'American Association for the Advancement of Science. Grand défenseur des droits des patients souffrant de troubles mentaux, il fonda le Trial Analysis Group.

Ouvrages-clés

1968 *Foundations of Abnormal Psychology* (avec Perry London)
1973 *« Un individu sain dans des lieux qui ne le sont pas »*
1997 *Abnormality* (avec Martin Seligman et Lisa Butler)

LES TROIS VISAGES D'EVE

CORBETT H. THIGPEN (1919-1999)
HERVEY M. CLECKLEY (1903-1984)

CONTEXTE

APPROCHE
Troubles mentaux

AVANT
Années 1880 En décrivant le cas de patients présentant plusieurs états de conscience, Pierre Janet propose le terme de «dissociation».

1887 Le chirurgien français E. Azam décrit les «personnalités alternantes» de sa patiente Félida.

1906 Le neurologue américain Morton Prince rapporte le cas de Christine Beauchamp dans *The Dissociation of Personality.*

APRÈS
Années 1970 L'histoire de Sybil Dorsett et de la psychiatre Cornelia Wilbur associe les troubles de la personnalité multiple aux cas des enfants abusés.

1980 La troisième édition du *Manuel diagnostique et statistique des troubles mentaux* publié par l'American Psychiatric Association légitimise le trouble de la personnalité multiple.

1994 Le trouble de la personnalité multiple est renommé «trouble dissociatif de l'identité».

Le trouble de la personnalité multiple, aujourd'hui appelé trouble dissociatif de l'identité, désigne l'état d'un individu présentant plusieurs identités distinctes. Un premier cas fut rapporté en 1791 par Eberhardt Gmelin et, au cours des 150 années suivantes, une centaine d'autres cas cliniques furent enregistrés. On pensait alors que ce trouble était dû à des maltraitances subies dans l'enfance et pouvait être traité en amenant la personnalité principale à réintégrer les autres.

L'un des cas les plus célèbres de trouble de la personnalité multiple est celui d'Eve White – en réalité Christine Costner-Sizemore, traitée dans les années 1950 par les psychiatres Corbett Thigpen et Hervey Cleckley, qui racontèrent son cas dans *Les Trois visages d'Eve.* Femme soignée de vingt-cinq ans, mariée et mère d'une fillette de quatre ans, Eve White souffrait de maux de tête et de pertes de mémoire occasionnelles : elle retrouvait, par exemple, des vêtements coûteux qu'elle n'avait pas les moyens de

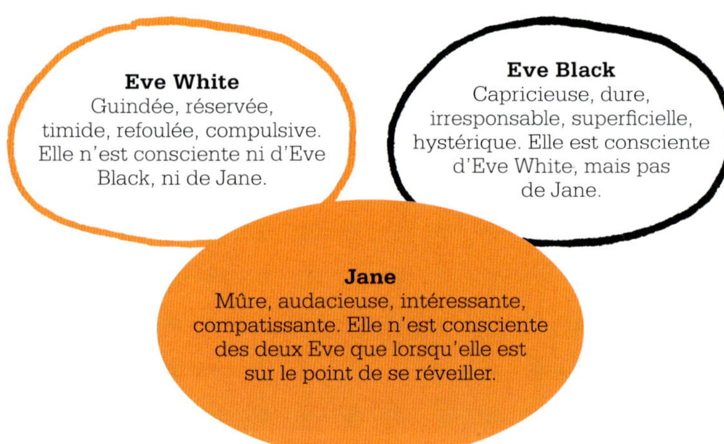

Voir aussi : Pierre Janet 54-55 ▪ Timothy Leary 148 ▪ Milton Erickson 336

s'offrir mais n'avait aucun souvenir de les avoir achetés. Un jour qu'elle parlait avec son psychiatre, son comportement se modifia : elle sembla d'abord désorientée, puis se mit à sourire de façon provocante et demanda au médecin une cigarette, alors qu'Eve White ne fumait pas. De même, elle souffrait d'une allergie au nylon que n'avait pas Eve White.

Cette nouvelle femme, Eve Black, était une autre personnalité d'Eve White. Mais, si elle savait tout sur Eve White – qu'elle prenait ouvertement pour une gourde –, cette dernière ignorait totalement ce que faisait Eve Black.

Des personnalités distinctes

Les deux personnalités furent soumises à des examens psychologiques : toutes deux apparaissaient comme « normalement brillantes », mais Eve White avait un quotient intellectuel légèrement plus élevé qu'Eve Black. La dynamique de personnalité révéla chez Eve Black un personnage capricieux, superficiel, à tendance hystérique, tandis qu'Eve White apparaissait réservée, timide, et incapable de gérer son hostilité.

> « Quand je sors pour me saouler, dit Eve Black, *elle* se réveille avec la gueule de bois. »
> **Thigpen et Cleckley**

Le personnage d'Eve, popularisé par Joanne Woodward dans le film *Les Trois visages d'Eve*, fascina l'imagination du public, qui découvrait l'un des cas extrêmes de trouble de la personnalité multiple.

Pensant que le problème d'Eve résultait d'un traumatisme vécu dans l'enfance, le psychiatre chercha à faire émerger le passé et recourut à l'hypnose pour provoquer l'apparition d'Eve Black et confronter les deux personnalités. Eve tomba alors dans un état de transe, dont elle s'éveilla sous la forme d'une troisième personnalité : Jane, un personnage au caractère relativement posé, qui paraissait combiner les atouts des deux Eve, tout en étant dépourvue de leurs faiblesses. Alors qu'aucune des Eve n'avait conscience de Jane, celle-ci était consciente de l'une et de l'autre. Finalement, c'est la personnalité de Jane, la mieux à même d'intégrer la dynamique complexe des trois personnalités, qui absorba les deux Eve.

Les cas aussi extrêmes de trouble dissociatif de la personnalité sont rares, mais les cas moins sévères sont relativement courants. Les études approfondies et minutieusement documentées telles que celle de Thigpen et Cleckley ont permis d'élaborer des protocoles de diagnostic et de traitement de ce trouble psychiatrique. ■

Corbett H. Thigpen et Hervey M. Cleckley

Né aux États-Unis à Macon, en Géorgie, en 1919, **Corbett H. Thigpen** rêvait d'être magicien quand il était enfant et rejoignit plus tard la Southeastern Association of Magicians' Hall of Fame. Il sortit diplômé de la Mercer University en 1942 et du Medical College de Géorgie en 1945, après avoir servi dans l'armée durant la Seconde Guerre mondiale. En 1948, il commença sa carrière de psychiatre dans un cabinet privé avec Hervey M. Cleckley. Tous deux enseignèrent durant une vingtaine d'années dans les départements de psychiatrie et de neurologie du Medical College de Géorgie. Thigpen était connu pour recevoir une ovation après chaque conférence. Il prit sa retraite en 1987.

Né aux États-Unis à Augusta, en Géorgie, en 1903, **Hervey M. Cleckley** sortit diplômé en 1924 de l'université de Géorgie, où il était réputé comme excellent sportif. Une bourse Rhodes lui permit d'aller étudier deux ans à Oxford. Il fit toute sa carrière à la Georgia Medical School, où il occupa divers postes dont celui de président du Department of Psychiatry and Health Behavior. En 1941, il publia *The Mask of Sanity*, une œuvre phare parmi les études psychiatriques, qui est toujours régulièrement reédité.

Ouvrages-clés

1941 *The Mask of Sanity* (Cleckley)
1957 *Les Trois visages d'Eve* (Thigpen et Cleckley)

RÉPERTO

IRE

RÉPERTOIRE

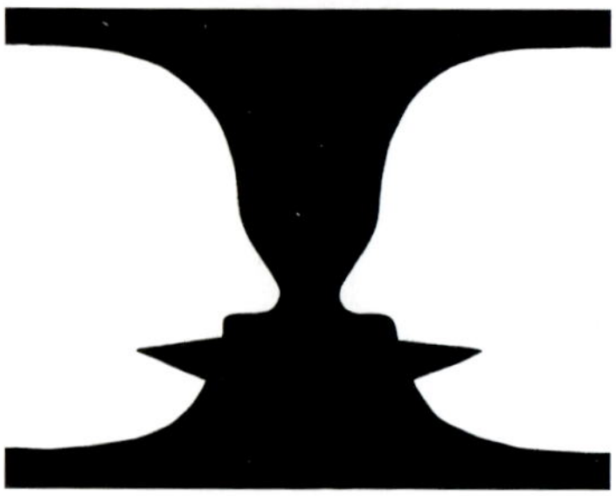

Si la recherche sur le fonctionnement de l'esprit humain remonte aux premières civilisations, elle était alors de nature plus philosophique que scientifique. Ce n'est qu'avec les progrès réalisés en biologie au cours de la seconde moitié du XIXe siècle que l'on put entreprendre une véritable analyse scientifique des processus mentaux et faire de la psychologie un domaine de recherche à part entière. Nous avons présenté dans cet ouvrage les principaux chercheurs qui ont marqué les différents mouvements de la psychologie, mais beaucoup d'autres ont contribué au développement de la psychologie comme science en tant que telle : des structuralistes aux béhavioristes, des psychanalystes aux cognitivistes, les chercheurs ci-dessous nous ont permis d'étendre et d'approfondir notre compréhension de la spécificité de l'être humain.

JOHN DEWEY
1859-1952

L'Américain John Dewey eut une grande influence sur l'étude scientifique et philosophique de la pensée humaine dans la première moitié du XXe siècle. Intéressé d'abord par le béhaviorisme, Dewey appliqua sur la société la philosophie du pragmatisme, ce qui eut un impact majeur sur la pensée et les pratiques éducatives aux États-Unis.
Voir aussi : William James 38-45 ▪ G. Stanley Hall 46-47

W. H. R. RIVERS
1864-1922

Chirurgien, neurologue et psychiatre, l'Anglais William Halse Rivers Rivers travailla sur les relations entre l'esprit et le corps et publia quelques essais importants sur les maladies neurologiques, dont l'hystérie. Surtout connu pour ses travaux sur le stress post-traumatique, il est considéré comme l'un des fondateurs de l'anthropologie médicale. Les méthodes d'analyse transculturelle que Rivers appliqua lors d'une expédition dans le détroit de Torres, en 1898, jetèrent les bases d'un nouveau champ de recherche.
Voir aussi : Wilhelm Wundt 32-37 ▪ Hermann Ebbinghaus 48-49 ▪ Sigmund Freud 92-99

EDWARD B. TITCHENER
1867-1927

Le Britannique Edward Bradford Titchener étudia la psychologie expérimentale à Oxford, puis en Allemagne, avec Wilhelm Wundt. En 1892, il s'installa aux États-Unis, où il introduisit la psychologie structurale, une science basée sur l'introspection qui décompose les expériences de l'humanité pour les ranger dans des structures élémentaires. Le structuralisme s'opposait au béhaviorisme, dont la popularité était alors en plein essor, et, dans les années 1920, Titchener travaillait de manière relativement isolée tout en jouissant d'une grande estime. On lui doit plusieurs traités de psychologie, dont : *An Outline of Psychology* (1896), *Experimental Psychology* (1901-1905), et *A Textbook of Psychology* (1910).
Voir aussi : Wilhelm Wundt 32-37 ▪ William James 38-45 ▪ J. P. Guilford 304-305 ▪ Edwin Boring 335

WILLIAM STERN
1871-1938

L'Allemand William Stern joua un rôle important dans l'établissement de la psychologie du développement. L'ouvrage qu'il écrivit avec son épouse Clara, *Psychologie der frühen Kindheit* (1914), est basé sur l'observation de ses trois propres enfants jusqu'à dix-huit ans. Sa méthode d'étude du développement individuel – la « psychologie personnaliste » – est un mélange de psychologie appliquée, différentielle, génétique et générale. Pionnier en psychologie légale, il fut le premier à utiliser l'approche nomothétique-idiographique. Stern est surtout connu pour ses travaux sur la mesure du quotient intellectuel (QI) des enfants : le nombre exprimé par le QI est le rapport entre l'âge « mental » de l'enfant, donné par le résultat du test, sur l'âge réel, multiplié par 100.
Voir aussi : Alfred Binet 50-53 ▪ Jean Piaget 262-169

CHARLES SAMUEL MYERS
1873-1946

Myers étudia la psychologie expérimentale avec W. H. R. Rivers à Cambridge, où il créa, en 1912, le laboratoire de psychologie expérimentale. Pendant la Première Guerre mondiale, il traita les soldats de ce qu'il appela le *shell shock*, la « psychose traumatique », et, plus tard, il joua un rôle prépondérant dans le développement de la psychologie du travail. Il est l'auteur de *Industrial Psychology in Great Britain* (1926), et *In the Realm of Mind* (1937).
Voir aussi : Kurt Lewin 218-223 ▪ Solomon Asch 224-227 ▪ Raymond Cattell 314-315 ▪ W. R. H. Rivers 334

MAX WERTHEIMER
1880-1943

Dans les années 1930, le psychologue tchèque Max Wertheimer fonda aux États-Unis, avec Kurt Koffka et Wolfgang Köhler, le gestaltisme, bâti sur les théories existantes de l'organisation perceptuelle. S'éloignant du molécularisme de Wundt, il prônait l'étude du « tout » en répétant « le tout est plus que la somme des parties ». Il proposa également le terme de *Prägnanz* pour suggérer que l'esprit traite l'information visuelle dans les formes les plus simples de symétrie et de forme.
Voir aussi : Abraham Maslow 138-139 ▪ Solomon Asch 224-227

ELTON MAYO
1880-1949

Alors professeur de gestion industrielle à l'université Harvard, l'Australien Elton Mayo effectua dans les années 1930 des expériences révolutionnaires : utilisant les techniques dérivées de la psychologie, de la physiologie et de l'anthropologie, il étudia pendant cinq ans la productivité et le moral de six ouvrières tout en modifiant leurs conditions de travail. Le résultat le plus surprenant fut la façon dont les femmes étudiées répondirent à l'expérience. La découverte de l'effet Hawthorne, modification du comportement due au fait que les gens se savent observés, eut un impact durable sur l'éthique et les relations industrielles, ainsi que sur les méthodes de recherche en sciences sociales.
Voir aussi : Sigmund Freud 92-99 ▪ Carl Jung 102-107

HERMANN RORSCHACH
1884-1922

Surnommé Klek – « tache d'encre » – lorsqu'il était écolier, en Suisse, car il n'arrêtait pas de dessiner, Rorschach découvrit que les réponses à des taches spécifiques peuvent révéler des troubles de la personnalité. Il publia l'interprétation de ce test dans *Psychodiagnostic*, paru en 1921, mais mourut un an plus tard, à trente-sept ans. D'autres développèrent son test plus tard, aboutissant à quatre méthodes différentes mais imparfaites, qu'unifia, en 1993, l'Américain John Exner dans *Le Rorschach : un système intégré*, qui reste l'un des tests psychanalytiques les plus endurants.
Voir aussi : Alfred Binet 50-53 ▪ Sigmund Freud 92-99 ▪ Carl Jung 102-107

CLARK L. HULL
1884-1952

Ayant commencé son cursus en étudiant la psychométrie et l'hypnose, l'Américain Clark Leonard Hull publia *Aptitude Testing* en 1929 et *Hypnosis and Suggestibility* en 1933. Suivant son approche béhavioriste objective, il proposa en 1940 une théorie mathématico-déductive de l'apprentissage par cœur, mesurant toute forme de comportement (y compris animal) par une seule équation mathématique. Il développa sa théorie en 1943 dans *Système du comportement*, qui étudie les effets du renforcement sur la connexion stimulus-réponse. Sa théorie globale du comportement était alors l'un des systèmes standard de recherche psychologique.
Voir aussi : Jean-Martin Charcot 30 ▪ Alfred Binet 50-53 ▪ Ivan Pavlov 60-61 ▪ Edward Thorndike 62-65

EDWIN BORING
1886-1968

L'une des plus grandes figures de la psychologie expérimentale, Boring se spécialisa dans les systèmes sensoriels et perceptuels de l'homme. Son interprétation du dessin de W. E. Hill (vieille ou jeune femme) le rendit célèbre sous le nom de figure de Boring. Dans les années 1920, il sépara le département de psychologie d'Harvard de la psychiatrie et le transforma en école scientifique unifiant le structuralisme et le comportementalisme. Il publia *A History of Experimental Psychology* en 1929 et *Sensation and Perception in the History of Experimental Psychology* en 1942.
Voir aussi : Wilhelm Wundt 32-37 ▪ Edward B. Titchener 334

FREDERIC BARTLETT
1886-1969

Premier professeur de psychologie expérimentale (1931-1951) à l'université de Cambridge, Frederic Bartlett est connu pour ses expériences sur

la mémoire : on lisait une légende indienne peu connue, *The War of the Ghosts*, aux participants qui devaient la raconter à leur tour. Nombre d'entre eux ajoutaient des détails qui n'étaient pas dans l'original ou modifiaient le sens pour l'adapter à leur propre culture. Bartlett en conclut que leurs souvenirs relevaient plus de la reconstruction du texte.
Voir aussi: Endel Tulving 186-191 ▪ Gordon H. Bower 194-195 ▪ W. H. R. Rivers 334

CHARLOTTE BÜHLER
1893-1974

Née à Berlin, Charlotte Bühler fonda avec son mari Karl l'Institut de psychologie de Vienne en 1922. Elle étendit ses études sur la personnalité et le développement cognitif de l'enfant au développement de l'homme durant sa vie entière – qu'elle divisait en quatre périodes : 0-15 ans, 16-25 ans, 26-45 ans, et 46-65 ans. Ayant établi des liens entre les émotions de l'adulte et la petite enfance, Bühler proposa un dispositif thérapeutique basé sur un jeu de figurines numérotées, le World Test, pour révéler le monde émotionnel de l'enfant. Après la publication de *From Birth to Maturity* (1935) et de *From Childhood to Old Age* (1938), elle alla aux États-Unis, où elle participa, dans les années 1960, au développement de la psychologie humaniste.
Voir aussi: Carl Rogers 130-137 ▪ Abraham Maslow 138-139 ▪ Viktor Frankl 140 ▪ Gordon Allport 306-313

DAVID WECHSLER
1896-1981

Pendant la Première Guerre mondiale, le psychologue américain d'origine roumaine Wechsler travailla dans l'armée aux côtés de E. Thorndike et C. Spearman sur les tests d'intelligence de groupe. Il développa plus tard les tests de Binet en y ajoutant le raisonnement non verbal. Wechsler pensait que l'intelligence, c'est la capacité de penser rationnellement, d'agir délibérément et de tirer profit efficacement de son environnement. En 1939, il développa une batterie de tests connu sous le nom de Wechsler-Bellevue Intelligence Scale (WBIS), suivie, en 1949, de la Wechsler Intelligence Scale for Children (WISC) et, en 1955, de la Wechsler Adult Intelligence Scale (WAIS).
Voir aussi: Francis Galton 28-29 ▪ Alfred Binet 50-53 ▪ David C. McClelland 322-323

NANCY BAYLEY
1899-1994

La pédopsychologue américaine Nancy Bayley se spécialisa dans la mesure du développement moteur et intellectuel de l'enfant. Elle mesura la peur chez l'enfant en analysant le système nerveux sympathique à travers la sécrétion des glandes sudoripares. Publiées en 1969, les échelles de Bayley du développement mental et moteur restent le standard mondial pour estimer le développement mental et physique des nourrissons jusqu'à 42 mois.
Voir aussi: Edwin Guthrie 74 ▪ Simon Baron-Cohen 298-99

MILTON ERICKSON
1901-1980

Atteint de poliomyélite à dix-sept ans, le psychiatre américain Erickson est la figure emblématique du « guérisseur blessé », expérimentant sur lui-même des techniques qu'il appliqua plus tard dans l'hypnose thérapeutique, à laquelle il consacra de nombreux travaux. L'un des apports fondamentaux d'Erickson en psychothérapie est l'idée que l'inconscient n'est pas une menace pulsionnelle mais une source d'énergies nouvelles. Considéré comme le père des thérapies brèves, il inspira des approches thérapeutiques, dont l'hypnose ericksonienne, la thérapie brève de Palo Alto, la programmation neurolinguistique, etc.
Voir aussi: B. F. Skinner 78-85 ▪ Stanley Milgram 246-253.

ALEXANDRE LURIA
1902-1977

Né en Russie à Kazan, Luria fit ses études à l'Institut de psychologie de Moscou, où son travail sur les processus de pensée déboucha sur la première machine à détecter les mensonges. Il se spécialisa ensuite en neurologie et travailla sur l'équilibre du physique et du psychique : on lui doit de notables percées dans l'étude des lésions cérébrales, de la perte de mémoire, de la perception et de l'aphasie – troubles du langage. Le livre qu'il publia en 1972, *L'Homme dont le monde volait en éclats*, contribua à populariser la neurologie.
Voir aussi: Sigmund Freud 92-99 ▪ B. F. Skinner 78-85 ▪ Noam Chomsky 294-297

DANIEL LAGACHE
1903-1972

Admis à École normale supérieure en 1924, Daniel Lagache entreprit des études de psychologie expérimentale, de psychopathologie et de phénoménologie sur les conseils de son maître Georges Dumas. Théoricien du freudisme, Lagache joua un rôle important dans la promotion de la psychanalyse auprès du grand public en l'associant à l'expérience clinique.

Après avoir critiqué l'autoritarisme de Sacha Nacht, il quitta l'Association psychanalytique de Paris en 1953 pour fonder, avec Jacques Lacan, la Société française de psychanalyse. Intéressé par la criminologie, il y consacra plusieurs études. Il publia, entre autres, *La Jalousie amoureuse* (1947) et *La Psychanalyse* (1955).
Voir aussi: Jacques Lacan 122-123

ERNEST R. HILGARD
1904-2001

Ernest Ropiequet «Jack» Hilgard entreprit ses travaux d'hypnose dans les années 1950, à l'université Stanford, avec son épouse Joséphine. En 1957, ils fondèrent le Laboratory of Hypnosis Research, où il élabora, avec A. Weitzenhoffer, en 1959, des échelles psychométriques de quantification de la suggestibilité hypnotique. Bien qu'elle fût controversée, sa théorie de la néodissociation et de l'«observateur caché» (1977) – suggérant que, sous hypnose, des strates sous-jacentes de le conscience sont régulées par un système de contrôle exécutif – a résisté à l'épreuve du temps: ses manuels *Conditioning and Learning* (publié en 1940 avec D.G. Marquis) et *Introduction to Psychology* (1953) sont encore étudiés.
Voir aussi: Ivan Pavlov 60-61 ▪ Leon Festinger 166-167 ▪ Eleanor E. Maccoby 284-285

GEORGE KELLY
1905-1967

Avec la publication en 1955 de *The Psychology of Personal Constructs*, Kelly fit une importante contribution à la psychologie de la personnalité. Sa théorie humaniste des «construits personnels» suggère que les individus construisent leur personnalité à travers l'évaluation cognitive des événements. De cette théorie est né un test utilisé dans les pays anglo-saxons pour rechercher et diagnostiquer la nature de la personnalité dans le cadre de la psychologie cognitive et de la thérapie de conseil.
Voir aussi: Johann Friedrich Herbart 24-25 ▪ Carl Rogers 130-137 ▪ Ulric Neisser 339

MUZAFER SHERIF
1906-1988

Né et élevé en Turquie, Sherif obtint son doctorat à l'université Columbia de New York. Sa thèse, qui traitait de l'influence des facteurs sociaux sur la perception, fut publiée en 1936 sous le titre *The Psychology of Social Norms*, mais est connue comme l'expérience de l'«effet autocinétique». Combinant avec succès les méthodes expérimentales en laboratoire et sur le terrain, Sherif travailla avec son épouse Carolyn Wood Sherif sur l'expérience de la «caverne des voleurs» (1954) pour étudier l'origine des préjugés, les conflits et les stéréotypes dans les groupes sociaux, ainsi que les relations intergroupes. Sa théorie «des conflits réalistes» est toujours valable pour expliquer le comportement de groupe. En 1961, Sherif développa avec Carl Havland la théorie «du jugement social».
Voir aussi: Soloman Asch 224-227 ▪ Philip Zimbardo 254-255

NEAL E. MILLER
1909-2002

Le psychologue américain Miller travailla en 1935 comme chercheur invité à Vienne avec Anna Freud et Heinz Hartmann. Après avoir lu *The Cerebral Cortex and the Internal Organs* de K. M. Bykov (1954), Miller chercha à prouver que les organes internes et leurs fonctions peuvent être manipulés. Ses conclusions menèrent à la technique du biofeedback, dont le but est d'améliorer la conditions des patients en les entraînant à répondre aux signaux de leur propre corps.
Voir aussi: Anna Freud 111 ▪ Albert Bandura 286-291

ERIC BERNE
1910-1970

Né à Montréal, le psychiatre américain Eric Berne est le fondateur de l'analyse transactionnelle, une théorie qui met la communication verbale au centre de psychothérapie. Cette théorie postule trois «états du moi» – le Parent, l'Adulte, l'Enfant – constituant la structure de toute personnalité et à partir desquels peut être analysé chaque échange verbal ou «transaction» entre deux individus. Chaque transaction – le stimulus et la réponse – se déroule comme un jeu de rôle, et Berne suggère dans son *Des jeux et des hommes*, publié en 1964, que ces jeux de rôle ou schémas de comportement peuvent révéler des sentiments et des émotions cachés et aider à résoudre les problèmes liés à nos rapports avec les autres.
Voir aussi: Erik Erikson 272-273 ▪ David C. McClelland 322-323

ROGER W. SPERRY
1913-1994

En réussissant la séparation du corps calleux – faisceau de fibres nerveuses assurant le transfert de signaux entre les hémisphères gauche et droit du cerveau –, le neurobiologiste américain Sperry fit une percée spectaculaire dans le traitement

d'un certain type d'épilepsie. En 1981, il reçut avec l'Américain David Hubel et le Suédois Torsten Wiesel le prix Nobel de physiologie ou médecine pour « ses découvertes concernant la répartition fonctionnelle des hémisphères cérébraux ».
Voir aussi : William James 38-45 ▪ Simon Baron-Cohen 298-299

SERGE LEBOVICI
1915-2000

Psychiatre et psychanalyste français qui dirigea l'Association psychanalytique internationale de 1973 à 1977, Serge Lebovici se spécialisa dans le développement de l'enfant, du nourrisson à l'adolescent, et notamment dans le lien d'attachement entre le bébé et sa mère. Il est connu pour avoir introduit la psychanalyse des enfants en France.
Voir aussi : Sigmund Freud 92-99 ▪ Anna Freud 111

MILTON ROKEACH
1918-1988

Le psychologue américain d'origine polonaise Rokeach étudia la manière dont les croyances religieuses affectent nos valeurs et nos attitudes. Il estimait que les valeurs sont des représentations mentales de nos besoins fondamentaux sous-jacents, qui tiennent compte également des exigences de la société. Il fonda la théorie du dogmatisme, qui étudie les caractéristiques cognitives de fermeture et d'ouverture d'esprit – *The Open and Closed Mind*, 1960 –, et élabora un test, toujours utilisé, destiné à mesurer les croyances et les valeurs dans des groupes particuliers. Dans *The Great American Values Test* notamment, il mesura les changements d'opinion prouvant que la télévision peut modifier les valeurs.
Voir aussi : Leon Festinger 166-167 ▪ Solomon Asch 224-227 ▪ Albert Bandura 286-291

RENÉ DIATKINE
1918-1997

Au cœur du développement de la psychiatrie dynamique, le psychiatre et psychanalyste français Diatkine privilégia les émotions et leurs processus de pensée sous-jacents plutôt que le comportement observable. Il fonda en 1958, avec P. Paumelle et S. Lebovici, l'Association de Santé mentale, participant au service public hospitalier. Le livre qu'il a coécrit avec Janine Simon en 1972, *La Psychanalyse précoce*, est l'une de ses œuvres notables.
Voir aussi : Anna Freud 111 ▪ Jacques Lacan 122-123

PAUL MEEHL
1920-2003

Le travail de l'Américain Paul Meehl a eu un impact durable sur la santé mentale et la méthodologie de recherche. Dans *Clinical Versus Statistical Prediction : A Theoretical Analysis and a Review of the Evidence* (1954), il soutient que les statistiques sur le comportement sont plus fiables à partir de formules mathématiques que par l'analyse clinique. En 1962, il trouva un lien génétique à la schizophrénie. Ses études sur le déterminisme et le libre arbitre axés sur l'indétermination quantique furent publiées en 1974 dans *The Determinism - Freedom and Mind-Body Problems* (écrit avec Herbert Feigl).
Voir aussi : B. F. Skinner 78-85 ▪ David Rosenhan 328-329

HAROLD H. KELLEY
1921-2003

Le psychologue américain Kelley obtint son doctorat sous la tutelle de Kurt Lewin au Massachusetts Institute of Technology. Sa première œuvre majeure, *Communication and Persuasion* (avec Janis et Hovland, 1953), divise les communications en trois parties : « Qui », « dit quoi » et « à qui ». L'idée, largement adoptée, a changé la façon dont les gens – les politiciens notamment – se présentent. Depuis 1953, il collabore avec John Thibaut, avec lequel il a écrit *The Social Psychology of Groups* (1959), suivi de *Interpersonal Relations : A Theory of Interdependence* (1978).
Voir aussi : Leon Festinger 166-167 ▪ Kurt Lewin 218-223 ▪ Noam Chomsky 294-297

STANLEY SCHACHTER
1922-1997

Né à New York, Schachter est surtout connu pour la théorie de l'émotion qu'il a développée avec Jérôme Singer. Le couple de chercheurs a montré que les sensations physiques sont liées à des émotions – la façon, par exemple, dont les gens ressentent l'augmentation de leur rythme cardiaque et de leur tension musculaire avant d'avoir peur – et que la cognition est affectée par l'état physiologique d'un individu.
Voir aussi : William James 38-45 ▪ Leon Festinger 166-167

HEINZ HECKHAUSEN
1926-1988

Le psychologue allemand Heinz Heckhausen était un expert mondial de la psychologie motivationnelle.

Il publia une thèse post-doctorale sur les espoirs et les craintes de la réussite et de l'échec, et ses premiers travaux sur le développement motivationnel de l'enfant menèrent au modèle cognitif de motivation avancé (Heckhausen et Rheinberg, 1980). Le livre qu'il a co-écrit avec sa fille Jutta, *Motivation and Action* (1980), a eu une influence durable.
Voir aussi: Zing-Yang Kuo 75 ▪ Albert Bandura 286-191 ▪ Simon Baron-Cohen 298-299

ANDRÉ GREEN
1927-2012

Le psychanalyste français d'origine égyptienne André Green s'intéressa à la théorie des communications et à la cybernétique dans les années 1950 lorsqu'il était interne à l'hôpital Sainte-Anne. C'est là qu'il rencontra pour la première fois Jacques Lacan, avec lequel il rompit en 1967 au motif qu'il privilégiait trop la forme symbolique et structurelle. Vers la fin des années 1960, Green retourna aux racines freudiennes de l'analyse avec son exploration du négatif – ce qu'il exprima dans son article de 1980 sur la «mère morte»: la mère est psychologiquement morte pour l'enfant, mais, comme elle est toujours là, il ressent peur et confusion.
Voir aussi: Sigmund Freud 92-99 ▪ Donald Winnicott 118-121 ▪ Jacques Lacan 122-123 ▪ Françoise Dolto 279

ULRIC NEISSER
1928-2012

Le premier livre du psychologue américain d'origine allemande Neisser, *Cognitive Psychology* (1967), est considéré comme une référence. Pourtant, quelques années plus tard, il critiqua la psychologie cognitive parce que son développement avait négligé le rôle de la perception. Il se spécialisa dans l'étude de la mémoire, et, en 1995, présida le groupe de travail chargé par l'American Psychological Association d'étudier les théories des tests d'intelligence. Ses articles furent publiés dans *The Rising Curve: Long-Term Gains in IQ and Related Measures* (1998).
Voir aussi: George Armitage Miller 168-173 ▪ Donald Broadbent 178-185

JEROME KAGAN
Né en 1929

Leader américain de la psychologie du développement, Kagan estime que la physiologie a plus d'influence sur la psyché que l'environnement. Son travail sur les aspects biologiques du développement de l'enfant – effets d'appréhension et de crainte sur la conscience de soi, la morale, la mémoire et le symbolisme – initièrent la recherche sur la physiologie du tempérament. Son travail a influencé les études de comportement dans des domaines éloignés de la psychologie, comme la criminalité, l'éducation, la sociologie ou la politique.
Voir aussi: Sigmund Freud 92-99 ▪ Jean Piaget 262-269

MICHAEL RUTTER
Né en 1933

Le psychiatre britannique Michael Rutter a modifié notre compréhension des problèmes liés au développement et au comportement de l'enfant. Dans *Maternal Deprivation Reassessed* (1972), il rejette la théorie de l'attachement sélectif de John Bowlby et affirme que l'attachement multiple est normal durant l'enfance. Par la suite, il distingua le manque (perte de quelque chose) de la carence (quelque chose n'ayant jamais existé) et suggéra que la désocialisation relève plus des conflits familiaux que de la carence maternelle.
Voir aussi: John Bowlby 272-277 ▪ Simon Baron-Cohen 298-99

FRIEDEMANN SCHULZ VON THUN
Né en 1944

Le psychologue allemand Friedemann Schulz von Thun est célèbre pour son modèle de communication – le modèle «à quatre oreilles» –, publié dans son ouvrage en trois volumes *Miteinander Reden* (1981, 1989, 1998). Pour von Thun, chaque message comporte quatre facettes: l'information que je souhaite communiquer; ce que j'exprime sur moi-même; ma position vis-à-vis de l'autre; ce à quoi j'aimerais inciter l'autre. Il suggère que les malentendus apparaissent lorsque les gens se parlent et s'écoutent sur différents niveaux.
Voir aussi: B. F. Skinner 78-85 ▪ Kurt Lewin 218-223

JOHN D. TEASDALE
Né en 1944

Le psychologue britannique Teasdale étudie les approches cognitives de la dépression. Avec Zindel Segal et Mark Williams, il a développé la technique de thérapie cognitive basée sur la pleine conscience, qui combine la thérapie cognitive avec les techniques de pleine conscience et de méditation orientale: les patients souffrant de dépression majeure récurrente doivent susciter intentionnellement des pensées négatives afin de pouvoir les observer avec un regard détaché.
Voir aussi: Gordon H. Bower 194-195 ▪ Aaron Beck 174-177

GLOSSAIRE

acte manqué Acte différent de celui que l'on prévoyait consciemment de faire et qui reflète des motivations inconscientes ou des angoisses. Le lapsus est l'exemple le plus connu d'acte manqué.

âge mental Âge correspondant au degré de développement intellectuel d'un enfant et mesuré à partir de tests psychométriques standardisés.

apprentissage par essais et erreurs Théorie de l'apprentissage proposée par Edward Thorndike, qui procède par tâtonnements jusqu'à obtention de la bonne réponse à une expérience puis répétition des expériences produisant les résultats souhaités.

apprentissage social Théorie proposée par Albert Bandura, faisant découler l'apprentissage de l'observation des comportements d'autrui et de leurs conséquences.

archétypes Dans la théorie de Carl Jung, schémas et cadres hérités formant l'inconscient collectif et structurant nos expériences. Les archétypes sont véhiculés par les mythes et les contes.

association 1) Une des explications philosophiques du mode de formation du savoir, lequel se construirait par mise en relations d'idées simples pour produire des idées complexes. 2) Lien se formant entre deux processus psychologiques par le fait qu'ils sont perçus ensemble – simultanément ou successivement.

association libre Technique utilisée en psychothérapie invitant le patient à exprimer toutes les pensées qui lui viennent à l'esprit, à partir d'un élément donné ou de façon spontanée.

attachement Importante relation affective, liant un individu à un autre, auprès duquel il trouve la sécurité. L'attachement lie, en particulier, les jeunes enfants aux figures parentales.

attention Terme générique désignant les processus mis en œuvre dans la perception sélective.

autisme Terme désignant les troubles du spectre autistique (TSA) – dysfonctionnements mentaux caractérisés par un repliement extrême sur soi, une incapacité d'empathie, la répétition d'activités motrices stéréotypées, et des déficiences du langage et des aptitudes de conceptualisation.

auto-réalisation Plein épanouissement de ses propres potentialités. C'est, pour Abraham Maslow, le besoin humain le plus élevé.

béhaviorisme Courant de la psychologie pour lequel seul le comportement observable peut faire l'objet d'une étude scientifique, c'est-à-dire être décrit et mesuré en termes objectifs.

béhaviorisme intentionnel Théorie défendue par Edward Tolman qui affirme que le comportement est déterminé par la poursuite d'un but.

ça Dans la théorie psychanalytique, l'une des trois structures, ou instances, constituant le psychisme – avec le moi et le surmoi. Centre des pulsions et des envies, le ça est la source de notre énergie psychique.

cognition Ensemble des processus mentaux relatifs à la connaissance et à la fonction qui la réalise.

complexe d'infériorité Principe psychanalytique proposé par Alfred Adler pour expliquer les sentiments d'infériorité, réels ou imaginaires, poussant un individu à se renfermer ou à devenir agressif.

complexe d'Œdipe Étape du développement psychique de l'enfant aux alentours de cinq ans, qui, selon la théorie psychanalytique, éprouverait inconsciemment du désir pour le parent du sexe opposé et l'envie d'éliminer le parent du même sexe.

conditionnement classique Type d'apprentissage au cours duquel un stimulus neutre acquiert, lorsqu'il est associé à un stimulus inconditionnel, la capacité de déclencher une réponse inconditionnelle.

conditionnement opérant Forme de conditionnement issue de l'apprentissage instrumental de Thorndike et développé par Skinner, qui réalise l'association entre une action sur l'environnement et un stimulus inconditionnel : si de la nourriture apparaît lorsqu'il appuie sur un levier, l'animal apprend très vite à appuyer sur le levier.

connexionnisme Théorie affirmant que les stimuli et leurs réponses sont reliés par des connexions neurales, ce qui engendre des schémas distincts de comportement.

contiguïté Occurrence rapprochée de deux idées ou événements, supposée nécessaire pour qu'il y ait association.

corrélation Terme statistique désignant la tendance que présentent deux variables à évoluer dans le même sens dans un certain type de circonstances. Elle ne doit pas être confondue avec la causalité.

dépression Trouble de l'humeur caractérisé par une perte d'espoir et d'estime de soi, s'accompagnant d'apathie et d'absence de plaisir. Dans les cas extrêmes, la dépression s'accompagne d'intentions suicidaires, voire d'hallucinations.

désensibilisation Affaiblissement d'une réponse forte à un stimulus par une exposition répétée à celui-ci.

déterminisme Doctrine selon laquelle tous les événements, actes et choix sont déterminés par des phénomènes passés ou des causes préexistantes.

différences individuelles Caractéristiques psychologiques susceptibles de varier d'un individu à l'autre, comme la personnalité ou l'intelligence.

dissonance cognitive État de tension qu'éprouve un individu en présence de connaissances, d'opinions ou de croyances incompatibles entre elles.

dualisme corps/esprit Problème relatif à l'interaction entre les événements mentaux et les événements physiques, tel qu'il a été posé initialement par René Descartes.

écoute dichotique Réception de signaux sonores qui peuvent être différents d'une oreille à l'autre.

effet Zeigarnik Tendance à mieux se rappeler les tâches interrompues ou inachevées que celles menées à bien.

empirisme Théorie qui fait découler tout le savoir de l'expérience.

empreinte En éthologie, système inné d'apprentissage rapide par l'animal qui vient de naître ; elle implique souvent la formation d'un attachement à une personne ou à un objet spécifique.

encodage Processus de traitement des informations sensorielles pour leur mise en mémoire.

erreur fondamentale d'attribution Tendance à expliquer le comportement d'autrui par ses traits de personnalité plutôt par les facteurs situationnels externes.

éthologie Étude scientifique du comportement des animaux dans leur milieu naturel.

extinction 1) En biologie, disparition totale d'une espèce. 2) Dans les processus d'apprentissage, affaiblissement d'une réponse conditionnelle faute de renforcement.

extraversion Dimension de la personnalité (opposée à l'introversion) caractéristique d'un individu principalement tourné vers le monde extérieur et les autres.

façonnement Technique béhavioriste de formation d'un comportement par renforcements positifs de la réponse souhaitée.

facteur g Facteur d'intelligence générale obtenu à partir des corrélations entre les résultats obtenus à différents tests mentaux. Ce concept fut postulé par Charles Spearman comme une mesure de l'énergie mentale, mais d'autres le considèrent comme une capacité de raisonnement abstraite.

faux souvenir Souvenir induit par suggestion d'un événement qui ne s'est jamais produit.

flux de conscience Concept proposé par William James pour définir la conscience comme un courant continu de pensées.

fonctionnalisme Approche psychologique qui analyse les fonctions adaptatives de l'esprit par rapport à l'environnement.

gestaltisme Courant psychologique défendant une approche holistique des processus mentaux, considérés comme des ensembles structurés non réductibles à leurs éléments.

groupe témoin Ensemble des participants à une expérience sur lesquels les chercheurs n'interviennent pas afin de pouvoir effectuer des comparaisons.

hypnose État de conscience modifiée temporaire, induit par une autre personne et caractérisé par une réceptivité accrue aux suggestions.

hypothèse Proposition mise à l'épreuve de l'expérience scientifique, pour être validée ou réfutée.

inconscient Selon la psychanalyse, ensemble d'idées ou de faits échappant à la prévision, au contrôle et à la volonté du sujet conscient.

inconscient collectif Dans la théorie de Carl Jung, niveau le plus profond de la psyché, où sont inscrites les dispositions psychiques héritées, formées par les archétypes.

inné Qualifie un caractère biologique présent dès la naissance, mais qui n'est pas forcément hérité génétiquement.

instinct Pulsion ou propension naturelle. En psychanalyse, les instincts désignent les forces dynamiques qui orientent la personnalité et le comportement.

intelligence cristallisée Capacité à utiliser les compétences, les connaissances et les stratégies acquises grâce à l'intelligence fluide ; elle augmente avec l'âge.

intelligence fluide Capacité à résoudre les problèmes dans des situations totalement nouvelles ; elle diminue avec l'âge.

introspection Méthode psychologique très ancienne consistant à « regarder à l'intérieur de soi-même » en vue d'acquérir la connaissance de soi et celle de l'esprit humain en général.

introversion Dimension de la personnalité (opposée à l'extraversion) caractéristique de l'individu qui concentre l'énergie principalement vers le monde intérieur, les idées et les concepts.

logatome Syllabe formée de trois lettres et dépourvue de signification. Ce type de syllabe fut utilisé pour la première fois à des fins expérimentales par Hermann Ebbinghaus, pour une étude portant la mémoire.

loi de l'effet Formulée par Edward Thorndike, la loi de l'effet est l'un des principes gouvernant l'apprentissage par conditionnement opérant : une réponse est plus susceptible d'être reproduite si elle entraîne une satisfaction et d'être abandonnée si elle entraîne une insatisfaction.

matérialisme Doctrine postulant que seul le monde physique est réel et préconisant d'expliquer les phénomènes mentaux en termes physiques.

mécanismes de défense Réactions mentales inconscientes qui, dans la théorie psychanalytique, visent à réduire les pulsions inconciliables avec le moi, l'angoisse notamment.

méthode anecdotique Technique expérimentale utilisant des données non scientifiques, basées sur l'observation, pour étayer une étude.

modelage Dans la théorie de l'apprentissage social, acquisition d'un comportement par observation et imitation d'un modèle.

modification du comportement Utilisation de techniques validées scientifiquement pour contrôler ou modifier le comportement des individus ou des groupes.

moi Dans la théorie psychanalytique, l'une des trois structures, ou instances, constituant le psychisme – avec le ça et le surmoi. Le moi est l'aspect rationnel de la personnalité, en contact avec le monde extérieur et ses exigences, qui a la charge de contrôler les instincts.

neurone Cellule nerveuse capable de convertir les stimuli en impulsions nerveuses puis de transmettre ces impulsions aux différentes parties du cerveau.

neuropsychologie Discipline au croisement de la psychologie et des neurosciences s'intéressant à la structure et au fonctionnement du cerveau, et étudiant les effets des lésions et troubles cérébraux sur le comportement et la cognition.

personnalité Ensemble des traits et des comportements d'un individu, suffisamment stables dans le temps pour que celui-ci se comporte de façon relativement constante au fil du temps.

phénoménologie Approche de la connaissance basée sur l'expérience immédiate telle qu'elle se produit, hors de toute tentative de classification ou d'interprétation.

phobie Trouble de l'anxiété caractérisé par une peur intense et le plus souvent irrationnelle.

pragmatisme Doctrine qui envisage toute idée comme un principe d'action dont la validité est mesurée par ses conséquences pratiques.

principe de réalité Ensemble des règles qui, sans la théorie psychanalytique, gouvernent le moi en tenant compte de la réalité et de ses exigences.

psychanalyse Ensemble des théories et méthodes thérapeutiques proposées par Sigmund Freud pour explorer les processus inconscients influençant le comportement humain.

psychologie cognitive Courant de la psychologie s'intéressant aux processus mentaux impliqués dans l'apprentissage et l'acquisition du savoir : mémoire, langage, intelligence, raisonnement, perception, etc.

psychologie humaniste Courant de la psychologie qui privilégie le libre arbitre et l'accomplissement personnel dans la recherche d'une bonne santé mentale.

psychophysique Branche de la psychologie expérimentale cherchant à déterminer les relations quantitatives entre un stimulus physique et la perception qu'on en a.

psychothérapie Terme générique désignant les traitements thérapeutiques utilisant des méthodes psychologiques plutôt que des techniques physiques ou physiologiques.

quotient intellectuel (QI) Indice créé par William Stern en 1912 pour comparer le niveau d'intelligence des enfants : il est calculé en multipliant par 100 le rapport de l'âge mental de l'enfant par son âge chronologique.

récupération Extraction des informations stockées dans la mémoire au terme d'un processus de recherche.

réflexe Réaction automatique à un stimulus.

refoulement Mécanisme d'autodéfense proposé par la théorie psychanalytique, qui rejette dans l'inconscient les pensées, souvenirs, pulsions et désirs inacceptables. Anna Freud parle d'« oubli motivé ».

regard positif inconditionnel Facteur participant au climat de sécurité et de confiance que propose aux patients la thérapie centrée sur la personne de Carl Rogers.

renforcement Concept clé du béhaviorisme, le renforcement est un procédé qui augmente la probabilité de répétition d'un comportement, soit par addition d'un stimulus agréable – renforcement positif –, soit par suppression d'un stimulus désagréable – renforcement négatif.

réplication Répétition détaillée d'une expérience conduisant aux mêmes résultats. La réplication est essentielle pour établir la validité d'un travail de recherche.

réponse conditionnelle Réponse particulière déclenchée par un stimulus initialement neutre qui a été associé à un stimulus inconditionnel.

réponse inconditionnelle Réponse déclenchée par un stimulus inconditionnel de manière automatique, sans apprentissage nécessaire. Elle peut se manifester sous forme d'émotion ou de réflexe.

schizophrénie Groupe de troubles mentaux graves, connus à l'origine sous le nom de démence précoce, qui engendrent nombre de dysfonctionnements cognitifs, sociaux et comportementaux : idées délirantes, hallucinations, comportement désorganisé, absence d'expressions ou d'émotions, problèmes de concentration, etc.

seuil différentiel Concept psychophysique définissant la limite en dessous de laquelle un individu ne parvient plus à différencier deux stimuli physiques.

stades psychosexuels Étapes du développement de l'enfant proposées par la théorie psychanalytique, privilégiant chacune une zone corporelle particulière constituant la principale zone de plaisir.

stimulus Objet, événement, situation ou facteur environnemental susceptible de déclencher une réponse comportementale chez un organisme vivant.

stimulus conditionnel Stimulus initialement neutre qui finit par déclencher une réponse conditionnelle lorsqu'il a été associé à un stimulus inconditionnel.

stimulus inconditionnel Stimulus qui déclenche une réponse inconditionnelle (réflexe naturel) – une plaque brûlante, par exemple, qui déclenche l'éloignement de la main.

structuralisme Approche psychologique qui étudie la structure de l'esprit.

style cognitif Manière dont chacun comprend l'information perçue à travers les différentes modalités sensorielles à sa disposition face à une connaissance nouvelle.

surmoi Dans la théorie psychanalytique, l'une des trois structures, ou instances, constituant le psychisme – avec le ça et le moi. Résultant de l'intériorisation des valeurs et normes parentales et sociales, le surmoi impose au moi ses contraintes morales.

théorie du champ Modèle du comportement humain développé par Kurt Lewin, qui utilise le concept de champs de force pour expliquer l'« espace de vie » à partir de tous les facteurs susceptibles d'influencer l'individu.

théorie du trait Idée que les différences individuelles dépendent en grande partie des traits de personnalité qui demeurent stables dans le temps et cohérents avec le contexte.

thérapie familiale Terme général désignant les thérapies qui traitent une famille entière plutôt que les individus séparément lorsqu'il apparaît que leurs problèmes se situent dans les interrelations au sein du système familial.

traits centraux Traits de personnalité qui influencent nombre de comportements d'un individu et résument plusieurs aspects de sa personnalité – « timide » ou « optimiste », par exemple. Gordon Allport les distingue des traits **cardinaux**, si influents qu'ils déterminent presque tous les actes de l'individu, et des traits **secondaires**, dont l'impact sur la personnalité ne se manifeste que dans un nombre limité de situations.

transfert Concept psychanalytique désignant le déplacement vers le thérapeute d'une conduite émotionnelle par rapport à un objet infantile – les parents, notamment.

INDEX

A

B

C

D

E

F

G

H

I

J

K

L

M

N

O

P Q

R

S

T

U V

W

Y Z

CRÉDITS PHOTOGRAPHIQUES

Dorling Kindersley tient à remercier Shriya Parameswaran, Neha Sharma, Payal Rosalind Malik, Gadi Farfour, Helen Spencer, Steve Woosnam-Savage et Paul Drislane pour leur contribution au design de cet ouvrage, Steve Setford pour son aide éditoriale et Stephanie Chilman pour la réalisation du Répertoire.

L'éditeur remercie tous ceux qui ont autorisé la reproduction des photographies suivantes (h, en haut ; b, en bas ; c, au centre ; g, à gauche ; d, à droite) :

19 The Bridgeman Art Library: Bibliothèque de la Faculté de Médecine, Paris/Archives Charmet (hd). **21 Corbis:** Bettmann (hd). **Getty Images:** Hulton Archive (bg). **23 akg-images:** Bibliothèque nationale (hc). **Alamy Images:** Tihon L1 (bg). **25 Getty Images:** Hulton Archive (hd). **27 akg-images:** Coll. Archiv f. Kunst & Geschichte (hg). **Corbis:** Bettmann (bg). **29 The Bridgeman Art Library:** Birmingham Museums and Art Gallery (bc). **Getty Images:** Hulton Archive (hd). **30 Getty Images:** Imagno/Hulton Archive (bd). **35 Alamy Images:** Interfoto (bd). **Corbis:** Visuals Unlimited (hc). **36 Corbis:** Bettmann (hd, hc). **37 Corbis:** Bettmann (bg). **40 Corbis:** (bg). **43 Corbis:** The Gallery Collection. **44 Corbis:** Underwood & Underwood (bd). **45 Science Photo Library:** Chris Gallagher (hd). **47 Corbis:** Bettmann (hd). **49 Corbis:** Bettmann (bg) ; Bill Varie (hd). **51 Science Photo Library:** US National Library of Medicine (hd). **52 Corbis:** Bettmann (bg). **55 Alamy Images:** Eddie Gerald (cd). **Lebrecht Music and Arts:** Rue des Archives/Varma (bg). **61 Corbis:** Bettmann (bg). **LawtonPhotos.com:** (hg). **65 Corbis:** Jose Luis Pelaez, Inc. (hg). **Science Photo Library:** Humanities and Social Sciences Library/ New York Public Library (hd). **69 Corbis:** Underwood & Underwood (bg). **71 The Advertising Archives:** (bd). **73 Corbis:** Sandy Stockwell/ Skyscan (cd). **Magnum Photos:** Wayne Miller (bg). **75 The Advertising Archives:** (cd. **77 Getty Images:** Nina Leen/ Time & Life Pictures (bd). **81 Getty Images:** Nina Leen/ Time & Life Pictures (bd). **82 Getty Images:** Joe Raedle (bd). **83 Corbis:** Bettmann (hd). **84 Alamy Images:** Monashee Frantz (bg). **87 Getty Images:** Lambert/ Archive Photos (hd). **94 Getty Images:** Imagno/ Hulton Archive/ Sigmund Freud Privatstiftung (hd). **97 Alamy Images:** Bjanka Kadic (bg). **98 The Bridgeman Art Library:** Museum of Modern Art, New York/ © Salvador Dali, Fundació Gala-Salvador Dalí, DACS, 2011. **99 Corbis:** Hulton-Deutsch Collection (hd). **101 Corbis:** Guo Dayue/ Xinhua Press (hg). **Getty Images:** Imagno/ Hulton Archive (hd). **105 Getty Images:** Imagno/ Hulton Archive (bd). **106 Getty Images:** Apic/ Hulton Archive (bg). **107 akg-images:** Walt Disney Productions (hg). **Getty Images:** Imagno/ Hulton Archive (hd). **108 Corbis:** Robbie Jack (cd). **109 Wellcome Images:** (bg). **116 Corbis:** Robert Wallis (hg). **117 Alamy Images:** Harvey Lloyd/ Peter Arnold, Inc. (hg). **Science Photo Library:** National Library of Medicine (bg). **119 Getty Images:** Hulton Archive (hd). **120 Corbis:** Nancy Honey (bd). **123 Getty Images:** Ryan McVay (hg). **Lebrecht Music and Arts:** Rue des Archives/ Collection Bourgeron (bg). **127 Corbis:** Michael Reynolds/ EPA (hd). **129 Getty Images:** Leonard Mccombe/ Time & Life Pictures (hd) ; Roger-Viollet (bg). **134 Corbis:** Pascal Deloche/ Godong (hg). **135 Getty Images:** David Malan/ Photographer's Choice (hd). **136 Corbis:** Roger Ressmeyer (bg). **137 Getty Images:** Peter Cade/ Iconica (hg). **139 Corbis:** Ann Kaplan (hd). **144 Corbis:** Bettmann (bg). **Getty Images:** Mark Douet (hd). **147 Corbis:** Jutta Klee (hg/2e acteur) ; Roy Morsch (hc/4e acteur) ; Larry Williams (hd/5e acteur). **Getty Images:** Nathan Blaney/ Photodisc (hc/3e acteur). **148 Getty Images:** Dennis Hallinan (b). **151 Corbis:** Allen Ginsberg (hd) ; Robbie Jack (bg). **153 Getty Images:** Miguel Medina/ AFP (hd) ; Toru Yamanaka/ AFP (hg). **155 Alamy Images:** Sigrid Olsson/ PhotoAlto (cd). **161 TopFoto.co.uk:** Topham Picturopoint (hg, hd). **162 Getty Images:** Andersen Ross/ Photodisc (cb). **165 Press Association Images:** (hd). **167 Science Photo Library:** Estate of Francis Bello (bg). **173 Corbis:** William Whitehurst (hg). **Jon Roemer:** (hd). **175 Beck Institute for Cognitive Behavior Therapy:** (hd). **176 Corbis:** Bettmann (bd). **181 Alamy Images:** David O. Bailey (hg). **Science Photo Library:** Corbin O'Grady Studio (hd). **182 Corbis:** Carol Kohen (bg). **184 Corbis:** H. Armstrong Roberts/ ClassicStock (bc, bd). **Getty Images:** George Marks/ Retrofile/ Hulton Archive (bg). **185 Corbis:** Monty Rakusen (hd). **190 Alamy Images:** Gary Roebuck (hg). **Courtesy of Baycrest:** (bg). **192 Corbis:** Owaki/ Kulla (cd). **195 Corbis:** Ocean (hd). **197 Getty Images:** Steven Dewall/ Redferns (bg). **199 Claremont Graduate University:** Photo by C. Sajgó (bg). **Corbis:** Charles Vlen/ Bettmann (hg). **201 Getty Images:** Purestock (bc). **Positive Psychology Center, University of Pennsylvania.:** (hd). **204 Courtesy of UC Irvine:** (bg). **207 Corbis:** Guy Cali (bg). **210 Alamy Images:** Michele Burgess (cb). **212 Lebrecht Music and Arts:** Matti Kolho (bc). **213 University of Bath:** (hd). **221 Getty Images:** Chris Ryan/ OJO Images (hd). **222 Corbis:** Moment/ Cultura (bc). **223 Alamy Images:** Interfoto (bg). **Corbis:** K.J. Historical (hg). **225 Solomon Asch Center for Study of Ethnopolitical Conflict:** (hd). **227 Corbis:** Bettmann (bg). **229 American Sociological Association, www.asanet.org:** Photo of Erving Goffman (bg). **Corbis:** Yi Lu (cd). **234 Corbis:** Claro Cortes/ Hanoi, Vietnam (hg). **235 Corbis:** Hannes Hepp (bc). **Stanford News Service:** Linda A. Cicero (hd). **237 Corbis:** Walt Sisco/ Bettmann (cd). **239 Corbis:** Sophie Bassouls/ Sygma (bg). **241 The Bridgeman Art Library:** Musée national des arts et traditions populaires, Paris/ Archives Charmet (hc). **William Glasser Inc. - www.wglasserbooks.com:** (hd). **243 Alamy Images:** David Grossman (hg). **University of Waterloo:** Maurice Greene (bg). **245 Corbis:** Bettmann (bg). **Special Collections, University of California, Santa Cruz:** (hd). **249 Getty Images:** Apic/ Hulton Archive (hd). **Manuscripts and Archives, Yale University Library:** Courtesy of Alexandra Milgram (bg). **251 Getty Images:** Peter Stackpole/ Time & Life Pictures (bd). **252 Corbis:** Stapleton Collection (bd). **253 Corbis:** Geneviève Chauvel/ Sygma (hg). **255 TopFoto.co.uk:** Topham Picturepoint (hd). **Philip G. Zimbardo, Professor Emeritus, Stanford University:** (hg). **257 Universidad Centroamericana "José Simeón Cañas" (UCA), El Salvador:** (bg). **265 Corbis:** The Gallery Collection (hc). **267 Science Photo Library:** Bill Anderson (bg). **268 Corbis:** Bettmann (bg). **269 Alamy Images:** Thomas Cockrem (bd). **271 Corbis:** Jerry Cooke (cd). **273 Corbis:** Ted Streshinsky (hd).

Getty Images: Jose Luis Pelaez/ Iconica (bc). **276 Corbis:** Hulton-Deutsch Collection (hd). **277 Richard Bowlby:** (bg). **Getty Images:** Lawrence Migdale (hd). **278 Science Photo Library:** Photo Researchers (cd). **281 Corbis:** Tim Page (hd). **282 Library Of Congress, Washington, D.C.:** Gordon Parks (cd). **283 Corbis:** Bettmann (hd). **285 Corbis:** Bob Thomas (hc). **Special Collections, Eric V. Hauser Memorial Library, Reed College, Portland, Oregon:** (bg). **289 Albert Bandura:** Department of Psychology, Stanford University (hd). **290 Alamy Images:** Alex Segre (hd). **291 Corbis:** Ocean (b). **293 Corbis:** Bettmann (hd). **296 Corbis:** Christopher Felver (bg). **297 Corbis:** Frans Lanting (bd); Brian Mitchell (hg). **299 Getty Images:** Trisha G./ Flickr (bg). **Rex Features:** Brian Harris (hd). **305 Getty Images:** Stan Munro/ Barcroft Media (hg). **310 The Bridgeman Art Library:** Palazzo Vecchio (Palazzo della Signoria), Florence (hd). **312 Getty Images:** MPI/ Archive Photos (hg). **313 Corbis:** Bettmann (hd). **315 Courtesy of the University of Illinois Archives:** Image 0000950.' Found in RS: 39/1/11, Box 12, Folder Raymond B. Cattell (bg). **320 Corbis:** Bettmann (bg). **321 Getty Images:** Universal History Archive/ Hulton Archive (hg). **Mary Evans Picture Library:** John Cutten (hd). **323 Harvard University:** Jane Reed/ Harvard News Office (hd). **Science Photo Library:** Van D. Bucher (bc). **325 Getty Images:** Universal History Archive/ Hulton Archive (hd). **Dolph Kohnstamm:** (bg). **327 Corbis:** Monalyn Gracia (hc). **Courtesy of University Archives, Columbia University in the City of New York.:** Joe Pineiro / Office of Public Affairs Negatives - Box 109 (hd). **329 Corbis:** Bettmann (bg). **331 The Kobal Collection:** 20th Century Fox (hc).

Pour toutes les autres illustrations © Dorling Kindersley.

Pour plus d'informations, s'adresser à : **www.dkimages.com**

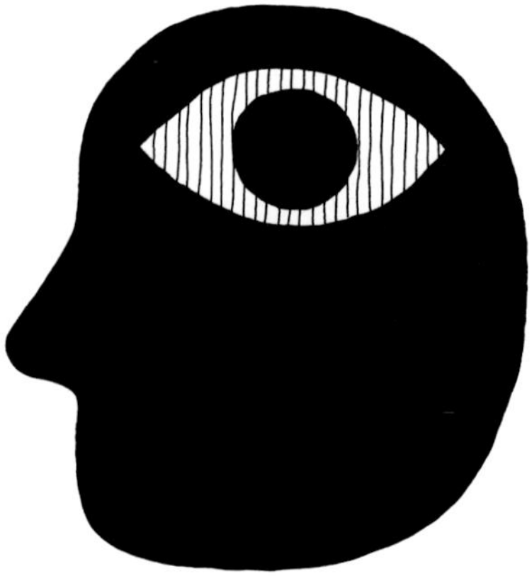